起动世界，与万物互联

宏发管理

理论与实践

[第一卷]

THEORY AND PRACTICE OF
HONGFA MANAGEMENT

郭满金　王兴杰　主编

ZHEJIANG UNIVERSITY PRESS
浙江大学出版社

图书在版编目（CIP）数据

宏发管理理论与实践. 第一卷 / 郭满金，王兴杰主编. —杭州：浙江大学出版社，2022.2
ISBN 978-7-308-22286-0

Ⅰ.①宏… Ⅱ.①郭… ②王… Ⅲ.①管理学—文集 Ⅳ.①C93-53

中国版本图书馆 CIP 数据核字（2022）第 010666 号

宏发管理理论与实践(第一卷)

郭满金　　王兴杰　　主编

责任编辑	陈逸行	
责任校对	郭琳琳	
封面设计	雷建军	
出版发行	浙江大学出版社	
	（杭州市天目山路 148 号　邮政编码 310007）	
	（网址：http://www.zjupress.com）	
排　　版	杭州青翙图文设计有限公司	
印　　刷	浙江新华数码印务有限公司	
开　　本	710mm×1000mm　1/16	
印　　张	23.25	
字　　数	450 千	
版 印 次	2022 年 2 月第 1 版　2022 年 2 月第 1 次印刷	
书　　号	ISBN 978-7-308-22286-0	
定　　价	68.00 元	

编　委　会

前　言

　　厦门宏发电声股份有限公司是继电器行业的世界级提供商,是中国制造企业走向世界、赢得全球市场的优秀代表。在"不断进取,永不满足"的宏发精神指引下,经过 36 年的光辉发展历程,公司在管理理论和实践方面都积累了丰富的经验。公司发展倾注了创始人、杰出企业家,也是杭州电子科技大学的杰出校友郭满金先生的毕生心血。公司董事长郭满金既是一名优秀的企业家,也是一位实践经验丰富的管理理论专家,他不仅重视宏发实战经验的总结,也非常重视宏发管理模式的提炼,倡导具有宏发独特文化的管理理论和实践融合。这样一家世界级企业、这样一位受人尊重的企业家,有许多值得管理学界和管理实践界总结、提炼和学习的独特的管理体系、管理方法和管理工具。

　　在管理实践中,宏发人一贯追求卓越的产品品质,最初的起步就是"以质取胜",现在以"追求以完美的质量为顾客提供满意的产品和服务"为质量目标,对"质量是企业的生命"有着深刻的理解,通过贯彻先进的质量理念,不断完善质量管理体系,持续推行产品质量先期策划、过程质量控制、供应链管理等工作,产品质量达到国际先进水平,赢得了国内外广大客户的赞誉。在郭满金董事长的亲自推动下,宏发质量学院持续推进员工的继续教育与培训,与杭州电子科技大学连续合作举办经济管理培训班,其中有 10 余位学员考取杭州电子科技大学工商管理硕士研究生。这些学员都是宏发公司在各自工作领域中独当一面的技术和管理专家,在完成他们的学位论文过程中,也不断总结和凝练宏发集团的管理模式和管理经验。

　　值此契机,杭州电子科技大学与厦门宏发电声股份有限公司通力合作出版"宏发管理理论与实践"系列丛书,旨在充分挖掘宏发股份公司的优秀企业管理理论与实践,并将其向社会推广,让更多的企业和管理者能够了解、学习和实践宏发经验。《宏发管理理论与实践(第一卷)》从多个角度对宏发股份的管理实践活动进行阐述和剖析,很好地展示了宏发管理理论与实践的精髓。

　　本书研究了宏发股份的五家子公司在产品质量精细化管理、质量功能展开、统计过程控制、客户关系管理、市场销售策略方面的理论与实践。《厦门宏发开

1

关设备有限公司产品质量精细化管理模式》从产品质量先期策划、供应链质量管理、制造过程质量管理、客户端质量管理、持续改善管理和体系流程管理等质量管理职能模块展开研究。《质量功能展开方法在厦门宏发电声股份有限公司新产品开发中的应用》重点以公司在继电器新产品开发中对质量功能展开方法为例,详细阐述了 QFD 方法在家电用继电器新产品设计规划阶段的应用,为公司建立起一整套基于 QFD 方法的新产品开发管理流程,制定出系统的产品开发创新方法,达到提高新产品开发成功率的目的。《统计过程控制在厦门宏远达电器有限公司的应用》立足于研究厦门宏远达电器有限公司 HF3FD 产品的 SPC 应用流程,借助 I-MR 控制图找到 HF3FD 产品衔铁铆苞脱落的断点批次,找到异常分析的突破口,借助尺寸链、直方图和控制图对机检工序一次合格率不高的项目展开分析,找到改善点。《基于客户价值的厦门宏发电声股份有限公司客户关系管理体系优化研究》结合宏发电声股份有限公司现状及销售和客户情况,通过访谈了解到客户关系管理中存在的问题,并围绕着客户价值提出改善客户关系的策略。《厦门宏发开关设备有限公司低压电器产品地产市场销售策略研究》重点对中国低压电器行业的特点进行了系统性的梳理,为厦门宏发开关设备有限公司低压电器产品在地产行业的发展量身打造了一整套市场营销策略并使之能有效落地实施。

本书从不同的研究视角对厦门宏发电声股份有限公司的客户关系管理,质量管理流程、工具、方法,特定产品的营销策略等问题进行了深入的分析和讨论,为宏发股份的管理实践及理论发展提出了改进、提升和保障措施,具有一定的借鉴和启示意义。

我们计划从战略、营销、人力资源管理等角度不断推出后续专辑,期待"宏发管理理论与实践"系列能够将我国继电器行业的民族知名品牌企业厦门宏发电声股份有限公司的先进管理经验和模式全景地展现出来,为我国制造业的高质量发展贡献宏发智慧和宏发经验。

祝愿厦门宏发电声股份有限公司基业长青!

王兴杰

2021 年 10 月

目　录

第一篇

厦门宏发开关设备有限公司产品质量精细化管理模式

林建国[*]

* 林建国,男,杭州电子科技大学工商管理硕士。曾任职于厦门法科达拉、贝迪科技、博格步等外资企业,历任质量工程师、质量主管、质量经理等。2013年任厦门宏发电声股份有限公司质量中心副主任。2018年开始任厦门宏发开关设备有限公司质量总监。中国质量协会注册六西格玛黑带,有丰富的六西格玛项目实施和项目辅导经验,品管圈(quality control circle,QCC)活动专家,长期担任福建省电子质量协会质量控制(QC)小组活动评委。

一、导　言

（一）研究背景及意义

产品质量及安全是全球制造业共同面临的课题,质量管理工作任重道远。

改革开放初期,我国制造企业主要依靠增加生产要素量的投入来扩大生产规模,实现经济增长。这种粗放式的企业规模扩大,消耗较高,产品质量难以提高。随着市场经济体制的完善和我国加入世界贸易组织(WTO),制造企业提升产品质量的意识在增强。面对未来,制造业质量管理的环境变化翻天覆地,主要体现在:全球化、市场化、信息化的趋势下,带来了消费者的成熟,不管是企业客户还是消费者客户,都越来越关注提高质量所能带来的价值创造。因此,大多数企业都在引进和探索质量管理的思路和方法,提高产品质量,提升企业品牌。

产品质量的形成来自产品实现的全过程,产品质量实现的各个环节都直接影响产品质量。从设计质量来说,不但设计出来的产品要满足性能要求,更要满足全球不同消费者的偏好以参与国际竞争;从生产质量的角度看,从供应链、生产直至交付到客户的全过程都需要更高标准的管控;从管理的角度看,企业需要有完善的体系流程管理以保证产品实现全过程受控,以及各个职能的落实才能确保产品质量的稳定。以上这些环节出现的管控问题,如测试项目的遗漏、采购零部件的潜在缺陷、生产过程某个参数管控的疏失,都可能导致产品质量缺陷,甚至质量事故,这些都要求质量管理做到细致,实现精细化管理。

厦门宏发开关设备有限公司(HESC公司)的母公司厦门宏发电声股份有限公司,成立于1984年,经过30多年的发展,已经发展成为全球继电器行业的领军企业,2018年成为继电器行业销售额和出货量世界第一,是名副其实的中国制造业隐形冠军。然而作为厦门宏发电声股份有限公司在低压电器新门类产品拓展桥头堡的厦门宏发开关设备有限公司,在过去20多年里没有像继电器产品公司那样发展成为行业标杆,而一直在行业的中游水平徘徊,其中产品质量问题是重要的原因之一。因此,厦门宏发开关设备有限公司想要提升质量管理水平,除了坚持母公司厦门宏发电声股份有限公司所倡导的"以市场为导向，以质取胜"的经营方针外，还要学习低压电器行业先进的管理方法，摒弃粗放式的质量管理方式，积极导入精细化的质量管理模式。

本篇的研究目的如下：

第一，战略落实，为制造企业探索有效实施质量战略的管理模式，形成一套能落实企业质量管理思路的方法。

第二，建立确保质量精品形成的体系，通过系统化的模式，帮助企业建立形成系统的产品质量管理方法以保障产品质量。

第三，提供衡量尺度和实施指南，为企业提供质量绩效的衡量尺度和实施指南，用于不断在企业内部自我检查，发现问题，提供持续改进的依据。

本篇的研究意义如下：

从理论上，丰富质量管理4.0理论内容及质量管理有效性评价理论。

从实践上，厦门宏发开关设备有限公司是中国传统低压电器制造业的代表，其质量管理发展历程和质量现状是中国制造企业的缩影。因此本篇研究的质量管理方法对于国内低压电器制造企业有一定的借鉴作用。

为厦门宏发开关设备有限公司生存和发展探索质量管理模式和实施方法，提升企业竞争力，在参与全球化的竞争中走以质取胜的道路，从"中国制造"转向"中国质造"。

促进企业质量管理文化的形成，在完善质量管理制度的基础上，建立企业积极的质量管理文化，营造积极的质量管理氛围。

（二）研究内容和框架

本篇以厦门宏发开关设备有限公司为例，研究制造企业对产品质量精细化管理模式的实践和应用。该产品质量管理模式是在分析厦门宏发开关设备有限公司产品质量及质量管理现状的基础上，以精细化管理理论和质量管理理论为理论基础，对设计质量、供应链质量管理、制造过程质量控制和客户端质量等产品质量实现过程进行分析，并对体系流程保证和持续改善等质量管理职能进行系统性思考，形成产品质量的精细化管理模式，在产品质量管理模式实施后开展审核和评价，并制定有针对性的保障措施。

主要开展的研究工作包括：

第一，基于厦门宏发开关设备有限公司的质量管理现状和行业、产品特点，研究适合厦门宏发开关设备有限公司的产品质量精细化管理模式。

第二,对厦门宏发开关设备有限公司产品质量精细化管理模式的实施效果进行审核和评价,评价该管理模式对厦门宏发开关设备有限公司的管理成效。

第三,基于对厦门宏发开关设备有限公司审核和评价的结果,制定必要的保障措施,确保厦门宏发开关设备有限公司产品质量精细化管理模式进一步有效运行。

本篇主要分为导言、理论基础、产品质量管理现状与问题分析、产品质量精细化管理模式的构建与实施、产品质量精细化管理模式的有效性评价、产品质量精细化管理模式的保障措施、结论与展望等七个部分。导言部分对该篇的研究背景、研究目的和意义进行了基本的论述。同时也详细论述了本研究的主要内容及框架结构。第二部分是理论基础研究,主要详细介绍了国内外对精细化管理和质量管理的理论研究,包括对质量管理理论的发展阶段和应用成果进行阐述,并论述了质量管理有效性的评价理论,为进一步研究产品质量精细化管理模式提供了理论基础。第三部分详细介绍了厦门宏发开关设备有限公司产品质量管理现状,对公司质量管理现状进行审核,总结分析当前公司质量管理存在的问题。第四部分在分析公司产品质量管理现状的基础上构建了产品质量精细化管理模式,从质量战略管理的高度规划公司的质量管理模式,按照产品质量管理各个职能模块详细展开,对各个环节进行精细化管理实践,使各个质量职能模块形成有机统一的整体,并在公司实施。第五部分是对公司实施的产品质量精细化管理模式进行评价。首先针对公司的产品质量精细化管理模式设计了质量管理模式审核和评价方案,包括评价的目标、内容和方法;其次通过数据展示审核和评价结果,并结合对公司各级管理人员的访谈进一步收集产品质量精细化管理模式实施的意见。第六部分是在对公司产品质量精细化管理模式进行审核和评价的基础上,结合对各级管理人员的访谈总结,制定了一系列保障措施。第七部分是结论与展望,总结本篇的研究结论,并对公司未来如何进一步完善产品质量管理模式、提升质量管理提出方向性建议。

本篇的技术路线如图 1.1 所示。

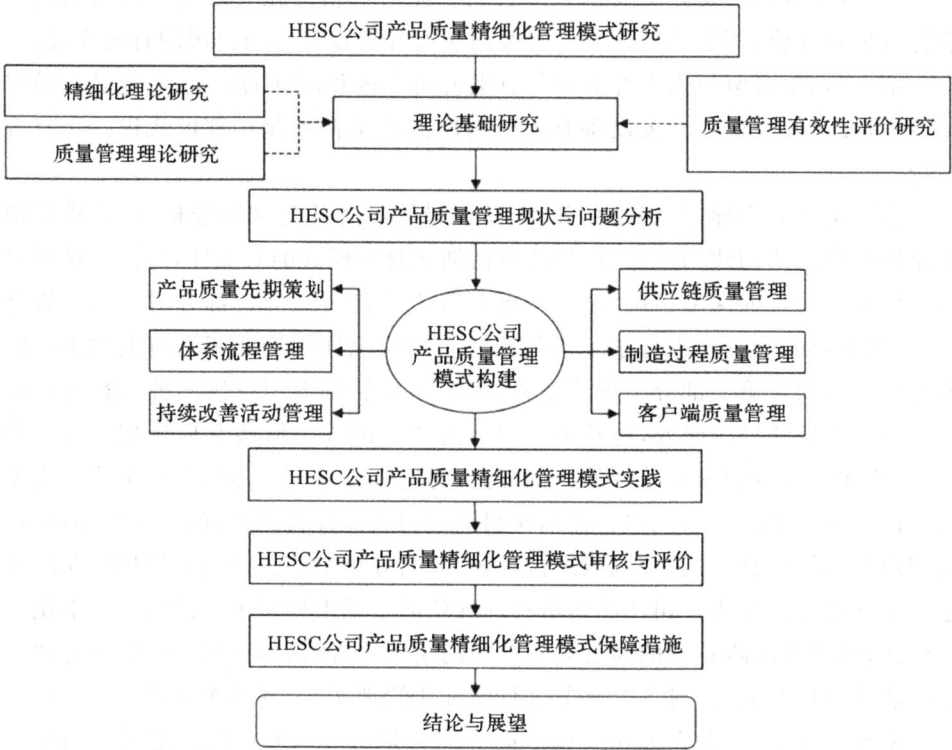

图 1.1　技术路线

(三)研究方法

本篇采取的研究方法主要有文献研究法、实践检验法、访谈和问卷调查法、统计分析法。

(1)文献研究法。在研究过程中,笔者通过查阅相关著作及从知网下载论文等方式查阅到大量关于精细化管理和质量管理的文献资料,为研究提供了充足的理论支撑。

(2)实践检验法。笔者在精细化管理理论和质量管理理论的基础上,选择厦门宏发开关设备有限公司为研究对象,结合行业特点,组织并主导建立、参与实施、评价其质量管理模式,对公司产品质量精细化管理模式实践进行调查研究,从而获得各种数据资料。

(3)访谈和问卷调查法。笔者根据对厦门宏发开关设备有限公司实施产品质量精细化管理模式后的审核和评价结果,通过对各级管理人员的访谈和问卷调查,考察实施产品质量精细化管理模式对提升企业产品质量的效果。

(4)统计分析法。本篇主要使用 Minitab 软件对质量管理模式改善效果的显著性进行分析,对审核和评价结果、访谈和问卷调查数据运用双样本 t 检验和箱线图进行定量、定性分析。

二、理论基础

（一）精细化管理理论

科学管理之父泰勒提出的科学管理理论和方法以决策过程为着眼点，特别注重定量分析与数学的应用，以及系统结构与整体协调。泰勒的管理思想被称为真正意义上的管理科学，实际上也具备了精细化管理最早的雏形[1]。

精细化管理源于日本的一种企业管理理念，它是社会分工的精细化，以及服务质量的精细化对现代管理的必然要求，是建立在常规管理的基础上，并将常规管理引向深入的基本思想和管理模式。

沃麦克、琼斯等人指出，精益生产方式才是具有竞争力的生产方式，同时也预言了精益生产方式将对世界政治和经济局势产生深远影响[2]。此外，沃麦克和琼斯在著作《精益思想》中，阐述了"尽善尽美"是精益的第五个原则[3]，其本质是持续改善。肯尼迪（Kennedy）和怀德纳（Widener）在控制方法选择、会计管理及组织架构建立方面提出了新的实施精益生产的框架理论，并在该框架下对大量案例进行了实证分析[4]。

汪中求在《细节决定成败》一书中论述了"关注细节"在管理活动中的重要性，目的在于提示企业乃至社会：精细化管理的时代已经到来。汪中求认为，精细化管理是一种管理理念和管理技术，精细化管理要从规则入手，通过规则化、系统化和细化，运用程序化、标准化和数据化的手段，使组织管理各单元精确、高效和持续运行。精细化管理是管理者用来调整产品、服务和运营过程的技术方法。它以专业化为前提、技术化为保证、数据化为标准、信息化为手段，把服务者的焦点聚集到满足被服务者的需求上，以获得更高效率、更高效益和更强竞争力。"精"就是切中要点，抓住运营管理中的关键环节；"细"就是管理标准的具体量化、考核、督促和执行。精细化管理的核心在于，实行刚性的制度，规范人的行为，强化责任的落实，以形成优良的执行文化[5]。孙念怀认为，精细化管理在操作策略上，首先要有精确的目标，企业各职能部门尽职、尽责、尽力地实施，建立

8

科学的目标评价方法；还要有清晰的工作流程、分析流程，使流程更具灵活性，可预测性和稳定性[6]。王少华认为，精细化管理的内涵包括规范化、系统化、流程化、数据化、信息化，精细化管理还要通过计划、组织领导、控制等职能来实现[7]。温德诚将精细化管理的特征概括为精、准、细、严四个字：精是精益求精，不但要把产品和服务做精，还要把服务和管理工作做到极致；准是准确的信息和决策、正确的数据与计量、精确的时间衔接以及恰当的工作方法；细是将企业各项工作细化，将管理标准具体量化；严是严格控制偏差，严格执行标准和制度[8]。冯敬培认为，精细化管理的主要特征是管理过程精细化、制度化、规范化。管理方法科学化，即以专业化为前提，以数据化为标准，运用信息化的手段，使企业的精力投入在满足消费者的需求上，从而提高企业的效率、效益，增强企业竞争力[9]。王文源认为，精细化管理是一种管理方法，更是一种精益求精的文化。精细化管理是全面的、全员的、全过程的[10]。精细化管理的实施，不仅需要管理者的高度认可和参与，还必须做好对理念、行为、规范、岗位标准的深入贯彻以及宣传，提高员工精细化管理的意识，使其成为员工的自觉行为。

（二）质量管理理论

1. 质量管理理论的发展阶段

（1）质量检验阶段（质量管理1.0）。在该阶段，质量检验从加工制造中细分出来，随着企业生产规模的扩大和产品复杂程度的提高，产品有了技术标准，标准化制度也日趋完善，各种检验工具和检验技术也随之发展，大多数企业开始设置检验部门，该阶段是"检验员的质量管理"。

（2）统计质量控制阶段（质量管理2.0）。美国数理统计学家休哈特（Shewhart）提出过程控制和预防缺陷的概念[26]。他运用数理统计的原理，提出在生产过程中控制产品质量的"6σ"法，绘制出第一张控制图并建立了一套以数理统计理论为基础的统计控制方法。

（3）全面质量管理阶段（质量管理3.0）。美国的费根鲍姆（Feigenbaum）于20世纪60年代初提出全面质量管理的概念。他提出，全面质量管理是"为了能够在最经济的水平上，并考虑到充分满足顾客要求的条件下进行生产和提供服务，并把企业各部门在研制质量、维持质量和提高质量方面的活动构成为一体的一种有效体系"[12]。进入21世纪，全面质量管理已经在国内有重要的研究和应用，牛璟洋[27]和赵存强[28]等人分别在全面质量管理理论的基础上阐述了全面质量管理系统的设计与实现以及全面质量管理对工作满意度的影响。

(4)战略质量管理阶段(质量管理 4.0)。这是近年来质量管理领域提出来的新概念。质量管理 4.0 有两个含义:一是质量管理发展与进化的第四个阶段;二是在工业 4.0 以及互联网思维背景下产生的一种战略质量管理模式。

在质量管理 4.0 阶段,质量的定义是"顾客感知价值",质量不是标准,质量由顾客来评价。泽瑟摩尔(Zaithaml)在 1988 年首先从顾客角度提出了顾客感知价值理论,她认为在企业为顾客设计、制造、提供价值时应该从顾客导向出发,把顾客对价值的感知作为决定因素;顾客价值实际上就是顾客感知价值(customer perceived value,CPV)[25]。

在质量管理 4.0 阶段,组织以"创新"作为战略质量管理过程的关键词。质量管理 4.0 对于创新的解释是,"以提升战略质量绩效为目的,从模式、产品以及方法三个层次提升顾客感知价值的思维与实践"[29]。战略质量职能将在战略质量绩效评估与分析、生态模式与应用模式策划、基于生态链的创新驱动等方面发挥举足轻重的核心作用。因此,战略质量职能将重塑企业的战略管理职能,更加注重系统的、科学的质量管理模式,使质量管理成为企业不断提升竞争能力的核心引擎[30]。

2. 经典质量管理理论

(1)戴明环。又称 PDCA 循环,是由美国质量管理专家戴明(Deming)首先提出的全面质量管理所应遵循的科学程序,即 plan(计划)、do(执行)、check(检查)、act(处理)。PDCA 循环的四个过程不是运行一次就完结,而是周而复始地进行。一个循环结束了,解决了一部分问题,可能还有问题没有解决,或者又出现了新的问题,再进行下一个 PDCA 循环,继续下一轮的改进,以此类推[11]。PDCA 工作方法已经成为质量管理的基本方法,广泛应用于各种持续改善活动中,如六西格玛、QCC 活动等。

(2)零缺陷管理理论。20 世纪 80 年代,质量管理大师克劳士比提出"零缺陷"的概念。他指出,"质量是免费的"。突破了传统上认为高质量是以高成本为代价的观念[10]。他提出高质量将给企业带来高的经济回报,通过树立正确的观念并且执行有效的质量管理计划,可以预防不良品的产生[12]。其管理核心是做正确的事、正确地做事和第一次做正确。做正确的事:辨认出顾客的真正需求,从而制定出相应的战略;正确地做事:经营一个组织、生产一种产品或服务以及与顾客打交道所必需的全部活动都符合客户和市场的客观要求;第一次做正确:防止不符合要求的成本产生,从而降低质量成本,提高效率。零缺陷管理的实施步骤,一是建立推行零缺陷管理的组织;二是要确定零缺陷管理的质量目标;三是对质量管理结果进行绩效评价;四是要建立相应的提案制度以推动改进;五是建立积极的表彰制度。

实施零缺陷管理应以理念为先,改变心智,从思想上牢牢把握"预防"的精神,以客户为中心,以结果为导向,以数据与事实为基础,促进团队合作、过程优化,推动工作质量不断提升,形成有自己特色的企业质量文化。

(3)朱兰质量管理理论。质量管理专家朱兰(Juran)提出了质量三部曲:质量策划、质量控制、质量改进。质量策划是公司内部实施质量管理方法三部曲中的第一步。第二步是质量控制,它评估质量绩效,用已经制定的目标比较绩效,并弥合实际绩效和设定目标之间的差距。第三步是质量改进,作为持续发展的过程,这一过程包括建立形成质量改进循环的必要组织基础设施[13]。

朱兰博士提出了"质量螺旋",即产品质量是在市场调查、开发、设计、计划、采购、生产、控制、检验、销售、服务、反馈等全过程中形成的,同时又在这个产品质量实现全过程的不断循环中螺旋式提高。"质量螺旋"是从识别需要到评价这些需要是否得到满足的各个阶段中,影响质量的相互作用活动的概念模式。该"质量螺旋"体现了质量管理的新品开发质量管理、供应商质量管理、过程质量控制、客户端质量管理等产品质量实现过程的各个环节。

(4)全面质量管理理论。全面质量管理(total quality management,TQM),就是指一个组织以质量为中心,以全员参与为基础,建立起一套科学、严密、高效的质量体系,以提供满足用户需要的产品或服务的全部活动。费根鲍姆提出的全面质量管理的基本原理强调,为了取得真正的经济效益,管理必须始于识别顾客的质量要求,终于顾客对其手中的产品感到满意[14]。全面质量管理就是为了实现这一目标而指导人、机器、信息的协调活动。

全面质量管理由组织结构、技术、人员和变革推动者四个要素组成,即全员参与、全过程的质量管理。全员参加的质量管理即要求全部员工,无论是高层管理者还是基层员工或一线工人,都要参与质量管理活动。

全过程的质量管理必须在市场调研、客户需求确认、研究试验、设计、原料采购、制造过程、检验、储存运输、销售、安装、使用和维修等各个环节中都把好质量关。其中,产品的设计过程是全面质量管理的起点,原料采购、生产、检验过程是实现产品质量的重要过程,而产品的质量最终在市场销售、售后服务的过程中得到评判与认可[11]。

3.质量管理理论在国内的发展

质量管理理论研究日新月异。

宏观方面,马小平指出,制造业质量竞争力对国家经济的质量状况起到了决定性的影响作用[15]。

质量管理理论的研究方面,李江蛟指出,质量的概念已经演变到"大质量"阶段,只有建立质量管理的大体系,整合有关职能管理体系,通过一体化手段才能提高各要素的协同增效作用[16]。赵玉忠指出,只有有效识别质量管理要素才能制定有针对性的质量管理方案,他提出质量管理要素可分为根源要素、支持要素和结果要素,并针对不同要素提出了相应的评价指标体系[17]。杜剑把全面质量管理和零缺陷管理结合起来,提出了基于 TQM 的零缺陷质量管理[18]。张玉文提出零缺陷管理可从内部零缺陷管理体系、外部零缺陷管理体系和零缺陷管理体系保障措施三个方面构建[19]。

质量体系方面,陈铭提出全面质量管理建设需要从质量管理体系、全面质量管理文化和六西格玛等方面展开[20]。李军提出质量管理应该从设计开发、供应商质量、生产过程质量和全员参与改进等过程进行,从而确保产品质量符合客户要求[21]。王晓川提出企业管理的稳健需要构建质量管理防错体系,利用失效模式和效果分析(failure mode and effect analysis,FMEA) 工具,结合防呆法(poka yoke)能帮助企业建立有效的防错体系[22]。

过程控制方面,房纪涛研究了质量目标和过程控制之间的关系,提出了面向质量目标过程的统计控制方法,是对休哈特控制图理论的进一步研究和应用[23]。郑唯唯研究指出,过程质量控制体系的建立应从防范过程质量风险着手,建立过程质量风险集成管理体系[24]。

4. 质量管理运行有效性评价理论

(1)ISO9001 质量管理体系。国际标准化组织(ISO)制定的质量管理体系条款中,规定了体系运行的内部自我评价方法——内部审核。内部审核是第一方审核,由组织自己或以组织的名义进行,审核的对象是组织自己的质量管理体系,验证组织的质量管理体系是否持续地满足规定的要求并且正在运行。它为有效地管理评审和制定纠正措施、预防措施提供信息,其目的是证实组织的管理体系运行是否有效,可作为组织自我合格声明的基础[31]。

ISO9001 质量管理体系提供了评价质量体系运行有效性的通用方法,其审核目的是对质量管理体系运行有效性进行自我评价,包含审核程序、审核重点、审核计划、审核客观、审核资源、审核结果、审核文件和纠正措施等基本要求,被全球各个认证机构、组织所接受并广泛采用。

ISO9001—2015 质量管理体系更新版强调了对质量风险的管理,企业应在识别质量风险的基础上,建立识别、评估和控制的系统程序。

(2)德国 VDA6.3 过程审核。VDA6.3 是德国汽车工业联合会(VDA)制定的德国汽车工业质量标准的第三部分,即过程审核。过程审核是指对质量能力进行评定,使过程能达到受控和有能力,能在各种干扰因素的影响下稳定受控。VDA6.3 审核的范围包括营销、开发、采购、生产/服务的实施、销售/运输、售后服务等[32]。

审核步骤:抽样—审核—评分和定级—反馈。

VDA6.3 评分准则中对审核内容符合要求程度的评定:

①符合:[90%,100%)。

②绝大部分符合:[80%,90%),只有微小的偏差,证明已经满足 3/4 以上质量的规定要求,且没有其他风险。

③有条件符合:[60%,80%),有较大的偏差。

④不符合:[0%,60%),有严重的偏差。完全不符合为 0 分。

每个要素评分=(各相关问题实际得分的总和/各相关问题满分的总和)×100%

审核结果的综合得分评定如表 2.1 所示。

表 2.1　审核结果的综合得分评定

总符合率 E_G	对过程的评定	级别名称
[90%,100%)	符合	A*
[80%,90%)	绝大部分符合	AB*
[60%,80%)	有条件符合	B*
[0%,60%)	不符合	C

资料来源:VDA6.3 过程审核。

VDA6.3 审核方法从成熟的汽车行业发展而来,其先进的审核理念、科学的评价方法代表着先进的顾客标准。该方法不仅适用于汽车行业,全球范围内其他各行业也在学习和应用。VDA6.3 制定了相对完善的审核问题评价要素和内容,为组织开展审核和评价提供了直接的参考依据。

(3)国内质量管理有效性评价理论的研究。张群祥指出,变革型领导风格对质量管理实践的导入最有效,企业应最大化发挥领导的效能,给予充分的资源以推动质量管理实践的实施[33]。姜涛经过研究得出结论,质量管理实践对于组织运营惯例更新能起到有效促进作用,也能间接影响组织质量结果[34]。贺金凤指出,质量绩效评价为组织提升质量绩效提供了系统的管理方法[35]。经过研究,刘强在其构建的质量缺陷管理影响因素对质量绩效作用理论框架中指出,只有识别不同的质量缺陷管理影响因素,才能为有效管理质量缺陷管理影响因素提供清晰的思路[36]。戴亦迪构建了基于 TQM 的质量管理运行有效性评价指标[37]。王兴林和李戈杨对基于成熟度模型的企业质量管理评价系统进行研究,提出了一种评价企业质量管理水平的成熟度模型以及具体的评价方法与准则[38]。李莉在其构建的制造企业质量管理成熟度模型中,把质量分为"软质量"和"硬质量",再根据这两个模块的特点选择关键的测评要素,建立考评调查问卷,建立测评专家组对考评企业进行走访,利用模糊综合评价,对企业的质量管理状况做出分析并给出相应的改进方案[39]。

5. 理论基础小结

对于精细化管理,很多学者已经提出了系统化的理论,精细化管理在制造过程、成本控制、流程管理等方面已经有很成熟的应用和研究。但在把精细化理论用于研究质量管理方面还有待丰富和提升,这也为本研究提供了空间。质量管理更需要关注细节,更需要精细化理论的研究以提升对产品质量管理各个职能模块的深入管理。

质量管理理论在全球范围内的发展日新月异,已经形成比较完善和成熟的质量管理理论体系。戴明环(PDCA 循环)揭示了质量管理应遵循计划—执行—检查—处理等闭环的活动以获得提升;零缺陷管理理论强调,只有树立正确的观念、执行有效的质量管理计划才能提升管理水平;朱兰质量螺旋曲线体现的原理是质量管理应包含设计开发、供应链管理、制造过程、客户端质量管理等质量实现的全过程;全面质量管理更加系统地阐述质量管理始于客户需求,终于客户满意,要实现全过程管理、全员参与;质量管理体系 ISO9001 构建了企业质量管理体系的框架,各类型公司都可以以此为基础建立管理体系以规范企业的运行。以上各个质量管理理论为本研究提供了理论基础。

在质量管理有效性评价方面,ISO9001 提供了内部审核指南,通用性比较强但专业性不足;全面质量管理理论强调全过程、全员参与,但对于企业实际应用显得有些空泛和概念化,实用性不足;德国汽车工业以其先进理念为全球制造质量提供了标杆,VDA6.3 提供了科学的评价方法,能有效应用于企业质量管理有效性的评价。但由于各国经济发展程度不一,不同企业的自动化、信息化程度不同,采用其评价方法时需要根据企业的现状和发展阶段进行修改应用[40]。

从以上的理论梳理中可以得出:质量管理需要引入和应用精细化理念以提升质量管理效果;质量管理理论的研究和发展趋势告诉我们,全过程的产品设计开发、供应链、制造过程和客户端质量是质量管理重要的管理对象,质量管理体系是规范产品质量实现全过程的基础框架,而持续改进活动是提升产品质量的有效途径;质量管理的有效性是企业应研究的内容,有助于企业识别管理存在的不足或缺失,评价自身管理的有效性,从而提供产品质量管理改进的方向。

同时,需要指出的是,各种质量管理理论的提出都有其着力点,企业对各种质量管理理论的采纳和实践需要结合自身的情况进行综合应用。本研究致力于自身质量管理理论的学习,对这些理论进行综合分析,结合研究对象企业的特点,调查企业质量管理现状,分析存在的问题,通过管理实践研究质量管理理论和方法。

三、产品质量管理现状
与问题分析

(一)厦门宏发开关设备有限公司简介

厦门宏发开关设备有限公司是厦门宏发电声股份有限公司的全资子公司。公司成立于1994年,是重点高新技术企业,专业化生产制造智能化断路器、接触器、电动机保护器、双电源自动转换开关、电涌保护器、隔离开关、中压断路器等开关元件及高低压成套设备。公司现有员工1400多人,其中各类工程技术人员500多人,公司占地面积近16万平方米。

厦门宏发开关设备有限公司产品涵盖继电器、低压电器、高低压成套设备、电容器、精密零件及自动化设备等多个类别,公司成立不久就立足于继电器和外向型两大发展方向。

厦门宏发开关设备有限公司设有与世界先进技术同步发展的省级技术中心。该技术中心拥有多名业内资深开关电器专家、成套开关柜专家,产品开发采用西门子公司的 UG NX 计算机辅助设计及分析软件,公司设有一个以可靠性试验为主的检测中心,自主创新研发的产品和发明专利逐年递增。

厦门宏发开关设备有限公司拥有先进的自动化生产流水线、精密的检测设备和严格的质量控制系统,保证了大批量生产质量的一致性;在企业信息化方面采用了先进的 SAP(思爱普)系统、MES 系统(工厂生产管理系统)实现资源的优化配置,大大提高了企业生产计划、库存管理、客户管理、网上采购、质量管理等环节的运作效率。公司已通过 ISO9001 质量管理体系认证、ISO14001 环境管理体系认证;产品符合相关的 IEC(国际电工委员会)、NEMA 和 GB 等国内外标准,并根据市场要求通过相关 UL、CSA、TüV、VDE、SEMKO、CCC、KETI 和CQC 等安全认证。

厦门宏发开关设备有限公司是定位全球服务的国际运营公司,设有面向全球市场的营销中心。营销中心充分发挥自身开拓国际高端市场丰富经验的优势,已经赢得众多欧美著名开关电器制造商的战略合作。先进的技术、卓越的品质和优质的服务使许多全球 500 强企业和国内知名企业成为公司的业务合作伙伴。自有品牌高低压电器及高低压开关柜产品广泛安装运行于能源工程、电力系统、高档房地产等重要领域。

公司秉承母公司厦门宏发电声股份有限公司"不断进取,永不满足"的企业精神,坚持"以市场为导向,以质取胜"的经营方针,努力成为全球极具竞争力的低压电器领域卓越制造商。

厦门宏发开关设备有限公司组织架构如图 3.1 所示。

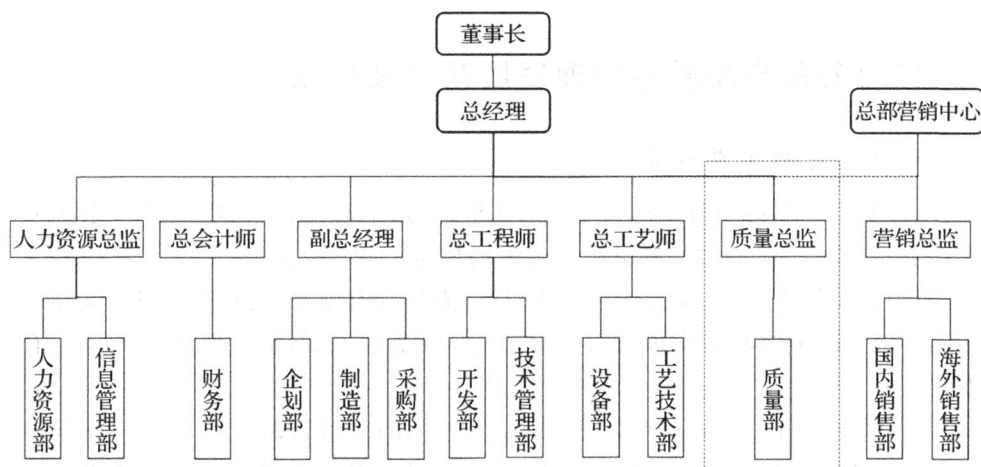

图 3.1 厦门宏发开关设备有限公司组织架构

从公司组织架构图中可以看出,在厦门宏发开关设备有限公司,质量分管领导是与各分管领导平级,能保证质量职能部门有足够的话语权,能从职能上对各个职能领导起到质量职能的沟通协调和约束作用。

厦门宏发开关设备有限公司质量系统组织架构如图 3.2 所示。

质量部职能涵盖客户质量管理、产品质量先期策划、供应商质量管理、过程质量管理、体系流程管理和持续改善管理几个职能工作组,从职能上涵盖质量管理的各个方面,确保从职能上有效管控产品质量实现的全过程。

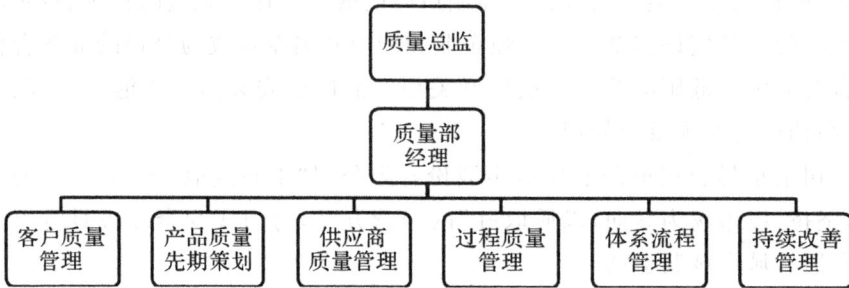

图 3.2　厦门宏发开关设备有限公司质量系统组织架构

(二)公司产品质量管理发展阶段及现状

1. 质量管理发展阶段

(1)质量管理初期阶段(1994—1999 年)。这一时期,公司质量管理系统刚刚建立,主要以检验为主,公司没有太多的质量工程师,主要是针对生产线的管理,以检验工作为主,质量人员专业性较低,流程意识较差,主要依靠部门领导的指示办事。质量的职能管理没有明确区分,质量水平低,批量性质量事故时有发生。

(2)质量管理发展阶段(2000—2017 年)。在这个阶段,厦门宏发开关设备有限公司逐渐意识到质量管理的重要性,开始进行质量工作的细分。质量部组建体系管理团队,建立了 ISO9001、ISO14001 等管理体系,并取得质量管理体系认证;供应链质量控制流程初步建立,但主要以零件进料检验为主,供应链质量管理策略不明确;过程质量控制逐渐形成,能运用控制计划、建立过程检验指导书对过程进行质量监督和管控,但对人、机、料、法、测等要素的管理意识比较薄弱,还没有形成系统性的过程质量管控机制;公司成立了售后技术支持部以处理售后质量问题,能对客户反馈的问题进行解决,但针对质量问题的根本原因分析、制定改善预防措施等方面比较薄弱,没有发挥驱动改善的职能,只解决了具体客户反馈的问题,而没有从根本上解决质量问题;产品设计阶段的质量控制仍然缺失,新产品投放市场时的质量水平仍然较低,产品存在比较多的先天缺陷,量产后需要开展大量的质量改进。

(3)质量管理变革阶段(2018 年至今)。随着公司业务的开展,厦门宏发电声股份有限公司总部逐渐明确把公司发展方向定位为重点发展低压电器产品。截至 2017 年,公司产品业务转型基本完成,低压电器产品线越来越丰富,公司新品研发、新客户开发以及自动化产线改造都围绕该门类产品进行。但公司原有质量管理系统建设跟不上公司业务的转型和发展,新门类产品业务对各个质量职能管理模块提出更高的管理要求。公司在积累了一定质量管理经验的基础上,研究了质量管理理论和方法,探索质量的各项职能管理并提升专业化水平,优化产品质量先期策划、供应链质量管理、过程质量控制、客户端质量管理、体系流程管理以及持续改善等质量职能团队,分别支持公司新产品开发、零部件采购、制造过程、客户端质量处理、体系运行和持续改善推动等管理活动。

2. 质量管理现状

公司初步建立了 ISO9001 质量管理体系,并持续通过监督审核,获得认证。质量管理体系的建立为公司各项经营活动的开展提供了框架,从新产品设计开发、采购及供应商质量管理、过程质量管理和客户投诉管理,以及人力资源管理等方面建立流程,对公司研发技术系统、营销系统、企划生产系统和质量管理系统等各个职能部门的工作进行规范化管理。

在新产品开发方面,主要由研发部门主导,通常由主设计师或研发部门主管担任项目组长,组织新产品项目的研发,新产品经评审、测试和验证后,由项目组长向制造部和质量部交接量产事宜。

供应商质量管理由采购部主要负责,选择候选供应商后经部门主管确认,提交总部审核后成为公司合格供应商。进料时供应商质量工程师(SQE)评估所采购零部件质量管控点,并制定检验标准给来料质量控制(IQC)进行进料检验。当在进料检验和生产过程中发现零部件质量问题时,由 SQE 反馈供应商并跟进质量改进。

制造过程的质量管控由过程质量工程师团队负责,对各产品在生产过程中识别的质量管控点形成控制计划。对质量的监控和管理由制造工艺员、机械维修、班长和质量工程师共同完成。工艺员负责对制程工艺参数的研究和控制,机械维修负责对设备的维护、保养和修理,班长负责安排人员完成对各工序的作业,检验员对产品进行监督检验。当出现质量问题时,由质量工程师召集各职能人员对质量问题进行分析,并组织制定改善措施,跟进其实施。

在客户端,客诉质量工程师负责对客户投诉的质量问题的处理。销售部门接到客户反馈信息后,转达给客诉质量工程师,客诉质量工程师按照客诉流程确认客户投诉的问题,组织各单位进行原因分析、制定改善措施并回复客户。

公司当前运行的质量管理是基于原有产品业务,具备基础的质量管理雏形。

但公司产品业务处于转型时期,管理层逐渐意识到原有的质量管理职能越来越跟不上公司的业务发展。公司产品从继电器转型为低压电器,但管理思路和方法一直延续原有产品的质量管理,问题逐渐凸显,在产品质量实现过程中的设计开发、供应链管理、制造过程、客户端等环节都出现与现有业务的不协调。

(三)产品质量管理问题分析

2017年底,为满足产品业务转型需要,公司决心开展质量管理的变革,探索质量管理的提升,提高产品质量管理水平。为此,在公司总部的帮助下,公司安排了对质量管理现状的调查,深入对各个质量管理职能进行审核和评价,从而掌握质量管理存在的问题。

审核和评价的内容按照公司建立的产品质量管理有效性评价体系进行,审核总体得分只有61.15分,属于质量管理能力偏低的水平。表现为各质量管理模块的缺失点较多,管理机制不够完善,有些管理要求没有执行到位或效果不佳。各质量管理模块管理效果审核得分如图3.3所示。

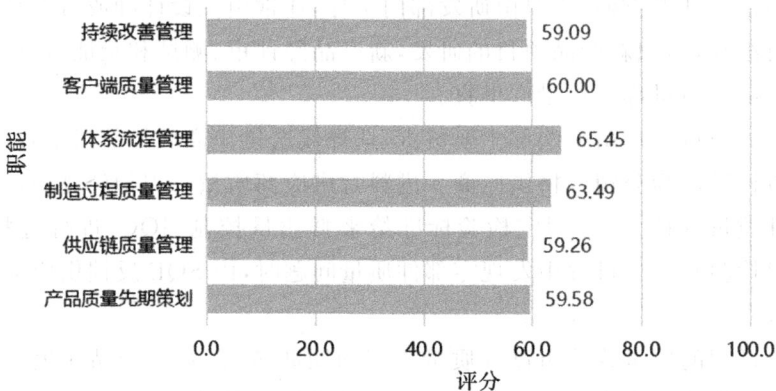

图3.3　各质量管理模块管理效果

1.新产品开发质量管理问题

新产品开发质量管理模块的主要问题是管理机制不完善,新产品开发的流程有缺失,对新产品各阶段的管理要求不够具体、详细;项目管理专业度不足,对项目进度缺乏有效的管理手段,经常滞后;新产品开发过程中对 P-FMEA(过程失效模式与影响分析)的运用不足,没有实时更新。

新产品开发质量管理审核结果如图3.4所示。

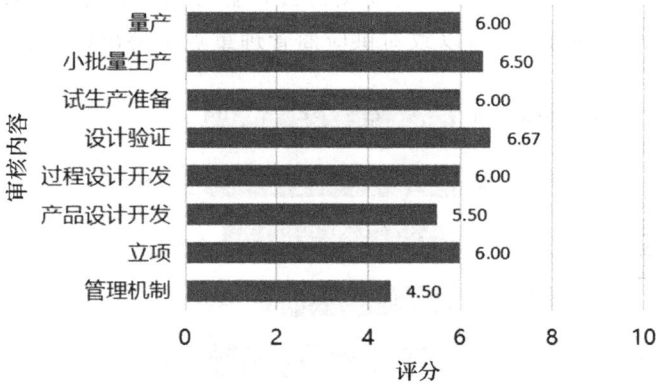

图 3.4 新产品开发质量管理审核结果

新产品开发质量管理问题可总结为以下几点：

第一，产品设计研发阶段缺乏完善的管理流程，产品设计和研发需要开展的工作不够规范化和系统化，新产品研发阶段的质量得不到有效保障，新产品导入批量生产后质量问题多。

第二，在新项目管理中，项目组长对项目小组里各个职能人员（项目管理、设计开发、质量、工艺、设备、采购等）的管理比较松散，各个职能部门工作安排无法保证项目小组的需要，有时会因各职能部门的工作支持不充分而导致项目延迟或工作质量不佳。

第三，项目组长未按计划要求每月向管理层报告项目实施进度、项目状况，部分项目实际开展有延迟，未主动向各职能部门寻求支持，项目实际进度无法得到有效保证。

第四，新品开发在验证过程中对失效进行了分析，但针对失效未形成书面的改进措施。应建立措施计划表，明确措施、执行人、完成时间等，以便措施的执行与有效性验证得到记录。

2. 供应链质量管理问题

公司供应链管理的主要问题有：有相应的供应商开发流程，但对新供应商的审核和批准不够完善，导致部分无资质的供应商也被批准成为公司的供应商；没有建立对供应商零部件的认定流程和规则，供货质量得不到保证；采购进料零件，供应商提供的批次标识不够清晰，导致批次管理比较混乱，有混料的风险；缺乏对供应商绩效定期管理的方法，未能定期识别主要问题以确定改进方向；对供货供应商缺乏年度的绩效和资质考评，导致供应商水平参差不齐，没有及时淘汰水平较差的供应商并开发新供应商以支持公司业务发展需求,没有对不同水平供应商采取相应措施的考虑,以致对供应商管理重点不突出(见图3.5)。

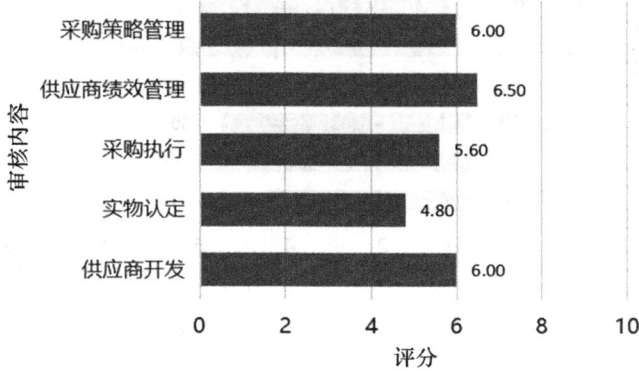

图 3.5　供应链质量管理审核结果

供应链质量管理的问题总结分析如下:

第一,供应链质量管理事项烦琐而且复杂,供应链质量管理没有清晰的管理思路进行分类管理,导致工作不能有效厘清。

第二,对新供应商的选择和认定没有明确的管理要求,选择的供应商质量管理能力达不到公司要求,零件质量问题频频发生。

第三,对供应商零件认定和批准的管理制度和流程不规范,对不同风险程度的零件没有定义清晰的认定规则要求,存在未充分识别的质量风险,认样批准后的零件不符合要求。有时因新零件存在质量问题影响生产,导致交期延迟。

第四,供应商零件识别管理存在缺陷,对供应商不同零件状态管理缺失,零件混料等问题时有发生。对于特殊状态的物料没有充分有效的管理手段,导致无法从实物包装上对特殊物料进行识别并有效管控,在仓库存储、制造过程中无法通过零件标签识别和管理。

第五,供应商绩效管理不完善。对供应商每月供货状况,特别是质量状况缺乏定期的监督和评审机制,难以识别问题点以有针对性地进行改进。

第六,对供应链的管理策略缺乏系统性考虑,对于优质的供应商缺乏有效的激励,劣质供应商的退出机制不完善,导致供应链不能得到优化和提升。

3. 制造过程质量管理问题

制造过程质量管理审核结果如图 3.6 所示。

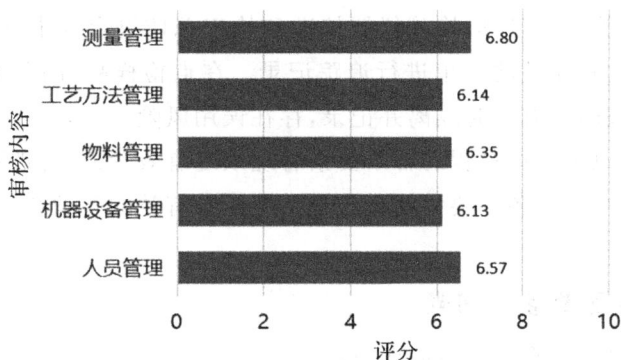

图 3.6　制造过程质量管理审核结果

主要不符合项有对各生产要素(5M)的规范管理有缺失和对变更的执行力不足两个方面。5M 管理问题是对人、机、料、法、测等要素的管理有缺失,人员在岗位资质管理方面有疏漏;机器设备的维修只确认问题是否得到解决而没有对问题产生的原因进行记录,对设备更换备品备件没有进行详细的信息记录;物料管理中零部件使用记录存在一定的缺陷,发现部分未有效记录物料的使用批次;工艺方法管理中存在控制计划未得到及时更新的现象,部分操作指导卡规定不够细致,缺乏更清晰有效的图片展示操作步骤;测量管理中在点检样品、部分卡尺等测量工具发生异常失效时没有及时对这些工具进行隔离并记录,存在误用风险。对变更的执行方面,对 5M 的变更没有记录变更的内容以进行有针对性的管理。

制造过程的管理问题总结分析如下:

第一,人员管理。现场操作人员资质管理和多能工培养工作比较到位。但部分岗位存在人员临时顶岗或岗位调整没有进行充分论证,存在一定的风险。

第二,机器设备管理。部分设备问题清单信息不完整,关键问题点未纳入分析监控项目,设备故障问题分析不够深入。对设备维修的管理比较随意,没有深入分析设备故障原因,设备备品备件管理粗放,规范化程度不足。

第三,物料管理。物料识别和追溯按照先进先出的原则进行管理,通过信息系统和条码标签管控,能确保物料使用按规定操作。但在物料使用记录方面存在一定的缺陷,发现部分未有效记录物料的使用批次;零部件批次管理不够规范,存在物料误用、混用的风险。

第四,工艺方法。操作指导卡和控制计划的更新没有同步,工艺方法变更没有详细记录保存以供查询和追溯。部分操作指导卡规定不够细致,缺乏更清晰有效的图片展示操作步骤,缺乏不良品图片以培训员工,可视化不足。

第五,测量管理。量具、检验仪器校准和检定总体符合要求并有效管控,按时校准并建立比较完整的清单进行追踪记录。在点检样品、部分卡尺等测量工具发生异常失效时没有及时隔离并记录,存在误用风险。

第六,对于以上生产过程的各个要素管理缺乏有效管控,管理不到位导致现场管理比较无序;对于各个要素的变化或变更没有有效的管理和记录,导致追溯管理存在缺失。

4. 客户端质量管理问题

客户端质量管理存在以下问题点:

第一,没有深入调查客户投诉信息,问题描述不清楚,没有真正理解客户的反馈内容,存在客诉处理不及时的现象。

第二,原因分析不够彻底,没有分析到末端因素,未能找到问题的根源,主要是没有有效运用质量工具进行分析和整理问题点。

第三,改善措施未能针对根本原因,不够具体化,没有明确责任人和具体的完成时间计划,导致改善措施不明确,未能按计划时间完成客诉的结案。

第四,客户满意度调查流程不够规范,客户满意度调查工作没有起到实质性的作用,对客户的满意度调查流于形式,部分调查只做到经销商层面而没有到终端客户,无法真正了解客户需求;对客户的产品性能需求满足状态没有持续、有效的跟踪,难以定期确认产品的可靠性性能。

客户端质量管理审核结果如图 3.7 所示。

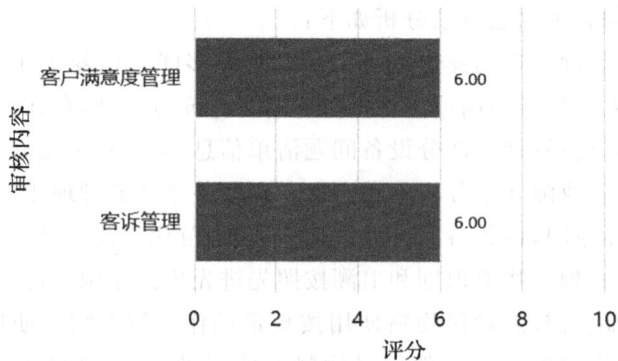

图 3.7 客户端质量管理审核结果

经过详细分析,客户端质量管理问题产生原因如下:对质量工具的学习、培训不足,导致问题解决技能不足,客诉管理流程不完善,客户满意度调查流于形式,未能深入分析发生问题的根本原因,对失效的分析深度不足,未进行故障模拟再现以真正确认问题根源。

5.体系流程管理问题

质量管理流程体系审核结果如图3.8所示。

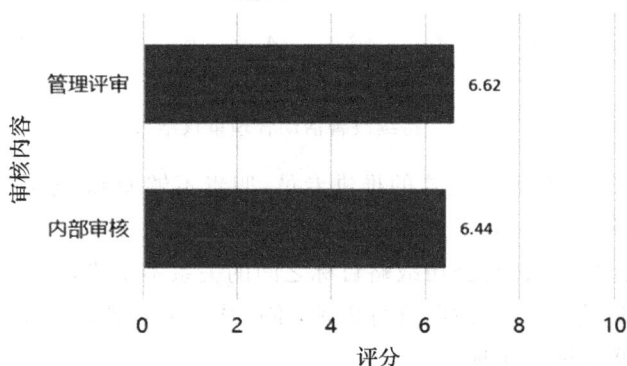

图 3.8　质量管理流程体系审核结果

公司质量管理流程体系的框架初步建立,但还存在一定的问题,体系流程管理各个流程的职责单位不够清晰,部分流程需要完善而没有明确的职责部门负责组织和协调,导致流程更新缓慢。

体系流程管理运行有效性不足,主要体现在:

第一,各部门对体系流程管理职责认知不足,导致职责履行不到位,制定的管理流程执行力欠缺。

第二,体系流程管理运行有内部审核机制,帮助对体系运行适宜性、充分性、有效性进行监督。但过于依赖内部审核,在其他方面如生产过程、具体流程等缺乏有针对性的监督机制,体系运行缺乏改善推动力。

6.持续改善活动管理问题

持续改善活动管理审核结果如图3.9所示。

主要发现的问题点是管理机制缺失比较严重。此外,在改善活动过程的组织实施、过程检查以及总结、激励方面有些执行不到位。

以上问题点分析如下:

第一,持续改善活动实际由质量总监作为倡导者,但组织架构中没有明确任

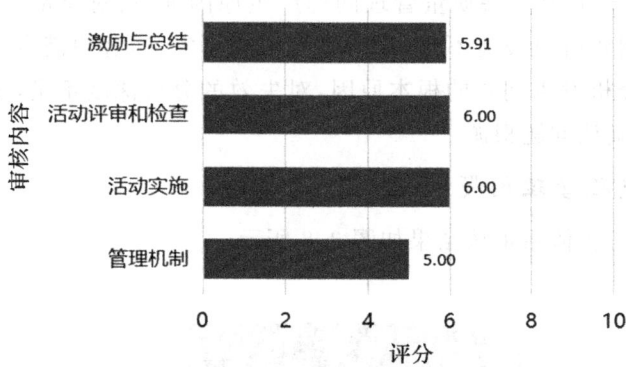

图 3.9 持续改善活动管理审核结果

命具体岗位人员,没有任命正式的推进专员,职责不够明确,导致工作开展没有总体计划性,无法实际有效推进工作的开展。

第二,持续改善项目与公司战略目标之间的关系不明确,无法从公司运营总体角度对最重要、最紧急的问题进行识别,难以成立专项改善团队以确保改善项目支持公司战略目标的实现。

第三,对六西格玛项目团队和公司层面的项目评审,没有完整的评审记录,无法确认评审工作事项的完成情况和效果,项目计划和实际进度开展有滞后及改善效果不佳的可能。

第四,对开展持续改善活动的人员培训不足,质量工具的掌握和综合技能不足导致项目开展效果没有达到预期。

(四)公司产品质量管理问题深层次原因探究

综合以上对各质量管理职能的总结和分析,公司产品质量管理存在的问题已经比较明确,公司能够有针对性地采取措施进行改进,但要从根本上解决这些问题,还需要从深层次进行探究。

(1)领导作用缺失。公司的质量管理在某种程度上存在领导作用缺失的现象,对质量的关注不够,放任管理会导致质量管理失去有效控制,可能导致失控。

(2)管理制度粗放。公司目前的质量管理比较粗放,不够深入,各项质量管理工作的落实措施不够具体,对实际的管理工作存在一定的执行不到位的情况,无法达到预期的管理效果;公司各项质量管理职能都存在一定的流程缺失或不足,各项质量管理流程亟须完善,管理的规范性不足;质量绩效管理程度不足,考核制度不够完善,奖惩制度也不尽合理。

（3）质量管理人才缺乏。公司质量管理人才还比较缺乏，质量人员的专业度、知识素养有待提升；非专职质量岗位管理人员，总体质量意识比较薄弱，各级管理人员对质量管理的重要性宣导不足。

（4）质量管理信息系统不完善。质量管理要实现规范化、精细化，需要大量的对质量数据的统计和分析，需要完善的质量信息系统以支持质量流程的快速运行，而公司质量信息系统缺失，导致实施起来困难较大。

（5）质量意识薄弱，质量文化长期被忽视。质量文化比硬邦邦的规章制度有更好的影响力和约束力，公司的质量文化建设程度较低，主要是跟随总部的要求开展活动，质量文化的主动性和积极性比较欠缺。

四、产品质量精细化管理
模式的构建与实施

（一）产品质量精细化管理模式的构建

母公司厦门宏发电声股份的产品质量管理存在两个方面的问题：一是各项质量管理职能没有发挥应有的作用，质量职能对各项工作的管理不够深入，粗放式管理导致职责落实不足；二是各个质量职能模块未能形成很好的相互作用体系，甚至存在重叠矛盾或者管理真空，质量系统比较松散因而未能形成合力，没有起到对厦门宏发开关设备有限公司质量管理的战略规划作用。

因此，基于厦门宏发开关设备有限公司的质量管理现状，结合总部"以市场为导向，以质取胜"的经营管理理念，通过对 PDCA 管理理论、全面质量管理理论以及朱兰质量螺旋曲线、精细化管理理论的学习和研究，厦门宏发开关设备有限公司管理层需要识别产品质量实现过程，如新品开发、零部件生产、制造过程和客户端质量等；此外，质量管理体系是规范公司管理不可缺少的质量职能，同时通过开展持续改进活动能直接有效提升产品质量。因此，厦门宏发开关设备有限公司需要基于这些质量职能构建适合公司产品质量管理要求的产品质量精细化管理模式。为厦门宏发开关设备有限公司构建的产品质量精细化管理模式如图 4.1 所示。

首先，该质量管理模式关注客户需求，致力于达成客户满意，体现质量管理为客户创造价值的理念。

其次，对设计质量、供应链质量、过程质量进行管理。客户端质量是产品质量实现的全过程，体系流程管理为公司建立基础框架以进行规范管理，持续改善管理提升对产品质量的直接手段，对这些质量职能模块以及制造过程最核心的人、机、料、法、测等各要素进行精细化管理，深入挖掘质量管理的"隐形金矿"，以细节管理预防质量风险。

最后，使质量管理各个模块形成系统的有机整体，实现对各要素的科学性和规范化管理。通过 PDCA 循环在厦门宏发开关设备有限公司的实施和改进,评估和验证质量管理模式对质量管理水平提升的影响。

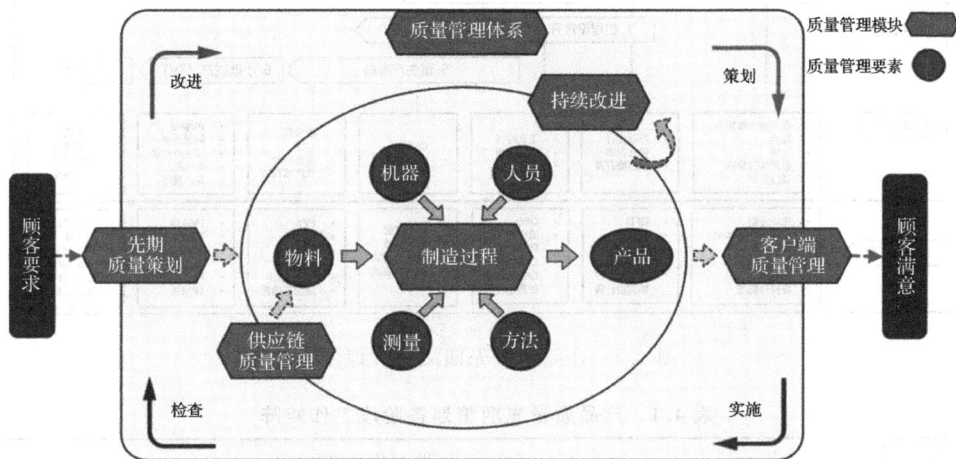

图 4.1　厦门宏发开关设备有限公司产品质量精细化管理模式

(二)产品质量精细化管理模式各职能模块及实施

1.产品质量先期策划管理

总结分析过去几年公司研发质量管理现状可以发现,新产品进入量产后往往会暴露很多质量问题,要通过大量的工程变更以改进产品,影响量产后的产品合格率,影响交期。经过长期的研发管理工作摸索,公司亟须在新品开发方面形成一套基于产品质量先期策划(advanced product quality planning,APQP)研发质量管理流程[41],以产品质量先期策划的研发质量管理流程实践“产品质量是设计出来的”的理念。该管理流程如图 4.2 所示。

在该质量管理模式下,产品质量先期策划管理是“七段一体”式质量控制模式,通过七个阶段逐步分解新品开发的全过程,细分各个阶段的质量控制任务,保证最终新品开发后在量产阶段的质量,实践“产品是设计出来的”的设计理念。在新品开发的每个阶段,开始前要求制定阶段任务、目标和检查表以明确阶段工作要求;阶段结束前,应建立阶段“关卡”以评审阶段任务、目标和工作事项完成情况,以作为评判能否进入下一个阶段的依据。

(1)建立 APQP 管理流程以规范新品开发过程。该流程分为几个有机统一的阶段性任务,如表 4.1 所示。

目标监控、持续改进和项目管理

APQP流程：
1. 立项　2. 产品设计开发　3. 过程设计开发　4. 设计验证 (DV)　5. 试生产准备　6. 小批试产 (PV)　7. 量产

主要工作						
·客户要求收集与转换 ·立项 ·设定项目目标 ·项目分级	·产品设计 ·设计评审 ·供应商开发	·工艺设计 ·工艺评审 ·初样小结	·DV验证 ·设计冻结	·供应商实物认定 ·设备验收 ·生产线释放	·PV验证 ·问题改进 ·试生产总结 ·PPAP ·量产批准	·早期遏制 ·产能爬坡 ·持续改进 ·项目移交

方法与工具						
·市场设研 ·AHP客户要求分析法 ·关系矩阵 ·亲和图 ·标杆分析等	·QFD ·TRIZ ·FMEA/FTA ·DOE设计 ·CAE/CAD/仿真设计等	·QFD ·流程图 ·FMEA/FTA ·DOE设计 ·CAE/CAD/仿真设计等	·性能试验 ·环境试验 ·可靠性试验 ·加速寿命试验等	·PPAP ·MSA ·SPC ·OEE ·FMEA/CP ·精益工具等	·PV试验 ·8D/5WHY ·PPAP ·QC工具 ·FMEA/CP ·TPM等	·六西格玛改进方法 ·QCC活动 ·8D/5WHY ·QC工具 ·精益工具等

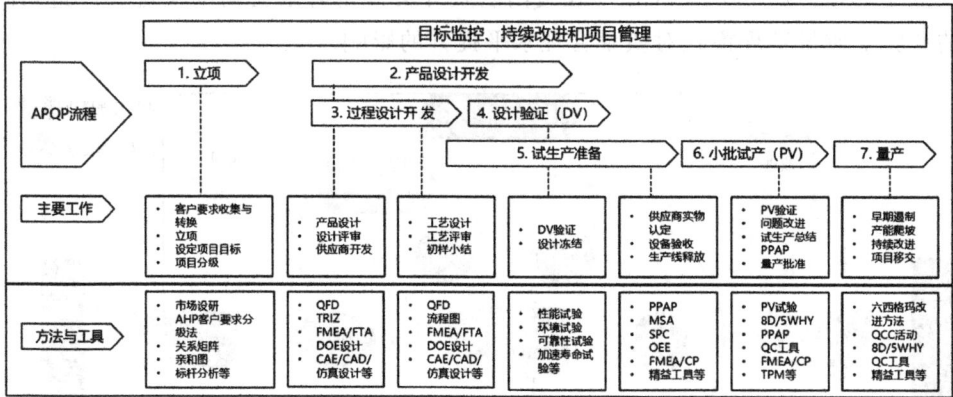

图 4.2　产品质量先期策划管理流程

表 4.1　产品质量先期策划各阶段工作矩阵

序号	阶段	主要工作内容
1	立项	(1)市场调研:选定目标市场,搜集客户需求信息,以明确客户需求 VOC(客户的声音,市场调研及明确客户需求) (2)竞品分析:评估与竞品相比的优劣势,主要方面有:设计标准化、模块化、平台化 (3)质量目标制定:包括是否满足法律法规要求、技术标准、关键特性,在顾客端的失效率、过程缺陷率、产线一次通过率等 (4)概念设计:构思产品设计方案,初步确定产品结构,将主要客户要求转化成设计要求,把客户需求转化成技术参数要求 (5)成本/收益评估:新品项目的成本、收益分析 (6)立项批准:成立项目团队并建立项目工作计划,制定设计任务书,提交管理层进行立项批准
2	产品设计开发	(1)方案设计:把概念设计转化为实际设计方案,对技术参数要求进行总体规划和评审,把产品技术要求转化成详细的零件要求(零件要求含结构、尺寸、性能等),制定 D-FMEA 设计失效模式 (2)制订验证计划:DV 设计验证计划是用于评估产品是否满足设计要求的测试项目清单,由设计质量工程师根据设计要求等组织制定 (3)设计评审:按照设计任务书、DV 验证计划等要求对详细设计方案如质量功能展开(quality function deployment,QFD)、DFMEA、产品设计图纸等进行评审,确保设计输入满足设计要求 (4)供方选择和开发:产品开发阶段应选择适合的供应商,新供应商开发重点关注供应商技术能力、生产过程质量管控能力以及公司管理水平

序号	阶段	主要工作内容
3	过程设计开发	(1)工艺设计:工艺规划,根据工艺设计规范,对工艺进行设计和开发,明确工艺要求,包含设备、工装、夹具、包装方案等;工艺工程师制定工艺流程图、工艺布局图,进行 P-FMEA 过程失效模式和风险分析 (2)工艺评审:项目小组对工艺设计的各项内容进行评审 (3)工艺设计实现:工艺评审完成后,执行工艺设计的落地,布局产线,购置机台设备,制作工装、夹具等,组建生产线
4	设计验证	(1)初样:在产品设计阶段的基础上对产品初样进行评审,安排初样制作和试验、初样总结,对在初样制作过程中发现的问题、试验发现的问题等进行总结和评审,以制订设计改善计划 (2)正样:正样的准备是建立在对初样进行总结和改善的基础上,更新设计方案,更新 P-FMEA 过程失效模式,并制订正样控制计划 (3)设计验证试验:根据 DV 验证计划,进行产品测试。对测试的结果进行评审,重点针对测试失效项目进行分析,探寻根本原因,并制定相应的设计优化方案 (4)设计鉴定:对正样装配、产品试验等按照设计任务书的要求进行全方面评审,审视质量目标的达成情况,完成设计鉴定 设计冻结:确认设计输出的满足情况,提交设计管理系统备案,进行设计冻结。设计冻结后意味着可以进入下一个阶段,设计冻结后如果有设计需要更改,则需要按照工程变更的要求执行
5	试生产准备	(1)生产设备调试,对产线设备进行调试,优化工艺参数,制定工序及设备操作指导书,建立设备的操作规程、维保手册 (2)生产设备验收:对生产设备进行验收,由设备工程师组织项目小组成员一起评审,结合设备调试生产合格率、设备管理的各项文件要求完备情况确定验收

续表

序号	阶段	主要工作内容
6	小批量试产	(1)小批量试生产:制订 PV 验证计划,确认各项工作准备就绪,包括: ① 人员:培训上岗的作业员 ② 机器设备:确认已验收生产线,准备设备维护保养计划、维护指导书、备品备件 ③ 物料:物料/零部件到位,合格入库 ④ 方法:确认每道工序的工艺参数已经明确且规定完善 ⑤ 测量:对检测设备和点检样品的状态进行确认。检查控制计划、检验标准、检验指导书、检验记录等是否发放到位 (2)小批量验证试验:制造部安排小批量试生产,各职能小组需要提供支持,及时解决问题,对试生产过程安排过程审核和产品审核 (3)产品认证:提交申请外部认证,包含 CCC 认证、UL 认证或 TUV 认证等 (4)试生产总结:项目质量目标达成情况,产品设计方案及工艺方案确认,PV 验证结果,零件进料检验合格率情况,过程能力分析;产品认证情况;产品制造过程中发现的主要问题点包括与产品设计、工艺设计、设备和工装有关及零部件质量方面的主要问题点,以及改进计划等 (5)批准:向顾客提交 PPAPP 和 SW 文件以获得批准
7	量产	(1)早期遏制计划:批量生产的首批订单开始生产之前,制订早期遏制计划,避免因产品质量不受控导致不良品流出 (2)改进:根据批量生产的情况,搜集质量数据并进行统计分析,识别改进机会并制定措施进行改进 (3)项目总结:确认项目质量目标达成情况;是否具备取消早期遏制并进行项目交接的条件;对项目的开展过程进行回顾(从立项到转量产全过程),总结经验教训(包括项目管理的经验教训);形成标准化文件;总结项目收益(包括有形成果和无形成果、可能涉及的专利等) (4)项目移交:项目移交应先由项目组长汇报项目情况,项目组长填写项目交接申请表,接收单位确认,并经总工程师审核、质量分管领导批准后正式交接

公司通过建立"七段一体"式产品质量先期策划流程,细化产品设计阶段各个环节的质量管理,抓住新品开发各个阶段质量管控重点,量产阶段产品质量问题和工程变更的次数明显减少了,有效保证了新品投放市场的时间和交期。

(2)完善新品研发项目管理机制。在建立产品质量先期策划流程的同时,公司需要完善对新品项目产品质量先期策划的深入管理,强化新品项目经理管理职能,在项目开展过程中按要求组织项目进度管理和跟进,确保项目按期完成。

在新品项目立项组建跨部门的项目团队时详细评估能力,各职能部门安排充分的人力资源支持新品开发团队,按产品质量先期策划各阶段任务要求,各职能部门人员履行职责,充分发挥新品项目团队的作用。

建立以项目经理为主导的矩阵式职能结构,如表4.2所示。

表4.2　项目管理职能矩阵

项目	项目管理	开发部	采购部	质量部	工艺技术部	设备部
项目A	项目经理1	设计师1	采购 工程师1	质量 工程师1	工艺 工程师1	设备 工程师1
项目B	项目经理2	设计师2	采购 工程师2	质量 工程师2	工艺 工程师2	设备 工程师2

在矩阵式的组织结构中,参与到项目中的各个职能部门人员的主要工作由项目经理统筹(横向组织),而各职能主管主要起到对职能业务的工作指导作用。

建立新品项目的定期汇报和评审制度,如表4.3所示。

表4.3　新品开发会议类别及主要内容

会议类别		会议主要内容
按时间	周例会	按工作周跟进工作事项
	月度会议	按月小结工作事项,推进项目工作进展
按项目阶段	项目阶段评审	每个阶段开始时评审项目计划工作,部署工作内容
	项目阶段总结会议	每个阶段结束前安排阶段总结,设定"质量门",进入下一个项目阶段前应符合阶段质量目标要求

建立新品开发阶段问题清单及改善措施汇总表,安排责任人员跟进处理,确保问题点及时结案,如表4.4所示。

表4.4　新品开发问题清单/改善计划

项目编号:	
项目名称:	问题清单/改善计划
项目组长:	
项目阶段:	

续表

#	优先级	问题描述	原因分析	改善措施	责任人	完成时间	进展状态
1	Ⅱ						
2	Ⅰ						
3	Ⅲ						

2. 供应链质量管理

零部件质量直接决定产品的质量水平,零部件采购过程实际上是公司制造过程的往前延伸,开发优质的供应商、打造高质量的供应链一直是企业质量管理的工作重点之一。基于对管理现状的分析,公司供应链质量管理应采用"供应链集成合作"管理方法,在总部的统一框架下,通过供应商开发、实物认定、采购执行、供应商绩效管理和采购策略管理五个步骤,实现供应链的集成控制,与重点供应商建立战略合作伙伴关系,集成到公司的供应链系统中,同时也能从总部供应链系统共享供应链资源(见图4.3)。

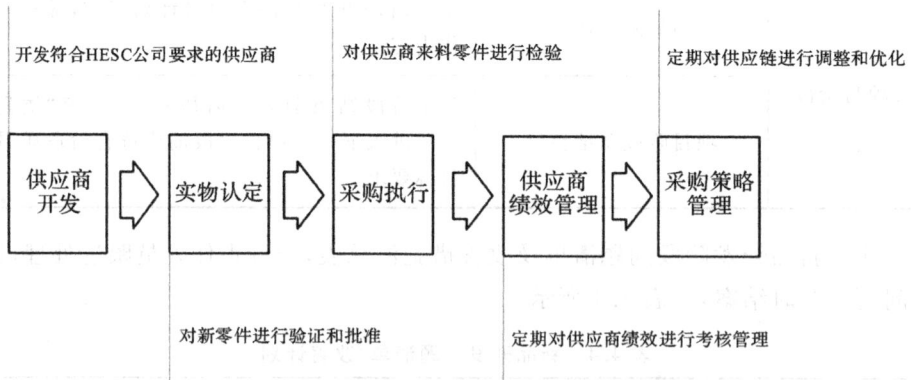

图 4.3　供应链质量管理策略

供应链管理的各个环节工作任务如表4.5所示。

表 4.5　供应链管理各环节工作任务

序号	管理环节	工作任务
1	供应商开发	开发符合公司要求的供应商
2	实物认定	对新零件进行验证和批准
3	采购执行	对供应商零件进行检验
4	供应商绩效管理	定期(月度)对供应商绩效进行考评管理
5	采购策略管理	定期(年度)对供应链进行调整和优化

(1)供应商开发。公司在供应商开发方面建立了供应商开发需求评审—供应商初选—供应商审核—供应商批准等流程步骤,严格把关新供应商的审查和导入。

首先,当有新物料采购需求或因供应商策略调整需要开发新供应商时,采购部提出供应商开发需求,由采购部、技术部、质量部等协同评审,确定各项要求。

其次,新供应商初选。供应商需要提供必要的信息,如经营许可证书、质量管理体系证书、工艺流程图、生产和技术能力证明文件、公司组织架构图、产品质量信息、客诉处理流程等。

供应商初步审核需要有评价标准,建立标准如表 4.6 所示。

表 4.6　供应商初步审核评价

评价内容	优	良	一般	差	很差
生产和设备能力	足够	较足够	仅满足	不足	严重不足
品牌知名度	国内外名牌或给国际知名企业供货	省名牌或给国内知名企业供货	市名牌或给行业知名企业供货	无知名度	名誉差
管理水平	职责分明,执行力好	职责分明,执行力一般	能保证生产进行	不足以保证生产进行	不能保证生产进行
技术、制造、检验能力	行业内领先	行业内较好	行业平均水平	低于行业平均水平	远低于行业平均水平
价格水平	行业内最优价格	行业内较优的价格	中等价格	价格略高	价格高于行业平均水平

续表

评价内容	优	良	一般	差	很差
交期水平	交货期2周内	交货期2～4周	交货期4～8周	交货期8～12	交货期12周以上
质量管理	通过所有相关的质量管理体系认证	通过ISO9001的质量管理体系认证	具有专门质量管理和检验资源	质量管理和检验资源不足	不具有质量管理和检验资源
环境管理	通过环境管理体系认证,环境绩效优	正在申请认证,环境绩效良好	专员负责,未发生环保违规行为	有轻微违反环保法规的行为	严重违反环保法规或环境污染严重
职业健康安全管理	通过职业健康安全管理体系认证,安全绩效优	正在申请职业健康安全管理体系认证,安全绩效良好	专(兼)职部门或人员负责,未发生安全违规行为	有轻微违反安全法规的行为	严重违反安全法规或本年度发生过重大安全事故

再次,进行新供应商审核。经过初选后,采购部提出新供应商开发申请,采购部依据初选结果组织技术、质量等部门,依据"供应商质量体系审核表"(见表4.7)对供应商的质量管理体系进行审核。

表4.7 供应商质量体系审核项目

序号	项 目
1	管理体系要求
2	文件和记录管理
3	人力资源管理
4	内部审核
5	管理评审
6	监视和测量设备的控制
7	采购和供应商管理
8	设计和开发
9	产品实现
10	监视与测量

序号	项　目
11	工程变更管理
12	不合格品管理
13	标识和可追溯性
14	持续改善
15	生产批准程序(PPAP)管理
16	环境、安全、社会责任

完成审核后,对供应商审核等级进行评估,标准如表 4.8 所示。

表 4.8　供应商审核等级评定标准

评定等级	符合率/%	说明	政策规定/措施
A 级	90～100	能力优秀	接受为合格供应商
B 级	80～89	能力较好	可接受为合格供应商,但要求持续改进
C 级	70～79	能力一般	限期整改后满足要求的方可接受为合格供应商
D 级	<70	能力差	不可接受,不纳入合格供应商名录

最后,按照供应商审核登记评定表的规定,符合要求的,正式批准为合格供应商,纳入《合格供应商名录》。

(2)实物质量认定。正式纳入《合格供应商名录》的供应商在批量供货前必须进行零部件的质量认定。公司需要对供应商供货前的零件送样进行认定批准,主要是对零件质量进行验证和确认,以确保零件符合技术规范要求。主要验证的项目有:零件尺寸、零件材料、性能测试(如强度、硬度等),以及环保要求[如符合欧盟 REACH(《化学品的注册、评估、授权和限制》)和 RoHS 指令等]。

按照 PPAP 要求对供应商的零部件进行认定和批准,以确保批量供货后的产品质量受控、稳定。PPAP 项目提交矩阵如表 4.9 所示。

表 4.9　PPAP 项目提交矩阵

序号	PPAP 项目	提交等级				
		等级 1	等级 2	等级 3	等级 4	等级 5
1	产品设计记录	R	S	S	*	R
2	设计/工程更改文件(如果有)	R	S	S	*	R
3	客户工程批准(如果要求)	R	R	S	*	R
4	设计失效模式和后果分析	R	R	S	*	R
5	过程流程图	R	R	S	*	R
6	过程 FMEA	R	R	S	*	R
7	控制计划	R	R	S	*	R
8	测量系统分析	R	R	S	*	R
9	全尺寸报告	R	R	S	*	R
10	材料、性能测试结果	R	S	S	*	R
11	初始过程研究	R	R	S	*	R
12	具有资格的试验室文件	R	S	S	*	R
13	外观件批准报告(如果适用)	S	S	S	*	R
14	生产件样品	R	S	S	*	R
15	标准样品	R	R	R	*	R
16	检查辅具	R	R	R	*	R
17	符合顾客特殊要求的记录	R	R	R	*	R
18	零件环保要求	R	R	S	*	R
19	零件提交保证书(PSW)	R	R	S	*	R

供应商零件实物 PPAP 提交等级认定如表 4.10 所示。

表 4.10　供应商零件实物 PPAP 提交等级认定

物料重要性	供应商风险程度	PPAP 提交等级
关键件	高	等级 3

续表

物料重要性	供应商风险程度	PPAP 提交等级
非关键件	高	等级 3
关键件	除高风险外	等级 2
非关键件	除高风险外	等级 1

提交等级的定义:

如客户对零件有要求的,按照客户要求等级提交;

如无特殊要求,按以下等级提交:

等级 1:只向顾客提交保证书;

等级 2:向顾客提交保证书和产品样品及有限的支持数据;

等级 3:向顾客提交保证书和产品样品及完整的支持数据;

等级 4:提交保证书和顾客规定的其他要求;

等级 5:在供方制造厂备有保证书、产品样品和完整的支持性数据以供评审。

PPAP 项目的提交要求定义:

S＝向指定的顾客产品批准部门提交,并在适当的场所,包括制造场所,保留一份记录或文件项目的复印件。

R＝在适当的场所,包括制造场所保存,顾客有要求时应易于取得。

＊＝在适当的场所保存,并在有要求时向顾客提交。

(3)采购执行。供应商零部件获得认定批准后,进入批量采购。在采购零件的执行阶段主要的质量管理工作是对采购零件的验证,如安排进料检验、型式试验等。

进料检验:基于 GB2828 要求,制定接受质量限(acceptance quality limit,AQL)检验水准进行抽检确认,检验的项目包含零部件的尺寸、性能、外观、包装以及型式试验项目等。型式试验:通过定期的性能抽样测试,判断整批零件是否可以接收。

完善对供应商特殊状态物料的管理。建立对特殊物料状态的标签识别规则,要求供应商按照实际状态粘贴对应的标签,并便于实物零件的识别和管理。特殊状态零件有:打样样品、量产初期品、改善品、返工品、工程变更首批产品等。供应商零件状态标签识别管理如表 4.11 所示。

标签的应用提升了零件物料在储存、搬运、制造使用等过程中的可视化程度,降低了混料的风险。

表 4.11　供应商零件状态标签识别管理

物料类别	标签样式	标签说明	使用范围
样品	样品标签 产品： 第　　次送样	标签样式： 黑框橙色底黑体文字	零件认定批准之前
量产初期品	量产初期品标签 第　批供货	标签样式： 黑框绿色底黑体文字	零件认定批准后前三批
改善品	改善后 第　　次送检	标签样式： 黑框白色底黑体文字	采取改善措施后首批
返工品	返工品 返工内容：_____	标签样式： 黑框黄色底黑体文字	返工批次
工程变更品	变更切换物料 工程变更号_____	标签样式： 黑框浅蓝底色黑体文字	工程变更后首批

(4)供应商绩效管理。供应商供货绩效评价是供应链质量管理的重要内容之一,公司按照 QCDS(质量、成本、交期和服务)四个方面内容进行评价。基于国际质量管理的通行做法,并结合公司长期对供应商质量管理实践,确定四个模块的权重分别为 40%、20%、20% 和 20%,对批量供货的供应商定期(每月)进行绩效考核。供应商月度绩效评价标准如下:

每月对供应商绩效进行评估后,月初把上月的绩效评估结果反馈给供应商,并要求针对扣分的问题点或质量问题提交改进措施计划,以持续推进供应商改进(见表4.12)。

表4.12　供应商绩效评价标准

评价项目		评价标准	权重	考核部门
质量	进料批次合格率	进料批次合格率	20%	质量部
	产线批次投诉率	产线批次投诉率	20%	质量部
成本	价格水平	每季度排名 价格排名	20%	采购部
交付	准时交付率	准时交付率	15%	采购部
服务	物流包装	每发现违反以下要求一次扣1分: 数量无少装、错装 物料标识标签正确 包装无破损等	10%	仓库
	送货现场管理	每发现违反以下要求一次扣1分: 堆放高度合理 卸货时做好安全防护 按要求使用叉车、电梯及其他工具	5%	仓库
	响应速度	每发现违反以下要求一次扣1分: 紧急订单物料能及时响应 及时办理退换货 及时回收包装材料 及时提交资料及完成其他要求配合的事项	10%	仓库

(5)采购策略管理。采购策略管理主要是对整个供应链进行评审,按照零件类别和产品需求每年评审供应链的质量状况,统计分析各个供应商的年度绩效,综合过去12个月的绩效平均结果进行同价汇总,得分结果按表4.13所示管理矩阵进行定级。

对每种物料类别,要维持3~4家有竞争力的供应商。定级结果确定后,根据供应商相应的级别采取相关措施进行整改,确定未来合作战略,对于优秀的供应商,进行战略合作或长期合作;对于质量比较一般但有潜力的供应商,应考虑辅导,帮助提升;对于确实较差又无法改进的供应商,应进行淘汰,开发新供应商以支持公司业务的开展。

表 4.13 供应商策略管理矩阵

年度综合绩效得分/分	供应商类别	相关措施	发展方向
X≥90	优秀供应商	• 增加采购份额 • 新项目优先考虑 • 加强新产品/新项目开发合作	战略合作伙伴
80≤X<90	良好供应商	• 适当增加采购份额 • 适当考虑发展新项目的合作 • 必要的辅导	长期合作供应商
70≤X<80	可接受供应商	• 维持一定的采购份额 • 新项目不予考虑 • 辅导或降级	辅导帮助使其成为 AB 级供应商或降为 C 级供应商
X<70	不可接受供应商	• 限期整改 • 业务切换 • 淘汰	辅导帮助使其成为 B 级供应商或开发新的供应商替代

　　对于质量绩效较差,或在某些方面可能影响公司业务,但又无法立即淘汰的供应商,应列入风险供应商进行管控,针对列入风险供应商的原因进行整改。

　　风险供应商的管理方案如表 4.14 所示。

表 4.14 风险供应商管理方案

列入风险供应商的原因	退出风险供应商管理的条件
所供物料被检出有害物质含量超出国家法律法规或公司规定的标准	供应商改善有效,且当年无任何有害物质含量超标异常
所供物料型式试验出现过一次严重不合格	供应商改善有效,且当年同类问题未重复发生
在宏发股份公司年度绩效评价为 C 级	在宏发股份公司季度绩效得分连续 2 个季度不低于 70 分
在供货、质量、环保、合作战略等方面存在风险	供应商相应风险得到有效控制,经采购委员会批准

3.制造过程质量管理

制造过程通常是制造企业最主要的质量管理内容,是一个公司质量管理水平最重要的体现。制造过程的质量控制通常是在新品开发阶段设计好的,通过设计阶段对过程失效模式的评估,识别可能发生失效的各工序、各管控参数,在此基础上制订的质量控制计划是制造过程质量控制的依据。控制计划通常包含对制造过程的人员、机器、物料、测量、方法等要素的管控方法。因此,为公司量身制定了乌龟图管理法,对制造过程的各个要素——人员、机器、物料、测量、方法等,进行精细化管理(见图4.4)。

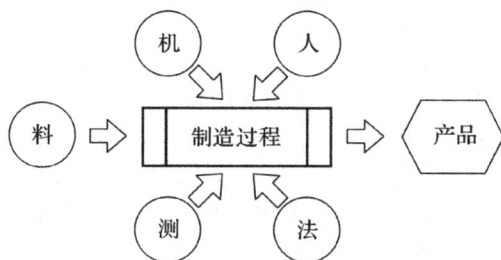

图 4.4　制造过程质量管理乌龟图管理法

(1)人员管理。制造过程的人员管理侧重于生产线管理人员,如班组长、机修、工艺员、检验人员以及操作人员等。表4.15为人员管理矩阵。

表 4.15　人员管理矩阵

管理内容	管理措施
职责和权限	明确定义岗位职责、权限要求,各岗位人员履行其职责与权限
资质管理	建立人员多能工矩阵图,跟踪人员实际能力
绩效管理	建立每天的绩效考核得分管理制,采用"葡萄图"的形式展开,每月统计员工的作业绩效

(2)机器设备管理。机器设备管理主要是设备管理机制的建立,以及在此基础上制定的设备调试验收、设备维护保养、设备故障处理,以及备品备件管理制度等(见表4.16)。

表 4.16　机器设备管理矩阵

管理内容	管理措施
设备管理制度	定义设备管理方法,包括:设备设计与开发、新设备验收、设备校准点检、设备维护保养、设备维修、设备技术改进等
设备/工装/模具的设计开发	1.对设备/工装/模具的设计开发过程进行策划 2.过程策划充分考虑设备故障履历、维保方案、质量要求 3.依据策划开展设计开发
新设备调试验收	1.设备合同技术要求明确定义设备验收标准 2.验收过程完全参照合同技术进行验证
设备维护保养	1.按年度制订预防维护保养计划 2.按管理办法执行点检确认,并记录相应确认结果 3.对设备进行维护与保养,如:清洁、清扫、拧固、润滑 4.设备点检、维保过程中发现的问题点分析改善 5.改善效果得到跟踪确认并固化
设备故障处理	1.有关键设备故障处理手册或指导书 2.文件对设备故障严重程度进行分级 3.追溯设备故障发生时间点到发现时间点 4.对该时段的产品进行风险评估验证并围堵 5.建立设备故障问题清单 6.针对问题清单,对设备故障原因进行分类:人员操作不当、维修性问题、设备老化 7.分类项目,采取改善措施,并确认措施有效性及固化工作
备品管理	1.明确定义设备、工装、夹具失效、损坏、清耗,建立处理措施 2.针对设备损坏、失效进行更换 3.建立备品备件清单,并备有最低安全库存量

　　(3)物料管理。对物料的精细化管理主要体现为对物料储存、包装、搬运过程以及零部件对成品的追溯体系管理等(见表 4.17)。

表 4.17 物料管理矩阵

管理内容	管理措施
物料包装	1.有文件定义包装的规范及要求 2.物料标签打印、保管、领用满足要求 3.同一个工作台面只有一个料号或一个 ID 号产品在包装作业
储存	1.有定义物料储存条件、储存区域、状态标示、先进先出要求 2.储存区域得到正确划分,并使用颜色区分,同时产品、零件按要求储存 3.对胶及其他化学品按要求管控,并做好记录
搬运与防护	1.有文件定义产品搬运及防护 2.按要求使用正确的运输设施(周边有防护设施,防止跌落)盛放产品或搬运产品 3.产品堆叠层数符合要求,且轻取轻放,定期对搬运工具进行清洁与维护
追溯	1.物料标签有唯一标识信息,包括批次号、生产日期等 2.生产过程建立了物料跟踪系统,并确保其可追溯性

(4)测量管理。对测量的精细化管理指的是对测量系统的保证,通过量具校准、测量系统分析和测量检验的有效执行以保证测量工作的准确性,从而保障提供准确的质量数据,保证质量决策的准确(见表 4.18)。

表 4.18 测量管理矩阵

管理内容	管理措施
校准	1.有测量设备年度校准计划,并按年度校准计划完成校准 2.有测量设备台账 3.测量设备均处于校准有效期内
测量系统分析 (measuring system analysis,MSA)	1.新测量设备验收有 MSA 报告 2.针对关键测量设备有 MSA 年度计划 3.测量设备检出力失效时,应进行风险评估与围堵,并执行测量设备的重新校准、测量系统评估
测量及检验	1.文件定义执行检验与测量 2.及时、正确、完整、清晰地记录检测结果 3.文件明确定义标准样品、点检样品的管理办法并妥善保管

（5）工艺方法管理。公司对工艺方法进行精细化管理,体现在实时更新过程失效模式和后果分析(process failure mode and effect analysis,PFMEA)。虽然 PFMEA 是在新品开发阶段制定的,但随着生产的进行,一些未识别的质量问题会逐步凸显,过程质量管理团队应针对这些问题定期更新 PFMEA,从而保证失效模式的充分识别和传递,进而更新控制计划以及相应的管控参数、标准作业方法等制造过程质量控制内容(见表 4.19)。

表 4.19　工艺方法管理矩阵

管理内容	管理措施
过程失效模式和后果分析	PFMEA 程序包含如下内容: ①对严重度、频度、探测度有清晰的定义,清楚地说明了编制原则 ②PFMEA 制定工作需由跨职能核心小组完成 ③考虑同类产品/产线的 PFMEA 以及过去典型问题的经验教训 ④定期评审制度 针对 PFMEA 严重度和频度高的项目有建议措施,并得到实施
控制计划	①制订控制计划 ②控制计划发布受控,并在现场可获得 ③巡检的作业内容及作业方法根据控制计划进行编制或修订
过程关键参数管控	①控制计划识别产品关键特性和过程关键特性 ②对关键特性进行过程管控
标准作业	①根据控制计划制作合理易读的作业指导卡 ②操作卡得到受控发行 ③明确定义首件检验的时机 ④首件检验、自检发现异常,触发异常处理流程 ⑤对异常发生时间点至检查时间点产出的可疑品进行追溯、围堵

（6）综合以上制造过程的各个要素的管理要求,通过推进示范线管理,规范人、机、料、法、测等生产要素的控制和管理,完善对各要素实施变化点的记录管理,有效管控其变化,确保过程各要素受控。

制定针对人、机、料、法、测等生产要素的变化点管理方案,如表 4.20 所示。

表 4.20　制造过程质量管理 5M 变化点管理要素

管理要素	变化内容	可能的风险	管理措施	负责人
人	员工调岗 人员顶岗 新工正式上岗	产品批量不良 不良品流出	工艺员对员工现场培训 工艺确认其可独立操作	班长 工艺员
机	设备改造 工装的调整、更换 关键零配件的更换 设备程序的更改	产生不良品 人身安全隐患	对作业员设备操作培训 清空产品,避免混料 巡检确认设备变更内容并 记录	工艺员 机修 班长 巡检
料	与要求的生产辅料 实物有变化的情况 让步、返工物料上线	混料	班长、物料员确认物料 物料特殊状态标识 核对返修品数量、产品标 识与实物是否完全一致	班长 物料员 巡检
法	工艺参数调整 生产节拍调整 作业方法调整	产生批量不良	对比调整前后的参数 通知责任人,告知变化点 操作员记录工艺变化	工艺员 班长 巡检
测	测试仪器发生变化 点检品更换	测量偏差,不 良品未检出	更换测试仪器 更换点检样品	计量工程师

制造部过程变化点管理看板如图 4.5 所示。

图 4.5　制造部过程变化点管理看板

通过管理看板,实现对各个生产要素变化点的可视化管理,班组长、检验人员可以依据变化点实施相应的管理措施,确保产品质量。

(7)产品(指成品)质量管理。对成品也应进行精细化管理。通过定期产品审核,监控产品各项质量指标的符合性和稳定性;制订周期检验计划,测试产品性能及可靠性,保证产品在客户端的使用能满足产品寿命的要求,提升客户体验。同时,需要制定相应的管理机制,如在产品审核、周期检验中发现不合格产品,及时启动改善流程,快速、有效地解决问题,避免质量问题的扩散。

4. 客户端质量管理

产品交付客户后,也需要进行相应的质量管理,才能确保满足客户要求。对客户端的质量管理有售后服务和客户满意度调查两个主要方面。

为及时、有效解决产品在市场上售后客户反馈的质量问题,建立售后服务流程。该流程基于8D(8 Discipline)方法论,并结合客户对售后服务的需求,明确各个步骤的责任部门,总体由销售部门发起,质量部组织各责任单位按步骤完成,直至闭环结案。

由客诉质量工程师驱动各部门各岗位对客诉的职能,通过完善表格规范客诉调查分析工作,彻底明确客诉问题的根本原因,制定有针对性的改善措施,提高客户投诉响应速度和改善效果。

(1)对售后服务流程按8D方法论要求规范化。表4.21显示了售后服务流程。

表 4.21　售后服务流程

售后服务流程	责任部门	流程步骤要求（基于 8D 方法论）
收到客户投诉	销售部门	收到客户的反馈信息：电话、邮件、传真、口头告知等
组建团队	质量部	D1：由客诉质量工程师根据客诉反馈信息召集相关的责任人员，组成团队以处理客诉问题
确认客户反馈信息	销售部门 质量部	D2：销售部与质量部确认客户反馈的信息，准确、完整地描述问题后受理并启动客诉处理流程
采取围堵措施	质量部	D3：受理客户投诉，与客户沟通是否到现场进行售后技术支持，或安排补货等，及时解决客户反馈问题
原因分析	质量部 责任单位	D4：组织对各部门客诉问题进行分析，确认问题产生的根本原因；应通过试验再现确认根本原因
制定改善措施	质量部 责任单位	D5：针对客诉分析中发现的问题点，制定改善措施，同时明确责任人和完成时间
实施改善措施	责任单位	D6：按改善措施要求实施
效果确认	质量部	改善措施执行检查及效果确认；改善措施有效性检查与考核
实施预防措施和标准化	责任单位	D7：在类似产品、产线水平展开；修订相关的管理制度、作业指导书和检验标准以固化效果
闭环结案	质量部 销售部门	D8：确认改善措施、预防措施均有效后，经过 2 个月生产无再发生问题可闭环

规范售后服务以及客诉流程需要从以下几个方面执行：

首先，运用"5W2H"方法描述问题。标准化描述问题的方法，以"5W2H"的要求清晰地展示问题：

➤ Who：谁发现了问题？ 谁受到了该问题的影响？

➤ What：是什么问题？

➤ Where：在哪里发现了该问题？

➤ When：在什么时候发现该问题的？

➤ Why：为什么这是问题？

➤ How：什么情况/条件下产生该问题的？

➤ How many/How much：该问题涉及多少数量的产品？ 不良率是多少？有多严重？

5W2H 问题描述法能使问题一目了然地呈现出来，有助于明确问题的严重程度、需要采取的围堵措施和下一步的原因分析工作。

其次，运用"鱼骨图"(也称特性要因图)进行原因分析(见图 4.6)。

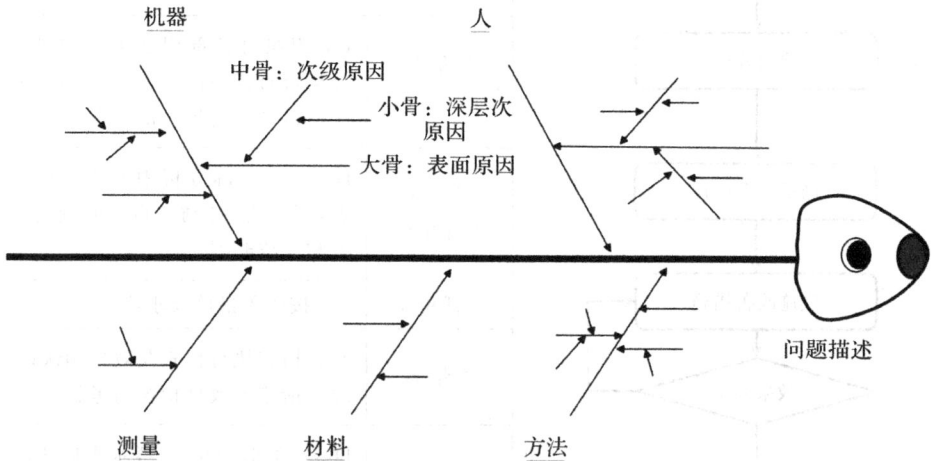

图 4.6　原因分析特性要因

➤ 鱼头部分：按"5W2H"简要汇总所描述的问题

➤ 大骨：描述表面的原因

➤ 中骨：分析次级原因

➤ 小骨：分析到深层次原因(有时需要进一步分析才能得到根本原因)

以上分析思路和方法需要从人、机、料、法、测等因素充分分析可能的原因。

最后,运用以上方法找到根本原因后,才能采取有效的改善措施。制订规范的改善措施计划并严格执行,确保改善措施落实,如表 4.22 所示。

表 4.22　改善措施计划

序号	根本原因	改善措施	责任人	计划完成时间
1				
2				
3				

(2)完善客户满意度调查以规范客户反馈信息收集工作。为更好掌握客户对公司产品质量、交期、服务的评价,建立客户满意度调查流程,以定期收集客户满意度数据,了解客户反馈。通过完善客户满意度调查,能深层次理解客户需求,充分调查客户使用公司产品遇到的问题,以便公司进一步改进。

为公司建立的客户满意度调查流程如表 4.23 所示。

表 4.23　客户满意度调查流程

客户满意度调查流程图	责任单位	流程步骤说明
策划调查方案	销售部门	每年初策划客户满意度调查方案
满意度问卷调查	销售部门 质量部	调查客户对产品、质量、服务等方面的满意度
客户反馈	客户	客户按满意度问卷做出评价
调查结果统计	销售部门	每年底收集、统计客户满意度调查结果
综合分析	销售部门	按客户满意度调查结果,对客户满意度相关指标进行分类分析
问题点改进及跟踪	质量部 责任单位	质量部和销售部组织对不满意项目制定改善措施,责任单位落实,使客户满意
客户满意度监测	销售部门	销售部门编写客户满意度监测报告,作为管理评审输入

5.体系流程管理

体系管理基于 ISO9001 质量管理体系展开,因为它提供了公司质量管理的框架,保证公司各项运营的有效执行和管理,从而保证产品质量。体系流程管理的精细化需要从以下几个方面开展。

(1)识别体系流程的类别并规范管理。体系流程以 IATF 16949(International Automotive Task Force,国际汽车工作组)[24]的管理思路分为三大类过程:顾客导向过程(COP)、管理过程(MP)和支持过程(SP)(见图 4.7)。

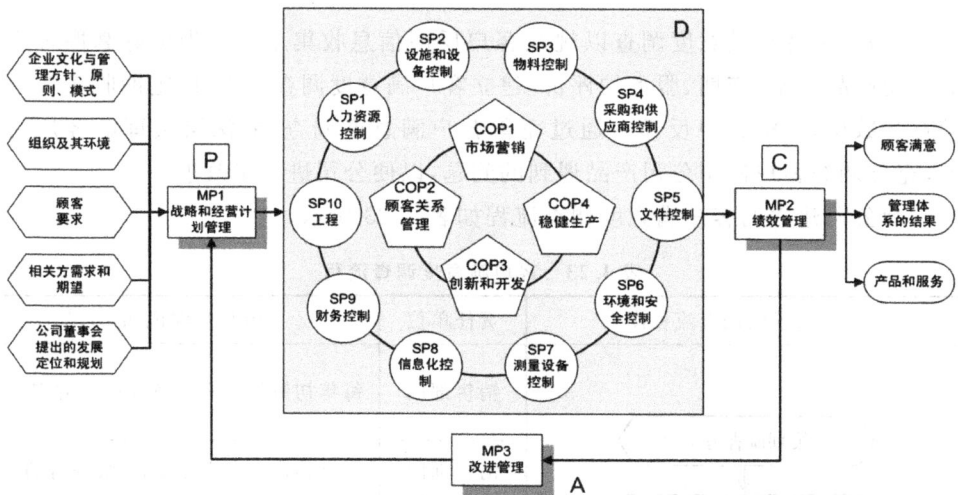

图 4.7　体系流程管理三大类过程

➤ 管理过程,是进行战略及运营管理、规划公司发展方向及运作的过程,包括:战略和经营计划管理、改进管理、绩效管理、内部审核,管理评审等。

➤ 顾客导向过程,是直接管理产品实现的过程,输入顾客需求,输出是实现顾客满意,包括:市场营销管理程序、顾客关系管理程序、创新和开发管理程序、文件生产管理程序、工程变更管理程序。

➤ 支持过程,是为了满足产品实现过程,提供必要的各种资源支持的过程,包括:人力资源控制、设施和设备控制、物料控制、采购和供应商控制、文件控制、环境和安全控制、测量设备控制、信息化控制、财务控制等。

以上程序文件的运行模式为公司提供了质量管理框架,从各个流程和程序规范企业在各个环节的运营管理,并且形成了 PDCA 的改进循环,能不断驱动体系流程管理的完善,从而促使公司管理不断改进,有效支持产品质量的形成和稳定。

(2)落实各个流程所属部门的管理责任。明确定义和划分各部门主管的体系流程管理职责,建立部门经理责任制落实所负责的体系流程。部门经理作为流程所有者对该流程进行制定、修订、解释和完善,指定本部门的管理人员作为流程管理者,确保本部门所负责流程的落实,其他流程参与者按流程要求履行相应职责。

流程管理职责定义如下:

➢ 流程所有者:负责对该程序文件进行制定、修订、解释和说明。

➢ 流程管理者:负责对该文件运行的效果进行检查,确保各项事务按照既定的程序要求处理。

➢ 流程参与者:需要参与该程序的相关部门人员。流程参与者来自各个职能部门的各个岗位,参与者应按要求执行流程规定的任务。

以不合格品控制程序为例,该程序文件的制定部门对该程序文件运行的有效性负责,确保流程按该程序规定的要求执行。

体系流程职责矩阵如表 4.24 所示。

表 4.24 体系流程管理职责矩阵

文件编号	程序/流程名称	制定部门	所有者	管理者	参与者
HP-XX-01	不合格品控制程序	质量部	质量经理	质量主管	质量工程师 产品工程师 工艺工程师 巡检员 班长
HP-XX-XX	XXXX 程序	XX 部门	部门经理	部门主管	支持流程的 各岗位人员

职责矩阵明确了各个流程的责任部门和责任人,并安排管理者管理该流程,组织各个参与者履行职责,确保流程有效运行。

(3)完善审核工作。通过建立公司级(质量管理体系审核)、部门级(全面过程审核)和车间级(过程符合性检查)的三级审核机制,定期有效开展审核并针对审核发现的问题点进行改进(见表 4.25)。

表 4.25　体系流程管理职责矩阵

审核层级	审核内容	主导层级	审核频率
公司级	质量管理体系审核 (认证审核,内部审核)	管理者代表	每年 1 次
	质量管理模式评价	质量总监	每年 1 次
部门级	全面过程审核	质量经理	每年 1 次
车间级	过程符合性审核	质量主管	每月 2 次

6. 持续改善管理

持续改善活动是提升产品质量直接而又有效的方式,因此,开展持续改善活动并规范管理是公司产品质量精细化管理模式的重要内容。图 4.8 展示了厦门宏发开关设备有限公司建立持续改善"金字塔"以规范持续改善活动的情况。

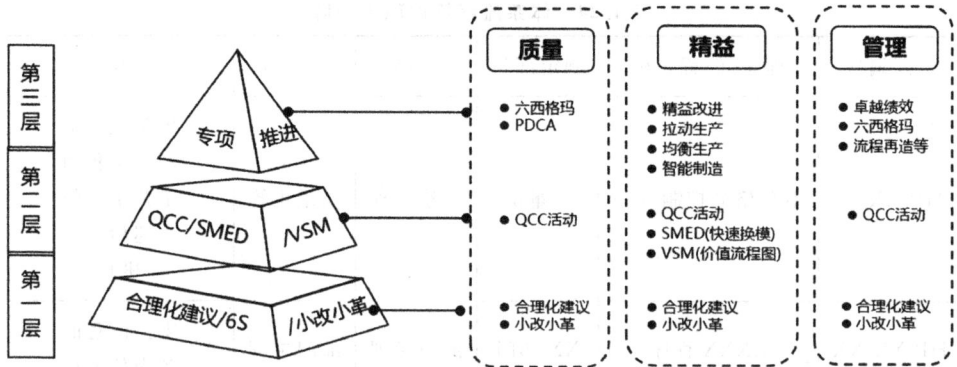

图 4.8　持续改善"金字塔"

各个层次改善活动项目的定义分类如表 4.26 所示。

54

表 4.26　持续改善矩阵

改善层级	改善课题范围	说明
六西格玛 （第三层）	系统性改善 专项项目 精益生产 技术改进	改善项目的问题原因相对复杂； 项目通常需要 6～12 个月时间完成； 项目通常需要跨部门协作； 通常需要大的成本投入； 通常需要比较高层次的资源支持
QC 小组活动 （第二层）	问题解决类型： 现场型、攻关型、管理型、 服务型、创新型	改善项目通常由现场管理人员进行； 改善项目通常为某一具体问题，或某一工序的顽固质量缺陷； 改善项目通常在 3～9 个月能完成； 项目改善需要产线基层各职能部门的协作
合理化建议 改善提案 （第一层）	具体岗位 具体工序 现场改进	为广大普通员工开放，鼓励在各自岗位或有工作联系的岗位发现问题并提出改善建议； 对某一具体问题提出的改善建议可作为 QCC 或改善项目的来源

在持续改善"金字塔"中，第一层面向广大基层员工，鼓励员工针对自己的岗位或相关岗位提出建设性的改善建议，其改善内容可以是预防安全事故、改进产品质量、提升工作效率等；第二层是现场改进活动，该活动需要相关人员有一定的技能，具备一定的组织管理经验，其课题活动组一般由产线班组长、工艺、设备或质量的工程师、技术员等组成，他们可以获得相应的 QC 小组活动步骤和质量工具培训，按照活动步骤选择课题，直至问题解决；第三层是六西格玛专项，公司建立六西格玛的改进专项制度，按照要求整理专项组，解决复杂的质量问题，六西格玛项目组长需要获得相应的六西格玛系列课程培训，并安排六西格玛专业人士作为导师，在项目开展过程中跟进项目进度的同时，给予六西格玛工具的培训支持和项目辅导。

在以上的持续改善机制中，对各类改进活动加以归类，便于管理，通过培训机制、奖励机制提升广大员工参与公司持续改善的热情，为公司创造质量改进收益。

　　(1)合理化建议的管理。合理化建议的管理指有关改进和完善企业生产技术、产品质量、经营管理等方面的办法和措施,以及对机器设备、工具、工艺技术等方面所做的改进和革新活动。

　　合理化建议主要面向广大员工征集,促使他们积极向企业献计献策,促进企业生产经营发展与管理提升。合理化提案类型如下:

　　◆ 生产管理类

　　①有关提高工作效率及提升员工积极性的方法

　　②产能提升的方法

　　③减少浪费、废料的利用、原物料的节省及其他降低材料成本的改善

　　◆ 产品质量类

　　①产品实物质量的提升改善

　　②工程不良率的降低

　　◆ 工艺技术类

　　①制造技术或操作方法的改善

　　②工艺布置、工作流程优化的改善

　　③减少加工不良及降低生产成本费用的改善

　　◆ 设备维护类

　　①改进机器、工具的设计

　　②制造与维护保养

　　◆ 6S 管理类

　　①工作安全的改善

　　②防止灾害危险的方法的改善

　　③工作环境与卫生条件的改善

　　在合理化建议方面,制定管理流程以规范合理化建议的实施(见表 4.27)。

表 4.27　合理化建议流程

流程	责任	说明
	合理化建议 提案人	员工提出合理化提案,也可以由相关部门发出专题内容征求合理化提案,直接提交给班组或部门
	各部门推进专员	1.组织部门相关人员评审合理化提案的可实施性,并确定提案的执行者和执行时间 2.对于不被采纳的提案,给出不采纳意见
	公司提案 推进专员	推进专员将各部门评审后提交的提案进行注册备案
	公司推进专员 评审委员会	1.将各部门提交的合理化提案进行收集、汇总、审核,并跟进实施 2.有重大提案时,组织评审委员会对提案进行评审,并协调资源落实
	合理化提案人 责任单位	由责任单位按照评审委员会要求实施
	合理化提案人/ 相关责任单位	1.检查合理化提案实施情况 2.组织部门相关责任人员评审合理化提案的执行效果
	各部门推进专员	对合理化提案的实施效果进行标准化以固化成果
	公司推进专员 各部门推进专员	1.进行合理化提案宣传,公示开展情况 2.将优秀的合理化提案制作成当期资料集下发给各个制造部
	评审委员会 公司推进专员 提案人	根据各部门推选出的优秀合理化提案,组织评审委员会评审
	公司合理化 提案活动专员	将各部门的合理化提案进行汇总并造表,提出合理化提案奖励方案,对合理化提案的获奖者进行奖励与表彰

流程图:
提出合理化建议 → 部门评审 (N→提出合理化建议; Y↓) → 公司提案推进专员登记 → 委员会评审 (N→公司提案推进专员登记; Y↓) → 提案实施 (←) → 确认效果 (N→提案实施; Y↓) → 成果标准化 → 分享交流 → 奖励表彰

(2)规范对 QC 小组活动的管理。QC 小组(质量控制小组,又名:品管圈)就是由相同、相近或互补之工作场所的人们自发组成数人一圈的小圈团体,全体合作、集思广益,按照一定的活动程序来解决工作现场、管理、文化等方面所发生的问题及课题[42]。

公司制定的 QC 小组活动流程如图 4.9 所示。以问题解决型课题(课题小组自选目标)为例,QC 小组活动按 10 个标准步骤展开,按照 PDCA 循环开展,其活动有自主性、群众性、民主性、科学性等特点,活动宗旨是改进质量、降低消耗,提高经济效益,并且提高职工素质,激发职工的积极性和创造性;通过以上的课题改善,识别产品质量可以提升的机会,以 PDCA 循环不断推进产品质量改进(见表 4.28)。

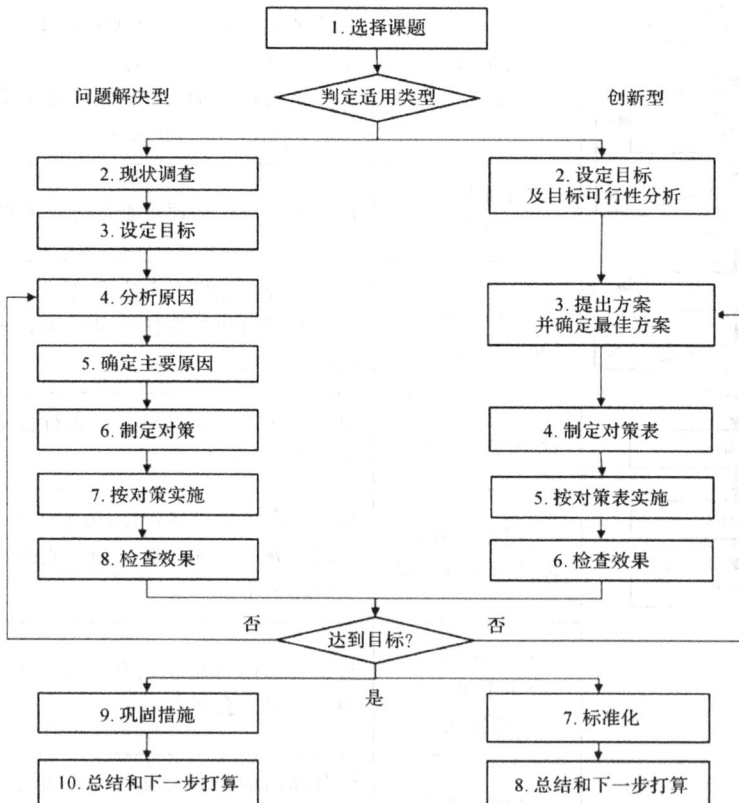

图 4.9 QC 小组活动流程

表 4.28　QC 小组活动各步骤任务

序号	PDCA 循环	步骤名称	步骤任务
1	计划	选择课题	指出要求/标杆,用现状数据找出差距,说明危害/后果,说明选题的必要性
2		现状调查	掌握问题严重程度,找到问题的症结,为目标提供依据
3		设定目标	明确要把问题解决到什么程度,为检查活动的效果提供依据
4		分析原因	找出可能的全部原因,要确认是否分析到末端因素
5		确定主要原因	按照末端因素逐一确认是否主要原因,要因标准要合理,真正找到影响问题的主要因素
6		制定对策	针对分析确认的要因,制定对策表,按照 5W1H 要求
7	执行	按对策实施	制定的对策表措施按计划执行,要验证措施是否有效
8	检查	检查效果	确认目标是否达到,检查问题症结是否解决,计算经济效益
9	处理	巩固措施	对策表中通过实施已证明的有效措施文件化,确认巩固期数据以验证改善措施长期有效
10		总结和下一步打算	总结成功经验与不足,进行自我评价,提出下一次活动的课题

　　(3)建立六西格玛管理制度。六西格玛通过系统地、集成地采用业务改进流程,对现有过程进行界定(define)、测量(measure)、分析(analyze)、改进(improve)、控制(control),这一过程简称 DMAIC 流程,运用一系列质量方法和工具,消除过程缺陷和无价值作业,从而提高产品和服务质量、降低成本、缩短运转周期,达到客户满意,增强企业竞争力。何桢教授主编的《六西格玛管理》一书提供了六西格玛改善活动的指南[43]。

　　六西格玛管理制度按照 DMAIC 五个阶段实施,每个阶段的过程活动要点如表 4.29 所示。[44]

表 4.29　QC 小组活动各步骤任务

阶段	活动要点	工作任务	常用工具和技术
界定阶段	明确问题,确定 Y(CTQ)	确认顾客的关键需求并识别需要改进的产品或流程,决定项目要改进的关键质量特性(critical to quality,CTQ),进行项目的风险评估,确定项目目标,组成项目团队,制订项目计划	头脑风暴法、检查表、VOC(客户的声音)、排列图、5W2H、柱状图、SIPOC 图、甘特图、项目管理等
测量阶段	确定基准测量 Y,Xs	评估现有过程的测量系统,调查现状,分析界定阶段关注的过程流程图,初步筛选影响过程输出 Y 的潜在输入变量 Xs,制定并实施快赢措施	测量系统分析、正态性检验、过程能力分析、流程图、头脑风暴法、因果图、因果矩阵分析、潜在失效模式及后果分析等
分析阶段	确定要因确定 $Y=f(X)$	通过数据收集和分析,使项目集中在了解 Xs 与 Y 变量之间的关系,找出变异产生的潜在原因,即确定过程的关键影响因素,减少改进阶段的变量个数,确认造成高风险的输入变量 Xs	头脑风暴法、假设检验、方差分析、相关分析、回归分析等
改进阶段	消除要因优化 $Y=f(X)$	制定并优选改善方案,优化关键因子,制定、实施并验证改善措施,评估改善后的过程能力	试验设计、响应曲面发、目视管理、5S 管理、5W1H、FMEA、过程改进
控制阶段	保持成果更新 $Y=f(X)$	对改进结果进行固化,通过修订文件等方法,使成功经验制度化,通过有效的监测方法,维持过程改进的成果,计算项目收益并寻求进一步提高改进效果的持续改善方法	过程能力分析、统计过程控制、标准操作程序、控制计划、潜在失效模式及后果分析等

　　(4)建立持续改善活动组织机构。为加强对持续改善的管理,建立持续改善活动组织机构并任命组织管理人员,以更好地对持续改善活动进行组织和管理:

　　➢ 每年年终评审现有产品质量问题,针对重点质量问题组织改善项目。

　　➢ 按改善活动的阶段开展评审和辅导,帮助各个项目组长及时发现问题并进行改进,以确保改善活动顺利实施并结案,达成项目目标。

　　➢ 每年组织改善项目的成果总结和经验交流,形成文件以累积经验教训,丰富公司知识库。

　　持续改善活动推进组织架构如图 4.10 所示。

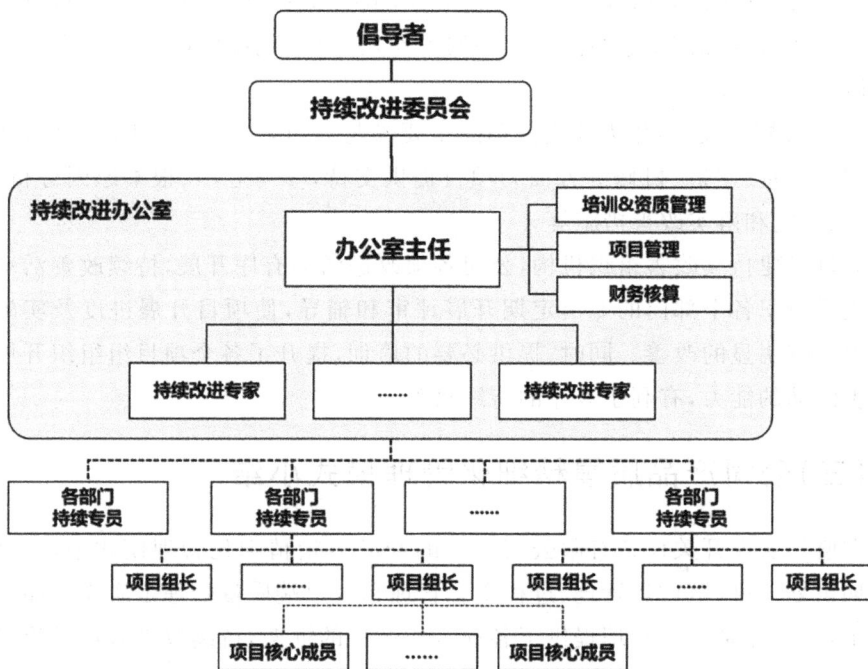

图 4.10　持续改善活动推进组织架构

持续改善活动推进组织机构主要岗位管理职责:

➤ 持续改善委员会:负责制订持续改善活动的中长期规划和年度工作计划,协调持续改善活动所需要的各项资源如财务、人力资源等;审批持续改善活动的各项规章制度、激励政策和工作流程。

➤ 办公室主任:负责落实持续改善活动的中长期规划和年度工作计划,拟定持续改善活动的各项规章制度、激励政策和工作流程;组织推进持续改善活动的各项工作,安排培训和辅导。

➤ 持续改善专家:在六西格玛活动开展过程中提供辅导或技术支持,为各项目组长提供专业指导;担任部分六西格玛课程讲师,提供持续改善系列课程培训;担任持续改善交流会和案例大赛的评委。

➤ 各部门持续专员:在部门内部组织各个项目组长开展持续改善活动,提出持续改善活动需要的支持,包括培训、辅导等;在持续改善活动开展过程中实施日常的跟进和监督,确保项目开展按计划进行。

➤ 项目组长:作为持续改善项目开展的主导人员,负责改进活动的策划,包括成立小组、安排成员分工、制订推进计划,对活动过程进行跟踪管理,按计划推进项目开展;对项目活动数据的真实性负责,组织成果报告、总结并发布;负责活动小组与外部(包括上级)的沟通和协调工作,获取其他部门(单位)或人员的支持和协助。

➤ 项目核心成员:作为改进活动的主要参与人员,来自各个职能部门,从开发、工艺、质量、制造、机修等方面为项目提供支持,参与立项、根本原因分析、数据统计、制定和落实改善措施等。

通过组建持续改善组织机构,公司各项改进活动有序开展,持续改善活动办公室主任组织各个部门的专员定期开展评审和辅导,使项目开展进度及实施效果取得比较明显的改善。同时,提供必要的培训,提升了各个项目组组织开展持续改善活动的能力,有利于人才的持续培养。

(三)公司产品质量精细化管理模式小结

在厦门宏发开关设备有限公司建立的产品质量精细化管理模式中,产品质量先期策划、供应链质量管理、过程质量管理和客户端质量管理是实现产品质量的各个环节,体系流程管理提供了各项工作运行的框架,持续改善管理是提升产品质量的驱动力。

产品质量先期策划管理是"七段一体"式质量控制模式,通过七个阶段逐步分解新品开发的全过程,细分各个阶段的质量控制任务,确保最终新品开发后在量产阶段的质量,实践了"产品是设计出来的"的设计理念。

供应链质量管理采用的是"集成合作"策略,在总部的统一框架下,通过供应商开发、实物认定、采购执行、供应商绩效管理和采购策略管理五个步骤,实现供应链的集成控制,与重点供应商建立战略合作伙伴关系,集成到公司的供应链系统中,同时也与总部供应链系统共享了供应链资源。

制造过程质量管理是"5M乌龟图"模式,按照产品设计阶段制定的PFMEA、控制计划等手段,通过对人、机、料、法、测等要素的精细化管理,结合对产品的定期产品审核和周期检验,实现制造过程的受控和稳定。

客户端质量管理运用的是8D方法论模式,基于8D方法论,逐步解决客户质量投诉问题;结合定期(年度)客户满意度调查,收集客户反馈信息,找到问题点,通过实施改善措施,达到客户满意。

体系流程管理建立的是"三类过程、分级审核"管理机制,通过对三大类别程序文件的管理职责落实、建立分级审核机制,确保体系运行的有效性。

持续改善管理采用"金字塔"式持续改善模式,按照活动的类别和项目大小将持续改善活动分为提案改善、QC 小组活动和六西格玛三个层次,并通过各个层次的管理机制和培训辅导促进持续改善活动的开展。

综上所述,产品质量精细化管理模式使产品质量全过程形成了一个相互作用、相互合作的有机整体。通过对各个质量职能管理深入的细分,严格执行规范的管理流程和步骤,运用精细化管理思维对管理要求进行细化,使用大量的表格和数据对管理工作进行规范和落实,确保了产品质量精细化管理模式实施的有效性。

五、产品质量精细化管理模式的有效性评价

为评估质量管理模式实施有效性，针对构建的产品质量精细化管理模式及其管理实践，综合研究质量管理有效性评价理论，为厦门宏发开关设备有限公司建立质量管理有效性评价方法。通过该评价方法，客观、系统地评价产品质量精细化管理模式的实施效果及管理水平，推动公司质量管理模式的持续改善，从而不断提高公司在质量管理各环节、各要素的质量控制能力。

（一）评价设计

1. 评价目标

评价目标为评估公司产品质量精细化管理模式的实施效果，发现该质量管理模式存在的不足，进一步完善和提升产品质量管理模式。

2. 评价指标设计

基于产品质量精细化管理模式的框架为厦门宏发开关设备有限公司建立了有效性评价指标体系（见图 5.1）。评价体系综合参考了 VDA6.3（德国汽车工业）过程审核标准和 ISO9001:2015 质量管理体系内部审核的评价方法，对质量管理各个职能模块设计了比较细化的审核和评价问题检查表，能比较科学、系统、客观地评价质量管理模式实际运行的效果。

该产品质量精细化管理模式有效性评价指标是通过建立一系列评价问题，对管理内容进行确认，主要从管理规范的完善性和管理落实有效性两方面内容对实际运行效果进行检查和确认。管理规范的完善性是指建立管理规范的完备情况，管理落实有效性是指管理规范是否实际执行起到实际的管理效果。评价问题是基于质量管理各个职能模块的内容而相应制定，与产品质量精细化管理模式具有较强的针对性。

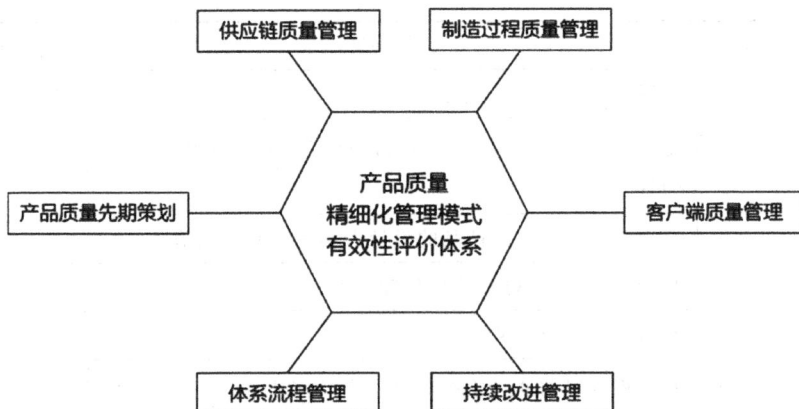

图 5.1　产品质量精细化管理模式有效性评价体系

各质量管理职能评价指标如下。

(1)产品质量先期策划评价指标。对产品质量先期策划管理的评价指标是依照新品开发的精细化管理内容有针对性地制定的,按照七个阶段的主要工作内容制定合理的评价问题,确认各项新品研发质量先期策划工作的落实情况(见表 5.1)。

表 5.1　产品质量先期策划评价

管理制度/阶段	评价问题	评价得分
管理制度	是否建立适合的 APQP 程序和流程?	
	是否定期组织项目计划执行情况评审?	
	出现偏差是否进行原因分析并进行必要的调整?	
	是否进行风险评估并采取风险管控措施?	
立项	是否根据组织发展战略制订明确的产品或项目开发计划?	
	是否成立跨功能小组?	
	小组成员职责和分工是否明确?	
	为满足质量要求是否进行充分的质量策划?	
	是否有明确的项目目标?	
	是否有明确规定产品和过程设计与开发各阶段的"里程碑节点"释放标准并按相关标准执行?	

续表

管理制度/阶段	评价问题	评价得分
立项	是否建立客户应用信息库?	
	是否已收集客户意见,理解、评审客户要求并转化为产品技术特性?	
产品设计开发	是否参考以前类似产品的设计方案和经验教训清单?	
	是否将客户 CTQ 作为设计输入?	
	是否有产品设计文件?	
	是否根据以前的经验教训建立产品模块并进行功能化、模块化设计?	
	输出中是否包含产品/零部件图纸、技术规范、FMEA、工艺流程图、控制计划、检验和作业指导书等?	
	制定 DFMEA 之前是否进行功能分析?	
	是否参考类似产品的 DFMEA 和经验教训清单?	
	DFMEA 的风险评估是否合理?	
过程设计开发	是否制定工艺流程图?	
	是否参考以前类似产品的 DFMEA、PFMEA 和经验教训清单?	
	PFMEA 的风险评估是否合理?	
	针对高风险或严重度高的项目,是否采取改善措施?	
	特性清单中的产品/过程特性是否与客户要求、控制计划一致?	
	对关键参数是否进行 SPC(统计过程)控制?	
	是否评估其过程能力?	
设计验证	是否包含产品/过程设计防错方面的评审?评审是否充分、适当?	
	是否组织跨功能小组及有关专家参与设计和开发评审并进行记录?	
	是否制定设计和开发验证试验计划和标准?	

管理制度/阶段	评价问题	评价得分
设计验证	试验项目是否充分考虑客户应用要求？	
	是否建立新产线/设备的验收文件和标准？	
	是否按顾客的要求（包括项目时间进度）进行设计和开发确认？	
	是否对试生产进行总结和内部批准？	
	是否评审设计阶段的验证和确认？	
试生产准备	是否确认生产线设备的安装、调试和验收？	
	是否确认人员的操作及检验培训？	
	是否对新零件进行认定和批准？	
	是否确认工艺条件和工艺参数？	
	是否评估并确认检验方法以及检验量具？	
小批量试生产	是否制订小批量试产的计划并安排对产品的实验和验证？	
	是否汇总小批量试生产发现的问题点并组织改进？	
	是否安排小批量试生产的阶段总结和评审？	
批量生产	是否组织量产初期的加严检验以确保产品出货的质量？	
	是否跟踪量产初期的质量目标达成情况？	
	是否获得客户的批准？	
	是否进行项目总结并形成总结报告？	

（2）供应链质量管理评价指标。供应量质量管理评价指标主要是对供应链管理五个阶段（供应商开发、实物认定、采购执行、供应商绩效管理和采购策略管理）工作落实情况的评价（见表5.2）。

表 5.2　供应链质量管理评价

供应链管理	评价问题	评价得分
供应商开发	是否制定供应商管理文件体系？	
	是否对新供应商进行质量管理体系审核并审批？	
	供应商批量供货之前是否对供应商宣导 PPAP 要求？	
	是否与供应商签署采购框架协议、质量和环保等的协议？	
实物认定	是否对零件关键尺寸进行检验、评审和确认？	
	是否按照 PPAP 要求进行零件的各项资料评审？	
	是否确认供应商的零件检验标准并确保符合公司要求？	
	是否按要求签署 PSW 文件作为零件的正式批准？	
采购执行	是否有明确的进料检验要求并按要求执行？	
	物料入库系统能否防止未经检验合格的物料入库？	
	针对供应商来料质量问题,是否要求供应商提供原因分析透彻、纠正措施有效的 8D 报告？	
	针对无法在短时间内根本解决的问题,是否要求供应商进行专项改进以系统推进改善并且改善卓有成效？	
	是否评审供应商来料不良并定期确认质量问题闭环情况？	
供应商绩效管理	是否对供应商进行绩效评价和管理？	
	是否定期对供应商绩效评价结果进行分析,确定改进方向和计划？	
	针对管理/质量水平一般的供应商,是否提供必要的指导？	
	是否制订年度供应商审核计划并按计划实施？	
	是否有文件规定供应商变更管理要求？	
	是否将变更管理要求传递给供应商并要求建立管理文件？	

续表

供应链管理	评价问题	评价得分
供应商绩效管理	是否按物料类别、供应商建立供应商变更履历清单?	
	对供应商重大变更,是否在变更实施前进行风险评估,验证后再批准?	
采购策略管理	是否对关键供应商质量进行评估以确定适合组织发展战略要求?	
	是否将采购策略转换为可操作的工作计划并进行落实?	
	是否对供应商来料质量进行统计和分析以确定改进方向和计划?	
	改进计划是否得到有效落实?	
	是否确定风险供应商并相应开展重点管理和辅导?	

(3)制造过程质量评价指标。制造过程质量评价指标包含对人、机、料、法、测等要素的管理评价(见表5.3)。

表5.3 制造过程质量管理评价

人员管理

模块	评价问题	评价得分
人员管理	是否有文件定义各岗位人员的职责、权限、资质要求?各岗位人员是否履行其职责和权限?	
	各工序员工在上岗前是否得到相应的工序和机器设备操作培训,考核后再上岗?	
	是否建立关键工序人员资质能力复核机制并按要求进行考核?是否对复核不通过人员重新培训?	
	是否建立人员能力再次培训机制并保存再次培训、考核记录?	

续表

机器设备管理

模块	评价问题	评价得分
机器设备管理	设备管理是否定义了文件化的要求? 是否涵盖设备设计与开发、新设备验收、设备校准点检、设备维护保养、设备维修、设备技术改进等流程定义?	
	是否对设备/工装/模具设计开发的过程进行策划,并按计划执行? 上一代设备故障履历是否作为有效输入?	
	新设备调试验收是否按质量要求及设备合同技术要求执行? 是否对验收报告、备品备件清单、问题清单等相关资料进行归档?	
	对关键工序的设备/工具是否定期进行点检并记录?	
	是否按要求对设备进行日常清洁、清扫、拧固、润滑并记录?	
	是否制订设备周、月度、年度的预防维护保养计划,并按计划执行?	
	对维护保养过程中发现的设备故障,是否进行原因分析并进行改善?	
	针对重要设备,是否制定设备故障处理手册或作业指导书?	
	是否对设备故障建立问题清单,并对产生的原因进行分类? 针对不同原因是否制定相应的改善措施,并跟踪闭环?	
	对于设备、工具失效、设备、工具损坏或消耗,是否定义处理措施? 针对易损件,是否建立备品清单与最低安全库存,并按要求进行更换或准备?	

物料管理

模块	评价问题	评价得分
物料管理	原材料/零部件/内部剩余料/半成品/成品是否有合适的储存方法并按要求储存？	
	原材料/零部件/内部剩余料/半成品/成品的运输方式是否按其特性而定并且得到恰当的搬运？	
	是否有指导仓管员进行正确包装发运的作业文件？ 拆包、包装拼凑是否有明确的作业文件并按文件规定执行？ 是否有防止发货错误的措施？	
	是否有一个监控库存物料或成品短缺的库存管理系统？	
	是否定期评估产品交付可能的中断供货风险？是否及时通知客户并采取应急措施？	
	是否在产品实现的全过程中使用适宜的方法对物料和产品的状态进行正确标识？ 是否对产品生产批次对应物料批次的生产批号、生产日期、生产和质量记录等进行追溯？ 是否可以由每一个批号的产品追溯到所用的所有物料/零件的供应商/链、生产批号、生产日期、生产和质量记录等信息？	
	是否有明确的不合格品管理程序,规定不合格品处理流程、不合格品处理的职责和权限,不合格品处理要求(包括不合格品处理方案,如退货、报废、分选、返工、返修、让步接收/放行、降级等,以及处理时限要求)？ 不合格品是否储存在隔离区域？ 是否有避免不合格品误用或混料的措施？ 是否定期对所有不合格品均进行充分评估？ 不合格品是否在规定的时限内处理完毕？ 针对不合格返工,是否有详细的返工作业指导书？ 是否经再检验和确认？是否有返工过程发现异常的反馈和反应机制？	

续表

工艺方法管理

模块	评价问题	评价得分
操作指导卡	操作卡是否根据控制计划编制、修订，并受控发行？工艺操作卡是否完整？应包含且不限于如下内容： （1）物料零件的使用 （2）机器、工装夹具、检验设备的使用 （3）图示化的操作流程和作业手法、限度样品 （4）产品检验标准 （5）异常反馈流程	
工艺操作	操作人员是否充分掌握工艺，按操作卡作业（包括点检、首件检验、自检）并做好记录，记录是否及时、正确、完整、清晰？	
首件检验	是否明确定义首件检验的时机？首件检验、自检发现异常是否会触发异常处理流程？是否对异常发生时间点至检查时间点产出的可疑品进行追溯、围堵？	
工艺流程文件	流程图、PFMEA、控制计划是否正确识别特性？特性所在的工序是否为关键工序？是否对关键工序做醒目标示？	
	控制计划是否有定义免校正管控项目并做好标示？其中是否识别出影响免校正率的关键装配尺寸链？	
工艺控制及改进	关键参数或尺寸是否进行统计过程控制？（如进行控制图分析、过程能力指数研究等）统计过程控制记录是否进行持续维护？	
	对于超出控制限的，是否进行原因调查并提供对策？当过程能力指数未达到预期目标时，是否采取适当的措施？	

测量管理

模块	评价问题	评价得分
测量管理制度	是否有定义测量管理？ 是否有定义标准样品、点检样品管理办法？	
测量计划	是否建立了校准年度计划？ 是否按计划安排设备校准？	

续表

模块	评价问题	评价得分
测量执行	是否对测量设备校准有效期进行管理？	
	检验仪器校准合格证是否过期？	
	新关键测量设备验收是否进行 MSA 评估？	
测量分析改善	针对 MSA 失效的测量系统，是否进行相应的分析改善？	
	人员是否按测量、检验相关作业指导书作业？	
	是否及时、正确、完整、清晰地记录检测结果？	

（4）客户端质量管理评价指标。客户端质量管理评价主要是对客诉管理制度、客诉处理结果以及客户满意度调查等各项管理工作的评价（见表 5.4）。

表 5.4　客户端质量管理评价

模块	评价问题	评价得分
客诉管理制度	是否有制定相应的客诉管理文件？ 是否建立客诉升级机制并按规定执行？	
	是否在规定处理时效内进行处理并回复客户？ 8D 报告内容是否完整无误、逻辑清楚并提交有关领导审核？	
客诉执行处理	是否对各个环节的可疑品进行追溯？ 是否有合理的风险评估结果并对所有风险产品进行围堵？	
	是否对样品进行全面分析？	
	是否针对所有的原因分析结果制定系统有效的能防止问题再发的纠正措施并组织实施？	
	是否对改善措施的实施效果分别进行跟踪和确认？ 是否制定系统有效的预防措施并组织实施？ 是否将纠正和预防措施水平展开到类似领域？ 是否设定客诉管理绩效目标并持续推进改进？针对客诉问题闭环，是否有完整的闭环佐证资料？	
	是否汇总客诉信息管理清单进行管理？ 是否定期召开客诉专题会议以促进客诉闭环？	
	是否建立客诉问题经验教训库并将其回溯到产品设计与开发、过程设计与开发、设备开发与管理、供应商管理、现场质量管理以及体系文件中以形成有效的闭环？	

续表

模块	评价问题	评价得分
顾客满意度管理	是否有文件规定顾客满意度和忠诚度的测量方法和要求?	
	是否定期跟踪重要顾客对质量、交付、成本和服务等方面的评价结果? 是否比较标杆企业或竞争对手的顾客满意信息?	
	是否定期组织顾客满意度评价? 是否全面系统地分析顾客满意度评价结果,制订有效的计划并实施到位?	

（5）体系流程管理评价指标。对体系流程管理的评价（包含内部审核管理、管理评审等）是对质量管理体系运行的适宜性、充分性和有效性的评价（见表 5.5）。

表 5.5　体系流程管理评价

模块	评价问题	评价得分
内部审核机制	是否建立内部审核文件,明确内部审核的流程、准则、依据、范围、频次和方法? 是否明确规定问题闭环的标准?	
内部审核策划与实施	是否基于客户新增要求、以往审核情况、当前体系运行情况、组织近期发生的重大变化以及内外部质量状况等进行审核策划? 是否根据审核策划安排进行审核准备并分组实施审核?	
	当内部/外部不符合、顾客抱怨或提出要求时,是否适当增加审核频次、策划额外审核并组织实施?	
内部审核分析改进	是否针对所有的不符合项进行原因分析、制定并采取临时措施、纠正和预防措施,验证问题的有效性直至问题闭环? 针对存在的普遍性问题,是否有水平展开计划并实施到位? 是否对审核情况进行总结,并确定下阶段体系流程管理工作计划?	
	上述内审资料包括问题闭环的佐证资料是否正确归档管理?	
管理评审机制	是否建立管理评审程序? 是否定期组织管理评审以评价管理体系的充分性、适宜性和有效性?	

续表

模块	评价问题	评价得分
管理评审输入	是否有清晰明确的管理评审输入？ 管理评审输入是否考虑组织的发展战略和计划？	
管理评审会议	管理评审会议是否包括经营会议和年度管理评审会议？ 月度的经营会议是否评审质量目标的达成情况？ 年度的管理评审会议是否评审管理评审的所有输入？	
	是否对管理评审结果进行总结，并确定下阶段体系工作方向？	
管理评审输出	是否有清晰明确的管理评审输出？ 管理评审输出是否结合组织发展战略和计划？ 输出事项是否转换为工作计划？	
	是否定期跟踪和汇报输出事项的落实情况并确定改进计划？	
	上述管理评审资料是否正确归档管理？	

（6）持续改善管理评价指标。对持续改善管理的评价主要是评估持续改善活动开展有效性，包括管理机制、推进机构的管理、活动策划与实施、对各项活动的检查和确认以及总结和激励等管理工作的落实（见表 5.6）。

表 5.6 持续改善管理评价

模块	评价问题	评价得分
文件	是否建立文件化的持续改善体系？ 是否有完整的持续改善体系和流程及激励机制？	
推进机构与项目管理	是否组建持续改善的领导机构并开展持续改善工作？ 推进机构是否针对持续改善活动过程进行专业化的管理？	
活动策划	每年是否根据组织的战略目标与计划、组织经营情况和发展要求、顾客与其他相关方要求、质量管理体系运行情况、产品质量现状等策划持续改善活动？	

续表

模块	评价问题	评价得分
活动实施	是否围绕持续改善的主题、方向进行项目识别? 是否组织对初选项目进行评审并正式立项? 各改善小组是否组织确定项目目标、制订推进计划? 是否明确小组成员职责? 是否按计划开展活动? 是否应用合适的方法和工具进行现状调查、原因分析、措施制定、效果检查与验证等?	
活动检查	是否按计划定期组织项目评审以确保项目进度和质量? 推进小组是否定期检查与评审各改善项目的推进情况? 是否定期向管理层汇报总体项目进展情况? 是否有必要对项目进行调整? 是否及时协调资源解决各项目推进过程中存在的问题? 项目完成后,各改善小组是否对改善效果进行验证和确认? 是否推广改善成果或将推广的思路汇报给推进小组作为后续的改善项目输入?	
成果发布与活动总结	推进小组是否组织对改善成果进行发布评比? 是否对优秀改善成果进行奖励? 是否组织对改善活动的得失进行认真总结? 是否将可推广的项目纳入下阶段推进活动中?	

3. 评价方法

评价方法为审核问题检查表的形式,对被评价内容的责任单位实际实施管理符合要求情况、对事项的风险评价进行评分并做相应的评价结果记录。

评价从三方面进行,分别是具有关于过程的要求和证明、在实践中实施的有效性以及风险评价。每个评价问题的满分为 10 分,按表 5.7 所示的指导标准对单项进行打分。

表 5.7 质量管理模式评价得分

审核表提问	回答的评价				
具有关于过程的要求和证明	完全符合	绝大部分符合	只有微小的偏差	有较大偏差	大部分不符合

审核表提问	回答的评价				
在实践中实施的有效性	完全符合	绝大部分符合	只有微小的偏差	有较大偏差	大部分不符合
风险评价	无	小	明显	大	特别大
得　分	**10**	**8**	**6**	**4**	**0**

审核评价得分的计算方法如下：

质量管理分模块评价得分：

$$Ee(\%) = \frac{各相关问题实际得分总和}{各相关问题满分总和} \times 100\% \qquad 4.1.3(1)$$

质量管理模式综合得分：

$$EP(\%) = \frac{E_{ap} + E_{sq} + E_{pq} + E_{cq} + E_{qsa} + E_{cip}}{被审核评价模块的数量} \times 100\% \qquad 4.1.3(2)$$

其中，EP 为质量管理模式综合得分；E_{ap} 为产品质量先期策划评价得分；E_{sq} 为供应链质量评价得分；E_{pq} 为过程质量评价得分；E_{cq} 为客户端质量管理评价得分；E_{qsa} 为体系流程管理评价得分；E_{cip} 为持续改善管理评价得分。

产品质量精细化管理模式综合等级评定标准如表 5.8 所示。

表 5.8　质量管理模式评价等级

评定等级	评价得分
A：Excellent　优秀：有足够的质量管理能力	90%≤得分≤100%
B：Good　良好：有一定的质量管理能力	80%≤得分＜90%
C：Acceptable　一般：质量能力管理偏低	60%≤得分＜80%
D：Unacceptable　不合格：质量管理能力不足	0%≤得分＜60%

（二）审核和评价

1．审核和评价过程

（1）实施产品质量精细化管理模式前的审核和评价。为调查厦门宏发开关设备有限公司的质量管理现状，2017 年 11 月，厦门宏发电声股份有限公司质量中心（集团总部质量职能单位，以下简称总部质量中心）基于公司制定的评价指标设计内容,按照审核评价方法,对公司的质量管理各个职能模块进行了审核和评价。审核和评价期间,公司正处于产品线转型阶段,需探索支持产品转型和自动化的质量管理方法,因此,这次审核和评价也为公司探索质量管理提供了基础的现状数据。

（2）实施产品质量精细化管理模式后审核和评价。2019 年 4 月,在产品质量精细化管理模式实施后,为检查质量管理提升效果,总部质量中心再次对公司进行了审核和评价。为保证评价结果一致性和可比性,审核和评价内容完全按照 2017 年 11 月的方式和方法进行。

2. 评价数据

公司产品质量精细化管理模式的审核和评价数据如表 5.9 所示。

表 5.9　质量精细化管理模式的审核和评价数据（10 分制）　　　单位:分

质量管理职能模块	审核和评价内容	实施质量管理模式前	实施质量管理模式后
产品质量先期策划 E_{ap}	管理机制	4.50	7.50
	立项	6.00	8.50
	产品设计开发	5.50	7.50
	过程设计开发	6.00	8.00
	设计验证	6.67	8.44
	试生产准备	6.00	8.00
	小批量生产	6.50	8.50
	量产	6.00	8.00
供应链质量管理 E_{sq}	供应商开发	6.00	8.80
	实物认定	4.80	6.40
	采购执行	5.60	8.00
	供应商绩效管理	6.50	8.00
	采购策略管理	6.00	8.00

质量管理职能模块	审核和评价内容	实施质量管理模式前	实施质量管理模式后
制造过程质量管理 E_{pq}	人员管理	6.57	8.57
	机器设备管理	6.13	8.00
	物料管理	6.35	8.35
	工艺方法管理	6.14	8.00
	测量管理	6.80	9.00
客户端质量管理 E_{cq}	客诉管理	6.00	8.25
	客户满意度管理	6.00	7.60
体系流程管理 E_{qsa}	内部审核	6.44	8.22
	管理评审	6.62	8.15
持续改善管理 E_{cip}	管理机制	5.00	8.00
	活动实施	6.00	8.00
	活动评审和检查	6.00	8.00
	激励与总结	5.91	8.00

5.2.3 评价结果分析

对实施质量管理模式前后的审核和评价结果进行对比,如表 5.10 所示。

表 5.10　产品质量精细化管理模式实施前后的审核和评价对比　　单位:%

质量管理职能模块	实施质量管理模式前	实施质量管理模式后
产品质量先期策划 E_{ap}	59.58	80.83
供应链质量管理 E_{sq}	59.26	75.00
制造过程质量管理 E_{pq}	63.49	85.00
客户端质量管理 E_{cq}	65.45	75.00

续表

质量管理职能模块	实施质量管理模式前	实施质量管理模式后
体系流程管理 E_{qsa}	60.00	80.00
持续改善管理 E_{cip}	59.09	84.44

实施质量管理模式前 $EP(\%)=61.15\%$

实施质量管理模式后 $EP(\%)=80.05\%$

实施产品质量精细化管理模式前后的审核和评价结果如图 5.2 所示。

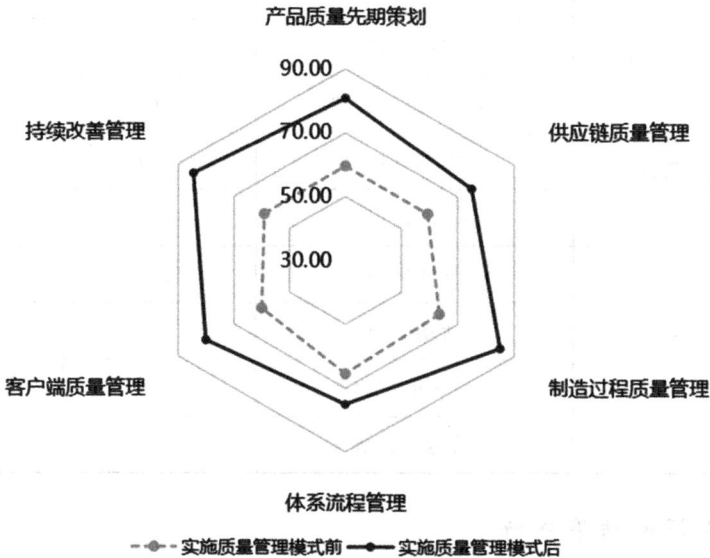

图 5.2　产品质量精细化管理模式评价结果对比

从雷达图中可以看出,建立产品质量精细化管理模式后,各质量管理职能的评价结果均明显向外扩展,说明质量管理效果得到显著提升。

使用 Minitab 软件,运用显著性检验对建立质量管理模式的效果进行确认。本次审核和评价以六大质量管理职能模块为统计样本,用 t 分布理论来推论差异发生的概率,从而比较两组平均数的差异是否显著。

对评价结果数据进行双样本 t 检验,结果如下:

双样本 t 检验和置信区间：

　实施质量管理模式前与实施质量管理模式后的双样本 t

	N	平均值	标准差	平均值标准误
实施质量管理模式前	6	61.15	2.67	1.1
实施质量管理模式后	6	80.05	4.37	1.8

　差值＝mu（实施质量管理模式前）－mu（实施质量管理模式后）
　差值估计：－18.90
　差值的 95% 置信区间：（－23.72，－14.08）
　差值＝0（与≠）的 t 检验：t 值＝－9.05，p 值＝0.000，自由度＝8

如图 5.3 所示，从显著性关键指标 p 值＝0.000，以及管理模式审核和评价箱线图的结果中可以得出结论：厦门宏发开关设备有限公司建立的产品质量精细化管理模式对质量管理的提升效果是显著的。

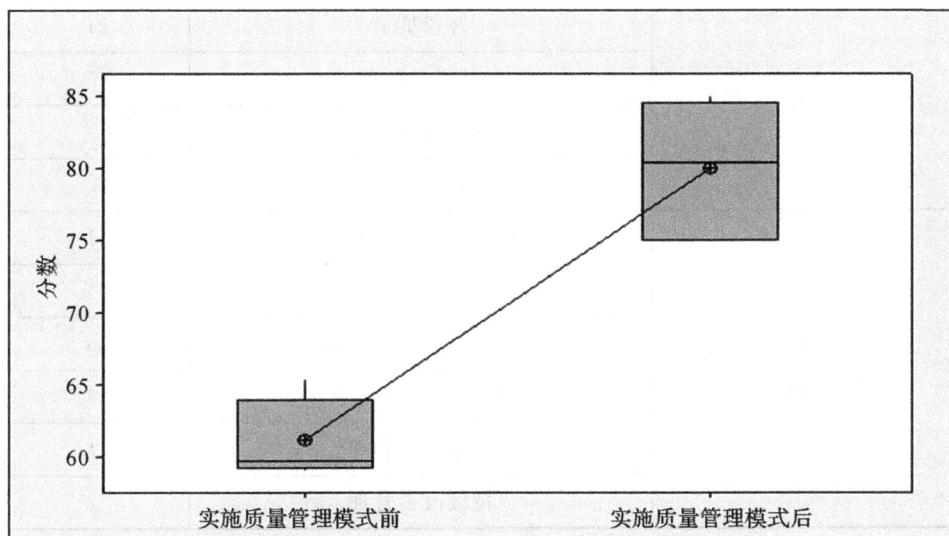

图 5.3　产品质量精细化管理模式审核和评价结果箱线图

(三)实施质量管理模式后各级管理人员访谈

为广泛征求意见,本研究调查各级管理人员对公司产品质量精细化管理模式的反馈并收集建议,设计了访谈问题及问卷,组织对各部门、各级管理人员(总共95人)进行访谈和调查,访谈时间为2019年3月至2019年4月。

公司产品质量精细化管理模式人员访谈问卷请参阅附录。

1.访谈人员构成统计

访谈人员情况统计如表5.11所示。

表5.11 产品质量精细化管理模式访谈人员构成情况　　　单位:人

分类维度	具体分类	人数
工作年限	<1年	14
	1～5年	37
	6～10年	23
	10～15年	15
	15～20年	6
职级	普通员工	24
	基层管理者	47
	中层管理者	19
	高层管理者	5
参与的质量管理职能(多选)	产品质量先期策划	41
	供应链质量管理	24
	制造过程质量管理	56
	客户端质量管理	16
	体系流程管理	71
	持续改善管理	37

分类维度	具体分类	人数
工作性质	质量管理人员	26
	专职检验人员	15
	非质量专职人员	54

从访谈人员的工作年限看,加入公司1年内人员仅有15%,大部分人员有一定的工作经验,且人员构成整体呈现年轻化,工作15年以上人员仅占6%。从工作职级看,中层和基层管理人员占了70%,产品质量管理模式的主导人员也是在这两个层级的人员。从参与的工作职能看,本次访谈涵盖了各个质量管理职能模块。从工作职责看,本次访谈的对象不仅包含专职质量人员,也包含了非专职质量人员,访谈人员的构成比较全面。

2. 访谈和问卷调查结果统计

访谈结果依照质量战略管理及质量管理各个职能模块的内容分别统计。

(1)公司质量战略管理及执行。如图5.4所示,从访谈结果看,各级管理人员对质量管理模式认可度较高,但同时员工认为在公司制定质量战略时反馈建议的机会较少,公司应考虑提高质量管理的全员参与程度。

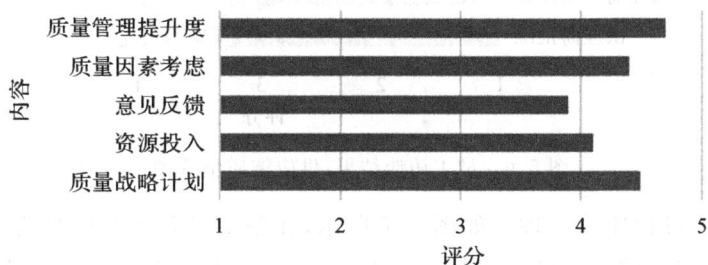

图5.4 员工访谈结果:质量战略管理及执行

（2）产品质量先期策划管理。如图 5.5 所示,各级员工对产品质量先期策划管理的提升比较赞同。

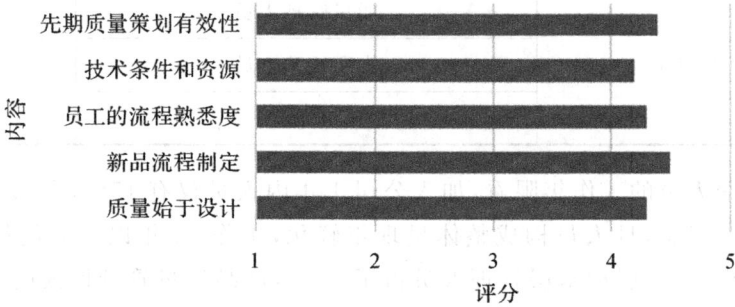

图 5.5　员工访谈结果:产品质量先期策划管理

（3）供应链质量管理。如图 5.6 所示,在供应商质量管理方面,员工认同对供应商进入公司供应链系统的管控,但同时认为供应商零件质量需要提升,对供应商零件认定的工作需要加强。

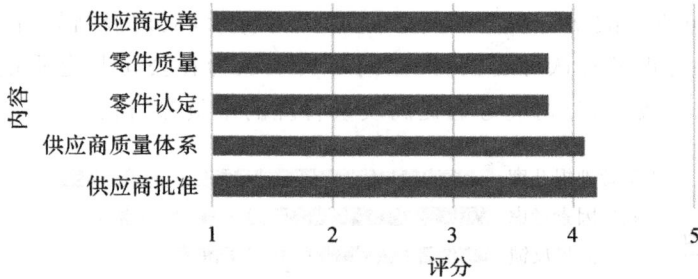

图 5.6　员工访谈结果:供应链质量管理

（4）制造过程质量管理。如图 5.7 所示,在制造过程质量管理方面,各级员工总体认同实施质量管理模式带来的改进效果。同时,各级员工认为在过程关键管控点的管理、设备维护保养等方面需要继续提升。

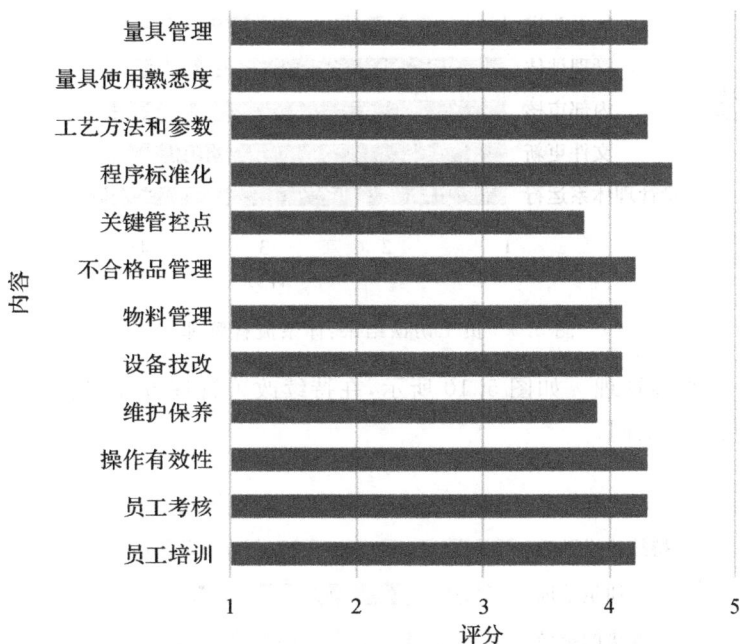

图 5.7　员工访谈结果:制造过程质量管理

(5)客户端质量管理。如图 5.8 所示,在客户端质量管理方面,员工认为客诉流程、客户对产品满意度在提升,但公司在识别客户需求方面还需要提高。

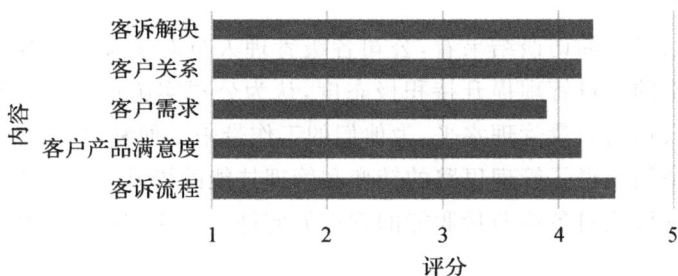

图 5.8　员工访谈结果:客户端质量管理

(6)体系流程管理。如图 5.9 所示,在体系流程管理方面,员工对体系流程管理总体运行有效性持积极态度。

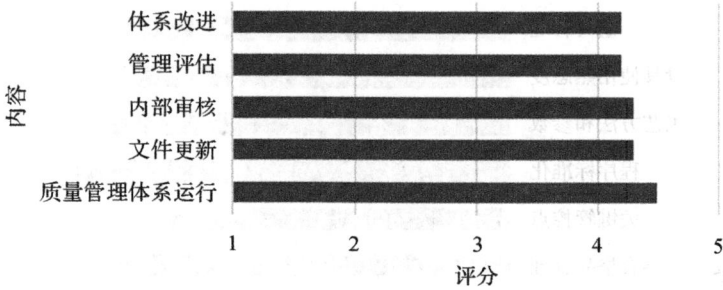

图 5.9　员工访谈结果：体系流程管理

（7）持续改善管理。如图 5.10 所示，在持续改善管理方面，员工对总体的质量管理机制比较认同。

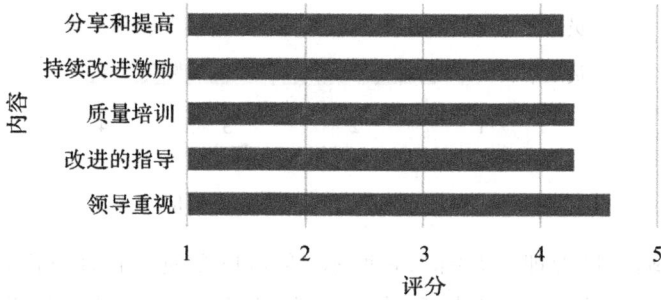

图 5.10　员工访谈结果：持续改善管理

从对各级员工的访谈结果看，公司各级管理人员对实施产品质量精细化管理模式所带来的质量管理提升持积极态度，认为公司实施产品质量精细化管理模式提升了公司的质量管理水平，为他们的工作带来了便利，参与公司质量管理改进也帮助他们获得了管理思路的转变和管理技能的提升。受访人员也为公司产品质量管理模式对各项质量职能的管理如何进一步完善提出了建设性的意见和建议。

六、产品质量精细化管理模式的保障措施

厦门宏发开关设备有限公司构建并实施产品质量精细化管理模式后,为保证长期实施效果,针对质量管理有效性不足的深层次原因,需要思考如何消除或予以遏制,因此需要制定相应的保障措施以确保产品质量精细化管理模式长期运行的有效性。

(一)领导作用保障

领导作用是质量管理的重要原则。质量责任是所有管理者必须承担的分内责任,公司管理团队对质量的认识是否到位、质量信念是否坚定,是其能否做好整个企业质量管理工作、确保产品质量的关键因素。

厦门宏发开关设备有限公司总经理的质量责任有:

(1)制定和发布公司质量方针和目标。基于公司长期规划和公司现状制定适合公司发展的质量方针和目标。每个五年规划期间,公司总经理组织管理团队评审质量方针的合理性,且每年基于公司发展情况评审并更新质量目标,以更高的要求满足市场及客户的需求。

(2)分配质量任务和工作。公司总经理分配质量任务,明确各个系统模块分管领导的工作任务,制订各个系统的工作计划,统一协调,落实质量方针,达成质量目标。

(3)组织协调资源。使资源投入与质量控制、成本控制达到平衡是总经理的重要任务。公司总经理对各个层次的质量管理负有组织协调责任,只有合理分配资源,统一步骤、协调一致,才能使公司各项管理活动顺畅、有序开展。

(4)关键质量决策。公司总经理是关键质量问题的决策者。在公司的体系流程管理运行中,质量发展战略和规划由分管质量的领导提出,但需要由总经理决策。此外,当质量与成本、效率、交期发生矛盾时,也需要总经理进行决策。

(5)营造全员参与的氛围。总经理需要在公司内部创造良好的质量氛围,促

使员工积极参与各项质量管理活动,提升公司各个层级人员的质量意识,建立良好的企业质量风气。

(6)起模范带头作用。公司总经理在质量管理方面起到了很好的模范带头作用。组织公司中高层管理人员观看系列纪录片《大国质量》,从各国的质量事件中获得启示并树立公司正确的质量理念。带头严格遵守各项质量规章制度,按流程办事,在意识态度、行政管理及心理影响力等方面起到表率作用。

(二)组织制度保障

组织的制度完善对质量管理起到规范作用,相对规范的质量管理制度能有力保障公司质量管理的有效实施。公司逐渐建立了相对完善的质量管理制度。

(1)质量目标绩效考核制度。制定管理制度,要求各部门、各层级管理者承担相应的质量绩效考核,针对新产品开发质量目标、供应商零件质量、过程质量缺陷水平、客户投诉等都制定相应的质量绩效目标,与各层级岗位的薪资、年终奖挂钩,真正落实质量绩效管理。

(2)质量奖惩制度。制定质量奖惩制度,对质量先进、在质量绩效方面有贡献的单位和个人给予相应的奖励;同时,对因工作失误、不遵守质量规章制度而造成质量损失的部门和个人给予相应的处罚,做到赏罚分明。

(三)人才培养保障

产品质量的提升、质量管理水平的提高都需要积极的人才培养规划。以质量总监责任制,以建立高效质量队伍为目标,合理搭配,建立老、中、青梯队式的质量人才结构。

1. 质量系统人才培养

评估各质量职能模块需求,评审各职能模块需要的质量专业知识和技能,有目的地通过培训、辅导、工作实践进行传、帮、带,培养人才队伍。

产品质量先期策划方面,侧重于培养对 APQP 的理解和掌握,让先期质量工程师掌握 QFD、FMEA、控制计划等知识,并懂得运用"质量里程碑节点"管理和评审新品开发的各个阶段,保证新品导入量产后的质量。

供应商质量管理方面,培养在新供应商导入、供应商绩效考核、供应商来料质量异常处理方面的专业质量人才,以及具备塑料、五金、漆包线、电子元器件等方面知识的专业人才,更有效地管理零件产品质量。

过程质量管理方面,培养具备产品技术知识,并能熟练掌握 QC 工具、8D 方法论,熟悉产线过程管控,能有效提升过程能力的专业人才。

体系流程管理方面,培养具有流程意识,掌握 ISO9001、IATF16949、ISO14001 等体系知识,能够有效运行体系流程管理,指导各个部门构建适合公司的业务流程,能组织开展内部审核、管理评审等工作的体系管理人才。

持续改善管理方面,培养在六西格玛、QC 小组活动等持续改善方面的专业人员,能有效组织公司每年的持续改善活动,并给予改善思路和方法、质量工具方面在项目实施过程的指导和帮助,确保项目达到目标。

以上各个质量职能的团队建设采取外部招聘有经验的质量专业人才、内部选拔培养和校园招聘相结合的方式,建立阶梯式的质量人才队伍。

2. 非质量部门的质量人才培养

公司还重视非质量部门的质量人才培养,主要措施有:通过各部门的持续改善活动培养六西格玛、QC 小组活动人才;通过组建跨部门的内审员团队,培养既能运行和维护本部门管理体系流程,又能开展内部审核的体系管理人员;通过质量目标分解、质量职能落实,让各个部门人员参与到公司质量管理活动中,提升广大员工的质量意识。

(四)质量信息系统保障

随着科技的发展、公司自动化水平的提高,质量水平的提升越来越离不开信息系统。在生产过程中会产生大量的质量数据,需要用专业的质量管理软件对这些数据进行科学管理。

建立层级化的质量信息系统以保障质量管理工作的高效运行。

(1)建立 SAP 框架下的质量信息系统,SAP 除了实现基本的 ERP、财务管理功能外,还实现了产品生产工单与各个零件使用批次的信息追溯。

(2)建立制造执行系统,在质量管理方面,来料检验、过程检验、质量数据采集、异常处理、质量检验标准管理等过程实现了信息化,大大便利了质量数据统计和流程管理,在保证质量数据准确性的同时使大量质量数据分析成为可能,也提高了质量数据管理的效率。

(3)建立过程统计控制,采用 SPC 软件对过程关键工序、特殊特性进行过程统计控制,该软件在记录数据的同时能运用帕累托图、箱线图等质量工具分析过程,帮助提升过程能力。

(五)质量文化保障

规章制度能规范员工外在的行为表现,但想要使员工真正自觉履行质量责任,从内在影响员工行为,就需要培育积极的质量文化。质量文化是企业管理活动中形成的能影响员工行为的质量意识、质量精神、质量行为、质量价值观、质量形象以及企业所提供的产品或服务质量等的总和。

厦门宏发开关设备有限公司秉承公司集团总部"以市场为导向,以质取胜"的经营方针,在质量管理方面不断进取、永不满足,长期坚持"追求以完美的质量为顾客提供满意的产品和服务"的质量方针,并以此指导公司的经营管理。

公司营造质量文化氛围,每年开展六西格玛、QC 小组活动、合理化建议等改善活动,并设立了激励机制以促进公司持续改善文化建设;在管理意识方面,举办各种各样的质量知识竞赛、开展 6S 管理等,让广大员工积极参与;在日常管理方面,通过质量文化墙的宣导、各班组质量意识的宣传,让质量意识深入人心。此外,每年年终评审先进质量部门、先进质量个人以激励那些对产品质量和质量管理有突出贡献的单位和个人。

综上所述,公司从领导作用、组织制度、人才培养、质量信息系统和质量文化等五个方面制定相应的措施,以保障公司产品质量精细化管理模式的有效实施。

七、结论与展望

建立独特的质量管理模式是卓越企业在质量管理方面的显著特征,纵观国内外国家质量奖,如美国波多里奇国家质量奖、中国质量奖等,均要求企业建立适合自身的质量管理模式。

本篇介绍了厦门宏发开关设备有限公司构建和实施的产品质量精细化管理模式,从质量战略的角度出发,结合企业自身现状和特点,针对各个质量职能模块深入研究质量管理的专业性,并在此管理模式实践的基础上不断改进和完善,对我国低压电器制造业质量管理实践有重要的示范作用。

(一)主要研究结论

本篇的主要研究结论概括如下:

第一,有效的质量管理模式的建立能促进公司质量管理科学化、规范化和系统化,既要从全局高度建立质量发展战略,明确质量管理发展方向和目标,又要从细节的角度做到精细化深入管理,确保管理工作落到实处,真正提升产品质量。

第二,建立质量管理模式的作用还在于规范公司管理,在质量各个职能的管理中,协调各个部门的职能管理,带动各个职能部门履行职责,使质量管理的各个环节形成相互关联、相互促进的完整系统,规范各项流程和制度,提升公司运营管理的实效。

第三,精细化的质量管理思路是保证产品质量、提升质量管理水平的发展方向。本篇以厦门宏发开关设备有限公司构建的质量管理模式为案例,剖析对各个产品质量实现过程的精细化管理,实证研究得出结论,该产品质量精细化管理模式显著提升了质量管理的效果。

第四,建立质量管理模式的审核和评价是不断提升质量管理水平不可缺少的管理机制。通过定期审核和评价能够帮助发现质量管理可能存在的缺失以及执行方面存在的不足;通过改善措施的制定和落实,能够完善质量管理模式,验证质量管理运行效果,为质量管理模式提供改进指南。

第五,制定有效的保障措施是公司确保产品质量精细化管理模式有效运行的助推剂。产品质量精细化管理模式的实践是个渐进的过程,需要在实施过程中不断完善。厦门宏发开关设备有限公司从领导作用、组织制度、人才培养、质量信息系统、质量文化五个方面制定了保障措施,以促进质量管理模式的有效运行。

第六,本篇的研究丰富了质量管理4.0的理论,即战略质量管理应基于产品质量实现全过程构建适应企业自身特点的管理方式,对质量管理的各个环节建立模式化的质量职能,并在此基础上对各个职能实现精细化管理,通过质量管理的精细化实现精品质量,使客户满意,为客户创造价值。

(二)研究局限

产品质量精细化管理模式在厦门宏发开关设备有限公司获得比较好的成效,但需要指出的是,企业建立质量管理模式与企业自身特点有很大关联性,并不一定适合所有的制造企业,甚至对于同行业的制造企业也未必有显著效果。大量的研究结果也表明,质量管理实践并不是普适性的,企业处于不同的行业环境,发展现状也不同,其管理实践的实施也要适应自身的特点。该质量管理模式主要在厦门宏发开关设备有限公司进行实践,其实践时间可能不长,样本来源也局限于该公司,其管理实践的可推广性有待进一步验证。

虽然笔者在质量管理方面有较长时间的工作经验和积累,但对质量管理和精细化的管理知识、理论水平有限,对这些理论知识的理解和掌握程度也有局限性,本研究论点可能有些片面。

(三)未来展望

笔者期望通过厦门宏发开关设备有限公司对产品质量精细化管理模式的实践,对质量的各个职能管理的专业性和系统性进行摸索和探究,对影响产品质量的各个质量管理职能进行精细化管理,为厦门宏发电声股份有限公司及其所属各家制造企业摸索出可以借鉴和推广的管理模式。未来,厦门宏发开关设备有限公司一方面会继续深入探索质量管理模式,另一方面会就质量管理的信息化、智能化继续深入研究,适应公司自动化水平的提升和客户对高质量产品的需求。

参考文献

[1] 泰勒. 科学管理原理[M]. 马风才,译. 北京:机械工业出版社,2013.

[2] 沃麦克,琼斯,鲁斯. 改变世界的机器:精益生产之道[M]. 余锋,张东,陶建刚,译. 北京:机械工业出版社,2015.

[3] 沃麦克,琼斯. 精益思想[M]. 沈希瑾,张文杰,李京生,译. 北京:机械工业出版社,2011.

[4] Kennedy F A,Widener S K. A control framework:Insights from evidence on lean accounting[J]. Management Accounting Research,2008,19(4):301-323.

[5] 汪中求. 细节决定成败[M]. 北京:新华出版社,2009.

[6] 孙念怀. 精细化管理Ⅲ:操作方法与策略[M]. 北京:新华出版社,2005.

[7] 王少华. 关于学校精细化管理理论的研究[J]. 中小学教师培训,2009(2):24-27.

[8] 温德诚. 精细化管理Ⅱ:执行力升级计划[M]. 北京:新华出版社,2005.

[9] 冯敬培. 成本精细化管理系统分析与设计[J]. 煤炭经济研究,2010(9):67-70.

[10] 王文源. 精细化管理之我见[J]. 化工管理,2011(4):71-72.

[11] 戴明. 转危为安[M]. 钟汉清,译. 北京:机械工业出版社,2016.

[12] 克劳士比. 质量免费[M]. 杨钢,林海,译. 太原:山西教育出版社,2011.

[13] 朱兰,戈弗雷. 朱兰质量手册[M]. 5版. 焦叔斌,等译. 北京:中国人民大学出版社,2003.

[14] Feigenbaum A V. Total Quality Control[M]. New York:McGraw-Hill Book,1983.

[15] 马小平. 宏观质量管理与质量竞争力研究[D]. 南京:南京理工大学,2008.

[16] 李江蛟. 企业质量管理体系拓展和深化的研究[D]. 南京:南京理工大学,2007.

[17] 赵玉忠. 我国制造业质量管理影响要素分析与评价[D]. 天津:天津大

学,2008.

[18] 杜剑.A 制造企业基于 TQM 的生产零缺陷管理研究[D].上海:东华大学,2016.

[19] 张玉文.源拓光电公司零缺陷管理研究[D].兰州:兰州大学,2014.

[20] 陈铭.HG 医疗器械公司全面质量管理的持续改进策略研究[D].南昌:南昌大学,2018.

[21] 李军.Z 公司质量管理研究[D].成都:西南交通大学,2018.

[22] 王晓川.企业质量管理防错体系研究[D].北京:中国矿业大学,2013.

[23] 房纪涛.面向质量目标的统计过程控制方法与应用研究[D].上海:上海大学,2010.

[24] 郑唯唯.过程质量控制智能化体系与方法研究[D].西安:西北工业大学,2006.

[25] 余明阳.市场营销战略[M].北京:清华大学出版社,2009.

[26] Shewhart W A. Economic Control of Quality of Manufactured Product [M]. New York:Van Nostrand,1931.

[27] 牛璟洋.全面质量管理系统的设计与实现[D].大连:大连海事大学,2018.

[28] 赵存强.全面质量管理对工作满意度的影响:工作特征的中介作用[D].开封:河南大学 2017.

[29] 穆琳.顾客感知价值模式研究[D].天津:天津财经学院,2005.

[30] 金升龙,崔英姬.质量战略:企业获得持续竞争力的法宝[M].北京:中国质检出版社,2011.

[31] TC176,ISO9001—2015,International Standard Organization[S].2015.

[32] Vbrband Der Autobomil Industrie. VDA6.3—2016 Process Audit[S].2016.

[33] 张群祥.质量管理实践对企业创新绩效的作用机制研究:创新心智模式的中介效应[D].杭州:浙江大学,2012.

[34] 姜涛.质量管理实践对组织运营惯例更新的作用机制研究[D].杭州:浙江大学,2015.

[35] 贺金凤.质量绩效评价模型与方法研究[D].西安:西北工业大学,2006.

[36] 刘强.质量缺陷管理影响因素对质量绩效的作用机制研究[D].哈尔滨:哈尔滨工程大学,2014.

[37] 戴亦迪.基于 TQM 的质量管理运行有效性评价指标构建与改进[D].南京:东南大学,2018.

[38] 王兴林,李戈杨.基于成熟度模型的企业质量管理评价系统的设计和应用

[J].质量管理,2017(8):23-26.

[39] 李莉.制造企业质量管理成熟度模型的建立及评价[D].武汉:湖北工业大学,2009.

[40] 王伟成.我国制造业质量管理实践与绩效关系研究[D].天津:天津大学,2017.

[41] International Automotive Task Force. IATF16949:2016[S].2016.

[42] 中国质量管理协会.质量管理小组活动准则:T/CAQ 10201—2016 [S].中国质量协会,2016.

[43] 中国质量管理协会,何桢.六西格玛绿带手册[M].北京:中国人民大学出版社,2011:13.

[44] Pyzdek T,Keller P A. Six Sigma Handbook[M]. 3rd ed. New York:McGraw-Hill,2009.

附录　"厦门宏发开关设备有限公司质量管理模式"员工访谈问卷

尊敬的公司同仁：

您好！感谢您在百忙之中抽出时间参与本访谈！本访谈旨在调查公司实施产品质量精细化管理模式的成效，匿名回答且不涉及私密信息。您的回答对提升我们公司的质量管理工作非常重要，非常感谢您对公司质量管理做出的贡献！

一、目前为止，您的工作年限是（　　）年。

A.＜1 年　　　　　　　　B.1～5 年　　　　　　　　C.6～10 年

D.11～15 年　　　　　　E.16～20 年　　　　　　　F.＞20 年

二、您的职级是（　　）。

A.普通员工　　　　　　　　　　　B.基层管理者（班组长/工程师）

C.中层管理者（主管/经理）　　　　D.高层管理者（分管领导）

三、您在厦门宏发开关设备有限公司参与的质量工作范畴是（　　）（可多选）。

A.先期质量策划　　　B.供应链质量管理　　　C.制造过程质量管理

D.客户端质量管理　　E.质量管理体系　　　　F.持续改进管理

四、您是否专门从事质量管理工作（　　）。

A.质量管理人员　　　　B.专职检验人员　　　　C.非专职质量人员

五、请您根据您的实际情况完成下列评价（1—5 表示从"非常不同意"到"非常同意"，其中 1 代表非常不同意，3 表示中立，5 代表非常同意，请在相应的框内打√或做标记）。

1.公司质量战略管理及执行	非常不同意　←→　非常同意				
	1	2	3	4	5
1.1公司为产品质量制订了清晰的战略计划、目标和时间表					
1.2公司为实现战略计划和目标投入了足够的资源					

96

1.公司质量战略管理及执行	非常不同意　←→　非常同意				
	1	2	3	4	5
1.3 我有机会对公司战略计划和目标反映意见并获得回复					
1.4 公司设计生产流程时会优先考虑质量、过程有效性等方面的因素					
1.5 公司建立的产品质量精细化管理模式与过去相比有比较大的提升					

2.先期质量策划管理	非常不同意　←→　非常同意				
	1	2	3	4	5
2.1 公司控制质量始于产品设计而非靠检查测试					
2.2 公司制定了完善的新产品开发流程以确保新产品投产时质量受控					
2.3 我熟悉公司的新品开发先期质量策划流程					
2.4 公司拥有足够的质量技术和条件,并能够投入充分的资源在新品开发					
2.5 公司建立的先期质量策划流程对规范研发管理、保证产品质量很有帮助					

先期质量策划管理流程还存在哪些问题?
□管理机制不够完善　　□流程太烦琐,不好执行　　□项目管理进度总是延后
□APQP 资料经常不齐全
□其他,请描述: _____。

3.供应链质量管理	非常不同意　←→　非常同意				
	1	2	3	4	5
3.1 供应商进入公司的供应链是经过严格的审核和批准的					

续表

3.供应链质量管理	非常不同意 ← → 非常同意				
	1	2	3	4	5
3.2 公司的合格供应商大部分建立了比较完善的质量管理系统					
3.3 供应商的零件都经过了严格的认定和批准					
3.4 大部分供应商能为公司提供合格的零部件,符合公司要求					
3.5 供应商针对质量问题能提供详尽的分析并提供有效的改善措施					

供应链质量管理还存在以下问题:
□管理机制不够完善　　□供应商零件质量问题比较多　　□供应商质量改进比较慢
□供应商配合度较差
□其他,请描述: _____。

4.制造过程质量管理	非常不同意 ← → 非常同意				
	1	2	3	4	5
4.1 与制造过程直接相关人员能获得完善的培训					
4.2 与制造过程直接相关人员上岗前都经过了严格的考核					
4.3 与制造过程直接相关人员都熟知操作规程并能有效操作					
4.4 公司设备通常运行良好且得到很好的维护和保养					
4.5 公司注重设备更新改造,对拥有的技术进行及时评估					
4.6 公司对物料管理能做到有序、规范					
4.7 公司能对不合格品进行有效管理					
4.8 我能从现场文件识别各个工序的关键管控点					
4.9 公司将生产/服务运作程序标准化及文件化					
4.10 公司对工艺方法和工艺参数是确定的并严格管理					

续表

4.制造过程质量管理	非常不同意 ←→ 非常同意				
	1	2	3	4	5
4.11 公司各个职能人员能有效运用各种测量设备和量具					
4.12 我所使用、接触的检验设备和量具都是有效计量和管理的					

过程质量管理在以下方面存在不足：
□人员管理 □机器设备管理 □物料管理 □工艺方法管理 □测量管理
请描述所选择内容的具体问题：＿＿＿＿＿＿＿＿＿＿＿＿＿＿＿＿＿＿＿＿。

5.客户端质量管理	非常不同意 ←→ 非常同意				
	1	2	3	4	5
5.1 公司不断改进顾客服务流程，为顾客查询信息、进行交易和投诉提供便利					
5.2 顾客对公司的产品/服务还是比较满意的					
5.3 公司能够系统地了解顾客需求和期望，并致力于满足顾客需求					
5.4 公司与客户建立了良好的相互关系，满足并超越他们的期望					
5.5 公司建立了有效的投诉管理，客户投诉能够得到及时有效的解决					

客户端质量管理在以下方面存在问题：
□客诉处理不够及时 □产品质量问题较多 □对客户的技术支持力度不足
□客户满意度较低
□其他，请描述具体问题：＿＿＿＿＿＿＿＿＿＿＿＿＿＿＿＿＿＿＿。

6.质量管理体系	非常不同意 ←→ 非常同意				
	1	2	3	4	5
6.1 公司的质量管理体系能有效保障公司各项工作的运行					

续表

6.质量管理体系	非常不同意 ← 非常同意				
	1	2	3	4	5
6.2 公司的体系文件能定期更新					
6.3 公司的内部审核能有效发现体系运行中存在的问题					
6.4 公司的管理评审是有效果的					
6.5 公司系统地收集数据和信息,以跟踪、评审和改进组织的绩效					

体系管理在以下方面存在问题:
□体系运行有效性不足　□体系内审工作有缺失　□管理评审有效性不足
□客户满意度较低
□其他,请描述具体问题:＿＿＿＿＿＿＿＿＿＿＿＿＿＿＿＿＿＿＿。

7.持续改进管理	非常不同意 ← 非常同意				
	1	2	3	4	5
7.1 高层领导亲自带领并鼓励员工积极参与公司的质量改进活动					
7.2 我了解公司的持续改进流程并能够获得有效的指导					
7.3 公司有提供质量方法和工具的培训和辅导以促进持续改进活动的开展					
7.4 公司的持续改善活动奖励比较多,我愿意开展持续改进活动					
7.5 我能够获得公司分享的改善资料并用以学习和提高					

持续改进管理在以下方面存在问题:
□管理制度不完善　□激励政策不足　□组织改善活动比较难　□改善活动氛围不好
□其他,请描述具体问题:＿＿＿＿＿＿＿＿＿＿＿＿＿＿＿＿＿＿＿。

第二篇

质量功能展开方法
在厦门宏发电声股份有限公司
新产品开发中的应用

吴灵勇[*]

* 吴灵勇,男,杭州电子科技大学工商管理硕士。1998 年进入厦门宏发电声有限公司工作,担任继电器产品设计师。2008 年起,调任宏发下属多个分公司工作,担任技术经理、副总工程师等职务,主要负责产品研发、技术管理、产品质量等方面工作。

一、绪　论

（一）研究背景

随着全球经济一体化发展，消费者对产品性能的要求在相互比较中不断提升，企业的市场竞争日趋全球化。我国虽然是制造业大国，但不是制造业强国，体现在低附加值产品比重偏大，产品功能同质化、可替代性强。随着东南亚等在人力成本上更具优势的国家和地区的竞争，中国在低附加值类产品上将会失去优势，未来的出路在于大力发展高附加值的产品。

在国内，随着经济持续多年高速增长，供给侧产能累积，企业之间的竞争越来越激烈，商品市场由卖方市场转变为买方市场。人民生活水平随着经济增长日益提升，顾客消费意识觉醒，对于商品的需求也告别原来只需满足产品基本性能的朴素需求，而是希望商品能承载自己个性、满足自我独有的需求。卖方市场下的单一客户群体逐渐分化，对于满足客户需求期望的、使用体验优异的产品，客户愿意给出高的价钱，而那些不具有让客户兴奋的产品特性，只能满足产品基本要求、可替代性强的商品，因客户不愿意出高的价钱而沦为低附加值产品。

成功的新产品开发行为已经成为企业在竞争中赢得优势的关键，高利润率的新产品为企业带来高额回报，企业更有能力对新产品进行投入，从而继续领先市场，形成良性循环，从这个意义上讲，新产品开发的成功与失败直接关系到企业的生死存亡。

我国企业高附加值新产品研发能力不足是普遍现象，体现为新产品开发的成功率总体偏低。据不完全统计，我国企业每年上市的新产品中有超过80%以失败而告终，判断企业开发的新产品失败的标准有多种，其中最主要的标准是产品上市后企业无法获得原计划能获得的利润，产品的销量和售价不理想。

经分析，目前企业开发新产品失败率偏高的问题实质是企业的新产品开发流程已经落后于市场竞争的现状，现有的新产品开发流程无法在产品开发过程中保证及时将市场和客户的需求转化成产品自身的技术特性，企业迫切需要制定一套合适的新产品开发流程体系管理整个新产品开发的过程。本篇尝试采用在新产品开发流程中加入 QFD 方法,通过厦门宏发电声股份有限公司家电用继电器新产品开发的例子,详细说明在产品规划阶段如何应用 QFD 方法以使开发的产品技术特性满足客户要求,最终达到提升产品上市成功率的目的。

(二)研究目的和意义

要提高我国制造业的竞争力,关键在于增强创新研发能力。这不仅需要企业加大研发投入,也需要制定有效的研发策略,开发出满足和引导客户需求的高附加值产品。在分析新产品开发失败的原因时,我们可以从企业内部和外部两个维度上找原因。

从企业内部来看,新产品研发活动是一项系统工程,企业面临的资金问题、人员问题、管理问题、技术壁垒都可能成为企业开发新产品失败的原因,但在现阶段,许多中国企业已经完成了原始积累,在企业体量上、年销售总额上都和国外的竞争对手不相上下,企业有资源和能力投入新产品的研发活动中,但是由于缺少合适的新产品开发管理流程,开发出的新产品无法保证能给企业带来预想的利润,企业更愿意在比较确定的项目上投入资源,如在老产品生产线的扩产、销售渠道的铺设等方面,而在新产品研发投入上却顾虑重重,认为开发新产品得不偿失。在这样的思想指导下,企业体量越来越大,产品研发水平却日渐落后,空有资源和能力而无法研发出在市场上成功的高附加值产品,成为制约企业进一步发展的最大障碍。

从企业外部来看,企业开发的新产品无法满足市场和客户的需求是导致产品开发失败的一个重要因素。但要解决这个问题,根源还在于企业缺乏一种成功的新产品开发流程。新产品开发流程就是指企业设计和制造一种以前没有生产过的商品的工作步骤的集合,在企业中通常以制度文件和管理规定的方式来明确。库珀(Cooper)在文章中提出,新产品开发成功的基本要素是开发流程、企业拥有的资源策略和企业的决策,而在这三者中,开发流程是最为重要的[1]。

从新产品开发战略理论的角度进行分析,巴尔扎克(Barczak)提出,企业新产品开发战略从市场表现来看,分为三种:领先者、迅速跟进者和后进入者[2]。企业应该从后两者改变为领先者的新产品开发市场战略。高附加值的产品拥有让客户心甘情愿付出高价的产品特性,这种特性通常满足了客户对产品的要求,而这种体验是客户在其他替代产品上所无法获得的。要开发高附加值产品,企业必须建立具有研发高附加值产品能力的新产品开发流程,在产品开发整个过程中时时关注客户的需求,并将其转化为产品的技术特性。随着市场竞争的日趋激烈,产品研发在实现企业销售额和利润增长、淘汰落后产能等方面的价值将日益凸显,企业需要补足新产品研发这个短板,避免其成为市场竞争中的阿喀琉斯之踵。因此,重视和研究企业的新产品研发问题具有非常重要的意义。

质量功能展开(QFD)方法可以成功地解决新产品开发忽视客户需求的问题,它本身是一种在世界上比较流行的质量管理方法。将顾客对产品的需求进行深入的分析和要求提取,并在展开过程中转化为产品本身的技术特性、零部件配置要求、工艺设计要求、生产控制要求,用来保证产品本身技术特性满足客户的要求[3]。具体来说,企业从市场调查开始,将其中的顾客要求进行提炼,形成设计输入,逐步向下分解,从设计输入要求分解到技术特性要求、零件配置要求、工艺设计要求,最后到生产过程控制要求,在具体操作方法上从初始定性的输入转化为定量的判断,大量使用数据比较矩阵和展开表,其中最重要的工具是各阶段的质量屋,在开发组织方法上不采用传统串行开发的组织模式,而是采用并行开发的组织模式,强调各开发环节的前期介入,因此能大大提升新产品开发的成功率,减少产品开发时间和投入成本。

本研究既有现实意义也有理论意义。现实意义是公司在继电器新产品开发中应用 QFD 方法,提升了公司的新产品开发水平,增强了公司的市场竞争力;理论意义是通过借鉴国际流行的 QFD 方法的内容,以厦门宏发电声股份有限公司在继电器新产品开发中应用 QFD 方法为例,为其他企业提供 QFD 方法应用的实际案例和实践参考。帮助企业建立起一整套基于 QFD 方法的新产品开发管理流程,制定和完善系统的产品开发创新方法,达到提高企业新产品开发成功率的目的,并能对其他领域使用 QFD 方法的实践提供借鉴,扩大 QFD 方法的应用范围。

(三)研究内容

本篇共分为六部分内容,主要内容如下。

绪论简要介绍了研究背景,进一步阐述了研究的目的和意义,最后介绍了研究内容和研究方法。

相关理论与文献综述介绍了新产品开发、新产品开发流程和 QFD 方法的理论和应用。在 QFD 方法方面,介绍了国际和国内 QFD 理论研究与应用现状,阐述了 QFD 的三种典型的展开模式以及 QFD 应用中的关键技术——质量屋技术。

在新产品开发现状与问题分析中,首先对厦门宏发电声股份有限公司行业背景进行介绍,其次介绍了公司研发机构的现状,最后对公司新产品开发过程的现状和存在问题进行了阐述,并分析了问题产生的原因。

QFD方法在新产品开发中的应用具体介绍了厦门宏发电声股份有限公司在家电用继电器新产品设计规划阶段对 QFD 方法的应用,通过客户需求的处理、产品技术特性的获取和分析,到建立顾客需求技术特性关系矩阵,具体展示了如何一步步操作并建立产品设计规划阶段的质量屋,最后对 QFD 方法在厦门宏发电声股份有限公司新产品开发过程中的应用效果做了分析。

新产品开发管理及相关制度的改进部分,通过在家电用继电器新产品开发上对 QFD 方法的应用,厦门宏发电声股份有限公司在新产品开发管理制度以及相关的配套制度、管理规定上做出改进,以更好地发挥 QFD 方法在新产品开发中的作用。

结论和展望部分对研究结论做了总结,并说明了本研究的局限性,对下一步的研究工作方向做出展望。

(四)研究方法

本研究在对理论的梳理、实践的探讨和分析中,运用了多种的研究方法,其中最主要的是案例研究法和文献研究法,但其他的研究方法也有涉及,总结起来有以下五种。

(1)文献研究法。广泛研究新产品开发流程和 QFD 相关的理论文献、企业应用 QFD 质量功能展开方法开发新产品的案例,理解 QFD 方法的基本理论和实践要点,用以指导公司家电用继电器新产品开发的整个过程。

(2)案例研究法。对厦门宏发电声股份有限公司研发工作的实际情况进行深入调研,了解并掌握企业新品开发的第一手资料,梳理企业面临的困难与遇到的实际问题,从 QFD 方法的理论和实践应用的角度出发,运用 QFD 方法工具,选择典型案例,解决实际问题,并按照具体到一般、实践到理论的规律建立公司新产品开发管理流程。

(3)问卷调查法。获取真实的客户需求是新产品开发成功的前提条件,只有在此基础上进行工作才不会偏离新产品开发采用 QFD 方法的初衷,而了解客户需求最直接、最有效的方法就是发放客户需求调查问卷。在家用电器继电器的新产品开发过程中,在产品设计规划阶段为了准确把握客户对产品的真实需求,采取了多种方法,其中就有发放客户需求调查问卷,QFD产品开发小组对客户反馈的信息进行了认真的分析。

(4)质量屋方法。定量、定性相结合的方法是QFD方法的特色,收集到的客户需求通常是定性的,而产品的技术质量特性是定量的,QFD质量功能展开对两者进行转化,质量屋技术就是QFD方法中将定性的客户需求转化成定量的产品质量技术特性的重要工具。

(5)数据分析法。QFD方法中用到数据分析的方法,在客户需求的获取和分析、技术特性的获取和分析、客户需求技术特性关系矩阵等环节都需要对数据进行分析,把主观性强的客户需求通过数据分析转化成客观的技术特性,是QFD方法的特色。

二、相关理论与文献综述

(一)新产品开发理论

新产品开发指的是根据客户需求,由概念设想到产品立项、设计开发、初样试制、设计验证、试生产准备、小批试生产、批量生产直到最后上市销售等一系列完整的过程[3],是企业赖以生存和发展的关键核心活动。

随着市场竞争的加剧,客户需求变化速度加快,产品生命周期日益缩短,老产品很快被市场淘汰,企业要生存和发展就必须不断开发出新产品。新产品开发可以使企业获得丰厚的利润,抵御未来生产经营中的风险,加强企业的战略优势,压制竞争对手,扩大与竞争对手的差距。企业越来越重视新产品开发工作,并投入大量的企业资源于其中。

从企业的角度来看,新产品开发就是企业从自身经营管理的角度出发,决定将企业可以支配的资源转化成某种产品在市场上销售并得到利润的整个过程,它一般包括产品立项、产品设计、工艺设计、生产设计、产品上市销售等几个步骤,这些步骤构成了一个完整的项目管理过程。

新产品开发项目包含了三个关键的概念:新产品、企业资源、项目管理过程。

不同的情景下,人们对新产品划分的标准不同。本篇划分新产品的标准是从具体企业角度出发的,只要是企业原来没有生产过的、新开发的产品,对于这家企业来讲就是新产品。具体而言,企业通常对于新产品都有自己内部的规定和分类,如全新产品、改进产品、规格扩展产品等。

新产品与老产品相比具有不同点,根据不同点的分类,新产品划分的标准可以归纳为以下几点。

(1)产品种类不同。企业由原先生产的产品种类转而生产另一种类的产品,比如企业原来生产冰箱,现在生产洗衣机,洗衣机对于这个企业来讲就是新产品。

(2)产品技术实现方式不同。产品实现功能的原理、产品设计技术、生产工艺技术的变化导致产品出现变化。企业生产彩电,原来生产的是显像管的 CRT

彩电,新推出了液晶电视,液晶电视就是新产品。

(3)产品规格扩展,比如企业原来生产小尺寸屏幕的彩电,现在生产大尺寸屏幕的彩电,大尺寸屏幕的彩电就是企业的新产品。

(4)推出针对不同客户群体的产品,满足细分市场的要求。

(5)在原来老产品基础上进行技术、功能、结构上的改进,也可以形成新产品。

企业的资源包含企业本身能够调动的人力、物力和财力。人力指直接、间接参与产品开发的企业员工或企业外的配合人员,如协作单位的人员;物力指开发过程中用到的生产、检测设备,开发的零件部件,等等;财力除货币财物外还包括可转化成财力的公司知识产权,如专利、技术秘密等。企业在开发新产品前要对自己能够调动的资源进行评估,判断自己的能力是否能负担得起开发该产品,这是企业决策开发新产品前期很重要的一个考量。

项目管理过程有三个关注点:项目开发时间、项目费用、产品技术。项目开发时间短,产品上市时间早,企业就可以比竞争对手多获得产品上市早期额外的利润;项目费用控制得好,产品成本低,在市场上和竞争对手产品比就有优势;产品技术并不要求一定要超过竞争对手,但一定要是客户所希望的,这就要求企业在开发产品时了解客户的实际需求。

从以上分析来看,新产品开发的项目管理过程非常重要,它决定着产品开发的成败,而项目管理过程和企业的产品开发管理流程相关,管理流程的具体规定指导项目的过程管理实践。随着企业产品开发经验的不断积累、发展,企业之间交流的频繁和深入,伴随着管理科学研究的进展,产品开发管理流程理论和实践也在持续不断地演变、进化。

(二)新产品开发管理流程

新产品开发按时间有不同的开发阶段。库珀(Cooper)和克兰施米特(Kleinschmidt)将新产品的开发分为三个阶段:产品规划阶段、产品初样开发阶段以及上市批量生产阶段[4]。企业在自身生产实践的历程中也发展出各种不同类型的新产品开发流程。萨伦(Saren)在1984年发表的论文[5]和特罗特(Trott)在1998年出版的专著[6]提出了企业常见的五种新产品开发流程。

新产品开发管理是一个复杂的系统工程,企业在安排日常经营管理之外,还要统筹、协调本身的资源投入新产品的开发中,需要平衡和管理这两者之间的矛盾。而产品开发项目本身,也存在着项目内部资源分配问题,存在着项目交期和产品技术特性之间的冲突等问题,在长期的开发管理实践中,企业不断调整和总结,逐渐形成了五种主要的新产品开发流程:部门分工化开发流程、产品及周期优化流程、门径管理流程、集成产品开发流程以及产品质量先期策划流程。

1. 部门分工化开发流程

泰勒的科学管理学说将科学化、标准化引入企业管理,推行任务管理,提升生产效率,企业的部门设置逐渐专门化和专业化,性质相同的工作被合并、归整并设立专门的部门来负责,企业设置了齐全的职能部门来满足生产经营的需要。在开发新产品时,工作任务通常是以部门分工的:企业的销售部或企划部提出新产品开发项目,开发部负责设计新产品,工艺部进行工装夹具设计,采购部负责采购零件和工装夹具,开发部试装产品,送样品到试验室进行产品试验,生产部开始小批量生产,品质部负责新品开发过程的产品质量控制,销售部负责在市场上销售产品。

部门分工化开发流程中的各个部门在产品开发工作中沟通比较少,每个部门都力争把自己部门的工作做到最好,但是并不了解其他部门的工作要求,当某项工作出现问题需要改正时,通常单个部门并没有足够的能力解决,需要其他部门配合,因此采用这种开发流程会使部门工作协调困难和开发时间浪费,造成整个开发项目周期延长,新产品上市时间推后。运用该流程进行新产品开发的失败风险比较高,这是一种早期的、企业自发形成的新产品开发流程。

2. 产品及周期优化流程

产品及周期优化流程(product and cycle-time excellence,PACE)是由美国PRTM(Pittiglio Rabin Todd & McGrath)咨询公司的迈克尔·麦格拉思(Michael McGrath)最早提出的一种新产品开发流程,初始主要用于指导 PRTM公司的企业咨询工作的管理。

PACE 总体上是一个用于实现产品开发流程目标的参考模式。简单来说,PACE 是一个综合流程,在这个流程中,项目子流程、项目组织结构、开发工具等共同在一个总体框架中运作。PACE 的系统结构包含七个要素:阶段评审流程、真正起主导和组织作用的核心小组、结构化项目开发流程、开发工具、技术和产品策略、技术管理、组织内外部管理。

(1)阶段评审决策。产品开发是由决策流程来推动的,决策是由公司的高层做出的,项目小组组织阶段评审,公司高层根据阶段评审的情况具体做出决定,决定的内容包含开发资源投入和产品开发方向。

(2)项目小组构成。大多数公司中都有项目小组,但多数并不成功,原因在于这些项目小组的结构、角色、权利和责任并没有得到明确的定义。PACE 流程组建的核心小组(core teamap)是一个小型跨部门项目小组。成员一般有 5～8人,小组权利和责任明确,所有与该特定开发产品相关的任务都归其管理。核心小组的每个成员都负有某个方面的具体责任,也具有相应的权利。对于重要的问题,大家集体做出决策。

(3)开发活动的结构。在 PACE 新产品开发流程中,开发流程是模块化的,形成一个个输入输出要求标准化的小流程,核心小组利用这样结构化的开发流程开发产品,确保工作内容一致,为将来开发流程的持续改进打下基础。

(4)PACE 的结构化流程包含几个大的阶段,总共有 15～20 个主要步骤,每一步又分成 10～30 项任务,这些任务被称为基本工作单元,可以估算出具体的完成时间,项目小组可以根据这些基本工作单元预估工作开始到完成的时间、需要投入的资源等做好项目的管理计划。

(5)开发工具与技术。目前已经有很多的辅助设计开发工具可以被利用,极大地提高了产品开发的效率和质量。这些工具包括计算机辅助工程(CAE)、质量功能展开、面向装配设计(DFA)和可制造性设计(DFM)等方法、产品数据管理系统以及用于项目管理的软件等。具体的设计技术开发工具能帮助解决某个设计问题,但没有哪个开发工具能解决产品开发中遇到的所有问题。结构化的PACE 流程将他们组合起来,在不同的产品开发阶段使用合适的工具,提高了产品开发的成功率和开发效率。

3. 门径管理流程

另一个比较著名的新产品开发流程是门径管理流程(stage-gate system,SGS)[7],这种管理流程自 20 世纪 80 年代开始出现,起源于美国,是罗伯特·库珀(Robert Cooper)教授根据多年的管理研究经验提炼总结出来的。库珀教授专注于产品创新实证方面的研究,通过对数据的调查和统计分析,推导出产品创新的规律。他的许多实证研究报告成为理论界和企业界进行新产品开发成败分析的重要依据。

门径管理流程将项目从开始到结束的整个过程分为几个阶段,如创意立项阶段、开发测试阶段和上市研究阶段等,这些阶段在时间逻辑上是相互联系的,但是在形式上是独立的。每一个阶段(stage)的结束标志着另一个阶段入口(gate)的到来。只有当前一阶段的所有活动的输出通过审核并满足下一阶段入口的要求时,才算获得批准,项目才能够进入下一个阶段,否则需要继续停留在该阶段或者申请终止项目。门径管理开发流程中,阶段评审是一个标准的审核过程,小组成员需要将活动过程中形成和记录下来的项目资料提供给阶段委员会评审,首先是评审资料是否符合规范、是否完整,接着评审项目小组工作开展的质量。

图 2.1 为门径法产品开发流程各阶段的分解示意[8]。

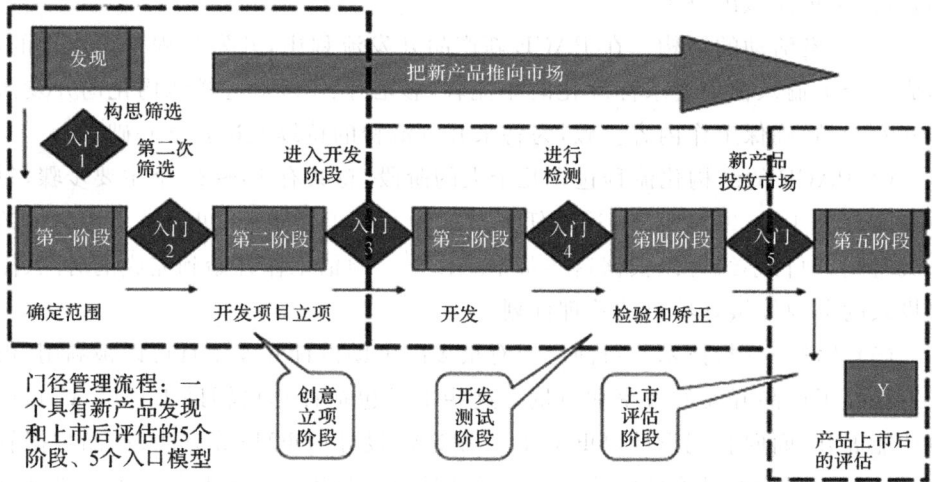

图 2.1　门径管理流程示意

第一阶段:对每一个项目进行快速的初步调查,发现和识别业务机会,并对可能的项目进行严格的项目筛选,控制项目的数量。

第二阶段:采用跨职能的工作团队,开始项目确立后前期的项目管理工作。

第三阶段:新产品的设计开发阶段,通过快速或简易的方法实现产品的构想,并对初始的产品进行测试验证。

第四阶段:产品通过不断的迭代改进,在本阶段实现小批量试产,测试正式的产品性能,验证正式生产的工装、模具、工艺装备等是否满足阶段评审要求,开始给目标市场客户介绍新产品并送样品试用。

第五阶段:开始正式大批量生产产品,推广和销售,认真收集客户使用的反馈意见,执行产品上市后的评估。

4.集成产品开发流程

集成产品开发法(integrated product development,IPD)是在 PACE 方法的基础上,由 IBM 公司最早应用实践并取得成功的,其使 IBM 公司重新获得市场竞争优势。集成产品开发是结构化、系统化的管理工程,关键要素包括跨部门团队、结构化开发流程、考核体系、衡量指标(财务指标、产品开发周期、产品开发过程的成熟度)等。采用这种开发流程对于公司整体战略发展来说极为重要[9]。

IPD流程认为,新产品的开发是一项投资决策,产品的研发管理实质上是在管理项目投资,所以需要对它进行有效的投资组合分析。其还认为,研发产品满足客户需求是新产品创新和改进的核心要求,只有满足客户需求,产品才会在市场上获得成功。在组织结构上,IPD采用跨部门的产品开发小组,通过有效的沟通、协调以及决策,设定严密的计划、采用协同的方式开展工作。IPD将开发流程划分为六个阶段:产品构思阶段、组织规划阶段、设计阶段、验证阶段、上市销售阶段、生命周期管理阶段,关注每一阶段以及决策点,达到快速开发产品的目的。

IPD的核心小组由两个团队组成,一个是具体的产品开发团队,简称PDT,由产品开发、产品工艺、市场销售、生产、财务、采购、技术支持等相关部门的人员组成,小组按照制订的项目计划执行并且保质保量完成。另一个是决策团队,由公司高层人员组成,简称IPMT,目标是确保开发的产品在市场上有正确的定位,保证公司资源回报率。

5.产品先期质量策划流程

产品先期质量策划(APQP)流程,是QS9000/IATF16949质量管理体系非常重要的组成部分,作为一种新产品开发的管理流程最早起源于汽车行业。后者逐渐扩展到其他行业。该种流程从质量管理理念的角度出发,具有结构化、标准化的特点,处理问题以事先预防控制为原则,这种处理方式和解决问题的思路避免了因事后处理而导致事态扩大、质量成本增加的缺陷,同时产品质量先期策划可以无缝整合到公司的质量管理体系中,受到越来越多厂家的青睐。

产品先期质量策划流程开展工作的第一步是组建横向职能小组,小组成员包括:项目管理、产品设计师、工艺工程师、质量工程师、采购工程师、销售代表、供应商代表以及顾客代表等。小组经授权后开展工作,制定项目实施时间表。评定所提出的产品设计、性能要求和制造过程的可行性;确定项目投入成本、要求进度和限制条件,再制定标准和控制方法;从产品的概念设计、设计开发、过程开发、试生产到生产全过程中的信息反馈、项目管理的角度要求各项工作同步开展,比如各个负责单位同步进行产品开发、工艺过程开发和质量控制设计,以保证产品的开发质量、开发进度和开发成本满足项目总体要求。

APQP各类应用工具有FMEA、SPC、流程图、MSA等。整合各种科学的分析手段和项目管理理念,使流程本身不断优化和迭代。

如图2.2所示,产品先期质量策划流程按照传统的阶段划分方法,主要分为五个阶段[10]。

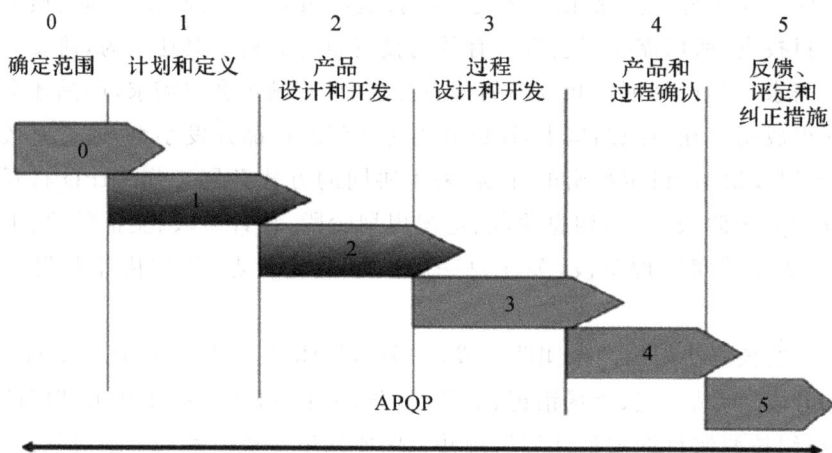

图 2.2　APQP 的阶段划分

（1）第一阶段：计划和定义（立项阶段）。本阶段要确立项目开发的总体框架、产品项目的技术目标和要求，评估项目的财务目标及财务风险，收集类似产品的质量数据，并在下一步产品开发时进行质量风险规避和采取防错措施，提升产品质量，成立核心职能小组，确定项目总体工作安排的时间节点和完成交付目标。

（2）第二阶段：产品设计和开发（产品设计阶段）。本阶段是将第一阶段确定的产品项目的技术目标要求、质量水平要求、成本价格要求转化为具体的产品，并安排验证产品的性能和质量，一个可行的设计应能满足批量生产、工期和成本的要求，要找出生产过程和产品本身可能存在的问题并改进。

（3）第三阶段：过程设计和开发（试生产策划阶段）。本阶段主要是设计开发一个能满足批量生产合格产品的制造系统，保证满足顾客的需求；该制造系统是可实现的、成本可控的、易于维护和调试的。

（4）第四阶段：产品和过程确认（试生产阶段）。本阶段对前一阶段设计开发的制造系统进行验证，包括系统本身和系统生产出来的产品，通过制造系统的生产运行评价进行确认。在试生产过程中，产品质量先期策划小组应确认产品生产是否遵循生产控制计划，产品性能是否满足设计的要求，对正式生产运行之前出现的问题要进行闭环管理。

（5）第五阶段：反馈、评定和纠正措施（批量生产阶段）。在这一阶段，产品正式批量生产上市，经过一段时间，产品在市场上的销量、质量水平、公司内部不良率、供应链情况、产品盈利能力等数据会陆续反馈和汇总到公司,产品核心职能小组要认真对待这些反馈,持续采取优化改进措施,以不断改进产品的质量,满足客户的要求。

(三)在新产品开发中应用质量功能展开

质量功能展开(QFD)是一种新产生的质量管理方法。按照卢·科恩(Lou Cohen)阐述的质量功能展开的定义:质量功能展开是一种质量工具,它可以运用于产品开发和产品质量改进,质量功能展开关注顾客的愿望和需求,致力于使产品和服务满足客户的需求,其能够评价这些产品和服务是否可以满足顾客需求[12]。

QFD本质上是一种质量管理方法,但它适合应用于新产品开发流程。具体地讲,企业从市场调查信息开始,将其中的顾客要求进行提炼,形成设计输入,逐步向下分解,从设计输入要求分解到技术特性要求、零件配置要求、工艺设计要求,最后到生产过程控制要求。在具体操作方法上,以系统展开表和矩阵图为载体,将新产品设计和生产过程中可能出现的问题提前处理,应用QFD的新产品开发流程具有以下的特点。

1. 并行开发模式

在开发过程中不采用传统新产品开发的串行模式,而是采用并行开发的模式,通过项目管理的有效组织,各部门在工作开展前事先沟通,避免因各行其是导致工作反复,降低出错概率,进而减少产品开发的时间成本和投入成本。

2. 关注顾客对新产品的需求

企业开发新产品的项目来源于市场和客户,QFD方法关注顾客对新产品的需求,并在新产品开发过程中将顾客需求转化为新产品本身的特性,使新产品满足市场和顾客的需求,为新产品的成功开发提供了可靠的保证。

3. 职能部门间的信息通畅

采用QFD方法促进了各职能部门间的信息流通,提升了各职能部门参与产品开发的积极性与主动性,为产品的开发成功提供了保证。

4. QFD产品开发小组对项目总目标负责

从开发产品开始,第一件事就是成立QFD产品开发小组,在整个开发过程中,对整个项目的总目标负责,不会造成部门间对责任相互推诿的现象。

(四)国内外关于 QFD 理论研究与应用综述

1. 国际 QFD 理论研究与应用现状

20 世纪 60 年代,战后的日本企业质量管控基础薄弱,日本出产的大多数产品质量较差,在国际上没有竞争力。在这种情况下,美国的数理统计专家戴明将 SPC 的质量控制方法和理念带到日本,受到日本举国上下的高度重视,这成为日本"质量兴国运动"的起点。随着产品质量的提升,日本制造在国际上的竞争力越来越强,日本认识到了产品生产过程质量控制的重要性,质量管理的研究在日本国内成为显学,不少研究人员将质量管理研究朝产品生命周期的前端延伸,将质量管理的思想带入新产品开发的过程中。1966 年,在汽车轮胎行业工作的清贵(Kiyotaka)在工作实践中首先制作了具有 QFD 某些特征的"工序保证项目一览表"[13]。此后,石川馨(Ishikawa Kaoru)博士经过理论总结制作了"业务机能展开表",并将该表应用于松下公司的新产品开发实践[14]。1972 年,赤尾洋二博士(此时为山梨大学的教授)感受到了为新理论诞生提供营养的种种思潮,在总结前人经验的基础上撰写了《质量展开》,这篇文章标志着质量功能展开理论的诞生。

1974 年,西村(Nishimura)和高柳(Takayanagi)[15] 两位学者经过多年的酝酿和思考,提出了"质量表"概念,通过数列矩阵将定性的顾客需求和定量的工程特性联系起来。1978 年,水野滋(Shigeru Mizuno)、赤尾洋二(Yoji Akao)教授合作编写了《质量功能展开》一书,将质量表作为质量展开的重要工具,正式提出了质量功能展开方法,标志着质量功能展开理论走向成熟。赤尾洋二教授将 QFD 定义为:目标是满足顾客而发展的一种设计品质方法,然后由设计过程将顾客需求转换成产品的设计目标与主要的品质保证[16]。经过理论界 10 多年不懈的推广应用,应用和实践 QFD 理论的行业越来越多。从最早的制造业发展到建筑业、医疗业、软件业、服务业、农业等行业。1988 年,赤尾洋二教授总结了各行业的应用经验,编写了《灵活应用质量展开的实践》一书。此书的出版更是将质量功能展开理论推广到了全世界,南美洲的巴西和欧洲的意大利、瑞典、丹麦等国家都在此时开展应用 QFD 理论的研究。为推进 QFD 理论在欧洲的进一步发展,1993 年,意大利米兰成功举办了第一届欧洲 QFD 研讨会。瑞典在欧洲国家中推广及应用 QFD 也相当活跃,以伯格曼(Bergman)教授为首的一大批学人研究 QFD,推动了整个社会对 QFD 理论的重视,1997 年瑞典组织举办了第三届欧洲 QFD 研讨会。而后,QFD 继续在欧洲传播,此时 QFD 理论在欧洲一些主要的国家已经有了研究团体和组织。南美洲的巴西也是 QFD 方法研究的重镇。日本的大藤正教授先后六次到巴西进行 QFD 指导，巴西 QFD 应用和实践也在蓬勃发展。

一个理论的成熟总是要经过一段时间的沉淀，人们对合理的部分进行肯定和固化，对其缺陷部分进行克服和改进。经过初期的发展后，如何改进经典 QFD 理论和方法成为研究的重点。卡拉格洛斯（Kalargeros）和高（Gao）提出一种容易使用的模糊 AHP（层次分析法）来评价顾客需求重要度的权重[19]，形成了 FAHP 的方法，解决了模糊状态下顾客需求重要度的提取难题。普拉萨德（Prasad）通过对同步工程（concurrent engineering）的研究，和 QFD 理论两者进行创造性的结合，最早提出了并行功能展开（concurrent function deployment，CFD）的概念[20]。马苏德（Masud）和迪安（Dean）将数学领域的模糊集理论与 QFD 结合应用，为 QFD 方法研究处理更复杂领域的数据指出了一条大路[21]。扎特勒（Zultner）把 AHP 引入 QFD 的输入数据分析中，可以更加精确地得到顾客需求权重[22]。巴内加斯（Vanegas）和拉维夫（Labib）建立了一种模糊 QFD 模型以确定质量表参数的目标值[23]。邱（Khoo）和霍（Ho）完成模糊质量功能配置（Fuzzy QFD，FQFD）的理论框架[24]。博德（Bode）和冯（Fung）通过结合层次分析法和模糊逻辑法两个方法，在实践中不断改进，形成新的方法以确定产品特性的目标值[25]。

QFD 理论能够不断发展，与该理论在实践中能真正解决企业面临的问题并取得巨大的经济效益密切相关。20 世纪 70 年代初期，三菱重工神户造船厂在船舶设计与制造中应用 QFD 质量工具——产品矩阵，取得很大成功；之后，丰田、Kayaba（卡亚巴）等公司也开始在生产实践中应用 QFD 改进产品质量，丰田采用了 QFD 技术开发新产品后，效果非常明显，新产品开发启动成本只有原来的 4 成，产品开发周期比原来缩短了 1/3，而后者因为在实践中成功地应用 QFD 技术，取得了巨大的成果，获得了日本全国性的质量大奖。1975 年，日本质量管理协会（JSQC）设立了专门推进 QFD 发展工作的研究委员会。3 年后，该委员会解散，同年，日本科学技术联盟（JUSE）又成立了 QFD 研究委员会，同样是专门进行研究和推广质量功能展开的工作。到了 90 年代，日本科学技术联盟创建了 TQC（全面质量管理）研究小组，该小组的突出贡献就是总结出了产品策划的七种工具，并将 QFD 理论定位在新产品策划过程和新产品设计、制造转换环节。今天，在日本的重要的工业领域，QFD 方法已经得到广泛的应用。

1983 年，美国人第一次接触到 QFD，由多位日本专家参加的"全员质量管理和质量展开"研讨班在芝加哥举办。赤尾洋二与木暮正夫（Kogure）两人都参加了研讨班,还合作在美国期刊上发表了论文《日本的质量机能展开和全员质量控制》,介绍了日本当时最新的 QFD 研究发展动态,使 QFD 方法在美国开始传播。

QFD 在美国的传播得益于几位著名的学者。第一位是鲍勃·金(Bob King),他本身致力于 QFD 方法的研究,在 1983 年出版了美国第一本关于 QFD 的著作《用一半的时间做更好的设计》,他同时也是劳伦斯成长机会联盟/质量与生产力中心(GOAL/QPC)创立者和执行官[26]。第二位是福特公司的拉里·苏利文(Larry Sullivan),他是较早接受 QFD 思想的美国学者,在 20 世纪 80 年代中期根据自己的研究成果发表了对美国 QFD 理论界影响重大的文章《质量机能展开》。后来,苏利文为了更有力地推广 QFD 理论和实践,在 1997 年创立了美国供应商协会(ASI)[27]。福特公司在 1985 年率先在新产品开发中应用了 QFD 理论,大幅提高了新开发的汽车的销量。麻省理工学院的豪泽(Hauser)和克劳辛(Clansing)合作于 1988 年在《哈佛商业评论》上发表了具有划时代意义的文章《质量屋》[28][29]。美国供应商协会(ASI)推出了以其协会名称命名的 QFD 质量功能展开方式,成为最受欢迎的 QFD 展开工具之一。这些工作为 QFD 在美国的发展起到推进器的作用。在理论界的指引下,美国许多知名的标杆企业,如IBM、柯达、施乐公司等都先后开始应用 QFD 理论到新产品开发中。在这些先进企业的带动下,整个美国社会中应用 QFD 理论的企业越来越多,行业协会也关注到这个趋势,美国供应商协会也开始在美国企业中推广 QFD 理论和应用。1993 年,QFD 协会作为非营利性的研究和教育机构成立。

2 我国 QFD 理论研究与应用现状

国内的 QFD 理论研究起步比较晚,但是发展很快,目前已经成为世界上研究 QFD 理论比较先进的国家,并且融会贯通,不断创新,取得了一大批研究成果。研究日本综合 QFD 模式的领军人物是浙江大学熊伟教授。20 世纪 90 年代初期,其去日本留学,接触到 QFD 理论,认识到这个研究领域对中国发展的价值,回国后在浙江大学建立了质量功能展开(QFD)研究中心,并在一些重要的质量和技术期刊上发表了 QFD 研究方面的论文,浙江大学的质量功能展开(QFD)研究中心也逐渐发展成为世界上有名的 QFD 研究机构,得到了国家科技基金研究计划和社会、企业各方面资金的支持。熊伟教授本人的研究重点是将 QFD 和其他学科的研究结合起来,如和动态需求分析法结合,形成动态 QFD映射方法,和 KANO 理论结合,形成魅力质量 QFD 分析法,此外和 TRIZ(发明问题解决)理论、正交实验设计方法、FMEA 方法等结合也都结出了丰硕的成果。熊伟教授出版了多本专著,包括《质量机能展开》《供应链竞争力与经济发展》《质量功能展开——从理论到实践》《设计开发质量管理》等，极大地提升了我国 QFD 理论的研究水平。研究美国 ASI 模式的领军人物是质量专家邵家骏，他利用去美国考察的机会，接触到美国 ASI 协会的 QFD 研究模式，回国后，又结合自己在航空航天领域工作的实践，在《航空标准化与质量》杂志发表题为《质量功能展开》的论文，将 QFD 研究与航空航天领域的工作相结合，拓宽了 QFD 模式研究的范围。他独立翻译出版了《质量功能展开》一书，为我国的 QFD 理论发展与普及做出了突出的贡献。随着国家对 QFD 研究的重视，中国质量协会也成立了全国 QFD 研究会，有组织有计划地在全国推广 QFD 研究。目前中国已成为 QFD 模式研究最活跃的国家之一。

随着时代的发展，QFD 方法理论也在不断创新，并逐渐与其他的质量工具相结合，共同作为产品研发的管理方法，河北工业大学经济管理学院的李金海、李阳阳、刘庆林关于大数据时代背景下基于 QFD 和 TRIZ 产品研发过程的研究，探讨了大数据、QFD 与 TRIZ 三者之间的关系，将大数据、QFD 和 TRIZ 有机结合起来，提出了大数据时代下基于 QFD 和 TRIZ 的产品研发模型，为产品研发过程提供了新的思路和方法[30]。刘鸿恩等人结合四阶段展开模式，研究了独创性的递阶质量屋结构，建立了新型的 QFD 质量功能展开总体展开框架[31]。西南科技大学制造科学与工程学院的詹钧凯等人基于 QFD 的多目标产品配置模型及配置优化的研究，采用改进的算法并分别考虑单个目标客户需求特性，完成多目标的产品配置优化模型。该算法采用动态函数处理约束问题，采用自适应交叉、变异概率等方式对 NSGA-Ⅱ算法进行改进，通过算法验证与实例应用，证明模型有效可行，改进的 NSGA-Ⅱ算法在配置问题求解上优于 NSGA-Ⅱ算法[32]。上海交通大学机械与动力工程学院袁振龙等人基于虚拟正交试验(DOE)和改进 QFD 的产品平台规划方法，提出了基于虚拟正交试验的敏感度分析方法，并结合改进 QFD 进行产品平台规划，以两种参数的变化量之比为基础得到设计参数敏感度，并构建敏感度矩阵，代替传统 QFD 质量屋中的关联关系矩阵衡量设计参数与性能参数间的关联程度，提升了传统 QFD 方法的客观性[33]。厦门城市职业学院的苏晓梅提出了基于 QFD 理论体系的创新优化设计，对多要素的系统体系开发提出了解决的方法。[34]。上海飞机制造有限公司的李汝鹏等人提出面向客户需求的产品优化设计方法研究，通过基于模糊相似理论的需求信息模糊聚类方法，对具有模糊性和多样性特点的初始客户需求进行了精简分类处理，获取到客户需求集合；然后构建了一种综合联合分析法(CA)和质量功能展开(QFD)的全新 CA-QFD 需求转化方法[35]。

在利用 QFD 方法解决实际产品设计问题的探索实践中，沈阳理工大学艺术设计学院的杨猛、李宏胜对 QFD 方法在自动售货机设计中的运用进行了研究,分析 QFD 方法在自动售货机中的设计体现,从最初的可行性分析研究到自动售货机的产品结构设计都以顾客需求为驱动,将顾客需求精确转化为各种具体关键质量特性,从而保证最终能够设计出符合顾客需求的产品[36]。昆明理工大学工程训练中心的蔺琎等人对 QFD 在微波电源设计中的运用进行研究,分析得到微波开关电源在客户需求上和传统开关电源比较的优势,最后使用 QFD 方法建构设计质量屋,表明 QFD 方法的运用可以为微波电源设计过程提供新方法和新思路[37]。湖南工业大学包装设计艺术学院的刘宗明、葛碧慧提出了基于 QFD 的老年家用陪护机器人设计,构造 KANO 模型结合传统方法对产品的客户需求的获取及转化进行了有益的研究,将客户重点需求转化为设计技术特性,提出设计方案,为同类产品的设计提供参考[38]。天津商业大学艺术学院的刘恒丽等人基于 QFD 方法和 TRIZ 技术集成的台灯创新设计,针对办公桌或书桌上台灯和移动式插座占用空间较大的问题,进行产品创新设计。他们基于 QFD 和 TRIZ 技术集成模型进行台灯创新设计,将移动式插座与台灯结合,增加了台灯的功能,节省了插座占用空间,为人们的生活带来了更多的方便[39]。华菱星马汽车(集团)股份有限公司的方毅、朱远庆提出面向大规模定制(mass customization,MC)产品族设计的重型卡车客户需求分析与处理,从重型卡车行业实施的大规模定制模式出发,基于 MC 产品族设计理论,通过市场调研,将客户的需求转化为精确的工程表达,建立起以客户需求为基础的工程技术需求模板,并采用因子分析法和聚类分析法获取客户需求的重要度,进一步分析出客户需求重要度的权重[40]。金海重工股份有限公司上海分公司的程慧勇基于 QFD 的集装箱船详细设计质量改进,针对船舶详细设计进行设计质量改进,以集装箱船为产品研究对象,以船东需求为基本输入,利用 QFD 这一质量工具,将船东需求逐层分解,逐步转化为产品详细设计的要求,确定了详细设计的方法和路径,提高了集装箱船舶详细设计的质量水平[41]。

随着国内 QFD 理论研究的不断发展,人们在应用 QFD 的过程中,也在不断地拓展其潜在的应用领域,越来越多的行业已经开始应用 QFD 理论研究的成果,从最初的航天、汽车、机械、电器等行业逐渐发展到软件、教育、服务等行业,从工业产品设计开发拓展到社会公共服务、社会管理等方面。如江苏科技大学的刘佳奇等人分析了基于 QFD 的高新技术产业创新市场环境的影响因素与具体措施分析[42]。但从我国目前 QFD 理论应用范围来看,大量的应用还是在企业的新产品开发领域上,这个领域是目前 QFD 理论应用的重点。

从以上的分析来看,我国的 QFD 理论研究虽然起步晚,但是进步很快,很多研究都已经走在了世界的前列。虽然如此,我们也要看到目前我国的 QFD 理论和应用发展的短板也很明显。在理论上,现有的研究并没有大的突破,没有形成中国特色的 QFD 方法展开模式,特别是在实践应用中,大部分企业没有从 QFD 应用中获得大的收益,也没有出现标杆型的应用企业。这一切都说明我国的 QFD 应用实践还处在初级阶段,未来还有很大的提升空间。

3. QFD 的展开模式

经过长期的发展,QFD 目前已形成三种主流的、被使用者广泛接受的展开模式,使用者根据实际情况选择其中的任何一种,都可以达到 QFD 方法展开的效果。

第一种是日本综合 QFD 模式,由水野滋、赤尾洋二等人提出,是最早推广的一种模式。该模式包含两个部分的内容,一个部分称为综合质量展开(quality deployment),另一个部分称为狭义功能展开(function deployment)。赤尾洋二教授把综合质量展开定义为:"将顾客的要求转化为产品的可选质量特征,然后确定产品的设计质量标准,系统地将这些设计标准扩展到各种产品组件的质量、部件的质量或服务项目的质量以及制造过程特征与服务过程特征之间的关系。"总体上,这种模式要首先确定符合客户要求的质量标准,然后在展开的过程中寻找保证客户要求质量的办法,是一种系统化的展开方法。[5]

在最早的狭义功能展开模式中,赤尾洋二提出了 17 个质量功能展开的步骤,但是,在实际的产品开发实践中,不单要考虑上述的狭义功能展开,还需要考虑综合实现目标的成本付出和所能掌握的技术,所以水野滋等人后来将 17 个质量功能展开的步骤扩充为 64 个质量展开步骤,综合平衡了新产品质量、技术和成本三方面的要素。这种方式因为考虑的因素比较多,比较适合复杂的产品设计进行质量展开。

第二种是美国供应商协会的 ASI 模式,也称为四阶段模式。这是相对简洁实用的一种模式,该模式最早的提出者是苏利文,后在发展过程中不断被改进,主要的贡献者有豪泽和克劳辛,最后定型为现在的展开方式。该模式在思想逻辑上比较清楚,比较符合人们考虑问题和解决问题的习惯,而且也和设计产品时的先后步骤相吻合,从产品设计规划阶段、零件配置阶段、工艺设计阶段、生产控制阶段层层递进,即为产品规划、零件配置、工艺设计和生产控制的垂直式分解过程。

顾客要求的转化分为四个阶段[43],每个阶段都有一个质量屋表格,前者的输出即为后者的输入,这样使最初的顾客要求得以一直贯彻到产品设计、生产的整个过程,很容易让人掌握。由于四阶段模式逻辑结构明了,紧紧围绕 QFD 的本质展开,目前其已经成为欧美企业进行 QFD 实践的主流模式,很多教授 QFD 模式的培训机构都采用四阶段模式进行教学,容易让学员接受。但是这种方法也存在明显的缺点,它比较适合设计开发比较简单的产品,在设计开发比较复杂的产品时,无法对所有重要的客户要求充分地进行展开分析(见图 2.3)。

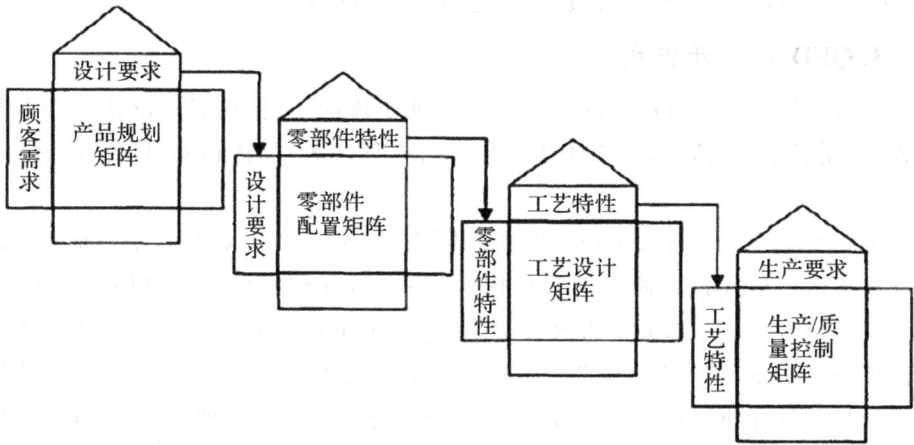

图 2.3　QFD 的四阶段模式

　　第三种是 GOAL/QPC 模式,该模式有一个包含 30 个矩阵的矩阵库,需要设计小组根据产品设计的实际需要,从矩阵库中选定合适的矩阵进行分解,矩阵库涉及的范围比较广。这种模式是由金·鲍勃提出的,他本人也是劳伦斯成长机会联盟/质量与生产力中心(Growth Opportunity Alliance of Lawrence/Quality,Productivity Center—GOAL/QPC)的创立者。总体上,该模式应用起来比较复杂,对该方法比较熟悉的人通常可以找到合适的矩阵来进行分解。但是这也是 GOAL/QPC 模式的缺点,如果对这个展开模式不熟悉,就很难仅仅通过逻辑的思考选择出合适的矩阵进行下一步的分解工作,这种方法比较适合开发复杂的产品。

　　如果深入地研究这三种模式,可以知道,三种模式之间在基本原理上是一致的,都是贯彻了水野滋、赤尾洋二教授提出的从客户需求着手进行质量展开的产品开发理念,后者曾将 QFD 定义为:为满足顾客需求而发展的一种设计品质方法,然后由设计过程将顾客需求转换成产品的设计目标与主要的品质保证[5]。这些模式只是在理论发展的不同时间,适合了不同国家和人群的思维习惯,发展出来不同的处理方法。因此,采用不同的 QFD 展开模式只是具体方式方法的不同,这三种模式在思想和逻辑本质上是一脉相通的。

4 质量屋技术

赤尾洋二将质量屋定义为:将顾客真正需求的质量具体表现出来,经过整理和提取,定量地表示顾客需求与质量特性之间的关系,目的是把顾客需求转化成技术特性,进一步进行质量设计的一种产品开发方法[44]。QFD产品开发模式的关键点是需求转换,在产品规划阶段将客户需求特性转换成产品技术特性,质量屋技术(house of quality,简称 HOQ)就是其中的核心工具,因此质量屋技术在 QFD 产品开发模式开展过程中处于非常关键的位置,对质量屋技术的研究是QFD 产品开发模式理论研究中受到重点关注的领域。

以产品规划阶段的质量屋为例,质量屋由如图 2.4 所示的几部分组合而成。

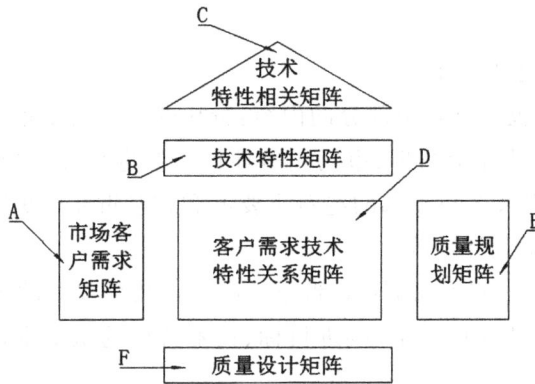

图 2.4　产品规划阶段的质量屋

左墙:A. 市场客户需求矩阵

客户的需求相当于整个 QFD 展开方法的原始边界条件,作为产品规划设计阶段质量屋的输入部分,客户的需求对质量屋的建立非常重要,必须认真地分析、提取和整理,并总结出客户需求的重要度。客户需求重要度的评估方式通常有两种:一是发放客户调查表,直接征求客户的意见并汇总;二是采用层次分析法(analytic hierarchy process,AHP)对客户需求进行定量比较。

天花板:B. 技术特性矩阵

技术特性是新产品本身的属性,这些技术特性具体承载了客户的需求,因此技术特性矩阵的内容选择是否合适将对整个 QFD 展开方法的应用效果产生巨大的影响。

屋顶:C. 技术特性相关矩阵

表示技术特性各个项目间的相互关系是正相关、负相关还是零相关。正相关表示两种技术特性之间存在着相互助益的关系,改变其中的一种技术特性值,另一种技术特性的变化方向是相同的;负相关是表示两种技术特性之间存在着相互减损的关系,改变其中的一种技术特性值,另一种技术特性的变化方向是相反的;零相关是两种技术特性之间是不相关的,其中的一种技术特性发生变化,另外一种技术特性也不会随之变化。

房间:D. 客户需求技术特性关系矩阵

客户需求技术特性关系矩阵可以非常直观地展现出客户需求和技术特性关系之间的关系。具体的方式是对两者进行矩阵排列,一个横向排列,一个纵向排列。两者关系强弱通过数值大小来展示,数值越大,客户需求与技术特性的关系越强。通过客户需求技术特性关系矩阵,可以对客户需求与技术特性之间的关系进行定量衡量。

右墙:E. 质量规划矩阵

质量规划矩阵包含有几个部分的内容:量化的客户需求重要度、本公司和竞争对手的市场竞争性评价结果、市场竞争性评价改进目标、水平提高率、客户需求的重要度系数,以及客户需求的绝对重要度和相对重要度矩阵。

地下室:F. 质量设计矩阵

质量设计矩阵是质量屋的输出部分。包含有几个部分的内容:本公司和竞争对手的技术竞争性评价结果、改进目标、技术特性的重要度,以及输出的技术特性目标值矩阵。

通过产品设计规划阶段的质量屋的各部分结构的内容可以看出,质量屋技术通过矩阵转化,将输入的客户需求矩阵转化为产品的技术特性矩阵,QFD 新产品设计方法可以通过质量屋技术,将顾客需求体现在新产品的技术特性中,使得整个开发过程不会偏离市场需求的轨道,保证新产品开发方向的正确性。

(五)文献和理论部分评述

本章介绍了新产品开发及其流程理论,对五个常见的新产品开发管理流程进行了介绍,目前国内很多企业的新产品开发流程都是按照这几个管理流程的内容和方法而制定的,可能在细节上做了一些变化,以适合本企业的实际情况。本章介绍了 QFD 方法的相关理论,对国内和国外的 QFD 理论发展历史和现状做了描述,对国内外的 QFD 方法的应用发展历史和现状做了比较,结论是国内的 QFD 方法研究在理论方面有了很大的发展,但是在对 QFD 方法的具体应用上还是比较落后的,缺少应用成功的标杆企业。本章概括性地介绍了 QFD 方法的三种展开方式,特别是对 QFD 方法展开的具体工具——质量屋——做了介绍,重点介绍了产品规划阶段的质量屋。我们希望能在了解上述提及的相关理论的基础上,通过理论整合消化和对具体应用方法的研究,将 QFD 方法应用到企业的新产品开发流程中,探索出一个能将客户需求转化为产品技术特性的新产品开发流程,提高企业开发高附加值新产品的能力。

三、厦门宏发电声股份有限公司新产品开发现状与问题分析

(一)公司行业背景介绍

厦门宏发电声股份有限公司成立于改革开放初期,建厂之初有几十名员工,生产随身听耳机。但公司在成立初期发展得并不顺利,成立3年后,公司已累计亏损数十万元,账面仅剩8000元。幸运的是,公司此时迎来了新的总经理,带领全厂职工渡过了最困难的时期。总经理经过长期的思考,为公司发展规划了两个定位:一是确定以继电器作为主营产品,即产品定位;二是将公司办成以出口为主的外向型公司,即市场定位,提出了"以市场为导向,以质取胜"的经营方针。此后,厦门宏发电声股份有限公司迈入了发展的快车道,30多年来不断发展,目前已经壮大成为拥有30余家子公司及分公司的企业集团,全球雇员逾14000人。公司在国内以及世界上一些主要国家和地区建立了营销及服务网络,产品涵盖继电器、低压电器、高低压成套设备、电容器、精密零件及自动化设备等多个类别,以继电器产品为核心,逐步涉及继电器周边和相关上下游产品链,产品广泛应用于工业、能源、交通、信息、生活电器、医疗、国防等领域。2016年厦门宏发电声股份有限公司总营业额为83.6亿元,其中主打产品电磁式继电器的营业额为61.5亿元,占全球继电器总产值的11.7%,排名世界第三,继电器产量17亿只,排名世界第一。和国外先进同行相比,厦门宏发电声股份有限公司的继电器产品附加值还比较低,这也是目前中国继电器行业普遍存在的问题,如表3.1所示。

表3.1 2018年我国继电器元件进出口数据一览

分类	出口数量/万个	出口金额/万美元	进口数量/万个	进口金额/万美元
继电器总体	294169	136287	120060	107022
继电器(线路≤36V)	202889	80953	100525	72173

续表

分类	出口数量/万个	出口金额/万美元	进口数量/万个	进口金额/万美元
继电器(36<线路≤60V)	1505	1571	1496	2491
继电器(60<线路≤1000V)	89775	53763	18039	32357

厦门宏发电声股份有限公司的主打产品——继电器——是一种自动开关，可以用来控制目标电路的通或断，它的状态是由其输入端的量决定的，输入端的量有多种形式，如电、磁、压力、热等，工作的方式是当输入量达到额定值时，输出量就发生状态的翻转。电磁继电器的输入量是电。

继电器应用广泛，典型的继电器应用包括：实验室设备、电信系统、计算机接口、家电设备、空气调节器、加热装置、交通控制、灯光设备、建筑电气、电力控制、工业机械、电机控制、工具加工机械、生产和测试设备。

继电器行业按分类上属于电子元器件行业，电子元器件是电子电路的硬件实现基础，是电子电路的载体，电子行业的进步首先体现在电子元器件产品功能的提升、质量的稳定和新品的不断出现上。

继电器行业具有电子元器件行业普遍的特点。

1. 产品技术复杂

继电器是一种机电综合体，涉及多门类学科的科学和工程应用，如电学，磁学、化学、材料学、机械学、力学等，在新产品开发过程中要运用到多门类学科的理论和应用知识，对企业的整体技术能力要求非常高。在产品开发管理制度上也需要对投入的各方面的技术力量进行统一管理，形成对产品开发有益的合力。

2. 产品更新换代快

继电器产品在被发明后的一段时间内基本上没有变化，但最近20多年，产品性能提升非常迅速，新产品更新换代非常频繁，继电器的体积越来越小，负载越来越大。这主要有两个方面的原因：一方面是终端客户的需求，客户对产品性能的要求不断提升，继电器性能要顺应这个潮流。另一方面是继电器应用技术，如继电器材料和制造工艺水平，这20多年变化非常大。在材料方面，继电器使用的塑料材料的阻燃性能和耐压性能，以及使用的触点材料的电阻稳定性和导电能力、抗磨损能力等性能不断提升；在制造工艺方面，精密模具和高精度自动化设备的出现使新结构的继电器产品批量稳定生产成为可能。这些新技术的出现迫使厂家不断地进行产品的更新换代。

3.用户个性化要求多

继电器产品是电子产品的基础元件,大部分电子产品面对的是终端消费者,随着消费者生活水平的提高,追求自我的意识逐渐成为潮流,市场需求分类越来越小众化,当某种需求具有一定的代表性并发展成某个细分市场时,就会被生产厂家注意到。厂家根据自己的市场定位推出满足该细分市场个性需求的产品,以取得高附加值的利润。

4.产品性能一致性要求高

继电器通过电子整机厂组装成成品,出货给终端消费者。电子整机厂环节要求继电器的质量具有很高的一致性,原因是电子产品的组成零件很多,如果单个电子元件器件的失效率高一点,最终电子成品的失效率会很高。

(二)公司研发机构现状

台湾宏碁集团创办人施振荣在 1992 年提出了著名的"微笑曲线"(smiling curve)理论,顾名思义,处在产业链两头的设计和销售环节的利润率是最高的,处于中间的制造环节利润率最低。厦门宏发电声股份有限公司的优势主要体现在曲线中间的制造环节上,通过规模化生产、精细化企业管理控制制造成本。公司要达到提高产品附加值的目标,就必须提高曲线两端的研发和营销环节的竞争力。目前公司已进入世界继电器生产厂家的第一阵营,竞争对手都是国外历史悠久的世界名牌,短期内,公司在产品品牌和声誉上很难与对手抗衡;但在研发环节上,公司可以按照 QFD 新产品开发模式的要求,在产品规划阶段就关注客户的需求,并将客户的需求在设计开发过程中贯彻分解,使客户需求转化为产品本身的技术特性,从而开发出受市场欢迎的高附加值产品。

厦门宏发电声股份有限公司目前已经发展成为一家大型企业集团,拥有 19 家生产型企业、8 家经营型企业,其中生产型企业按产品类型的不同,归属于不同的事业部。生产继电器成品的每家企业都专注生产一个品种的产品,如汽车继电器、信号继电器、工控继电器、通用(家电用)继电器等。各个生产型企业都设有产品研发部门,开发所对应品种的新产品;另外还有配套零件和配套自动装配设备生产企业。目前有 2 家企业专门负责生产零件,两家企业负责研发继电器成品自动装配设备。此外还有贸易销售型的企业,负责在市场上销售集团企业生产的成品。

产品研发机构设置在生产型企业的好处是指挥链条短,当企业生产需要技术部门配合协调处理问题时能够得到快速反应，但是在开发新产品方面有如下缺点：

（1）由于集团的技术力量都下沉到各个企业，在新产品开发上总部层面技术力量空虚，在新产品发展规划上各分公司自主力量强，总部没有办法在整体上进行有效的控制和规划。

（2）由于集团层面上是由销售中心在管理8家贸易销售型企业，市场上客户的需求经过贸易型企业内部的筛选和延误，没有办法及时、有效地传递到成品企业的新产品开发机构，造成对客户需求的响应不及时。

（3）零件生产企业和成品生产企业属于不同的事业部，利益诉求不同，配合困难。

（4）研发自动装配设备的企业和成品生产企业属于不同的事业部，沟通困难。

（三）公司新产品开发流程分析

1. 公司新产品开发流程介绍

公司现有的新产品开发流程分为七个阶段：

（1）立项阶段。根据市场反馈的信息和产品要求，由销售部门编制顾客需求调研报告，并提出立项申请，顾客需求调研报告中主要的内容是目前行业标杆的同类产品、产品的市场容量和价格，但对客户的需求没有进行深入的调查和分析。

（2）设计开发阶段。开发部产品设计师分析来自行业标杆企业的同类产品，分析内容包括产品外形、产品结构、产品特点、产品性能、产品用料、工艺方案、产品成本、外观包装及可能涉及的专利等。并依据上述评价结果编制标杆产品分析报告，对标杆产品进行分析评价；向专利工程师提出专利审查申请，专利工程师进行专利检索，并编制专利检索报告。最后，在充分研究竞争对手产品的基础上，初步设计出产品方案，输出3D模型、2D图纸、企业标准（草案）、产品设计报告并安排进行设计评审。

（3）初样试制阶段。工艺工程师根据产品和零部件图纸、产品设计报告形成书面的工艺设计报告，制定好工艺布局图和工艺流程图；安排进行产品工艺评审。通过后，由生产计划部门安排初样生产准备会议，进行相关工作安排，包括：确认初样产品型号、生产时间和数量，初样订单下达要求，产品图纸下发，初样试制准备计划（包括人、机、料、法、环、测方面的具体要求）。

产品设计师组织对初样生产期间出现的不良品进行分析,找出产生原因,制定改善措施,组织改进。对于与产品设计、工艺设计、设备、工装、模具以及供应商零件有关的问题,制定改进措施。如果在初样装配阶段即发现产品设计有重大缺陷,可以暂时不安排初样试验,待设计改进后重新生产初样样品,再安排初样试验。小组组长组织将经验教训整理进初样阶段"问题清单及改善计划表"。

产品设计师将准备好的初样样品、初样验证计划以及试验委托书一起提交给检测中心的检测工程师。检测工程师依据初样验证计划进行试验,根据试验结果安排进行初样小结会议。重点总结初样装配、检测以及试验过程中发现的主要问题点,包括与产品设计、工艺设计、设备和工装有关以及零部件质量方面的主要问题点、原因分析和改进情况。

(4)设计验证阶段。正样生产前准备工作包括:采购工程师根据物料、零件种类、需求量向各供应商下达样品订单,并要求供应商用正式模具生产物料、零件样品。工艺工程师确认生产初样的设备、工装是否满足正样生产要求。小组组长在正样装配前组织小组成员召开正样装配会议,确认正样生产的各项准备工作是否完毕,若有问题协调解决。安排新品试制组完成正样产品生产。

样品生产期间,产品设计师、工艺工程师提供现场指导,并进行检查,以保证装配和检测的正确性。对所有样品的机械参数、电气参数和性能参数以及各工序出现的不良品数量都进行记录,对于与产品设计、工艺设计、设备、工装、模具以及供应商零件有关的问题,都应进行系统性改进。如果在正样装配阶段即发现产品设计有重大缺陷,可以暂时不安排正样试验,待设计改进后重新生产正样样品,再安排试验。检测工程师依据产品正样验证计划对正样样品进行试验,设计师将正样阶段存在的待解决问题、改善措施、责任人和完成时间等信息,更新到问题清单及改善计划表中。

(5)试生产准备阶段。该阶段产品设计冻结,由企划部组织对设备的设计与开发方案进行再评审和确认,并反馈设备开发单位。设备开发单位根据反馈意见对设备的设计与开发方案进行调整,并按新要求、新方案加工设备。设备部与设备开发单位一起,按设备管理程序的要求,负责对新产线、设备进行调试。

生产线释放:设备工程师、工艺工程师、AQE根据《自动化生产线验收管理规定》《设备管理程序》的要求对生产线的运行情况进行评价。

(6)小批试生产/PV阶段。召开小批试生产会议,决定应生产哪些规格、型号的产品,各生产多少数量,试生产计划安排要考虑系列产品型号以及换单管理。企划生产部按试生产会议输出意见下达生产任务书安排生产。检测工程师依据批量产品验证计划准备试验,对样品进行试验,并出具试验报告。若试验不合格,产品设计师需要对失效原因进行分析,制定改善措施,组织改进后重新生产样品,重新安排试验直至满足要求为止。若试验合格,则安排进行试生产总结,将试生产阶段存在的待解决问题、改善措施、责任人和完成时间等信息,更新到问题清单及改善计划表中。

(7)批量生产阶段。此阶段批准产品量产,营销中心市场部组织协调对价目表、产品样本、选型手册进行更新、发布。营销中心市场部组织销售部制定产品销售策略(含目标顾客、价格定位、项目汇总等)。产品开发部针对更新、发布的产品编制相关培训资料,协助营销中心对营销人员进行培训,使其对产品的用途、性能有进一步的了解,以便于市场推广。营销中心在新产品上市推广前编制推广计划,组织相关部门评估其可行性,经营销中心相关领导批准后实施。

销售人员则依据推广计划对目标顾客进行拜访,参加展览会、交流会、推介会等,将新产品推向市场。

2.公司新产品分类统计

厦门宏发电声股份有限公司规定,新产品是指在技术原理、结构、材料等某些方面比现有产品有明显改进,从而显著提高了产品性能或扩展了新的功能,且在公司内没有生产和销售过的产品。新产品包括全新产品、重大改进产品、扩展产品、特规产品几种类别(见表3.2)。

表 3.2　2018 年厦门宏发电声股份有限公司开发的各类新产品一览　　单位:个

指标	全新产品	预研产品	重大改进产品	扩展产品	特规产品
年度计划	44	23	9	7	2
年度新增	8	0	5	0	4
年度总计	52	23	14	7	6

全新产品指全新设计的产品,是在技术原理、结构等某些方面与现有产品完全不同的产品或新门类产品。这种产品以前从未设计与开发过。

重大改进产品是指按重大改进产品立项并基于原有产品型号重新登记型号,在原有产品的基础上改进产品结构、提升产品性能指标等,可以代替原有产品的改进产品。

扩展产品是指按扩展产品立项并在原产品型号中增加系列代号,以原有产品为平台,延长产品线(包括不同性能等),增加产品规格系列,如在原有直流规格平台上拓展交流规格等,使其有更多产品规格满足顾客需求的产品。

从表 3.2 中可以看出,预研产品、重大改进产品、扩展产品、特规产品的产品数总和达到了 50 项,这些产品基本上是公司内部提出的,不需要由销售部门根据市场的销售情况而提出开发申请,也就是不需要分析具体客户的需求,根据公司内部对市场的模糊判断就可以立项开发。全新产品虽然是由销售部门提出开发的,但是销售部门提出的产品开发立项申请的主要内容是产品的年用量、成本和价格。与客户对产品的具体需求无关。

(四)公司新产品开发流程中存在的问题

优秀的新产品开发流程是开发出附加值高的新产品的保证,新产品能满足客户的需要,通常是通过创新实现的,低附加值的产品通常同质化严重,没有创新。继电器产品主要在以下三个方面需要创新。

1. 产品结构和工作原理需要创新

产品结构和工作原理的创新满足客户对产品性能提升的需求。一般是继电器产品的机械性能和电气性能,机械性能包括产品抗振动、抗冲击性能,产品的反力性能、触点接触时的接触位置和抗触点抖动性能。电气性能包括产品的耐压、绝缘性能和吸力性能。

2. 继电器使用材料需要创新

包括继电器使用的新塑料材料、新电工纯铁材料、新型铜材、耐高温低挥发性的漆包线材料、高性能的环氧胶水等,新材料的应用主要的贡献者是材料厂家,材料性能突破后的创新带来全行业产品性能的提升。

3. 产品与客户使用相关的性能需要创新

包括继电器体积大小、安装位置和方式以及特定客户关注的性能,这方面的创新是客户非常欢迎的,需要在产品规划阶段认真了解、分析客户的需求。

无论何种创新,只有满足客户的需求,才是有价值的创新。经分析,厦门宏发电声股份有限公司继电器产品 80% 以上的改进和创新都是跟随目前市场上其他公司推出的成熟的产品,从技术角度针对该产品某方面的性能进行改进;或为了适应本公司生产工艺的特点而对产品结构进行改变;或者是出于产品专利的原因,为了避开竞争对手的专利保护范围,对产品结构进行变化。这种跟随开发的方式能够降低产品开发失败的风险,因为可以直接取代竞争对手的市场,但是由于缺少对市场和客户需求的深入研究,没有值得客户愿意付出高价的产品特性,在产品的附加值方面优势不强。

分析厦门宏发电声股份有限公司在新产品开发上存在的问题,总结出以下几点原因。

1. 在目前的销售管理制度上没有重视市场需求分析的作用

销售公司对市场需求没有进行深入的挖掘、分析。集团的销售公司负责产品销售，收集市场的信息，作为有销售指标的独立法人，有市场销量指标的压力，没有动力及时地将客户的需求传递给集团销售中心（除非客户的某种需求直接对该公司提出要求，并非常急迫）。由于在新产品开发投入之前并没有真正做好市场调查的前期研究，从而影响了新产品开发时对客户需求的深入了解。

2. 企业内部人员能力的限制

掌握第一手客户需求的一线销售经理通常为销售人员出身，对于客户需求与产品性能的关系不了解，无法从产品性能角度筛选和总结客户的需求。承担开发任务的产品设计工程师习惯于逆向工程的产品开发思维模式，习惯于在竞争对手产品的基础上进行进一步的改进，需要适应从客户需求出发进行正向开发的产品开发模式。

3. 受企业自身技术发展的惯性影响

各企业通常都有比较畅销的老产品，因此更愿意在老产品上修修改改，增补产品规格，企业从产品自身技术发展的角度出发，闭门造车，没有能真正关注到客户的需求，研发出来的产品不能满足市场的要求，造成产品上市后销量不佳，最后偃旗息鼓。如何能够将客户的需求真正转化为新产品的特性，是企业目前要关注的重要问题。

4. 内部机构设置的影响

部门相互间的协调配合困难，难以调动资源，形成合力。厦门宏发电声股份有限公司实行的是集团公司的组织架构，下属各个企业负责不同的组织功能，有的企业负责装配电子元器件成品，有的企业负责生产电子元器件的零件，有的企业负责制造生产零件的模具，有的企业负责研发装配电子元器件成品的自动设备，还有的是销售型公司，负责在市场上销售继电器成品。集团内部各公司分工如此细致严密，如何在行政管辖权相互独立的情况下，各个子公司相互配合研发出适合市场的、高附加值的新产品，也是企业需要思考的重要问题。

5.企业内部信息不顺畅

在开发新产品时,通常以产品开发机构为主体,没有认识到配合部门的重要性。如果企业研发部门没有和市场销售部门充分沟通新产品的信息,那么即使产品技术特性满足了客户的需求,也有可能因没有做好市场销售的工作而导致产品在市场上销量不佳。除了技术和市场的隔阂,其他部门之间的信息不顺畅也会造成同样的结果,由于集团内部各公司的分工不同,公司之间的关系是前后道工序的关系,设计的零件需要自动化设备才能装配成成品。从这个意义上讲,生产自动化设备的子公司就相当于生产零件子公司的客户,生产自动化设备的子公司对零件的要求需要传递到生产零件的子公司,要求后者生产出合乎要求的零件,进而传递到负责设计电子元器件成品的产品设计公司,在零件结构上满足零件生产工艺、自动化装配的要求,提高零件合格率和装配效率。各公司需要转变观念,相互配合的各家企业虽然同属于一个企业集团,但在产品开发流程上也是广义上的客户关系。

6.新产品开发管理流程跟不上企业发展的要求

新产品开发流程是新产品开发问题解决方案的集合,它规定各部门如何参与以及何时参与到新产品开发过程中。在公司目前的新产品开发流程中,各个部门是"铁路警察,各管一段",在不同的职能部门间,参与新产品开发的时间节点是不同的,这样的新产品开发流程显然已经跟不上目前市场的需求。按照传统串行开发的设计模式,产品设计师先进行产品结构设计,将设计好的零件图发给制造零件的公司制造模具、生产零件,最后生产自动化装配设备的子公司设计装配设备,各自为战,没有办法形成合力,造成设计时间冗长,等到新品上市时,可能已经错过了产品的黄金时间。

目前公司的继电器销售产值已排名世界前列,并且在可预计的未来几年内,公司的销售额还会继续增长。而其他的竞争对手正在逐渐退出继电器产业领域,放弃低附加值的继电器产品的生产,在继电器领域的投入已经越来越小。以竞争对手日本松下为例,在2000年以前,该公司每年基本上都会推出三四个机电式继电器新产品,后来逐渐减少,到2015年以后,已经没有全新的产品推出。竞争对手在新产品研发上的乏力给了厦门宏发电声股份有限公司很好的赶超机会,因此公司必须相应地调整新产品开发战略,从迅速跟进者和后进入者的新产品开发市场战略改变到领先者的新产品开发市场战略,以适应公司目前在市场上的地位。公司目前最重要的工作之一就是做好新产品的研发,提高产品的附加值,摆脱目前产品销售附加值低的不利局面。这对公司现有的产品研发体系和流程提出了很高的要求,意味着需要对新产品的开发流程进行调整,原来采用的跟随式、改进式的产品开发模式已经明显不适合市场形势的要求。公司要找到新的、合理的、先进的新产品开发模式,在现有的产品开发流程中使用 QFD 方法。QFD 方法是一种有效的改进方式,它在开发过程中通过科学方法展开,能有效地将客户的需求转化为新产品的特性,使新产品真正满足客户的要求。国外大企业在新产品开发实践中已经广泛地应用了此种方法,其在企业竞争力的提升中发挥了关键性的作用。

四、QFD 方法在厦门宏发电声股份有限公司新产品开发中的应用

（一）应用背景

HFXX 继电器主要用于家电产品，在电子线路中起负载回路切换的作用，是家电产品内部电子控制线路中不可缺少的关键元器件，典型线路图如图 4.1 所示，其中 CJ1 为继电器。随着经济的发展，人们工作、生活节奏的加快，客户对家电产品的功能要求、个性要求日渐增加，家电产品更新换代加快；市场竞争白热化，家电产品的价格和利润也逐渐下降。随着国家法律法规的完善和消费者意识的觉醒，家电产品的质量一致性要求也在提高。这一切都对家电产品用的继电器性价比提出更高要求。

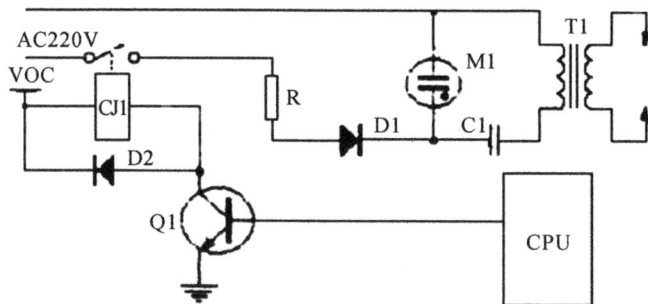

图 4.1　家电产品内部电子控制线路

HFXX 继电器由于设计的年限比较长，产品性能已经逐渐跟不上客户新推出的家电产品的技术要求。在产品的价格成本上也达不到客户的要求，用量逐年萎缩，需要进行更新换代。

根据这些市场信息，厦门宏发电声股份有限公司决定开发新一代的 HFXX 继电器，定名为 HFXXX 继电器。这个产品必须能满足家电市场上客户对该产品的新的要求，能取代老的 HFXX 继电器。公司以前在汽车、通信等市场上也

推出过新一代的继电器产品,但是客户没有大批量地选择该种新一代的继电器产品。经过了解公司得知,客户认为这些新一代的继电器产品与老一代产品相比并没有解决他们使用中存在的问题,与更换新型号继电器产生的不便和风险相比,客户经过综合考虑,还是选择使用老的产品。

经过多年对产品开发和市场开发的经验累积,公司意识到,必须在产品开发前真正了解客户的需求,知道客户对产品的真正关切之处,并把这种要求进行提炼,在产品开发过程中进行多层次的演绎分析,最终将客户的需求转化成产品自身带有的特性。为确保在转化过程中客户的需求不走样,需要一种先进的新产品开发方法。公司决定在 HFXXX 继电器新产品开发中,采用 QFD 方法,以此为开端,摸索并建立一套适合公司实际的新产品开发和管理流程,解决目前在产品设计开发过程中存在的诸多问题。这套新产品开发和管理制度能更好地协调公司开发资源的投入,提高各部门的工作效率,缩短产品开发的时间,减少产品开发的成本,提高产品开发的质量。

具体采用 ASI 四阶段的模式进行展开,继电器作为一种电子元器件产品,其新产品的开发过程包含了设计规划、零件配置、工艺设计、生产设计等标准过程,综合考虑上述情况,使用 ASI 四阶段的 QFD 展开模式比较适合。

(二)客户需求的处理

1. 客户需求的收集

客户需求的收集是非常重要的阶段。只有准确地收集到客户的需求,才能在后续的设计过程中做到满足客户的需求。大量调查资料的统计结果表明,顾客需求的基本类别一般可以分为以下四个方面:

(1)品质类需求:包括产品使用寿命、使用可靠性和外观美观性等;

(2)功能类需求:包括产品主导功能、产品辅助功能和兼容功能等;

(3)外延类需求:包括购买时的服务满意度、顾客心理需求、文化需求等;

(4)价格类需求:包括产品价位、性价比等。

家电用继电器产品是一种工业产品,客户对其技术质量特性的需求满足卡诺模型的描述,既有当然的品质,即卡诺模型中基本必备的质量需求,这种质量需求是产品必须有的质量特性,如果没有这些品质,顾客会非常不满意;也有期望(意愿)的品质,这种品质和客户的满意度成正比,品质表现越好,客户越满意;还有一种是兴奋(魅力)品质,通常是客户潜在的质量要求,没有它,客户不会不满意,有了魅力品质,客户会非常满意。高附加值的产品在产品规划设计阶段要注意发掘客户的潜在质量要求，提升产品的魅力品质。

针对继电器产品而言，客户可以分为企业内部客户和企业外部客户，企业内部客户按照日本质量管理小组（QC 小组）的奠基人之一、因果图的发明者石川馨的观点：下道工序是上道工序的客户，因此产品的协作方如零件生产、设备制造等公司也是企业的客户，企业外部客户就是产品的购买和使用方。客户需求的收集分为内部途径和外部途径：外部途径有走访客户、发放客户调查表，参加展览会和技术论坛等，可以了解到客户目前的应用情况、产品技术特点和产品的技术发展路径；内部途径包括查阅以前设计同类产品的要求，调查类似产品的设备制造情况、零件生产质量数据和质量部门留档的市场反馈数据。

几种典型的收集客户要求的外部途径介绍：

（1）走访客户。走访客户是了解所要开发的新产品市场需求的重要手段，通过面对面和客户的接触、交流，得到的是市场需求的第一手资料。走访客户的计划由 QFD 小组统一安排，由有经验的市场销售人员和技术人员一起拜访市场客户，了解其使用继电器产品时遇到的问题以及对产品潜在的品质要求，在产品规划阶段这些要求将转化为新开发产品的技术特性要求。

（2）发放客户调查表。客户调查是了解市场需求的重要手段，由市场部门向选定的目标客户发放客户调查表，调查表的内容由 QFD 小组共同讨论决定。典型的客户调查表内容包括客户的应用条件、使用中遇到的问题、目标价格以及年使用的数量等（见表 4.1）。

表 4.1　家电用继电器客户调查

项目	问题	选项
1	应用下列哪种产品	A、HFXX　B、竞品 A　C、竞品 B　D、竞品 C　E、竞品 D　F、竞品 E
2	年使用量	A、<50 万只　B、50 万～<100 万　C、100 万～500 万只　D、500 万只以上
3	应用中主要出现哪些问题	A、线圈开路　B、线圈短路 C、触点开路 D、触点常通 E、外壳温度过高　F、其他
4	该产品的无故障使用时间为	A、半年以内　B、>1～3 年　C、>3 年　D、其他

续表

项目	问题	选项
5	该产品的主要应用负载类型	A、灯载　B、加热器　C、马达　D、其他
6	该产品的应用场合	A、白色家电　B、工业控制　C、通信领域　D、UPS　E、其他
7	继电器焊接后，PCB 是否有整体清洗	A、是 B、否
8	该产品实际应用负载稳态电流值	A、20%Ir 以下　B、(20%～<50%)Ir　C、(50%～<75%)Ir　D、(75%～100%)Ir
9	现有产品使用中是否出现过绝缘失效（燃烧）	A、现有价格，绝缘性能保持现有水平 B、现有价格，绝缘性能有所提升 C、现有价格下降20%，绝缘性能保持现有水平
10	是否有新的应用要求	
11	如果有新一代产品，您比较需要哪方面的改进	

（3）参加展览会和技术论坛。参加展览会的厂商通常是上下游的客户和供应商，技术论坛的参加者通常是本行业的同行。通过展览会，既可以了解上游供应商的技术发展状况、能力水平，也可以了解终端客户的产品技术发展方向和规划。参加技术论坛，特别是继电器本行业组织的技术论坛，参会人员可以一起讨论遇到的技术问题和可能的解决方案，可以更明确本行业的技术发展现状和将来发展方向，从而为继电器新产品的开发确定合适的技术特性。

除了外部的途径，从企业内部收集客户需求也是获取新产品市场需求的重要途径，而且这些需求经过企业内部的整理和沉淀，在对客户的需求描述上会更真实和准确。几种典型的内部收集客户需求的途径介绍如下：

（1）查阅以前设计同类产品的要求。厦门宏发电声股份有限公司专业生产家电用继电器 30 多年，对过去的客户需求有比较深入的了解，并且这些需求都是经过实际产品的检验总结出来的，典型的需求如表 4.2 所示。

表 4.2　家电用继电器客户需求

客户要求	说明
小体积	家电的小型化,继电器也跟着尺寸越做越小
低功耗	节能省电要求线圈功耗越来越低,甚至开始使用磁保持继电器,以达到保持零功耗
高可靠性	控制的是关键器件,一旦发生故障,设备将无法工作,因此要求继电器工作可靠
长期载流能力	部分家电产品需要长时间通电,这对继电器的长时间载流能力要求较高
耐高温能力	部分家电在工作过程中内部环境温度高达 $60\sim70℃$,基于此要求继电器应具有在高温下可靠工作的能力
长寿命	家电设计寿命一般在 10 年左右,要求继电器寿命长

（2）调查类似产品的设备制造情况。新研发的产品的成本越低,企业预期的利润就越高,特别在对产品质量一致性要求高的电子元器件制造行业,产品必须满足自动化生产线装配的要求,调查以前的产品设备生产时的要求,对新产品的研发成功具有重大的意义。

（3）调查零件生产质量数据。零件生产是否容易,工艺性如何,直接和研发项目的交期、预算相关,并对后期批量生产影响重大。

（4）调查质量部门留档的市场反馈案例。客户的投诉是最直接、最客观的需求,从以往的同类产品的市场反馈案例中,总结和分析客户的需求,对新产品的开发有着重大的意义。

2. 客户需求情景分析

客户需求情景分析是对前期收集到的客户需求的整理过程,QFD 小组通过内部和外部途径收集到的客户需求内容是庞杂的,很多信息是客户的主观感受,这里面需要辨别和甄选哪些是客户对产品性能的真正需求,哪些是干扰的信息,并且很多信息提示的客户需求是重复的,需要进行归纳和总结;另外客户对需求的描述也是口语化和形象化的,需要 QFD 小组重新用工程化的语言对客户的需求进行准确的描述。

客户需求情景分析要求 QFD 小组在进行工作时,需要进行角色转化,站在客户的立场和角度来考虑问题,设身处地地把自己当作产品的客户,想象自己在使用产品时会遇到的问题以及对产品的需求,再通过专业的工程化语言将需求表达出来。

　　进行客户需求情景分析时需要 QFD 小组共同的努力,在本次产品开发过程中,QFD 小组多次召开内部会议,大家通过充分讨论、具体的情景再现和角色扮演,做到从客户的角度出发,从客户需求情景再现真正理解客户提出的需求的本意,最后通过讨论,用准确的工程语言将客户需求表达出来。

　　QFD 小组在客户需求情景分析过程中要统一大家的想法,总结出大家意见一致的客户意见。要达到这种效果,QFD 小组内部要进行充分和细致的沟通(见表 4.3)。

表 4.3　客户需求情景分析

序号	资料属性	客户需求	场景	具体描述
1	产品特性	可制造性好	产品装配	各零件结构设计合理
2		产品体积小	产品安装	产品的安装所占空间小
3		免校正率高	产品装配	各部件装配性好,公差控制合理
4		材料环保	产品交付	使用材料符合 ROHS/REACH 指令要求
5		产品寿命长	产品使用	各部件配合性好,使用材料合适
6		通用性强	产品安装	继电器体积、脚位能兼容老一代产品
7	质量特性	产品下线率低	产品安装	各部件初始配合性好
8		材料环保	产品交付	使用材料符合 ROHS/REACH 指令要求
9		产品安全	产品使用	产品设计符合 UL、VDE 等安全标准,并得到认证
10		产品寿命长	产品使用	各部件配合性好,使用材料合适
11	其他特性	产品寿命长	产品使用	各部件配合性好,使用材料合适
12		密封性好	产品安装	避免装配时焊剂、清洗剂进入继电器内部
13		价格低	产品交付	设计考虑周全,零件设计合理,材料选择合适
14		通用性强	产品安装	继电器体积、脚位能兼容老一代产品

3. 客户需求层次化分析

　　客户需求情景化分析主要是通过工程化的语言描述客户的需求,通过情景化、换位思考,QFD 小组得出最终大家都认可的客户需求集合。

整个需求集合较为庞杂,为进行下一步的量化操作,需要对需求集合中的单个客户需求进行分类,将具有相同属性的需求归为一类,这些相同属性的需求集合是第二层次的客户需求,原需求集合为第三层次的客户需求。

对需求进行归类通常采用的方法为 KJ 法,又称为亲和图法,它是一种质量管理的方法,由日本的质量专家川喜田二郎提出。具体的做法是将所有的客户需求分别写在卡片上,由操作者将各卡片按同类属性进行分类,最终将客户需求分为几大类,并将分类后同类属性命名为适当的客户需求。

在本案例中,QFD 小组成员共同决定客户属性的分类,有不同的意见对暂时不做判断,进行多轮的判断后,剩余无法分类的客户需求由大家举手表决进行归类。最后将三层次水平的客户需求聚合成 4 个二层次水平的客户需求,分别是产品的外形和脚位、产品性能、产品的制造性能以及产品的安全和其他性能。继电器客户需求质量展开如表 4.4 所示。

表 4.4 继电器客户需求质量展开

客户需求 (一层次水平)	客户需求 (二层次水平)	客户需求 (三层次水平)
满足客户需求的继电器	产品外形和脚位	产品体积小
		引出脚位兼容性
	产品性能	产品寿命长
		产品功耗低
		耐高温
		长期载流能力强
		密封性好
	产品制造性能	免校正率高
		可制造性好
	产品的安全和其他性能	价格低
		材料环保
		符合 VDE 安全认证标准
		产品下线率低

4.客户需求重要度分析

通过亲和图法处理之后的客户需求质量展开表已经能够比较明确地为QFD产品设计开发小组指出客户的真实需求,但是还无法量化地得到哪个客户需求比较重要的结论。不同客户需求的重要等级肯定是不一样的。QFD产品设计开发小组需要在这些客户需求中找到重要等级度高的,优先满足该需求。

这样操作基于两点理由:首先是QFD产品设计开发小组能够调动的资源总量是有限的,需要将力量集中在重要的客户需求上,避免力量分散,面面俱到而无法满足客户要求;其次是不同客户需求对产品性能的要求有可能是矛盾的,QFD产品设计开发小组需要找到相对重要的客户需求并满足,对与其有矛盾的产品特性要求进行弱化,避免其影响对产品设计成功重要的客户需求。

客户需求重要度的评估方式有两种,一种是之前普遍采用的发放客户调查表的方式,将QFD产品设计开发小组完成的客户需求质量展开表中的内容发给不同的客户,请客户按重要度进行打分。打分的标准如表4.5所示,收到客户的回复后,将同项的分数累加,得分高的重要等级高。这种打分的方式操作起来比较简单,但是也存在着明显的缺点:第一个缺点是不客观,受客户主观判断的影响,客户对有直接关系的需求打高分,与自己没有直接关系的需求随意打分,对QFD产品设计开发小组造成误导;第二个缺点是容易泄密,这些客户需求是小组花费很大的努力才整理出来的,发给客户后,很容易在整个行业内传播,给公司造成损失。

表 4.5　家电用继电器客户需求重要度打分标准

分值	说明
1	客户认为该项需要不重要
2	客户认为该项需要较为重要
3	客户认为该项需要重要
4	客户认为该项需要非常重要
5	客户认为该项需要绝对重要

QFD产品设计开发小组经过讨论,认为保证评估的客观性对设计过程正确方向的把握非常重要,因此需要摈弃客户主观判断对需求重要度评估的影响。在此要求下,QFD产品设计开发小组选择采用层次分析法评估客户需求重要度,即第二种评估方式。

层次分析法是美国匹兹堡大学的萨蒂教授在 20 世纪 70 年代中期提出的。它是一种多准则决策方法,根据问题的性质和项目要达到的总目标,将问题分解为不同的要素,并按照要素间的关联关系以及隶属关系将要素按不同层次聚集组合,形成一个多层次的分析结构模型,从而最终使问题归结为最底层的要素相对于最高层的决策目标的相对重要权值的确定或相对优劣次序的排定。[45]层次分析法适合定性与定量相结合地处理各种决策因素,把定性问题转化为定量判断,是一种简便、灵活、实用的有效方法,在社会科学和管理的许多领域得到了广泛的应用。在 QFD 方法中处理客户需求也需要把客户的定性判断转化为定量分析。

层次分析法首先要根据一定的标准抽离问题中的不同要素,并将要素条理化,将各要素划分到不同的层次,要素判断从定性到定量转化操作过程中采用的方法是两两判断法,即对同一层次要素两两比较的结果进行定量描述。然后利用数学方法计算同一层次要素的相对重要性的权值,根据要素距离总的决策目标的路径利用数学方法计算,可以得出该要素相对总的决策目标的重要性权重。

层次分析法表面看起来是一种数学分析的过程,但从本质上来讲,层次分析法是一种思维方式,体现了人类解决问题的思维过程,即先分解再判断最后综合。将复杂问题先分解成各个独立的要素,再重新分组,形成另一层次的要素,通过两两比较的方式确定对应层次中各要素的相对重要性。为此需要构造判断(两两比较)的矩阵,不把所有要素放在一起比较,采用相对的比较尺度。如在本次 QFD 设计方式中,如表 4.6 所示,针对客户的需求可以进行两两比较。

表 4.6　客户需求重要度判断矩阵

顾客需求	R_1	R_2	$\cdots$	R_j	$\cdots$	R_n
R_1	a_{11}	a_{12}	$\cdots$	a_{1j}	$\cdots$	a_{1n}
R_2	a_{21}	a_{22}	$\cdots$	a_{2j}	$\cdots$	a_{2n}
$\cdots$	$\cdots$	$\cdots$	$\cdots$	$\cdots$	$\cdots$	$\cdots$

顾客需求	R_1	R_2	...	R_j	...	R_n
R_i	a_{i1}	a_{i2}	...	a_{ij}	...	a_{in}
...	...	...	...	...	...	...
R_n	a_{n1}	a_{n2}	...	a_{nj}	...	a_{nn}

表中的数值 a_{ij} 为竖向排列的客户需求（i 方向）对比横向排列（j 方向）的客户需求的数值，是两两比较的客户需求重要性的输出结果。表 4.7 是家电用继电器客户需求重要度打分标准，列出了重要性等级及其相应的赋值。

表 4.7　家电用继电器客户需求重要度打分标准

量化分值	说明（因素 i 比因素 j）
1	同等重要
3	稍微重要
5	较强重要
7	强烈重要
9	极端重要
2,4,6,8	相邻判断的中间值

按两两比较结果构成的判断矩阵的数值具有如下特点：

$$a_{ij} = \frac{1}{a_{ji}}$$

家电用继电器客户需求 AHP 计算方法具体如下：

（1）在顾客需求重要度判断矩阵表中填入第三层中的产品性能项，顺序按表 4.6 中的 R_1 到 R_n。

（2）将横向和纵向的单个需求项目进行比较，打分规则按表 4.7，将比较后的数据填入矩阵中，如表 4.8 所示。

（3）将各需求项目作为分数进行数学平均，然后计算出各个需求项目在本层的相对权重。

表 4.8　家电用继电器产品性能项客户需求重要度权重

客户需求	产品寿命长	产品功耗低	耐高温	载流能力强	密封性好	计分	权重
产品寿命长	0	1	5	5	3	14.00	36.14%
产品功耗低	1.00	0	3	5	7	16.00	41.30%
耐高温	0.20	0.33	0	1	3	4.53	11.69%
载流能力强	0.20	0.20	1.00	0	1	2.40	6.20%
密封性好	0.33	0.14	0.33	1.00	0	1.81	4.67%

(4)针对第三层中的安全和其他性能项重复前三步的工作,得出各个需求项目在本层的相对权重,如表 4.9 所示。

表 4.9　家电用继电器安全和其他性能项客户需求重要度权重矩阵

客户需求	价格低	材料环保	符合安全认证	产品下线率低	计分	权重
价格低	0	3	3	1	7.00	43.70%
材料环保	0.33	0	1	1	2.33	14.54%
符合安全认证	0.33	1.00	0	0.33	1.66	10.36%
产品下线率低	1.00	1.00	3.03	0	5.03	31.40%

(5)针对第二层中的顾客质量需求项重复前三步的工作,得出各个需求项目在本层的相对权重,如表 4.10 所示。

表 4.10　家电用继电器第二层客户需求重要度权重

客户需求	产品外形和脚位	产品性能	产品制造性能	安全和其他性能	计分	权重
产品外形和脚位	0	0.2	3	1	4.20	18.68%
产品性能	5.00	0	5	2	12.00	53.38%
产品制造性能	0.33	0.20	0	0.25	0.78	3.47%
安全和其他性能	1.00	0.50	4.00	0	5.50	24.47%

（6）将表 4.11 的右起第二列乘以右起第三列，就得到右起第一列中的数值，表示三层次相对一层次的各个项目权重数值。

表 4.11　家电用继电器各层次客户需求重要度权重

客户需求（一层次）	客户需求（二层次）	客户需求（三层次）	三层次相对二层次的权重	二层次相对一层次的权重	三层次相对一层次的权重
客户期待的继电器	产品外形和脚位	产品体积小	80.00%	18.68%	14.94%
		引出脚位兼容性	20.00%		3.74%
	产品性能	产品寿命长	36.14%	53.37%	19.29%
		产品功耗低	41.30%		22.04%
		耐高温	11.70%		6.24%
		长期载流能力强	6.19%		3.31%
		密封性好	4.67%		2.49%
	产品制造性能	免校正率高	50.00%	3.48%	1.74%
		可制造性好	50.00%		1.74%
	安全和其他性能	价格低	43.68%	24.46%	10.68%
		材料环保	14.56%		3.56%
		符合安全认证标准	10.38%		2.54%
		产品下线率低	31.39%		7.68%

对家电用继电器顾客需求重要性进行排序，可知重要性居前的四项分别是产品功耗低（22.04%）、产品寿命长（19.29%）、产品体积小（14.94%）、价格低（10.68%），总共占了整个权重的 66.95%。后续的产品设计开发流程要针对这些重要度高的客户需求，集中资源重点开展工作。

5. 客户需求质量规划

客户需求质量规划表在质量屋的结构中位于右墙部分，它通过几个方面的数值评估得出客户需求的绝对重要度和相对重要度，作为 QFD 产品开发小组优先考虑的因素。

表中有客户需求竞争性评估的数据，这些数据是 QFD 产品开发小组通过市场调查得到的，方法是通过发放客户需求的满意度调查表得出客户评价公司产品和竞争对手的数值。打分的标准按表 4.5 中的要求（不重要的为 1 分，分数按重要程度增加,绝对重要的为 5 分)。另外为防止泄密,在满意度调查表中可以设置一些干扰项,使被调查者猜测不到调查行为的目的。在得到某项客户需求竞争性评估的数据后,QFD 产品开发小组进行讨论,确定客户需求的改进目标,再结合市场的需求现状和前景,将改进目标值除以公司的客户需求竞争性评估的数据,就得到了水平提高率。

QFD 产品开发小组根据客户需求的本身特性,讨论确定客户需求的重要度系数,分为三档,非常重要的系数取 1.5,比较重要的取 1.2,一般重要的取 1。

将客户质量需求重要度、水平提高率和重要度系数三者相乘,得到客户质量需求绝对重要度数值,并可以进一步算出客户质量需求相对重要度数值,将某一客户质量需求绝对重要度数值除以所有客户质量需求绝对重要度数值的总和,就得到了这个客户质量需求的相对重要度数值。具体如表 4.12 所示。

表 4.12　家电用继电器客户需求质量规划

顾客质量需求	重要度	本公司竞争性评估	竞争对手竞争性评估	改进目标	水平提高率	重要度系数	绝对重要度	相对重要度
产品体积小	14.94	4	4	4	1	1	14.94	0.09
引出脚位兼容性	3.73	5	5	5	1	1.2	4.48	0.03
产品寿命长	19.29	3	5	5	1.67	1.5	48.23	0.30
产品功耗低	22.04	3	5	5	1.67	1.2	44.08	0.27
耐高温	6.24	4	4	4	1	1	6.24	0.04
长期载流能力强	3.31	3	4	4	1.33	1	4.41	0.03
密封性好	2.49	5	4	5	1	1	2.49	0.02
免校正率高	1.74	4	4	4	1	1	1.74	0.01
可制造性好	1.74	4	3	4	1	1	1.74	0.01
价格低	10.68	3	3	3	1	1.5	16.02	0.10
材料环保	3.56	5	5	5	1	1	3.56	0.02

顾客质量需求	重要度	本公司竞争性评估	竞争对手竞争性评估	改进目标	水平提高率	重要度系数	绝对重要度	相对重要度
符合安全认证标准	2.54	4	4	4	1	1	2.54	0.02
产品下线率低	7.68	3	4	4	1.33	1	10.24	0.06

在家电用继电器顾客需求质量规划表中得到的客户质量需求绝对重要度数值和客户质量需求相对重要度数值,将成为后续客户需求重要度评级的依据。该评级的数值将作为客户需求技术特性关系矩阵图中评价客户需求和技术特性之间关系的权重系数。

(三)技术特性的获取和分析

1.技术特性的获取

取得客户需求并通过各种逻辑和工程方法对客户需求进行量化后便可获得客户需求重要度的数值。要使这些重要度有效地在产品特性上体现出来,就需要获取合适的产品技术特性。

产品技术特性和客户需求不同,必须是可以定量的,能够满足工程设计数值化的要求,通过下一步的工艺设计、生产设计在整个设计过程中进行传递,从而保证最后推向市场的产品具有该种特性。

产品的技术特性分为两种,即产品通用技术特性和满足客户需求的技术特性。产品的通用技术特性是该类产品必须具有的性能,如果产品不具有该种性能,就无法满足客户的基本需求,也就是不合格的产品,表现出来可能是不满足国际技术标准、国家技术标准、行业标准或供应商和客户之间达成的约定俗成的标准。厦门宏发电声股份有限公司生产继电器产品有 30 多年的历史,积累了大量的继电器技术资料,公司内部有很多行业内的专家,QFD 产品设计小组通过头脑风暴、专家访谈、技术资料查阅,使用 KJ 法确定了产品通用技术特性;QFD产品开发小组通过客户现场的走访,认真研究前期发放的客户调查表,查阅公司质量部门存档的客户质量投诉报告,通过行业内专家访谈、小组开会,采用 KJ法确定本产品客户需求的技术特性。这些特性也都是继电器产品的固有技术特性,只不过在以往的产品设计过程中因为客户不关心,并且在技术特性上评估也不需要专门进行研究,所以在产品技术特性中也不会被重点关注。家电用继电器技术特性展开如表 4.13 所示。

表 4.13　家电用继电器技术特性展开

技术特性 (一层次水平)	技术特性 (二层次水平)	技术特性 (三层次水平)
市场需要的继电器	产品外形和脚位	继电器外壳尺寸
		动簧、静簧距离
	产品性能	额定电寿命次数
		线圈电阻
		额定工作电流
		额定工作电压
		封胶高度
		绝缘电阻
		产品耐冲击
		触点与线圈间耐压
	产品制造性能	产品动作吸力
		动作时间
		释放时间
		触点回跳时间
	其他性能	重量轻
		材料符合环保要求

2. 技术特性相关关系矩阵

确定技术特性列表后,这些技术特性之间的关系是需要考虑的问题。在产品设计过程中,不同的技术特性之间,有的是正相关的关系,即提高或改进其中的一项技术特性,另外一项技术特性也同时提高或改进;有的是负相关的关系,即两项技术特性之间,提高或改进其中的一项技术特性会使另外一项技术特性劣化或减弱;当然,也有两种技术特性之间是不相关的,称为零相关。如图 4.2 所示,屋顶部分就表明技术特性之间的关系。两个技术特性是正相关的关系,用符号"＋"表示。两个技术特性是负相关的关系,用符号"一"表示。两个技术特性是零相关的关系,用符号"○"表示。

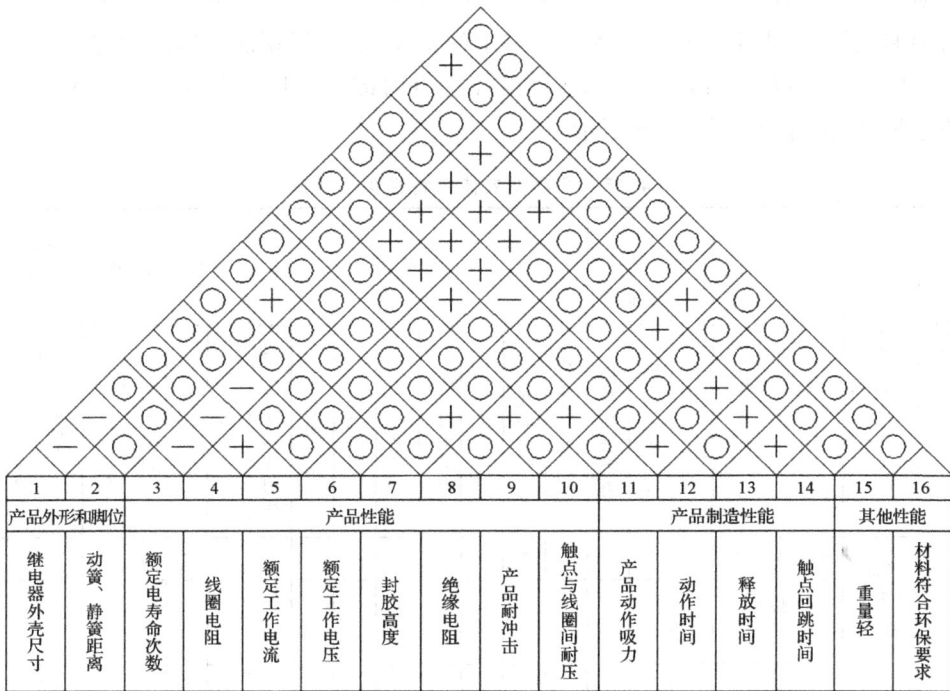

图 4.2　技术特性相关关系矩阵

3. 客户需求技术特性关系矩阵

该关系矩阵通过矩阵排列直观地表明客户需求和技术特性之间的关系,两者关系强弱采用数值大小来表示,数值越大,表明某一客户需求和某一技术特性之间的相互影响越大。两者关系影响的量化程度如表 4.14 所示。

表 4.14　家电用继电器客户需求和技术特性关系打分标准

分值	说明
0	客户需求和技术特性之间没有关系,可不在表中写出
1	两者之间相互关系影响很小
2	两者之间相互关系略有影响
3	两者之间相互关系有影响
4	两者之间相互关系有比较大的影响
5	两者之间相互关系有绝对的影响

完成后的家电用继电器客户需求技术特性关系矩阵如表 4.15 所示,其中表的横坐标项为客户需求项,纵坐标为产品的技术特性项,其余的空格填两者之间的影响数值,在表中还有一栏为客户需求的重要性,是根据前一阶段确定的客户需求的重要度进行评级。经过 QFD 设计小组内部讨论以及公司内部技术专家的意见,评定等级如表 4.16 所示。

表 4.15　客户需求技术特性关系矩阵

一层次客户需求	二层次客户需求	三层次客户需求	重要性	产品外形和脚位		产品性能								产品制造性能				其他性能	
				继电器外壳尺寸	动簧、静簧距离	额定电寿命次数	线圈电阻	额定工作电流	额定工作电压	封胶高度	绝缘电阻	产品耐冲击	触点与线圈间耐压	产品动作吸力	动作时间	释放时间	触点回跳时间	重量轻	材料符合环保要求
客户期待的继电器	产品外形和脚位	产品体积小	5	5	5	3	3	4	3	0	0	5	3	4	3	3	3	5	0
		引出脚位兼容性	3	0	5	0	0	0	0	0	0	3	3	0	0	0	0	0	0
	产品性能	产品寿命长	5	0	0	5	3	3	3	0	0	0	0	2	4	3	5	0	0
		产品功耗低	5	0	0	4	5	3	3	0	0	0	1	5	4	4	3	4	0
		耐高温	4	0	0	3	4	4	2	0	0	0	0	4	0	0	0	0	0
		长期载流能力强	3	0	0	2	4	5	2	0	0	0	0	4	0	0	0	0	0
		密封性好	2	2	1	2	0	0	0	0	0	0	0	0	0	0	0	0	0
	产品制造性能	免校正率高	1	0	1	0	3	0	0	0	0	0	0	5	3	3	0	0	0
		可制造性好	1	3	2	0	2	0	0	0	1	0	0	1	5	2	2	0	0
	安全和其他性能	价格低	5	5	2	4	4	3	3	0	0	0	0	4	2	2	2	5	4
		材料环保	2	0	0	0	4	0	0	0	0	0	0	0	0	0	0	0	5
		符合安全认证标准	2	0	5	4	0	4	4	0	5	0	5	0	0	0	0	0	0
		产线下线率低	4	0	1	0	2	0	0	0	0	3	2	5	1	1	1	0	0

表 4.16 客户需求重要度评级

客户需求 （一层次）	客户需求 （二层次）	客户需求 （三层次）	三层次相对一层次的权重	相对重要度	重要度等级
客户期待的继电器	产品外形和脚位	产品体积小	14.94%	0.09	5
		引出脚位兼容性	3.74%	0.03	3
	产品性能	产品寿命长	19.29%	0.30	5
		产品功耗低	22.04%	0.27	5
		耐高温	6.24%	0.04	4
		长期载流能力强	3.31%	0.03	3
		密封性好	2.49%	0.02	2
	产品制造性能	免校正率高	1.74%	0.01	1
		可制造性好	1.74%	0.01	1
	安全和其他性能	价格低	10.68%	0.10	5
		材料环保	3.56%	0.02	2
		符合安全认证标准	2.54%	0.02	2
		产品下线率低	7.68%	0.06	4

4. 技术特性和质量展开表

在客户需求技术特性关系矩阵中，对客户需求和技术特性两两之间进行定量的关系打分，将两者关系转化为量化关系，在此基础上进行客观的比较。要如何从客户需求技术特性关系矩阵赋值中得出技术特性重要度的判断值，在实际应用中采用较多的方法是独立配点法，在得到某一客户需求和某一技术特性关系数值后，将该数值与该客户需求的重要度数值相乘，得到该客户需求针对该技术特性的配点值。要得出技术特性重要度的判断值，只需将所有的客户需求针对该技术特性的配点值相加，得到的总数就是该技术特性重要度判断值。

QFD 产品设计开发小组参考技术特性重要度判断值、市场竞争性评价结果和技术竞争性评估结果，再结合公司的综合情况就可以得出技术特性的目标值。其中技术竞争性评估结果需要 QFD 产品设计开发小组参考公司的技术水平、本行业的技术发展水平，并召集公司内部的专家团队，按表 4.17 的规定进行打分。技术特性目标值如表 4.18 所示。

153

表 4.17　家电用继电器技术先进程度评分标准

分值	技术程度评分说明
1	差
2	一般
3	达到行业先进
4	达到国内先进
5	达到国际先进

表 4.18　技术特性目标值

技术特性	重要度	本公司竞争性评价	竞争对手竞争性评价	目标值
继电器外壳尺寸	57	4	4	19mm×15.2mm×15.5mm（尺寸公差±0.4mm）
动簧、静簧距离	69	4	4	12.2mm±0.4mm
额定电寿命次数	118	3	5	大于 10 万次
线圈电阻	116	4	5	$400\Omega×(1±10\%)$
额定工作电流	104	3	5	15A
额定工作电压	67	4	4	277VAC
封胶高度	11	4	4	$\geqslant 0.4$ mm
绝缘电阻	19	3	4	$100M\Omega(500VDC)$
产品耐冲击	37	5	4	$98m/S^2$
触点与线圈间耐压	58	4	5	2500VAC/min
产品动作吸力	143	5	4	0.17N
动作时间	74	4	5	$\leqslant 10$ms
释放时间	69	4	5	$\leqslant 5$ms
触点回跳时间	80	4	5	$\leqslant 10$ms
重量轻	65	5	4	$\leqslant 7$g
材料符合环保要求	30	5	4	材料通过 ROHS/REACH 检测

154

确定了技术特性重要度和技术特性目标值后,QFD 产品开发小组就可以根据这些目标确定继电器的设计功能要求,技术特性重要度高的项得到 QFD 产品开发小组的高度关注。在本案例中,额定电寿命次数、线圈电阻、额定工作电流、产品动作吸力等技术特性重要度高,在下一步的产品开发中,QFD 产品开发小组要集中精力满足这些技术特性的要求,将这些特性分解到下一步的设计开发进程中。

(四)质量屋的构建与应用

伦斯·R. 奎特等认为,质量功能展开的一个显著方法是倾听顾客的意见与理解顾客的需求,然后用逻辑严密的体系去确定如何通过渠道最好地实现这些需求。质量功能展开是一个组合要素的组织者,它保证每个要素共同合作尽它们所能给予顾客帮助[46]。

到目前为止,质量屋的各个部分的结构已经全部完成,现在需要将各部分结合起来,形成一份质量屋的总表,在将所有的部分结合起来后,质量屋真正成形,屋顶为技术特性之间的相互关系,左墙为顾客需求与重要度,作为整个产品规划设计阶段质量屋的输入,右墙为客户需求质量规划表,屋子的中间部分是转化部分,将定性的顾客需求定量地转化为与产品技术特性的关系,整体形成了两者之间的关系矩阵,地基为本阶段质量屋的输出部分,表示产品的技术竞争性评估与产品技术特性目标值(见图 4.3)。

质量屋将定性的顾客需求转化为定量的产品技术特性重要度判断值,整个过程逻辑清楚、直观并且数据化,任何一个输入参数和转化系数的变动都可能使技术特性重要度判断值发生变化,进而使 QFD 产品开发小组决策对每个影响到的产品技术特性的投入开发资源发生变化,最终影响到产品技术特性目标值的确定。而产品技术特性目标值在整个 QFD 新产品开发方法中是下一阶段的质量屋——工艺配置阶段质量屋——的输入,因此产品技术特性目标值的变动最终将影响整个新产品的开发方向。

图4.3 产品规划设计阶段质量屋

顺序		技术特性 →	产品外形和脚位		产品性能							产品制造性能				其他性能		重要度	竞争性评估 本公司	竞争性评估 竞争对手	改进目标	水平提高率	重要度系数	绝对重要度	相对重要性
			1 继电器外壳尺寸	2 动簧距离两簧	3 额定改善数寿命	4 线圈电阻	5 额定电流工作	6 额定电压工作	7 封胶高度	8 绝缘电阻	9 产品前冲击	10 触点间与线圈压前	11 产品吸合动作力	12 动作时间	13 释放时间	14 触点回跳时间间	15 重量轻	16 环保材料符合求合								
一层次客户需求	分类 / 三层次客户需求	重要性																								
产品外形和脚位	产品体积小	5	5	5	3	3	4	3	0	0	5	3	4	3	3	3	5	0	14.94	4	4	4	1	1	14.94	0.09
	引出脚位置要符性	3	5	5	0	0	0	0	0	0	0	3	0	0	0	0	0	0	3.73	5	5	5	1	1.2	4.48	0.03
产品性能	产品寿命长	5	0	0	5	5	3	3	0	0	0	2	5	4	3	5	0	0	19.29	3	5	5	1.67	1.5	48.23	0.30
	产品功耗低	4	0	0	3	5	4	4	0	0	0	0	4	4	4	4	0	0	22.04	3	5	5	1.67	1.2	44.08	0.27
	耐高温	4	4	0	3	4	4	2	3	0	0	0	0	0	0	0	5	0	6.24	4	4	4	1	1	6.24	0.04
	长期载流能力强	3	3	0	2	4	5	2	0	0	0	0	0	0	0	0	0	0	3.31	3	4	4	1.33	1	4.41	0.03
产品制造性能	密封性好	2	2	1	0	0	0	0	5	3	0	0	5	3	3	4	0	0	2.49	5	4	5	1	1	2.49	0.02
	免校正率高	1	1	1	0	3	0	0	1	0	0	0	5	2	2	2	0	0	1.74	4	3	4	1	1	1.74	0.01
	可制造性好	1	1	2	0	2	2	4	0	0	0	1	0	2	2	2	0	0	1.74	4	3	4	1	1	1.74	0.01
安全和其他性能	价格低	2	2	2	4	0	3	3	0	0	3	0	0	0	0	0	5	4	10.68	3	3	3	1	1.5	16.02	0.10
	材料环保	2	0	0	4	2	0	4	1	0	5	5	0	1	1	1	0	5	3.56	5	5	5	1	1	3.56	0.02
	符合安全认证标准	2	0	5	4	0	3	4	4	3	3	2	5	0	0	0	0	5	2.54	5	5	5	1	1	2.54	0.02
	产线下线率高	4	4	1	3	5	3	4	4	3	5	5	5	1	1	1	5	0	7.68	3	4	4	1.33	1	10.24	0.06
技术特性竞争性评估	本公司		4	4	3	4	3	4	4	3	5	2	5	4	4	4	5	5								
	竞争对手		4	4	3	5	3	4	4	3	5	2	5	4	4	4	5	4								
技术特性重要度			57	67	118	116	104	67	11	19	37	58	143	74	69	80	65	30								
技术特性目标值			19mm×15.5mm×15.6mm (尺寸公差±0.4mm)	12.2mm±0.4mm	大于10万次	400Ω×(1±10%)	15A	277VAC	≥0.4mm	100MΩ (500VDC)	98m/S2	2500VAC/min	0.17N	≤10ms	≤8ms	≤10ms	≤7g	符合欧盟ROHS/REACH标准								

（五）新产品开发应用 QFD 方法的效果

家电用继电器新产品开发的案例展示了新产品开发应用 QFD 方法的整个过程。QFD 小组首先通过各种渠道收集客户需求，并采用顾客需求情景分析方法对客户需求进行梳理，再使用亲和图法对客户需求进行归类，利用层次分析法对需求重要度进行评分排序，在此基础上推导出顾客需求和质量规划表。采用各种渠道确定产品技术特性，使用亲和图法进行归类，通过对顾客需求和技术特性之间关系的量化处理，得到顾客需求与技术特性关系矩阵，整理得到技术特性和质量展开表。最终，将以上各步骤结合起来，建立了家电用继电器新产品开发规划阶段的质量屋。

在新产品开发产品规划阶段应用了 QFD 方法。该方法对定性问题采用了定量的转化分析方法，对客户需求可以进行准确的识别并量化，并在整个产品开发过程层层传递，可以保证最终开发出来的产品的质量技术特性满足客户的要求，此方法还强调各职能部门的前期参与，减少了开发成本，缩短新产品开发的周期。应用 QFD 方法的优势体现在如下四个方面。

1. 开发新产品满足了客户的真正需求

通过应用 QFD 方法，公司将顾客的需求转化为产品的技术特性，使新产品在产品规划阶段所归纳出来的客户需求发挥了应有的作用，客户将发现产品的技术特性正是他们所盼望的，这就是应用 QFD 方法的核心目的，结果是客户愿意付出适当的溢价来购买企业开发的产品，企业开发的新产品达到了产品开发立项时定下的目标。

2. 缩短了新产品开发周期

新产品开发应用 QFD 方法初期一个重要的工作内容就是建立 QFD 新产品开发跨功能小组，从产品设计规划阶段开始一直到产品开发结束，确保最新的项目信息和设计进度在小组成员内部顺畅流通。小组定期召开项目管理会，不同的意见和疑虑会在会议上进行充分的讨论并最终得到共识。这提高了小组成员的配合度，避免因信息不对称导致的产品设计错误和时间延误。同时由于项目小组对项目的结果负有最后的责任，相当于责任的兜底人，避免了项目某些细微处因无人负责或责任不清而导致的脱节，从制度规定上保证了项目进行的高效率、低错率，通过流程的管理加快了新产品的开发进度，缩短了新产品开发周期。

3. 降低了新产品开发的成本

在产品设计规划阶段通过细致的客户调查和分析,准确把握了顾客对产品的真正需求,QFD新产品开发小组根据公司的资源力量合理进行调配和倾斜,对于关键的客户需求重点进行满足,节省了产品开发投入的成本,同时也能满足顾客的需求;通过产品市场技术竞争力的对比,对竞争对手产品实际情况的了解更加清楚和全面,在技术特性值的选择上能够兼顾公司资源投入和产品市场竞争力,避免技术过剩情况的发生,产品设计规划方案更加合理,在产品规划阶段对产品做合理的定位,结果是既满足了客户需求,又降低了新产品的开发成本。

4. 增强了各职能部门间的团结协作精神

QFD新产品开发小组是一个跨部门的工作小组,其成员来自各职能部门,在产品开发过程中受开发小组组长的领导,在行政上接受原职能部门的领导,打破了公司内部原有的纵向的管理框架,加强了部门横向之间的信息沟通。同时,QFD新产品开发小组强调各项工作的前期参与,重视事前沟通而非事后交流,关注问题的解决而非推卸责任,大大增强了各职能部门参与工作的兴趣,增强了团结协作精神,打破了职能部门存在的本位主义思想,增加了公司凝聚力,使公司更加适应激烈的市场竞争的局面,增强了公司在市场中的竞争力。

总而言之,在产品规划阶段采用QFD方法将顾客需求精确地转化为可量化的技术特性,使开发的产品满足了客户需求,缩短了产品开发周期,降低了产品开发成本,并在公司内部促进了各职能部门间的团结协作精神,对公司的发展有着非常大的好处。

五、厦门宏发电声股份有限公司新产品制度改进与管理措施

（一）公司新产品开发制度的改进

通过前期的分析，是否在新产品开发流程中采用 QFD 方法已成为厦门宏发电声股份有限公司新品开发成败的关键因素，其中的关键因素是让客户的要求通过 QFD 方法转化为产品的性能指标。公司在某一新型号继电器开发成功后，认识到 QFD 方法对产品开发的正面效果，对公司的新产品开发管理制度进行了改进，在相关阶段增加了运用 QFD 方法的内容，从总体上来看，新产品开发管理过程仍然分为七个阶段，但每个阶段的工作内容和工作重心由于应用了 QFD 方法而有了根本性的改变，总结起来最重要的改变有两点：一是突出 QFD 新产品开发核心小组在产品开发过程中的主导作用，运用 QFD 方法后，在核心小组的统一组织下，各部门和负责单位之间的信息交流更加频繁，协同合作能力大大加强；二是客户需求的重要性得到了突出的体现，在产品开发过程中围绕着满足客户需求开展工作。核心小组的工作开展采用 QFD 方法的内容和方式，具体按 ASI 四阶段的模式进行，客户需求在产品开发的不同阶段得到体现和保证，最后转化为产品的技术特性。

公司改进后的新产品开发流程同样分为七个阶段：产品规划阶段、设计开发阶段、初样试制阶段、设计验证阶段、试生产准备阶段、小批试生产/PV 阶段、批量生产阶段。其中因为 QFD 方法主要工作时期是在前三个阶段，即在产品规划阶段、设计开发阶段、初样试制阶段，所以这三个阶段的工作内容制度改变前后差别比较大，在此将更改后的新产品开发管理程序不同的地方简要说明如下。

1. 产品规划阶段

根据市场反馈的信息和产品要求，成立 QFD 产品开发小组，该小组的成立通知以公司红头文件的形式发出，通知中规定小组工作的内容、小组成员和分工（见附录）。在更改后的新产品开发程序中，产品规划阶段增加了 VOC（voice of customer,顾客呼声)环节,利用 QFD 方法对客户需求进行深入的调查和分析,进行产品规划阶段的 QFD 质量功能展开,制作产品规划阶段的质量屋,并按开发管理流程要求提出产品立项申请。

2. 设计开发阶段

QFD 产品开发小组根据产品规划阶段的 QFD 质量功能展开得到的 CTQ,作为设计开发阶段质量屋的输入,通过设计开发阶段质量屋的建立,得到客户需求关注的零件配置数据,QFD 产品开发小组初步设计出产品方案,方案包含产品外形、产品结构、产品特点、产品性能、产品用料、工艺方案、产品成本、外观包装及可能涉及的专利等方面。QFD 产品开发小组安排进行设计评审,输出 3D 模型、2D 图纸、企业标准(草案)、产品设计报告。

3. 初样试制阶段

QFD 产品开发小组根据零件配置阶段的质量屋的输出,建立工艺配置阶段的质量屋,小组成员根据工艺配置阶段质量屋的输出 CTQ,得到基本的客户需求的技术特性的工艺配置,结合产品和零部件图纸、产品设计报告、形成书面的工艺设计报告。QFD 产品开发小组制定好工艺布局图和工艺流程图,安排进行产品工艺评审。通过后,由 QFD 产品开发小组安排初样生产准备会议,进行相关工作安排,包括:确认初样产品型号、生产时间和数量;初样订单下达要求;产品图纸下发;初样试制准备计划(包括人、机、料、法、环、测方面的具体要求)。

改进后的新产品开发管理制度要求企业从市场调查的市场信息开始,对其中的要求进行提炼,形成设计输入,并且一步步地向下分解,从设计输入要求分解到部件、零件技术要求,再到生产过程控制要求,在具体操作方法上从初始定性的输入转化为定量的判断,大量使用数据比较矩阵和展开表,其中最重要的工具是各阶段的质量屋。在实践中,公司对开发流程进行了调整,在产品开发流程中的重要环节加入了 QFD 方法的内容。除了改进主流程程序,对相关的辅助文件和记录表单也进行了相应的更改。

(二)新产品开发应用 QFD 方法的管理措施

针对厦门宏发电声股份有限公司这样一个已经发展到一定规模的公司来讲,采用 QFD 方法并将其融合到公司新产品开发管理制度中是一个很好的选择,在新产品开发过程中可以时时关注顾客对产品的要求,并将客户需求最终体现在产品的特性中，摈弃了原来跟随、模仿竞争对手产品的开发模式，更适合公司目前在继电器市场上的实际地位。但是提升公司高附加值产品的研发水平并不容易。由于新产品开发流程是一个系统工程，除了改进新产品开发管理制度，还需要企业投入资源并在组织战略、组织结构、日常管理制度、人才培养等方面相应地进行改变和提升，才能让新产品开发管理制度发挥出应有的作用。

公司在生产经营中已经逐渐对以下几点相关的管理制度进行了改进，让融合 QFD 方法的新产品开发管理制度更好地发挥其作用，运作得更为顺畅。

1. 调整公司新产品开发战略

在公司战略规划中明确公司新产品开发战略的调整，由迅速跟进者和后进入者的新产品开发市场战略改变为领先者的新产品开发市场战略，做好战略改变的宣传工作，达到上下一心，同时对战略进行逐层分解，制定好计划目标的考核工作。

2. 人员能力培训

针对人员能力欠缺的实际，需要制订详细的培训计划，让相关人员了解 QFD 方法的内容以及采用该方法是如何开展工作的，提升人员的素质和能力。

3. 调整组织机构适应 QFD 方法

QFD 方法既是一种科学理论，更是企业经营的实践，需要有相适应的组织机构和采用这种方法的开发流程。公司未来计划在总部层面上扩大总部技术中心的编制，集中集团新产品开发的力量，设置产品开发设计、模具开发设计、产品工艺开发设计、自动设备开发设计等岗位，以充分消除行政隶属关系对新产品开发的影响。在产品开发过程中真正做到"五设一体"，"五设一体"是指销售设计、产品设计、工艺设计、设备模具设计、生产管理设计等五个关键部门，采用 QFD 方法中的并行设计的开发方式。

4. 建立客户信息定期汇报制度

销售中心建立客户信息定期汇报制度，对销售公司层面的客户信息进行有效整理，并根据市场的趋势做出相应判断，将结果及时传递给技术中心新产品开发机构。

5. 转变产品客户的观念

在组织内部功能划归各部门、分工较细的前提下，要转变观念，树立前后道工序部门，如零件制造企业、设备研发企业也是产品的客户的观念，注意将其反馈的信息加入客户的需求中,按 QFD 方法进行分解,这对于产品开发的成功也是非常关键的。

采用 QFD 方法这一系统的工具对企业新产品开发流程合理性的提升有极大的作用。它关注客户和市场的需求,以此为起点,对其中的顾客要求进行提炼,形成设计输入,逐步向下分解,从设计输入要求分解到技术特性要求、零件配置要求、工艺设计要求,最后到生产过程控制要求,使产品的技术特性满足客户和市场的需求,最大限度地保证了产品的成功。

在企业面临的市场竞争压力越来越大的情况下,企业面临着严峻的选择:是继续生产低附加值的产品,在企业竞争力减弱的路上越走越远,向下沉沦,还是改变开发策略,由后进入者的竞争策略转向为领先者、迅速跟进者的竞争策略?厦门宏发电声股份有限公司选择了后者,不但改进了企业的新产品开发流程管理制度,还逐渐在其他的管理制度上也做了相应的调整,以配合和提升新产品开发制度调整的效果。这一切都是为了研发出高附加值的产品,获取高额的利润,更进一步提升企业的竞争力。

六、结论和展望

(一)研究结论

本篇以厦门宏发电声股份有限公司家电用继电器的研发过程为研究对象，主要目的是研究 QFD 方法在现阶段中国企业新产品开发实践中的应用。首先，论述研究背景，提出研究的重要性和必要性；其次，介绍各种新产品开发流程，以及 QFD 理论的起源及在国内外的发展情况，重点介绍了 QFD 方法的四种模式及具体应用中最重要的工具——质量屋；再次，介绍了厦门宏发电声股份有限公司新产品开发的现状以及现有的新产品开发流程存在的不足；最后，以厦门宏发电声股份有限公司家电用继电器新产品开发中对 QFD 方法的应用为例，对如何应用 QFD 方法分步骤进行讲解。其间查阅了大量有关 QFD 方法和新产品开发流程的文献资料，并进行了整理总结，通过理论联系实际，将 QFD 理论与厦门宏发电声股份有限公司的家电用继电器新产品开发的实际结合起来。具体是将 ASI 四阶段模式中的产品规划阶段应用于公司家电用继电器新产品，以达到将客户需求转化产品技术特性，开发出高附加值新产品的目的。

通过比较系统的研究，本篇得出了如下的研究结论：

(1)如何提高企业的新产品研发成功率，开发出高附加值、无法被轻易取代的产品是企业经营管理实践的重要内容，也已成为企业管理研究中的重要课题。在目前的中国，许多企业已经完成了原始积累，在企业体量、年销售总额上都和国外的竞争对手不相上下，企业有资源和能力投入新产品研发活动中，只要研发管理得当，就能够开发出高附加值的产品。但是企业目前的问题是缺少合适的新产品开发流程，空有资源和能力，急需改变企业的新产品开发流程。

(2)质量功能展开方法是一种在世界上比较流行的质量管理方法。它对顾客要求进行提炼，形成设计输入，逐步向下分解，从设计输入要求分解到技术特性要求、零件配置要求、工艺设计要求，最后到生产过程控制要求，整个过程紧紧地围绕客户需求进行，最后将其转化为产品技术特性，使产品满足市场需求，提高产品上市后的成功率。

（3）质量功能展开方法是一种结构化的方法，以 ASI 模式为例，分为四个展开阶段：产品设计规划阶段、零件配置阶段、工艺设计阶段、生产控制阶段，层层递进，符合人们考虑问题、解决问题的习惯，而且也和设计产品时的先后步骤相吻合，比较符合企业产品开发的实际操作过程。在收集与获取顾客需求阶段，使用客户需求情景分析进行整理，使用 KJ 法对客户需求进行分类，使用层次分析法进行重要度排序。在收集与获取产品技术特性阶段，使用 KJ 法对技术特性进行分类，使用层次分析法进行重要度排序，通过建立产品规划阶段的质量屋，保证产品的整个开发过程始终围绕顾客需求这个主题展开。

（4）本篇尝试将 QFD 理论运用到实践中，通过厦门宏发电声股份有限公司家电用继电器新产品开发的案例，详细分解了在产品规划阶段如何应用 QFD 方法，使开发的产品技术特性满足客户要求，通过产品开发流程的改进开发出高附加值的产品，增加企业新产品在市场中的竞争力，并希望利用这个例子，能对不同产品领域中使用 QFD 方法的企业有所借鉴，扩大 QFD 方法的应用范围。

总之，本篇通过 QFD 方法在厦门宏发电声股份有限公司家电用继电器产品开发中的案例分析研究，对 QFD 方法在实施过程的应用情况进行了分析。QFD 方法解决了公司产品开发过程中一些一直存在的问题，在实施过程中，打破了公司内部原有的管理框架，加强了部门之间的信息沟通。同时，QFD 方法强调前期参与，重视事前沟通，关注问题的解决而非推卸责任，大大增强了各部门参与工作的兴趣，增强了公司内部的团结协作精神，增加了公司凝聚力，使公司更加适应激烈的市场竞争，增强了公司在市场中的竞争力。案例的实施结果证明，在公司今后的新产品开发过程中推行 QFD 方法是很有必要的，其能够给公司带来巨大的效益。

（二）研究展望

QFD 方法经过 50 多年的发展，理论和实践非常丰富，两者结合得非常紧密，在不同的时期解决不同领域的问题，并和很多其他学术领域的方法相结合，形成新的理论方法。QFD 理论和应用的发展日新月异，笔者总结了几点将来有机会可以做深入研究的领域，抛砖引玉，供大家参考。

（1）本篇仅仅研究了 ASI 质量展开模式的第一个阶段，对接下来的三个阶段没有进行深入的研究分析，而 QFD 方法的应用重视的是结果，企业必须将 ASI 质量展开模式四个阶段的内容完整应用好，才能开发出高附加值的产品。

（2）随着信息时代的到来，大数据、云计算、万物互联等技术应用越来越普及。接下去可以对如何通过 QFD 方法在产品规划阶段应用这些技术来获取和分析客户需求进行深入的研究。

（3）不同的产品技术含量、市场需求状态不同，不是所有产品的开发都适合使用完整的 QFD 方法。在方法上，将 QFD 的客户需求定量转化为产品特性的过程很严谨，也很烦琐，一些产品客户需求迅速变化的企业采用这种方法反而延长了开发时间，错失了市场良机。如果能够针对这些行业，推出适合的、删减一些程序后的 QFD 方法，会大大增强企业运用的兴趣，提高 QFD 方法在企业中的普及率。因此将来可以考虑开展这方面的工作。

参考文献

[1] Cooper R G. Overhauling the new product process[J]. Industrial Marketing Management,1996,25(6):465-482.

[2] Barczak G. New product strategy,structure,process,and performance in the telecommunications industry[J]. Journal of Product Innovation Management, 1995,12(3):224-234.

[3] Gunasekaran A. An integrated product development-quality management system for manufacturing[J]. The TQM Magazine,2013,10(2):115-123.

[4] Cooper R G, Kleinschmidt E J. Resource allocation in the new product process[J]. Industry Marketing Management,1988,17(3):249-2262.

[5] Saren M A. A classification and review of models of the Intra—Firm innovation process[J]. R&D Management,1984,14(1):11-24.

[6] Trott P. Innovation Management and New Product Development [M]. London:Pitman,1998.

[7] Cooper R G. Winning at New Products:Accelerating the Process from Idea to Launch[M]. 3rd ed. Cambridge,MA:Perseus Publishing,2001.

[8] https://baike. baidu. com/item/门径管理系统/3657879? fr=aladdin.

[9] Rauniar R,Rawski G. Organizational structuring and project team structuring in integrated product development project[J]. International Journal of Production Economics,2012,135(2):939-952.

[10] http://baike. baidu. com/view/45945. htm#6

[11] 乔景全. QFD 在 A 公司新产品开发阶段的应用研究[D]. 苏州:苏州大学,2013.

[12] Cohen L. Quality Function Deployment:How to Make QFD Work for You [M]. Reading,Massachusetts:Addison-Wesley Publishing Company,1995.

[13] 刘鸿恩,张列平. 质量功能展开(QFD)理论与方法——研究进展综述[J]. 系统工程,2000,18(2):1-5.

[14] 翟丽. 质量功能展开技术及其应用综述[J]. 管理工程学报,2000,14(1):52-60.

[15] 孔造杰,郝永敬. 用权重概率综合系数法确定 QFD 中用户要求重要性[J]. 计算机集成制造系统,2001,7(2):65-72.

[16] Akao Yoji. Quality Function Deployment:Integrating Customer Requirements into Product Design[M]. Productivity Press,1990.

[17] 林志航,车阿大,国大川. 面向并行工程的分布式 QFD 系统研究[J]. 高技术通讯,1998,(4):30-34.

[18] 车阿大,林志航,高国军. 并行工程中的模糊知识(信息)协同方法研究[J]. 机械科学与技术,1998,26(5):908-922.

[19] Kalargeros N,Gao J X. QFD:Focusing on its simplification and easy computerization using fuzzy logic principles[J]. International Journal of Vehicle Design,1998,19(3):315-325.

[20] Prasad B. Review of QFD and related deployment techniques[J]. Journal of Manufacturing Systems,1998,17(3):221-234.

[21] Masud A S M,Dean E B. Using fuzzy sets in QFD[C]//Proceedings of the 2nd Industrial Engineering Research Conference. 1993:270-274.

[22] Zultner R E. Priorities:The analytic hierarchy process in QFD[C]//The Fifth Symposia on QFD. Novi,Michigan,1993:459-466.

[23] Vanegas L V,Labib A W. A Fuzzy quality function deployment (FQFD) model For deriving optimum targets[J]. International Journal of Production Research,2001,39(1):99-120.

[24] Khoo L P,Ho N C. Framework of a fuzzy quality function deployment system [J]. International Journal of Production Research,1996,34(2):299-311.

[25] Bode J,Fung R. Cost engineering with quality function deployment[J]. Computers & Industrial Engineering,1998,35(3-4):587-590.

[26] 杨惠珍,康凤举,李俊. 基于模糊 AHP 的系统仿真可信度评估方法[J]. 计算机仿真,2003,20(8):43-48.

[27] 周平,朱松龄. 基于模糊层次分析法的航空项目风险管理研究[J]. 计算机集成制造系统,2003,12(9):61-77.

[28] 吴冲,李汉铃. 模糊 AHp 决策方法[J]. 管理工程学报,2001,15(1):63-64.

[29] 陈富民,李宗斌,林志航. 质量功能配置的研究及发展[J]. 现代生产与管理技术,2001,18(4):34-37.

［30］李金海,李阳阳,刘庆林.大数据时代下基于 QFD 和 TRIZ 的产品研发过程研究[J].制造业自动化,2019,41(3):25-29.

［31］刘鸿恩,张列平,车阿大,等.改进的质量功能展开(Ⅱ)——系统方法[J].系统工程理论与实践,2000(2):58-62.

［32］詹钧凯,石宇强,夏世洪,等.基于 QFD 的多目标产品配置模型及配置优化研究[J].西南科技大学学报,2018,33(3):88-94.

［33］袁振龙,褚学宁,张磊.基于虚拟正交试验和改进 QFD 的产品平台规划方法[J].上海交通大学学报,2018,52(8):930-937.

［34］苏晓梅.基于 QFD 理论体系的创新优化设计[J].市场论坛,2018(12):57-61.

［35］李汝鹏,魏巍,周峰,等.面向客户需求的产品优化设计方法研究[J].中国工程科学,2018,20(2):33-41.

［36］杨猛,李宏胜.QFD 方法在自动售货机设计中的运用[J].科技创新与应用,2019(3):170-171.

［37］蔺珊,张世敏,王黎,等.QFD 在微波电源设计中的运用研究[J].真空电子技术,2018(5):73-76.

［38］刘宗明,葛碧慧.基于 QFD 的老年家用陪护机器人设计[J].图学学报,2018,39(4):695-699.

［39］刘恒丽,李晓娜,陈泽鹏.基于 QFD 和 TRIZ 集成的台灯创新设计[J].设计,2019,32(7):12-14.

［40］方毅,朱远庆.面向 MC 产品族设计的重卡客户需求分析与处理[J].汽车工程学报,2018,8(4):304-312.

［41］程慧勇.基于 QFD 的集装箱船详细设计质量改进[J].船舶标准化工程师,2018,51(4):68-73.

［42］刘佳奇,徐兰,梁静.基于 QFD 的高新技术产业创新市场环境的影响因素与具体措施分析[J].价值工程,2018,37(8):78-81.

［43］Hauser J R,Clausing D. The house of quality[J]. Harvard Business Review,1988,66(3):63-73.

［44］Haag S E,Raja M K,Schkade L L. Quality function deployment usage in software development[J]. Communications of the ACM,1996,39(1):41-49.

［45］许树柏.实用决策方法:层次分析法原理[M].天津:天津大学出版社,1988.

［46］劳伦斯·R.奎特,南希·C.波蕾兹拉.产品竞争的优势:质量·功能·发展[M].夏善晨,谢根华,陈海晶,译.上海:上海人民出版社,1997.

附录　成立 QFD 新产品开发核心小组的通知模板

股份公司各有关部门：

为确保××××产品的顺利开发，解决项目在开发、实施过程中存在的问题，推行产品质量先期策划和 QFD 方法，特成立"××××项目新产品开发核心小组"，人员名单及职责如附表所示。

附表　"××××项目新产品开发核心小组"人员名单及职责

客户名称				项目名称	××××	项目号	
序号	职责	姓名	部门	职位	主要职责		
1	项目小组组长		×××××××××	项目管理工程师	1. 组建项目团队，建设项目团队，管理项目团队 2. 在技术和时间给定的情况下，利用公司现有资源研究出最终产品并实现项目的目标 3. 组织收集客户需求，定义范围、核实和控制范围 4. 组织制订进度计划、控制计划 5. 以项目章程为基础，组织制定项目日常管理，保证研发项目目标的达成 6. ……		
2	项目小组组员		×××××××××	新品计划员	1. 参与收集产品开发过程客户需求和制定产品技术特性的各项工作 2. 负责新产品模具制造计划的制订及落实 3. 负责新制工装制造计划的制订及落实 4. 负责试模零件材料的准备 5. 订单评审、生产计划下达及完成情况的检查 6. 零部件的齐套及生产计划追踪		

169

续表

客户名称				项目名称	××××	项目号	
序号	职责	姓名	部门	职位	主要职责		
3	项目小组组员		×× ×× ××	产品专项部经理	1.收集产品开发过程中的客户需求和制定产品技术特性的各项工作 2.公司对顾客的总接口,提出立项申请和项目要求 3.产品开发前的顾客接洽,顾客信息的收集、反馈 4.市场信息的收集和反馈,主导可行性评估报告编制 5.开发过程中内外部信息的交流 6.接单及订单评审 7.开发资料的多方论证——市场信息评审		
4	项目小组组员		×× ×× ××	设计师	1.收集产品开发过程中的客户需求和制定产品技术特性的各项工作 2.顾客的技术接口 3.产品技术信息分析、消化和产品的设计、试制、变更 4.估算产品零件成本,设计失效模式及后果分析 5.开发进程节点评审汇报 6.产品阶段转移报告的技术批准 7.产品开发策划,产品试制,功能、性能参数认定,设计文件编制 ……		
5	项目小组组员		×× ×× ××	质量工程师	1.参与收集产品开发过程中的客户需求和制定产品技术特性的各项工作 2.质量信息输入接口;制订质量管理计划,制定质量测量指标和质量核对表 3.前期或类似产品的供货信息输入可行性报告、设计评审、FMEA 等 4.产品开发资料的消化,检验标准的编制 5.产品开发过程质量目标监控 6.产品检验资料的提供 7.新零件、材料的 PPAP 评审、批准 8.顾客 PPAP 的收集、评审、提交 9.产品阶段转移评估报告的质量批准 10.项目和产品质量控制测量结果审核		

客户名称				项目名称	××××.	项目号	
序号	职责	姓名	部门	职位	主要职责		
6	项目小组组员		×× ×× ××	工艺工程师	1. 参与收集产品开发过程中的客户需求和制定产品技术特性的各项工作 2. 过程设计开发,特别是免校正的工艺设计 3. 产品标准消化,工艺参数认定、工艺文件的编制 4. 零件的工艺开发、文件批准 5. 工装、夹具的需求、设计、确认 6. 主导过程开发问题解决 7. 开发资料的多方论证——工艺过程评审 8. 产品阶段转移评估报告的工艺批准 9. 产品过程开发——PFMEA、工艺指导等文件的编制 10. 制造的生产设备、工装及检验设备需求的提出、验证 11. 产品试生产及制造信息收集 12. 生产过程质量监控 13. 产品阶段转移评估报告的制造验证		
8	项目小组组员		×× ×× ××	设备工程师	1. 参与收集产品开发过程中的客户需求和制定产品技术特性的各项工作 2. 手工生产线的设计评审及手工线的调试 3. 零件带料生产工艺评审 4. 零件带料生产设备的设计、评审、制造及调试		
9	项目小组组员			测试工程师	1. 参与收集产品开发过程中的客户需求和制定产品技术特性的各项工作 2. 依据项目进度计划和试验申请编制产品试验验证计划 3. 产品的试验执行、试验结果反馈、试验报告编制 4. 对产品试验过程中的失效样品进行分析		
10	项目小组组员			模具设计师	1. 参与收集产品开发过程中的客户需求和制定产品技术特性的各项工作 2. 结构评审和编制排样图 3. 金工件模具的设计、评审、制造 4. 根据产品设计提出的产品更改方案,对模具改进进行评审,并按时完成模具的改进 5. 对模具状况进行评估,并适时补充量产模具		

171

续表

客户名称				项目名称	××××　　　　项目号
序号	职责	姓名	部门	职位	主要职责
11	项目小组组员			模具设计师	1.参与收集产品开发过程中的客户需求和制定产品技术特性的各项工作 2.注塑件结构评审 3.注塑件模具的设计、评审、制造 4.根据产品设计提出的产品更改方案,对模具改进进行评审,并按时完成模具的改进 5.对模具状况进行评估,并适时补充量产模具
12	项目小组组员			成本核算员	1.参与收集产品开发过程中的客户需求和制定产品技术特性的各项工作 2.估算成本,进行活动成本估算,编制估算依据 3.制定预算,制定成本绩效基准,确定项目资金需求 4.控制成本,组织产品报价,进行成本核算和预测;进行成本变更管理
13	项目小组组员			采购工程师	1.参与收集产品开发过程中的客户需求和制定产品技术特性的各项工作 2.根据技术要求,寻找材料货源,进行认定工作 3.负责原材料的采购,保证适当库存,进行质量控制 4.与供方沟通处理相关问题 5.检查原材料是否符合环保要求 6.组织对新供应商的开发、确认(如果有)

　　请上述部门的有关人员严格按照程序文件规定开展工作,履行自己的职责,确保××××产品项目开发过程中的各项工作得到充分实施。

　　特此通知。

××××年××月××日

第三篇

统计过程控制在厦门宏远达电器有限公司的应用

陈永刚[*]

---

    [*] 陈永刚,男,陕西省洋县人,杭州电子科技大学工商管理硕士。先后在厦门宏发电声有限公司(现厦门宏发电声股份有限公司本部)、宁波金海电子有限公司、厦门宏远达电器有限公司从事质量管理员、体系工程师、销售支持、质量经理等工作,在质量经理岗位近 14 年,现任厦门宏远达电器有限公司质量经理。

一、绪　论

（一）研究背景

2015 年 5 月，国务院发布《中国制造 2025》，提出通过"三步走"实现制造强国的战略目标：第一步，到 2025 年迈入制造强国行列；第二步，到 2035 年中国制造业整体达到世界制造强国阵营中等水平；第三步，到新中国成立一百年时，综合实力进入世界制造强国前列[2]。

我国把制造业的质量水平提升上升到了国家战略层面。质量水平提升，任重而道远！

目前，中国虽然已是"制造大国"，但在先进技术应用和制造工艺上与发达国家存在较大差距，产品质量的稳定性、一致性和可靠性不高[3]。在向制造强国迈进的过程中，我们需要提升自主创新能力和质量水平。对于制造业的质量水平提升，除了从源头上做好设计质量，还需要做好过程控制，而统计过程控制（SPC）就是一个比较好的过程控制工具。

（二）研究目的和意义

1. 研究目的

本篇的目的在于通过 SPC 对整个供应链进行分析，包括 SPC 工具在供应商质量异常断点范围的排查、在零件关键尺寸一致性的改善、装配工厂一次合格率的提升和控制等方面的应用，使得统计过程控制在供应商和工厂有联合应用的实践。通过在单个产品点的成功应用来带动整个公司系统的应用，从而实现正向的过程控制思路，实现过程的稳健生产，为公司产品在客户端的耐久性方面创造持续的竞争优势。

2. 研究意义

SPC 是对生产数据进行统计、分析，从而对整个产品的生产过程进行实时控制的一种工具方法,通过统计过程控制中的控制图,可以观察或监测生产制造过程中发生的异常波动,分析异常的发生原因,并及时制定措施消除异常因素,争取在第一时间内恢复正常的生产,在保障产品质量的前提下提高生产效率。通过运用SPC这一科学的质量控制方法,可以从生产环节探究造成产品质量问题的原因,改变传统的质量控制方法,从而降低生产成本。

厦门宏发电声股份有限公司经过三十载风雨征程,以"代表民族继电器工业在世界上争得一席之地"为使命。"十三五"期间,公司以新三大发展思路"翻越门槛,扩大门类,提升效率"为指导思想,重点围绕"两个转变"展开实践:继电器行业由做大向做强转变,由单一的专注做继电器向发展多门类产品转变。

继电器的做强将重点体现为耐久性的提升和全面过程控制体系的建立,其中耐久性的提升和产品装配一致性的提升密切相关,全面过程控制体系的建立要求过程能够真正发挥预防控制的作用。

厦门宏远达电器有限公司作为厦门宏发电声股份有限公司的全资子公司,生产的继电器产品主要应用于家电行业,其主要客户有:S(博世和西门子的合资公司)、惠而浦、格力、海尔、海信、美的等国际知名品牌。近几年,在内外部的推动下,厦门宏远达电器有限公司开始在 HF3FD 产品上进行机检一次合格率的推进,逐步导入装配自动线,降低过程控制对人的依赖程度,以提高生产效率。

在推进 HF3FD 产品的装配一次合格率的过程中,笔者发现,公司目前的机检一次合格率只是被动地通过机检结果进行前道装配的调整,而不是通过前道装配主动的控制来保障机检的合格率。另外,在推进过程中,发现涉及的供应商零件进货合格率低,不能完全满足 HF3FD 产品机检一次合格率的要求。

质量部作为公司先进质量工具的推广部门,有责任和义务将 SPC 工具导入公司内部进行应用。笔者作为公司的质量部经理,利用从 MBA 课程学习到的理论知识,结合在质量工作方面多年的经验,研究 SPC 在厦门宏远达电器有限公司 HF3FD 产品上的应用,可以很好地对公司的过程控制现状进行把握。在此过程中,把 SPC 从公司内往供应链延伸,进而提升公司的过程质量水平。笔者希望通过对厦门宏远达电器有限公司 HF3FD 产品 SPC 的研究,发现其 SPC 应用的优势和不足,改善 SPC 的应用深度和广度。

(四)研究方法

(1)文献研究法。在研究过程中,笔者通过图书馆及网络等方式查阅大量关于 SPC 应用的相关文献资料,为后面的研究提供了充足的理论支撑和保证。

（2）关键事件技术法。本篇在分析总结企业面临的客户端的典型质量问题的基础上，引出推进 SPC 的重要性。

（3）案例分析法。对于公司在推进 HF3FD 产品机检工序一次合格率的过程中采用 SPC 进行分析和改进，通过实践的应用为后续的进一步推广打下良好的基础。

（4）统计分析方法。对收集到的数据，本篇主要使用 Minitab 软件和 SPC 软件进行相关分析，从而得出实证研究结果。

（五）研究内容

首先，在文献综述的基础上，对 SPC 的发展历史、应用情况做了解，通过实地调研的方法对厦门宏远达电器有限公司 HF3FD 产品进行深入研究。在理论分析和现实调研的基础上，从内部供应商厦门金越电器有限公司、厦门宏远达电器有限公司内部的装配出发，运用实证研究的方法，通过 SPC 对采集的数据进行分析找到异常点，并通过对 HF3FD 产品机检工序的一次合格率进行尺寸分解，对关键的尺寸进行分析，找出问题的症结，在数据分析的基础上进行问题的控制和改进。最终结合厦门宏远达电器有限公司对于 SPC 的应用现状和推进过程中发现的内部应用问题，提出如何在后续质量管理中继续深度应用 SPC，从而为厦门宏远达电器有限公司 SPC 的展开以及推广提供一定的借鉴参考。

二、相关研究综述

(一)SPC 的发展历史

20 世纪 20 年代中期,美国贝尔实验室(Bell Laboratory)的休哈特(Shewhart)基于数理统计理论创立了 SPC(statistical process control,统计过程控制)理论,通过预防和监控产品生产过程中不合格品的产生,实现了质量管理从事后把关向事前预防的转变[4]。1931 年,休哈特出版了专著《加工产品质量的经济控制》。同时期同一实验室的道奇(Dodge)和罗米格(Roining)提出了统计抽样检验原理和抽检表[5]。

在休哈特提出他的控制图(也被称为"休哈特控制图")之后,又有人陆续提出数十种控制图,其中比较重要的有以下几种。

(1)累积和控制图(cumulative sum control chart,CUSUM)。它可以将一系列点子的微弱信息累积起来,所以对过程的微小变动较为灵敏。与单值移动极差控制图相比,累积和控制图具有良好的预警功能,这种功能能够为厂家提前检修提供良好的时机和方向[6]。

(2)指数加权移动平均控制图(exponentially weighted moving average control chart,EWMA)。它最早由罗伯茨(Roberts)在 1959 年提出。它是另一个能检出过程小波动的控制图,其性能几乎与累积和控制图相同,而且在某些情况之下较累积和控制图更容易建立与操作。

(3)田口控制图。运用田口质量控制思想建立的控制图,它注重工序控制的经济性。

(4)无先验信息小批量生产的控制图。1969 年希利尔(Hillier)与杨中浩提出了小样本控制图,1991—1995 年久森伯瑞(Qusenberry)提出了 Q 控制图。

(5)有历史信息小批量生产的控制图。1997 年我国著名质量管理专家张公绪教授的学生卜祥民博士应用贝叶斯(Bayes)分析方法,充分利用已知信息,提出了有历史信息小批量生产的控制图,弥补了小批量生产样本少的缺点。

(6)选控控制图(cause-selecting control chart)。前述控制图都是全控图，即对所有异常因素都加以控制。而选控图是选择部分异因加以控制。它由张公绪教授于1979年提出，对统计诊断理论的发展起到重要的作用。

(二)SPC 的相关文献研究

1. SPC 的相关研究文献综述

常规的 Xbar-R(均值极差)控制图可以解决大部分制造业对于过程控制的需求。李戈通过介绍 SPC 在中航富士达尺寸管控中的应用，总结出 SPC 应用不仅能提升过程能力和员工素质，而且能显著降低成本、提高效益[7]。刘莉宏提出，特别是对于小微制造企业，SPC 工具的应用将对生产过程的质量特性波动和问题趋势发挥重要的作用[8]。商庆杰等对化合物半导体芯片工艺加工生产线实施统计过程控制中遇到的部分一致性问题进行汇总与分析，提高了实施统计过程控制(SPC)工作的效率[9]。

对于复杂过程的质量控制，常规的 Xbar-R 控制图已经不能满足要求。针对机加工过程，刘利通过对铣床加工精度控制的研究，运用基于 SPC 的统计手法，采用六西格玛思路，从整体上提升产品的良率，提升客户满意度[10]。邬佳伟等运用 SPC 对电梯平衡缆生产过程进行异常分析，通过对生产过程进行实时监控，达到提高电梯平衡缆产品质量的目的[11]。针对航空复杂零件加工过程误差监控、溯源及过程调整问题，王佩等提出了复杂零件加工过程质量控制与改进方法，从而在保证零件质量合格的基础上实现质量提升[12]。郑亚洲利用 SPC 工具对汽车涂装的烘干过程实施改进，修正了设备参数，快速且经济地提升了现有设备能力水平[13]。

在多规格小批量的生产过程中，目前存在一种不正确的处理方案，就是对每个规格分别采用一张 Xbar-R 控制图，这样每张图上的连续多批数据并不能真实地反映实际生产过程中数据的变化情况。面对多品种小批量产品在稳健设计中所忽略的问题，于庆安等建立了基于统计过程控制(SPC)分析的稳健设计模型，从而减少了试验成本，提高了效率，增强了产品的稳健性[14]。周章金利用 0-1 变换建立了生产总体服从正态分布的实时通用控制图模型，并用该模型监控了实际生产过程，使得 SPC 可以用于小批量生产的过程控制，将错误报警概率降到合理范围，有较大的实际意义[15]。

针对电子产品生产过程中的 SMT(表面安装技术)工序，沈丽娜就焊膏厚度进行了 Xbar-R 控制图研究，使 SMT 这样的特殊过程得到良好的管控[16]。胡梦婷等在显示器行业针对同一个产品上多个点位的数据管控,以计量型数据控制图(Xbar-R/S)为例,通过分析 SPC 系统现有 Xbar-R 的局限性,针对性地提出 SPC 系统监控的优化方案,即 Xbar-MR-R/S 三图法管控,并在合肥京东方显示技术有限公司率先实现功能应用,提高了报警的准确性、有效性[17]。叶顺坚等采用 SPC 工具,识别出系统的异常状态,并通过对钻铆质量影响因素及水平的分解,借助正交试验及方差分析法,获得更加合理的工艺参数,应用 SPC 控制图使火箭舱体铆接的自动钻铆过程处于稳定加工状态[18]。针对特种元器件多品种、小批量的特点,关堂新等阐述了几种适用于特种元器件的非常规控制图,强调要针对具体问题具体分析,只有根据生产实际情况采用合适的控制图,才能得出正确的结论[19]。

针对传统控制图的不敏感性,贾春阳提出了优化的 Xbar-R 控制图,其主要思想就是对每个观测值进行加权,新的观测值的权重比较大,这样改进后的控制图对小偏差就具有较高的敏感性[20]。张斌等针对实际生产过程中质量特性不服从正态分布的情况,以 Burr 分布作为非正态数据的近似分布,结合均值随机漂移和田口质量损失函数,给出 Xbar 图的经济统计最优设计方法[21]。

陶桂洪等基于正态分布下带参数估计的累积和方差控制图,选取了 8 种估计量估计过程标准差,在无干扰及存在干扰的环境下分别进行准确性的分析,并选择出最优的估计量[22]。王海宇研究了自相关过程在 SPC/EPC 整合控制下的过程能力指数评价方法,通过计算机仿真分别探讨了两种 EPC 控制下的过程能力计算方法的实施过程,说明了这种过程能力指数计算方法的有效性[23]。

针对数字化工厂环境下多品种小批量制造企业的生产特点,周涛等研究了质量在线控制系统的各项关键技术,建立了一套完整的质量数据在线控制系统[24]。谭锴等将 SPC 方法与计算机信息技术有效结合,设计开发了铝加工质量控制系统。该系统实现了生产过程参数和产品特性参数的数据自动采集,可以及时发现问题并采取纠正措施,改变了企业原有的人工统计方式,提高了工作效率[25]。刘佳针对工业在线 SPC 仿真系统的构建、设计与应用进行了简单分析,该系统在不良趋势产生前就预警,能提高产品的一次合格率,并提高生产效率[26]。

孙迪基于. NET 平台,采用 SQL2008 数据库,采用 C♯语言开发了 D_SPC 系统的原型系统,并将该原型系统应用于发动机缸体制造过程中,该系统对当前在制品的质量进行动态分析,保障了产品的整体制造精度和稳定性[27]。刘敏等通过将 VS 软件与统计过程控制 SPC 理论相结合,设计开发出产品质量在线检测系统,实现了关键工艺的在线检测与采集、控制图的自动绘制、过程异常原因快速查询、过程能力诊断等功能,实现了动态收集产品质量信息动态收集、处理数据,以及发现、改进问题的一体化[28]。

针对目前流行的生产管理 MES 系统,韩有军等基于 MES 理念,提出了SPC 质量分析系统,对工业大数据进行有效的分析,保证动力电池装配生产线过程中的质量控制[29]。王桂英等以汽车发动机装配线为研究对象,研究了 SPC 技术在 MES 平台上的应用,体现了 MES 通过从订单下达到产品完成的整个生产过程的管理优势[30]。唐钟雪等对如何将 PLM 系统、生产 MES 系统、手机过程控制 App 系统进行集成进行了研究,采用互联网的思维解决了生产制造过程中的各个信息断点和孤岛[31]。

2. SPC 的应用范围

通过相关文献研究可以发现,从小微企业到大型企业,从传统制造业到服务业和销售行业,甚至公共事业,从单一系统到多系统集成,SPC 的应用范围非常广泛。只要有数据产生的过程,如装配尺寸、电气参数、差错率、不良率、计算机系统(性能特性)及材料管理(运送时间)等,则对于有精益求精、永不满足的改善需求的组织或个人来说,SPC 的方法都可以有所作为。

目前,霍尼韦尔、华为、诺基亚、戴尔、苹果、海尔、飞利浦电子、AAC、莫仕、安费诺、德尔福、法雷奥、伊顿、箭牌糖类、住友、富士康、雀巢、闪迪等国际一流企业均有使用 SPC 系统软件进行质量控制。

3. SPC 应用的关键技术

通过相关文献研究可以发现,SPC 应用涉及的关键技术较多,常规的 Xbar-R、Xbar-S、X-MR 控制图是最基础的,还需要掌握直方图、方差分析、六西格玛,甚至一些更加先进的工具、方法。

在 SPC 的应用过程中,某个工具和方法并不是独立应用的,要开展好 SPC,通常是多个工具方法结合起来综合应用。因此对应用 SPC 的核心骨干人员来说,除了要掌握相关工具和方法的知识,推进过程中产品的专业知识的储备同样是非常重要的。

4. SPC 应用的实施过程

通过查阅文献可以发现,目前很多论文关注于通过 SPC 解决一个点的异常问题,很少关注系统的应用以及如何更好地推动 SPC 在组织内的展开。目前,各行业技术改造力度加大,设备投入多,SPC 要很好地实施,需要不同的设备能够实现数据采集和上传的功能,SPC 的实施还需要设备管理和信息化的人员给予支持。

按朱兰的质量三部曲,质量管理活动通常分为质量策划、质量控制和质量改进。在此理论下,可以通过 SPC 分析,找到影响过程失控的变化因素,从而制订质量计划。通过 SPC 控制,可以很好地把制造变异控制好,从而提升工厂的竞争优势[32]。

SPC 的发展也是与时俱进的,其开始与工业大数据、SAP、MES 等系统进行集合,并逐步通过 App、报警触发手机和邮件短信的方式实现快速反应。但目前的研究比较少关注如何与供应链共同进行产品尺寸链一致性的提升,通常也仅局限于个别点的 SPC 应用,系统性应用的研究不足,这将是本篇展开研究的内容。

三、公司的产品
现状及质量管理现状

(一)公司产品介绍

厦门宏远达电器有限公司是一家专门从事继电器、继电器插座等电子产品研发、制造的电子企业,主要是为厦门宏发电声股份有限公司制造配套产品。厦门金越电器有限公司是厦门宏发电声股份有限公司的全资子公司,于 2002 年成立,拥有先进的冲压、塑压、电镀等专业生产设备及相应的生产工艺,是宏发集团各企业的重要精密零部件供应基地。

继电器是一种电子控制器件,通常应用于自动控制电路中,具有通过功率大、物理隔离可靠性高、环境对开关特性影响小等特点。受益于由智能与节能主导的电动化进程,电子开关取代机械开关,广泛应用于家电、电力、汽车、工控、通信等各个方面。其通过电信号触发的形式提高了控制的自动化水平。从趋势上看,全球继电器的销售规模持续增长(见图 3.1)。

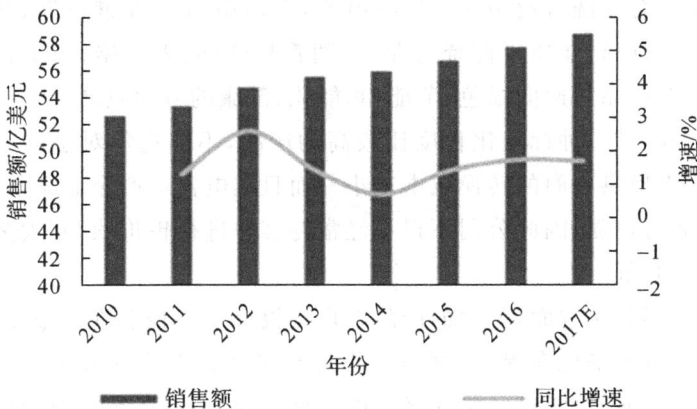

图 3.1　2010—2017 年全球继电器销售规模及同比增速

继电器属于电子元件行业,电子元件行业发展迅速,电子元件百强企业的营业额呈高速增长趋势(见图 3.2)。

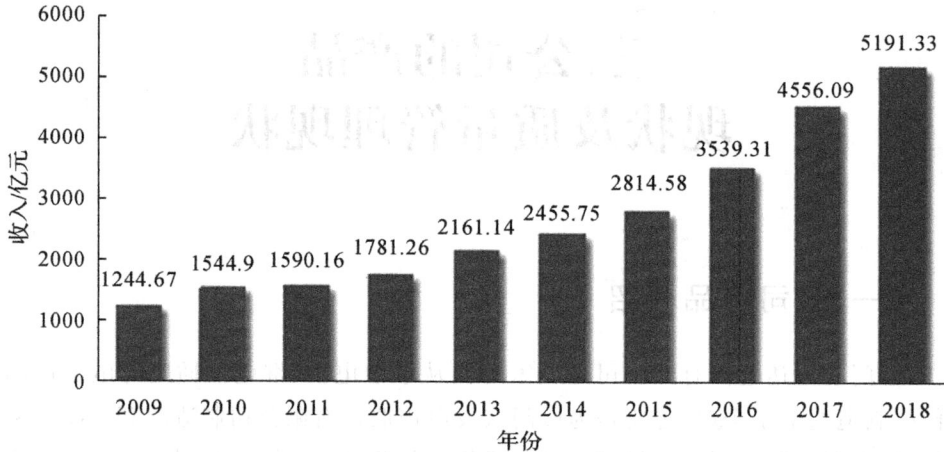

图 3.2 2009—2018 年电子元件百强企业主营业务收入
来源:中国电子元件行业协会。

厦门宏发电声股份有限公司主营的继电器分为:功率继电器、电力继电器、汽车继电器及模块、新能源继电器、信号继电器、工业继电器、安全继电器、密封继电器。

厦门宏远达电器有限公司是厦门宏发电声股份有限公司(以下简称股份公司)下属的全资子公司,生产的继电器产品属于通用功率继电器,大部分应用于家电行业,主要有冰洗行业用的方糖继电器、空调用的 20A 继电器、热水器用的 30A 继电器。家电行业属于传统行业,但随着物联网、大数据、人工智能技术的迅猛发展,家电产品加速向绿色、节能、智能化、健康的方向发展。

继电器产品是一种标准化程度比较高的产品,不同竞争对手同类产品的脚位相同,客户更换供应商的转换成本很小。而且继电器生产企业竞争激烈,客户的讨价还价能力较强,因此公司不得不经常与客户进行售价谈判,大多数时候只能接受客户的开价。

虽然在初期品质方面,公司的产品客户端投诉水平控制在 1ppm 以下,但是竞争对手的质量水平也在提升,客户端投诉水平大概在 5~10ppm(见图 3.3)。继电器作为电子元器件,已经排在客户端不良率的后几位,客户对初期品质的差异已经不敏感。在初期品质差异不大的情况下,应更多地关注于价格和电耐久性。

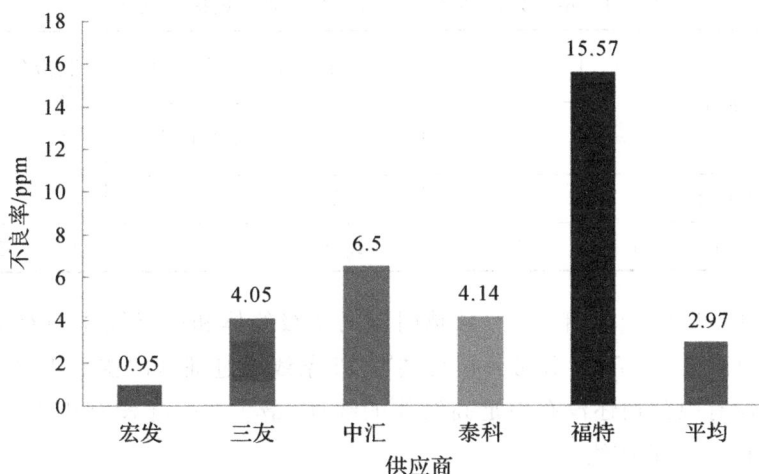

图 3.3　继电器供应商不良率情况

公司部分产品的电寿命标准为 5 万次,但目前的客户对于继电器电耐久性有自己的标准,通常要求满足 10 万次的要求。

而在高端产品市场上,主要供应商有宏发、泰科、欧姆龙、松川等。松下目前已经基本放弃通用继电器的生产。国内的三友、中汇瑞德近几年也进步较大,产品初期品质与宏发的差距在缩小。

公司要在电耐久性方面保持领先优势,就需要提高 SPC 的应用深度,提升产品的装配一致性。

(二)公司质量管理现状

1. 实物质量

经过近几年的不断改进,目前公司的实物质量与股份公司内部标杆企业的差距在不断缩小,在股份公司中处于中等水平(见表 3.1)。

表 3.1　厦门宏远达电器有限公司主要质量指标统计

指标名称	厦门宏远达电器有限公司实际完成值			股份公司标杆企业 2018 年实际完成值
	2016 年	2017 年	2018 年	
客户投诉不良率/ppm	0.45	0.23	0.14	0.15
过程关键缺陷率/ppm	4.68	2.18	1.32	1.38

从 2015 年到 2017 年,虽然翻越门槛的初级线体和中级线体均有增加(见表 3.2),但截至 2017 年,股份公司总共有 12 条线通过翻越门槛高级线,而厦门宏远达电器有限公司还没有满足高级线的线体,最主要是还没有机检工序一次合格率达到 98%的产线。

表 3.2　厦门宏远达电器有限公司翻越门槛标准达成情况统计

翻越门槛级别	2015 年		2017 年	
	产线数/条	占比/%	产线数/条	占比/%
高级阶段	0	0.0	0	0.0
中级阶段	0	0.0	2	15.4
初级阶段	2	28.6	7	53.8
未达标	5	71.4	4	30.8
小计	7	100.0	13	100.0

2. 质量管理体系

公司质量体系参考 IATF 16949 建立,逐步导入五大核心工具,具体如下:APQP(产品质量先期策划)和控制计划、FMEA(潜在失效模式和后果分析)、SPC(统计过程控制)、MSA(测量系统分析)、PPAP(生产件批准)。

过程控制建立了工序三检制,分别为自检、互检、专检。除此之外,针对部分关键和重要的过程,需要 PQC 进行监督检验,并进行关键参数的 SPC 控制。目前,虽然在过程控制方面导入了 SPC,但应用深度和广度不足,SPC 未能有效发挥过程预防控制的作用,质量工程师花在事后"救火"方面的时间和精力多,问题再发率高,未能从防止再发方面采取有效措施。

公司从提升人均效率和稳定产品质量出发,一直加大对自动化设备的投入力度,特别是近 5 年,公司投入和改造了十几条自动化生产线,但在设备管理方面,目前仍然以维修为主。2018 年公司开始导入全面设备保全(TPM)培训,但现有的设备管理体系不能满足公司的质量发展需求。

(三)关键事件分析

1. 客户端的典型质量问题

2013 年由于宏发原始设备制造商宁波 Z 公司的 F 继电器在客户 S 的终端处发生产品早期电耐久性失效问题,客户 S 对公司提出索赔要求。该问题发生后,公司将 HF3FD 产品的订单全部转移至本公司生产。

经过对客户 S 从市场端返回的不良品进行分析,公司发现不良品的表象都是继电器 OT(衔铁超行程,即继电器触点接触后衔铁与铁芯之间的间隙)小于 0.06mm(正常品应≥0.11mm),产生该问题的主要原因就是磁路组装工序的铆接一致性差,加上机检工序的测量系统不可靠。

由于厦门宏远达电器有限公司产品在生产 HF3FD 产品时,机检工序的一次合格率在 50%~70% 波动,现场存在大量机检不良品的校正返修人员。由于返修品多,需要的机检工序检验员也多,人员之间的变差大,2014 年 4 月客户 S 现场审核时就出现了不同检验员的变差问题,存在 OT 小的产品流出的风险。客户 S 的审核人员非常恼火,认为他们针对该问题已经关注了多年,他们对 HF3FD 产品过程控制的评价为:工程和管理人员很少考虑机检的关键参数如何控制,比如哪些位置是不可以返修,而不是什么样的产品都可以返修,没有真正关注过程质量,只是一味地把不好的产品通过返修、重新检验发给客户。为此,客户 S 冻结了公司进入其新项目的机会。

2. 客户端典型质量问题的系统原因

继电器初始 OT 小是客户 S 公司产品早期失效的主要原因。由于 OT 过小产品没有了余量,减弱了产品抗击冲击能力,增加了早期失效的风险。

而初始 OT 小的问题,根本原因还是公司对于机检工序的一次合格率没有进行系统的推进,往过程控制延伸,也就是装配的一致性提升问题。

3. 客户端问题的行动计划

为扭转公司 HF3FD 产品对客户 S 造成的不利影响,公司成立了项目组,系统地研究装配过程,成立专项改善小组,提高机检工序的一次合格率,减少对校正和机检的依赖。

公司对 HF3FD 产品进行了攻关,通过技改投入自动机检机、磁路组装机,以及铆接工装的改进,在 2014 年 10 月将机检工序的一次合格率提升至 90%,超出了对客户 S 承诺的目标,并重新获得了客户 S 对宏发产品的一部分信心,新项目解冻。但该问题对公司订单造成的影响深远,到 2018 年,订单量还未完全恢复到 2014 年之前的水平。

(四)其他客户对 SPC 应用的要求

2014 年后,客户 S 对公司提出了开展 SPC 应用的要求,公司的一些新项目的客户陆续提出 SPC 应用要求。

公司的重要客户都有成功应用 SPC 的经验,公司组织去南京某公司参观,他们展示了现场应用的几百张控制图是如何管理,并取得良好应用效果的。公司的重要客户 W 公司的相关项目负责人对 SPC 应用的评价为:"事实上,SPC工具的使用效果超过了我们的想象,使用 SPC 工具确实很有效,仅短短半年时间,生产线各项指标就又有了一个新的提升。"

从厦门宏远达电器有限公司的质量管理现状来看,结合近几年发展过程中的一些关键事件分析以及客户的要求,公司如果想要保持长期的竞争优势,在质量控制方面,除了初期品质的持续改善,还需要不断地提升产品耐久性和可靠性,除了产品的设计质量,这还取决于电气参数和装配参数的一致性,延伸到过程中,就需要不断提升机检工序的一次合格率。因此,实现过程质量控制,推动SPC 的深度应用尤为重要。

四、厦门宏远达电器有限公司 SPC 应用和过程质量改进

(一) 应用 SPC 的管理体系建设

1. 公司应用 SPC 的现状

经过对厦门宏远达电器有限公司的调研我们发现,在 2014 年之前,公司基本上很少应用 SPC 工具,在过程质量控制方面主要根据规格值进行控制,变化趋势分析更多的是用折线图。规格值管控存在的最大风险是不能起到过程预防控制作用,当出现失控的时候已经有不合格品产生了,需要对产品进行隔离和风险评估,会造成很多的返工和报废,是一种典型的事后救火的管控方式。另外,由于规格值是产品设计师在考虑了长期的不同批次之间的波动后制定出的,只考虑了设计的基本性能要求,因此规格值管控无法关注到批次之间的一致性问题。这也是 HF3FD 产品机检一次合格率低的重要原因。

2014 年在对 HF3FD 产品进行机检一次合格率提升的过程中,质量部与开发部、技术部、制造部等部门成立团队一起攻关。在此过程中,公司开始从整体上应用直方图、标准差、Cpk(过程能力指数)、控制图等统计值和工具,并开始从机检工序开始将影响机检合格率的零部件尺寸往前分解,通过分布、一致性、过程能力等进行分析,从而快速地将机检一次合格率提升到 90%。

2014—2016 年,机检一次合格率在 90%~93% 徘徊,一直未能有大的突破,主要原因是公司只是在 2014 年对 SPC 工具进行了简单的应用,对于 HF3FD 产品,也仅是针对三个正常的电气参数动作电压、释放电压、接触电阻进行 Xbar-R 控制图的方式管控,没有很好地往装配和零部件延续并深入应用。

2015 年起,公司要求对机检一次合格率继续进行专项攻关,并以 HF3FD 产品为突破口。

2. SPC 管理制度的建设

为了更好地提升 HF3FD 产品机检工序一次合格率,公司成立了以技术部、制造部、开发部、质量部的骨干人员为主要成员的团队。经过进一步工作分解,质量部除了参与机检一次合格率的总项目,还负责 SPC 的推进。

而股份公司质量中心也有计划推进 SPC 系统软件的应用。为此,股份公司质量中心、厦门宏远达电器有限公司质量部、内部供应商厦门金越电器有限公司质量部共同成立了 SPC 子项目组进行零件一致性的推进。

在导入 SPC 的过程中,管理层的意识至关重要,高层领导者要具备引进 SPC 重要性的意识,中层管理者要有自上而下普及 SPC 基本知识的意识,一线的工程师及操作者要有按照 SPC 规范承担相应职责的意识[32]。为此笔者修订了 SPC 应用程序(见图 4.1),主要在原来的基础上增加或修订了以下内容:

➤ 实施前需要组织进行涉及岗位人员的 SPC 知识培训;

➤ 实施 SPC 前需对使用的测量设备进行 MSA(measurement system analysis);

➤ 推荐自带公式的控制图,如 Excel、Minitab、SPC 软件,避免手绘图;

➤ 控制图异常判定规则随着推进的深入逐步增加,Cpk 的目标也根据改善情况逐步提高;

➤ PQE 组织工艺员进行分析、改进;

➤ 允许主动干预的短期异常存在,在主动干预的异常因素恢复正常后及时调整控制图至正常状态,避免过度调整。

通过 SPC 管理制度的建设,结合 HF3FD 产品的机检一次合格率项目,最终该项目取得了良好的效果,该部分内容将在后文中重点介绍。

流程	责任部门	流程说明
准备工作	人事行政部 质量部	1.在运用SPC工具前，人事行政部负责组织SPC知识培训 2.质量工程师汇总成SPC管控清单。内容包括管控特性、控制图类型、抽样频率、抽样数量等
MSA分析	质量部	质量部质量工程师、计量工程师负责对SPC项目涉及的测量设备进行MSA分析
数据收集	质量部 制造部	PQC按照SPC管控清单规定的抽样频率、抽样数量定期对产品进行抽样测量
建立控制限	质量部	数据应至少收集25组，质量工程师计算出控制限
识别、改善异常点	质量部 制造部	质量经理确认控制图异常判定规则 PQC根据控制图异常判定规则识别异常点并通知制造部工艺员 工艺员和质量工程师从5M1E角度对异常点进行分析，查明异常原因并改善
重新计算、确定控制限	质量部	改善异常点后，质量工程师应剔除异常点重新计算控制限。如子组数量不够，应重新收集数据 确定控制限时，质量工程师负责确认已收集所有的点都显示受控； 如果过程在控制图上受控，则控制限延用；如果过程发生变更或质量水平得到提升，则质量工程师应评估并重新制定控制限
SPC日常监控	质量部	PQC录入数据并负责监控控制图上的点 质量工程师定期对CP、CPK进行监控
异常判定	质量部	PQC根据控制图判定规则，识别并判定异常点 质量工程师负责判定CP、CPK是否达到目标
异常处理	质量部 制造部	当过程失控PQC并发出SPC异常反馈单给制造部门。质量工程师根据风险评估做出是否需停分析、是否全检等临时措施 当过程能力指数达不到目标值，质量工程师应及时通知工艺员
原因分析	质量部 制造部	质量工程师组织生产、工艺对控制图点异常以及CP、CPK达不到目标进行原因分析
制定及实施对策	质量部 制造部	针对控制图点失控的原因，工艺员负责制定系统改善措施及实施的时间计划；对于过程能力指数达不到目标的，质量工程师应组织生产、工艺进行持续改善
效果验证	质量部	质量工程师跟踪并确认改善效果，评估改善措施有效性。若改善措施验证无效，质量工程师将重新组织相关人员进行原因分析
标准化及水平展开	质量部	质量工程师负责将失控点的原因分析的和改善对策记录在SPC异常分析记录表中，便于经验传承 责任部门负责对改善有效的措施进行标准化 拟定水平扩展至其它相同或相似产线的计划，并有效地实施

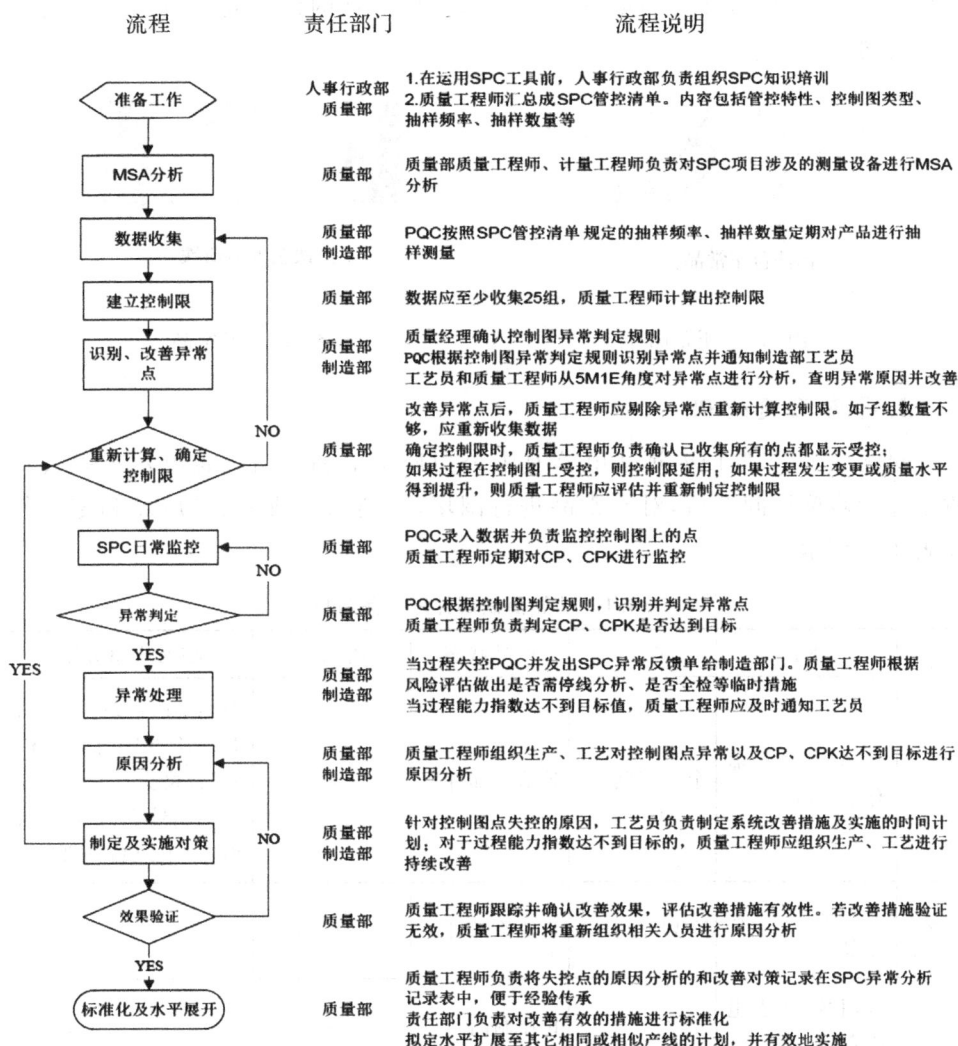

图 4.1 SPC 管理流程

(二)应用 SPC 进行 HF3FD 产品异常问题的分析

1. 异常问题描述

厦门宏远达电器有限公司于 2017 年 7 月 19 日在生产线发现 3 只继电器衔铁苞脱落,于 7 月 28 日在生产线发现 4 只 HF3FD 产品动簧部件衔铁苞脱落,7 月 29 日 IQC 反馈 6 只 HF3FD 产品动簧衔铁部件衔铁苞脱落。其中,正常品如图 4.2 所示,异常品如图 4.3 所示。该部件的供应商为厦门金越电器有限公司。

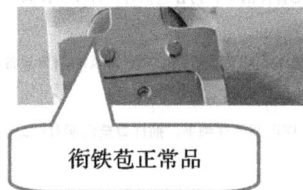

图 4.2　正常品

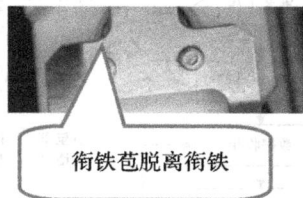

图 4.3　异常品

2. 异常问题处理

问题发生后,厦门宏远达电器有限公司质量部和厦门金越电器有限公司质量部初步确认问题后,对异常品进行围堵,隔离的产成品、半成品和零部件如表 4.1 所示。

表 4.1　动簧衔铁部件隔离品清单

序号	环节	地点	产品状态	隔离数量/只	临时应急方案
1	厦门金越电器有限公司	金工车间	F 动簧部件	900000	模具编号 21176171、21174592 零件重新检验,合格交货 模具编号 21174593 隔离、530000 待处理
2	厦门金越电器有限公司	企划库房	F 动簧部件	318433	
3	厦门宏远达电器有限公司	生产线	F 在制品	93400	
4	厦门宏远达电器有限公司	零部件库房	F 动簧部件	50000	
5	厦门宏远达电器有限公司	成品库房	F 继电器	2743432	
合计				4105265	

对不良品和不良批次进行初步分析,经过初步排查,异常的 F 动簧部件全部集中在编号 21174593 的模具生产,经过会议评审后对 2027632 只编号 21176171、21174592 模具生产的继电器做正常出货判定,其余编号 21174593 生产的 804201 做进一步隔离处理。

不良品和不良批次的确认结果如下:

(1)确认衔铁孔无异物。

(2)对异常批次的动簧进行拉力测试,发现问题批次也有掉苞的情况。

(3)对铆后沉孔深度进行确认。

(4)铆后衔铁正常和异常的都会有轻微的裂纹。

经过对现状的把握后,从 4M1E 方面进行排查分析,结果如下:

根据能力矩阵表和现场验证,生产 F 动簧的两位员工可独立上机生产,装模调模能力合格,并且询问异常发生时生产情况,获知未见异常,无违规操作。

对设备的变化点进行排查,确认设备点检记录及维修记录调查,通过对第一次、第二次、第三次投诉对应时段的调查发现,此期间设备无异常,点检记录如表 4.2 所示。

表 4.2 动簧设备点检记录

点检项目	点检标准	点检结果	检查人	检查时间
送料机构、工作……	送料机构工作台……	良好	员工 A	2017-7-6 7:58
滑块、导板、接……	接油盒无积油……	良好	员工 A	2017-7-6 7:58
平衡器给油器手……	加油手柄拉压 1 次……	良好	员工 A	2017-7-6 7:58
以寸动、安全行……	手动操作验证对……	良好	员工 A	2017-7-6 7:58
开机前检查超负……	压力表指针在绿……	良好	员工 A	2017-7-6 7:58
送料机构、工作……	送料机构工作台……	良好	员工 B	2017-7-28 7:49
滑块、导板、接……	接油盒无积油……	良好	员工 B	2017-7-28 7:49
平衡器给油器手……	加油手柄拉压 1 次……	良好	员工 A	2017-7-28 7:49
以寸动、安全行……	手动操作验证对……	良好	员工 A	2017-7-28 7:49
连动运行前,确……	手动连续生产异……	良好	员工 A	2017-7-28 7:49
送料机构、工作……	送料机构工作台……	良好	员工 B	2017-7-29 7:47

续表

点检项目	点检标准	点检结果	检查人	检查时间
滑块、导板、接……	接油盒无积油……	良好	员工 B	2017-7-29 7：47
以寸动、安全行……	手动操作验证对……	良好	员工 B	2017-7-29 7：47
平衡器给油器手……	加油手柄拉压 1 次……	良好	员工 B	2017-7-29 7：47
开机前检查超负……	压力表指针在绿……	良好	员工 B	2017-7-29 7：47
连动运行前,确……	手动连续生产异……	良好	员工 B	2017-7-29 7：47

通过确认动簧模具维修记录(见表 4.3)可知,投诉发生前,模具最近一次拆模原因是进行预防维修,首末件检验合格,未见异常。

表 4.3　动簧模具维修记录

序号	拆模原因	维修方法 MES	维修完成时间
1	[常见问题类] 24. 清理模具	1.更换凸模,卸料镶件或降面修复	2017-6-28 9：32
3	[常见问题类] 24. 清理模具 [触点类] 触点缝隙	25.更换相应镶件或修复磨损处	2017-7-30 3：22
5	[常见问题类] 24. 清理模具	57.调整盖板及预铆间隙(换预铆),精铆倒角,抛光	2017-7-1 22：02
6	[非故障性维修] 预防性维修		2017-7-6 3：16
7	[常见问题类] 22. 换型号[常见问题类] 24. 清理模具	38.更换成型镶件	2017-7-6 17：27
8	[常见问题类] 24. 清理模具	1.更换凸模,卸料镶件或降面修复	2017-7-7 13：21
10	[常见问题类] 12. 零件异常(缺少或让出)[常见问题类] 24. 清理模具	2.更换凹模或降面修复	2017-7-16 21：46
11	[常见问题类] 24. 清理模具 [触点类] 卡触点	61.调整触点轨道间隙,轨道抛光	2017-7-18 9：06

序号	拆模原因	维修方法 MES	维修完成时间
12	［常见问题类］24.清理模具 ［尺寸类］尺寸超差	5.更换其相应凸模,凹模,下模让位加大	2017-7-21 19：12
13	［触点类］卡触点(模具本记录为衔铁压印,维修方式是清理模具)	66.调整盖板及预铆间隙(换预铆),精铆倒角,抛光	2017-7-27 3：07
14	［非故障性维修］预防性维修		2017-7-28 22：40

按照生产工艺流程进行衔铁来料现状调查,通过动簧批号追溯对应的衔铁批号,并对衔铁的首件留样零件进行尺寸检查,发现衔铁零件合格(见表 4.4)。

表 4.4 衔铁生产过程调查结果

动簧图号	批号	衔铁图号	衔铁批号	数量/只	生产日期	衔铁底孔深度排查结论	备注 (0.7±0.03)/mm
340-1	0707 2428 0708 2462	239	0518 9678	198400	5 月 9 日	OK	0.696～0.724
340-2	0706 2287	239	0521 9413	199231	4 月 27 日	OK	0.69～0.716
340-11	0729 3761	239－11	6714 7588	115626	7 月 23 日	OK	0.698～0.724

现场验证:工艺参数符合要求。排查生产过程:该机台固定生产该副模具(21174593),模高、冲速、加油量等工艺参数在生产过程中未发现有异常调整。

通过以上分析,不能有效找到问题编号 21174593 模具生产的动簧部件异常断点批次。由于衔铁凸苞脱落的拉力测试属于破坏性检查,因此无法对可疑批次进行较好的风险评估。

经过进一步的分析可知,该副模具的动簧部件铆后衔铁零件的沉孔深度与拉拔力有一定的关联,遂对厦门金越电器有限公司动簧部件的首末件留样品进行沉孔深度的测量,进行 I-MR 单值移动极差控制图分析。

由于沉孔深度小,风险较低,重点分析沉孔深度大的异常。经过控制图分析发现,从 7 月 6 日至 7 月 20 日铆后沉孔深度有明显的变化趋势,与投诉批次的生产日期一致。再结合模具维修履历,调查发现,7 月 6 日有对模具进行维保,对模具进行拆卸,与投诉动簧部件的生产初始日期较为接近。

找到异常断点批次后,厦门宏远达电器有限公司与厦门金越电器有限公司对模具进行专项分析,分析结果如表4.5所示。

表 4.5 动簧铆衔铁部件铆苞脱落故障再现结果

序号	调节螺钉状态	预铆后底孔深度/mm	预铆下沉/mm	精铆后底孔深度/mm	拉力(max/min)/N	备注
1	旋紧1圈	0.538、0.548	0.16	0.744、0.742	75/52	苞未脱落
2	旋紧2圈	0.499、0.501	0.21	0.742、0.738	86/41	苞未脱落
3	旋紧3圈	0.467、0.470	0.24	0.743、0.742	76/48	苞未脱落,簧片镶件印深
4	旋紧4圈(极限)	0.426、0.425	0.29	0.738、0.740	部件完全变形后苞未脱落	簧片严重变形、预铆调整到位

通过以上分析,我们得出的结论是:预铆有限位,调至极限状态仍未见掉苞,此次掉苞不是发生在预铆阶段。

模具处于不稳的异常状态,该状态下可导致衔铁铆接后底孔深度变深或逐渐变深,从而导致衔铁掉苞的发生。

根据调查结果,将异常状态下的精铆浮动块固定块重新装到模具上,精铆顶针露出浮动块高度,进行故障再现,测量衔铁苞的顶出力。

通过再现实验后做200pcs顶出力,数据显示与异常批次一致,说明问题原因基本清晰。

该问题解决后,厦门宏远达电器有限公司对过程控制增加了衔铁与动簧脱离的拉拔力监控,拉拔力F≥30N,管控方案如表4.6所示。采用该方案管控后,拉拔力稳定受控,且未发现衔铁苞点脱落的情况。

表 4.6　动簧铆衔铁部件衔铁拉拔力管控方案

控制工序	控制项目	控制标准	检验频次	检验员
动簧铆衔铁	动簧与衔铁铆接强度的拉拔力	F≥30N,且衔铁苞点未脱落	始作业、模具调整时	PQC

3. 异常原因分析总结

在生产过程异常分析过程中,当通过普通的 4M1E 分析不能找到异常断点时,可通过 SPC 工具找到异常断点批次。找到断点批次便可以缩小分析、排查的范围,从而为最终找到根本原因提供很好的帮助。

(三)应用 SPC 进行 HF3FD 产品机检工序一次合格率的分析

HF3FD 产品作为厦门宏远达电器有限公司的拳头产品,主要为了欧洲白色家电市场而于 2006 年开发。

股份公司"十三五"期间的发展思路是"翻越门槛、扩大门类、提升效率",其中首要目标是实现"翻越门槛",即主导产品在客户端的实物质量接近或达到国际一流同行水平。根据发布的《继电器产品生产线"翻越门槛"要求》,该标准将继电器产品生产线分为初级、中级、高级三个阶段,从"客户投诉""生产过程致命缺陷""机检工序一次合格率""电耐久性及其一致性""电耐久性末期失效模式"五个方面对继电器产品生产线进行评价。机检工序一次合格率是《继电器产品生产线"翻越门槛"要求》的重要指标之一。

经过近 3 年的改善,目前 HF3FD 产品的客诉 ppm 水平、致命缺陷 ppm、周检、电寿命均已经达到了高级线的水平,而机检工序一次合格率一致维持在中级线水平,如果该产品要申请高级线评定,则机检工序装配一次合格率成为一个瓶颈,急需进行攻关解决。

1. 机检工序装配一次合格率概念介绍

机检工序装配一次合格率的定义为:继电器无须进行人工校正,通过正常装配后,参数即符合设计规格要求。机检工序一次合格率的管控参数如表 4.8 所示。

机检工序一次合格率的计算方式为:机检一次合格数/检验总数×100%。

表 4.8　机检工序装配一次合格率相关参数

参数分类	项目
机械参数	触点间隙、分断力、超行程(OT)
电气参数	动作电压、释放电压

2. 现有的机检工序装配一次合格率管控方式介绍

厦门宏远达电器有限公司以往对于机检工序装配一次合格率的控制方案是零件、装配按规格值管控,机检工序装配一次合格率的控制通过零件投入后试装配(公司称之为试流),若试流后的机检工序一次合格率满足目标值要求,则正常生产,反之,则需要工艺工程师分析和调整。整个过程如图 4.4 所示。

图 4.4　机检工序装配一次合格率控制方案

由于两次试流的间隔时间约为 2 小时,2 小时期间的产量在 5000～6000只,一旦发现试流不合格,除了工艺需要花费很长的时间去分析、调整,产线还要安排额外的人工去对机检不良的产品进行返修,如此就会造成产线大量的积压,此积压不可避免地需要周转容器去盛装,而盛装的过程产品又会有碰撞的问题,该问题会产生断线以及带入空气和环境中纤维丝、尘埃等多余物的风险。

因此,以往对于机检工序装配一次合格率的管控方式存在很大的质量风险。

为了后续研究的需要,展开部分生产流程。由于涉及公司机密,内容不能够介绍得很详细,本研究对 HF3FD 产品的生产过程做一个简单的说明。

厦门宏远达电器有限公司的继电器成品工厂一般仅进行成品的组装,组装线分为三大部分:前道装配、后道装配、检验包装。由于后道装配和检验包装与本研究内容无关,流程图仅体现前道装配的部分(见图 4.5)。

图 4.5　HF3FD 产品前道装配过程

组装线输入的原材料、零部件主要采用外购,其中原材料主要包括漆包线、方丝、环氧树脂胶、助焊剂、焊锡丝、包装材料等,零部件包括铁芯、轭铁、动簧部件、静簧部件、线架、外壳等,零部件全部由股份公司的内部全资子公司厦门金越电器有限公司生产。

3. 机检工序装配一次合格率的第一阶段改进

为了进一步推进、提升产品的机检工序一次合格率,也为了把过程控制的工作往前延伸,需要关键零部件的供应商对关键尺寸进行一致性的提升,减少组间和组内的变差。继电器的装配过程需要对影响机械参数的装配尺寸提升一致性,这样才能减少调试的频次,避免不良返修造成的浪费。

为推进整个供应链的一致性提升,实施 SPC 控制,公司对尺寸链进行了分解和分析,确定管控重点。公司实施了尺寸链分解控制。分解尺寸链时,根据经验经过第一轮筛选,剩余的影响因子如表 4.9 所示。

表 4.9　机检工序装配一次合格率尺寸分解

机检项目	装配尺寸	零部件尺寸/mm
OT 	H:铁芯面到轭铁刀口落差 B:下静触点面到铁芯面落差	动触点面到衔铁面落差 0~0.10 动触点铆后高度0.985 轭铁 9.5±0.05 铁芯 9.5±0.05 线架 6.81±0.06 线架 2.77±0.03
间隙 		动触点铆后高度0.985 静触点铆后高度0.475

续表

机检项目	装配尺寸	零部件尺寸/mm
分断力		动触点面到衔铁面落差 0～0.10 轭铁 5.2±0.05 尺寸
动作电压	OT 分断力	动触点面到衔铁面落差 0～0.10 动触点铆后高度 0.985 轭铁 9.5±0.05 尺寸 铁芯 9.5±0.05 尺寸 线架 6.81±0.06 线架 2.77±0.03

经过尺寸链分解后,公司先对零件尺寸测量的量具进行了测量系统分析(measurement system analysis,MSA),如表 4.10 所示。

表 4.10　厦门金越电器有限公司 HF3FD 产品零件量具 MSA 统计

项目	模具编号	规格/mm	量具名称	量具编号	分辨力	MSA类型	结果
下静触点高度	175021	0.46～0.49	千分表	LS-30JY02	0.001	GR&R	合格
动触点面到衔铁面落差	174592 174593 176171	0～0.10	测量工装千分表	LO-01JY16	0.001	GR&R	合格

项目	模具编号	规格/mm	量具名称	量具编号	分辨力	MSA类型	结果
动触点铆后高度	174592 174593 176171	0.97～1.00	千分尺	LS-10JY01	0.001	GR&R	合格
线架高度	045214A	6.75～6.87	影像仪	VMA-2520	0.001	GR&R	合格
线架尺寸	045214A	2.74～2.80	影像仪	VMA-2520	0.001	GR&R	合格

确认测量量具后,公司对尺寸进行了摸底。

通过对上述数据的过程能力分析,发现动簧部件铆后高度、轭铁5.2尺寸、轭铁9.5尺寸、铁芯9.5尺寸、静触点铆后高度等尺寸一致性较好,可满足HF3FD产品装配过程要求,但动簧部件、线架有以下几个问题需要改善。公司质量部要求内部供应商厦门金越电器有限公司成立项目组,设定改善目标进行攻关。

动触点面到衔铁面落差通过实行首件按SPC管控限管控,进行作业准备验证,当首件未落到0.02～0.07mm时,系统会进行报警通知具体的担当人员进行调整,以达到该要求。实施后,Cpk提升至1.0以上,如图4.6所示。

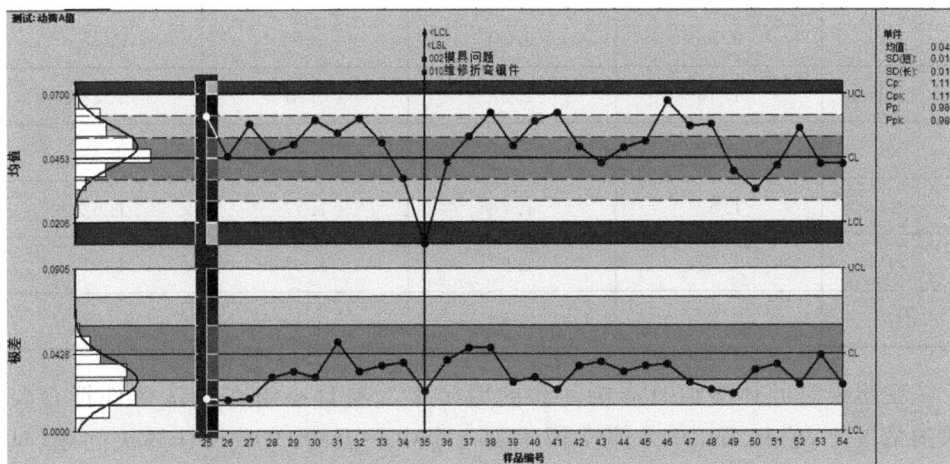

图4.6　动触点面到衔铁面落差0～0.10mm的过程能力

HF3FD 产品的线架尺寸 6.75～6.87mm,经过改善后,整体 Cpk 有所提升,但 2D、2J、2L 等模腔的 Cpk 一直未达到 1.0(见表 4.13)。

表 4.13 线架 6.81 尺寸改善前过程能力统计

模腔号	2017 年 2 月	2017 年 3 月	2017 年 4 月	2017 年 5 月
2A	3.62	1.55	2.04	2.93
2B	0.67	2.41	3.20	2.62
2C	0.51	0.99	1.47	1.31
2D	0.43	0.23	0.71	0.57
2E	0.85	0.91	1.11	0.84
2F	0.97	1.52	0.39	0.75
2G	1.41	2.30	1.35	1.87
2H	1.80	2.30	1.87	1.69
2I	0.58	0.52	0.81	1.03
2J	0.96	0.52	0.97	0.78
2K	0.76	0.87	0.79	1.17
2L	0.36	0.30	0.54	0.45
2M	1.48	1.28	0.81	1.24
2N	1.22	1.65	1.21	2.83
2O	1.82	1.78	1.77	1.62
2P	1.97	1.65	1.95	1.31
混腔	0.63	0.66	0.73	0.82

注塑模具腔体多而且影响注塑的因子多。项目小组在确认镶件符合要求的情况下,尝试采用 2 水平 7 因子加 4 个中心点的 DOE 设计解决问题(见表 4.14)。

表 4.14　线架 6.81 尺寸改善 DOE 试验

标准序	运行序	中心点	区组	料温 （第 1 段） /℃	模温 /℃	保压 压力 1 /N	保压 压力 2 /N	保压 时间 1 /s	保压 时间 2 /s	冷却 时间 /s
12	1	1	1	260	60	300	500	0.30	0.30	4
11	2	1	1	250	60	300	500	1.00	0.30	10
8	3	1	1	260	60	500	300	1.00	0.30	4
20	4	0	1	255	50	400	400	0.65	0.65	7
19	5	0	1	255	50	400	400	0.65	0.65	7
17	6	0	1	255	50	400	400	0.65	0.65	7
7	7	1	1	250	60	500	300	0.30	0.30	10
2	8	1	1	260	40	300	300	1.00	0.30	10
15	9	1	1	250	60	500	500	0.30	1.00	4
4	10	1	1	260	60	300	500	0.30	1.00	10
16	11	1	1	260	60	500	500	1.00	1.00	10
3	12	1	1	250	60	500	500	1.00	1.00	4
10	13	1	1	260	40	300	500	1.00	1.00	4
18	14	0	1	255	50	400	400	0.65	0.65	7
1	15	1	1	250	40	300	300	0.30	0.30	4
9	16	1	1	250	40	300	500	0.30	1.00	10
5	17	1	1	250	40	300	300	1.00	1.00	10
14	18	1	1	260	40	500	500	0.30	0.30	10
13	19	1	1	250	40	500	500	1.00	0.30	4
6	20	1	1	260	40	500	300	0.30	1.00	4

　　项目组于 2017 年 5 月 3 日开始实验,方案实施至标准序 9 条件时,因料温、保压低,过程中出现未注满,无法继续进行实验;后经项目组讨论在保证零件完整的情况下,若过程出现未注满则通过注射速度和转压点的微调来保证,并记录

调整值。历经 5 小时,完成 20 种实验方案,每种方案接取 20 模零件,共接取 400 模零件。质量人员接收样件后放置 24 小时,每种条件抽取 10 模样件,共 200 模进行测量,于 5 月 13 日完成数据测量。

线架 6.81 尺寸影响最显著的因子是冷却时间和模温。该尺寸与冷却时间呈正比,与模温呈反比,其余交互作用均不显著(见图 4.7)。

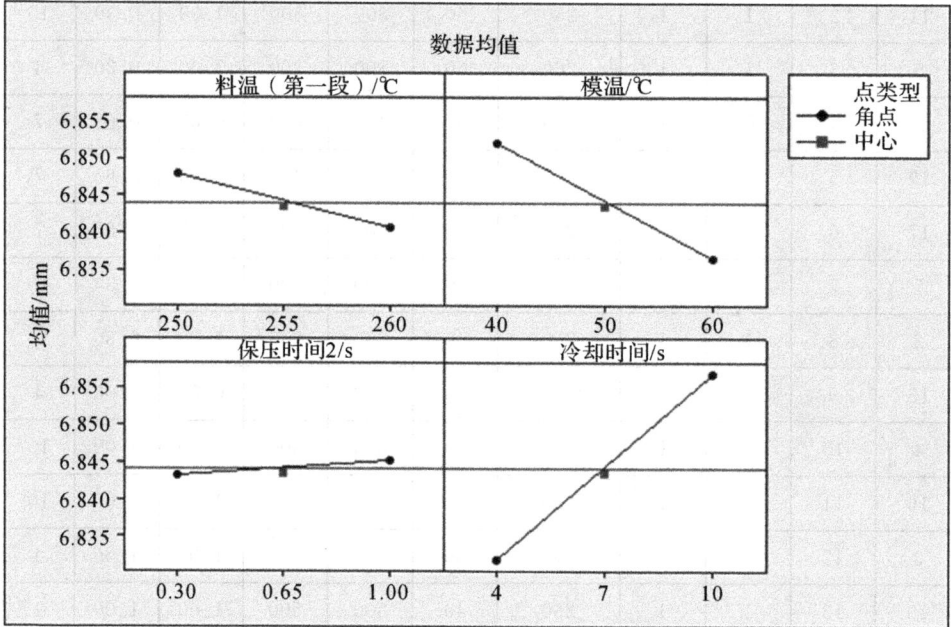

图 4.7　线架 6.81 尺寸单腔交互作用

线架 6.81 尺寸影响最显著的因子是冷却时间和模温。6.81 尺寸与冷却时间呈正比,与模温呈反比。

对于收集的数据整体进行分析并预测:

要使得尺寸望目(中心值 6.81mm),预测最合适的组合如下:料温第一段 260℃、模温 54℃、保压压力 2(500N)、冷却时间 4s。

从单腔分析结果来看,因子的显著性与整体分析因子显著性是一样的,但是最优因子设置值差异较大,也就是说参数调整只能使大部分腔体的尺寸向中心值靠近,但是对减小不同模腔之间的差异是无能为力的。

优化参数验证:通过数据分析对望目值(6.81mm)制定一组最优实验方案对分析结论进行验证,并于 6 月 9 日完成测量。对重复实验数据进行分析,结果如图 4.8、图 4.9 所示。

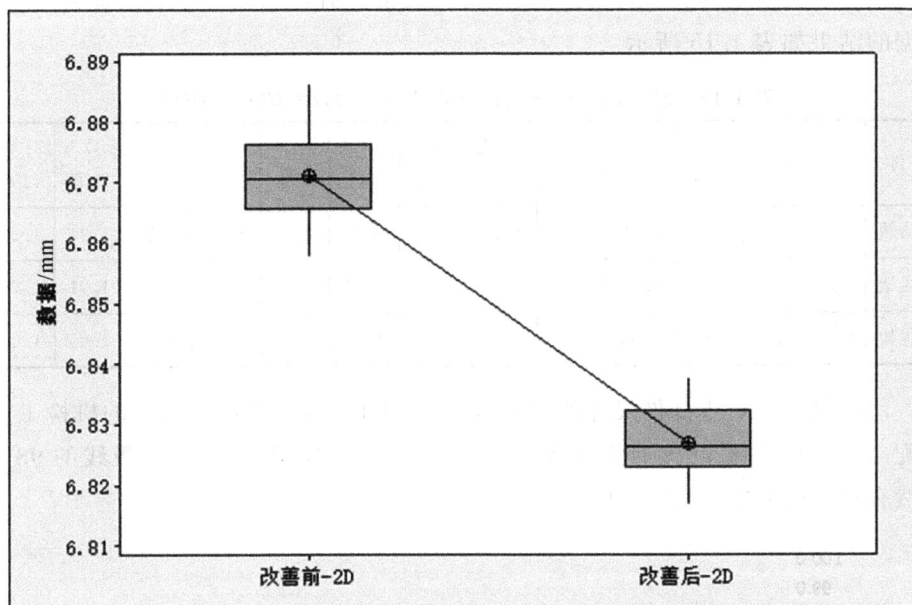

图 4.8 改善前后线架 6.81 尺寸 2D 模腔的箱线

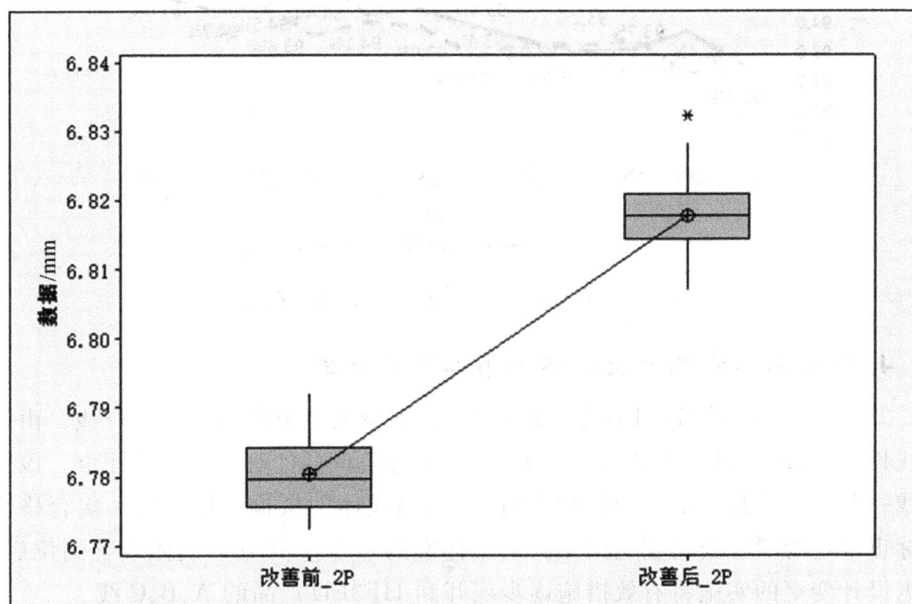

图 4.9 改善前后线架 6.81 尺寸 2P 模腔的箱线

经过以上改善,两个零部件涉及的 3 个尺寸过程能力得到明显的提升,统计数据的结果如表 4.15 所示。

表 4.15 改善后机检一次合格率涉及零件尺寸的 Cpk 统计

零件	尺寸/mm	Cpk 指标	2017 年 3 月	2017 年 4 月	2017 年 5 月	2017 年 6 月	2017 年 7 月	2017 年 8 月	2017 年 9 月	2017 年 10 月	2017 年 11 月	2017 年 12 月
F 动簧	0~0.1	≥1.0	1.32	1.57	1.44	1.54	1.21	1.23	1.27	1.19	1.21	1.28
F 线架	2.77±0.03	≥1.0	0.62	0.67	0.84	1.09	1.01	1.04	1.01	1.04	1.01	1.01
F 线架	6.81±0.06	≥1.0	0.66	0.73	0.82	1.18	1.02	1.17	1.07	1.03	1.05	1.02

经过供应商对零部件尺寸的改善,7—12 月 HF3FD 产品装配线的机检工序装配一次合格率比 1—6 月平均提升 1.5%,改善较为明显,但与高级线的 98% 仍然有较大的差距(见图 4.10)。

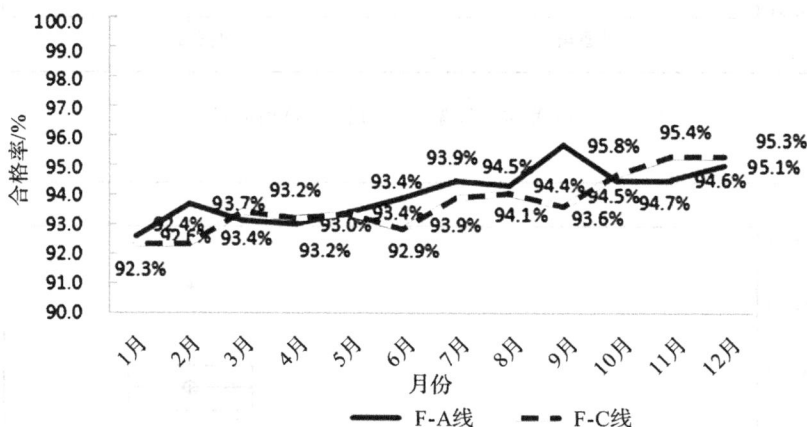

图 4.10　HF3FD 产品机检一次合格率趋势

4. 机检工序装配一次合格率第二阶段改进

2018 年 4 月,对 HF3FD 进行设计变更,并投入了全新的自动线 D 线。由于该线投入大,前期已经参考另外一个产品 M 的经验对自动线进行了评审。该自动线一开始就是按变更后的结构进行生产,该线体的机检工序装配一次合格率目标也设定为股份公司翻越门槛高级线标准的 98%。计划该线体改善到位后,根据设计变更的实施将有效措施逐步展开到 HF3FD 产品的 A、B、C 线。

HF3FD 产品全自动 D 线开线后机检工序的装配一次合格率情况如图 4.11 所示。

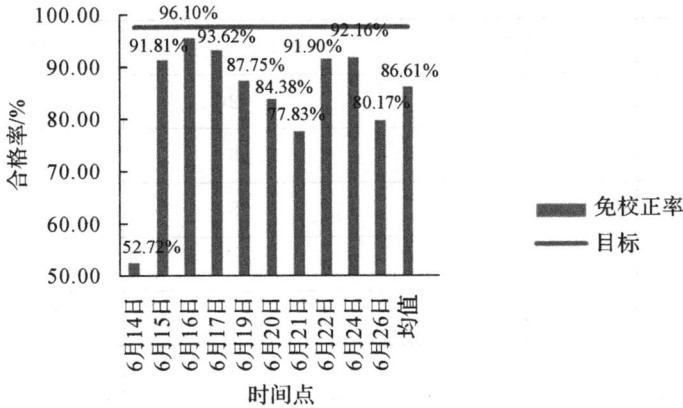

图 4.11　HF3FD 产品 D 线 2018 年 6 月机检工序一次合格率

根据不良排列图,动作电压、OT、分断力需要进行改善。

根据动作电压的分布图,动作电压的数据明显不属于正态分布。经过装配工序排查,生产线设计时,为了满足效率要求,动簧轭铁铆接工序有三个工位,该工位生产结束后产品会混在一起往下流转,而该工序对动作电压影响较大。为此,按三个工位逐个取样后作为一组数据,分别取样 30 组进行 Xbar-R 图和直方图分析(见表 4.16)。

表 4.16　动簧轭铁铆接不同工位动作电压统计　　　　单位:V

组别	1 号工位(X_{i1})	2 号工位(X_{i2})	3 号工位(X_{i3})
1	7.50	6.78	8.06
2	7.56	7.02	7.56
3	7.56	6.54	7.50
4	7.08	7.02	7.86
5	7.26	7.52	7.50
6	7.26	6.12	7.32
7	7.50	7.20	7.86
8	7.32	6.42	7.50
9	7.62	7.26	7.50
10	7.38	6.42	7.68

续表

组别	1号工位(X_{i1})	2号工位(X_{i2})	3号工位(X_{i3})
11	7.44	6.72	7.56
12	7.14	6.36	7.92
13	6.84	7.68	7.50
14	6.90	7.02	7.68
15	7.74	6.54	7.74
16	7.26	6.24	7.38
17	7.50	7.66	7.08
18	7.74	6.42	7.74
19	7.14	6.54	7.20
20	7.32	6.96	7.32
21	6.90	6.48	8.10
22	7.56	6.42	7.74
23	6.96	6.78	7.50
24	7.14	6.18	7.62
25	7.62	6.66	7.14
26	7.50	6.42	7.68
27	7.02	6.24	7.38
28	7.14	6.84	7.32
29	7.32	6.78	7.62
30	7.26	6.42	7.50
最大值	7.74	7.68	8.10
最小值	6.84	6.12	7.08
平均值	7.32	6.72	7.57

　　通过以上分析可以发现,不同动簧轭铁铆接工位铆接后的产品之间的动作电压一致性较差,进一步分析发现,铆接的撑刀未托住轭铁,导致铆接过程中轭铁零件变形。发现以上问题后,改善方案为修改撑刀,使得铆接时撑刀与轭铁充分接触,对3副铆接工装限高柱进行高度匹配,缩小3个工位吸合电压差异,减少变形。

　　改善后,重新进行3个工位的取样分析,结果为3个铆接工位之间动作电压的差异缩小了,措施有效,具体如表4.17所示。

表 4.17　改善后不同工位动作电压统计　　　　　　　　单位:V

组别	1号工位(X_{i1})	2号工位(X_{i2})	3号工位(X_{i3})
1	7.38	7.38	7.32
2	6.78	6.78	7.38
3	6.96	6.72	7.50
4	6.84	6.66	6.84
5	6.90	7.20	7.08
6	7.32	6.60	7.62
7	7.50	7.14	7.26
8	7.32	7.38	6.90
9	7.56	7.32	7.38
10	6.78	6.90	6.84
11	7.80	7.02	7.44
12	7.56	6.96	7.20
13	7.14	6.96	7.32
14	7.14	6.96	6.90
15	6.90	6.84	7.56
16	7.14	7.26	6.84
17	6.84	6.84	7.08
18	7.26	7.44	7.50
19	7.20	6.78	7.44
20	7.14	7.44	7.14

续表

组别	1号工位(X_{i1})	2号工位(X_{i2})	3号工位(X_{i3})
21	7.32	7.14	6.60
22	7.50	6.96	7.32
23	7.14	7.26	7.14
24	7.26	7.32	7.38
25	7.44	7.50	7.38
26	7.26	6.90	7.56
27	7.02	7.14	7.02
28	7.14	7.38	7.26
29	6.90	6.90	6.90
30	6.84	6.84	6.66
最大值	7.80	7.50	7.62
最小值	6.78	6.60	6.60
平均值	7.18	7.06	7.19

通过以上统计分析可知,HF3FD产品释放电压过程能力基本充分,不用再做额外改进。

磁路落差主要影响OT,对磁路落差的过程能力进行统计。通过分析,主要发现是磁路铆接后轭铁变形导致磁路落差一致性差。磁路变形的原因是磁路部分放入载体时,受支撑点影响,产品放置歪斜。

磁路组装工序问题点改善后的效果较好,磁路落差的Cpk由之前的0.45提升到1.66。

对分断力的过程能力现状进行统计分析。通过比较发现,同类结构M产品分断力为0.10N,而HF3FD产品却是0.12N。通过对该产品的电寿命评估可知,分断力0.10N可以满足电寿命要求,因此,机检工序的分断力标准改为0.11N。另外,在改善磁路变形问题的措施,磁路落差控制标准由0.13～0.23mm更改为0.05～0.15mm,也可以对产品动作电压改善,增大产品的吸力。经过以上改善,分断力过程能力指数可达到1.16。

除了以上针对具体点的改善,在标准化和测量方面,还进行了一系列的改善。通过以上一系列的改善,HF3FD产品在D自动线的机检工序一次合格率得到明显提升,并最终达到98%的目标,具体数据如图4.12所示。

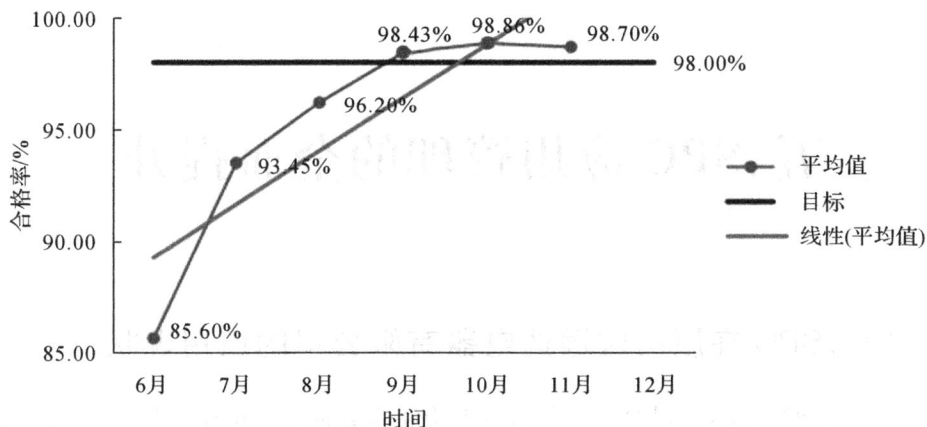

图 4.12　HF3FD 产品 D 线 6—11 月一次合格率

在生产过程异常分析中,我们通过 SPC 工具,通过对控制图的分析,找到异常断点批次,找到断点批次,可以缩小分析、排查的范围,从而为最终找到根本原因提供很好的帮助。

我们通过一系列的统计工具,如排列图、直方图、过程能力分析对 HF3FD 产品的机检一次合格率现状进行把握和分析,并通过 Xbar-R 控制图对 HF3FD 产品机检工序一次合格率相关的零部件、装配过程尺寸进行持续监控。HF3FD 产品的机检工序一次合格率的过程管控。方式从原来的以试流为主的反向控制调整为目前正向的过程控制,减少了过程积压。

在产品装配一致性方面,SPC 的应用可有效实现过程正向的预防控制。

五、SPC 应用管理的全面提升

（一）SPC 在厦门宏远达电器有限公司的应用现状

对于 SPC 控制，公司原来主要通过手绘和将数据录入电子表格的方式进行数据收集，控制图的生成有很大的滞后性，需要人工识别控制图失控点，SPC 的反应比较慢，无法做到快速反馈和及时调整。

基于上述原因以及客户的需求，2017 年，厦门宏远达电器有限公司质量部与内部供应商厦门金越电器有限公司建立 YF SPC 软件公司的应用试点，并对以往用过的 Excel、MES、TY 科技的 SPC 的情况进行调研，发现以下问题：

➢ 控制图没有按照 SPC 过程控制的原理进行设计，数据不符合抽样逻辑；

➢ 无法提醒及监控样本采集；

➢ 对数据无法进行智能分析；

➢ 无法对异常制程进行实时报警。

为此，厦门宏远达电器有限公司、厦门金越电器有限公司经过前期的调研、试用和考察，确定了 YF 公司作为 SPC 的软件供应商，并制订了如图 5.1 所示的

图 5.1　SPC 软件第一阶段推进计划。

推进计划。第一阶段主要采用离线数据采集的方式进行,厦门宏远达电器有限公司和厦门金越电器有限公司共购买了 6 个数据采集客户端,可实现 6 个用户同时在线进行数据录入。

第一阶段实施后,厦门宏远达电器有限公司取得了以下成果(见表 5.1)。

表 5.1　SPC 软件导入第一阶段成果展示

实施前	运用 YF 公司 SPC 软件后	结果
每两周画一张控制图,无法看出整体的趋势 	可以看出控制特性的整体趋势是偏上限的 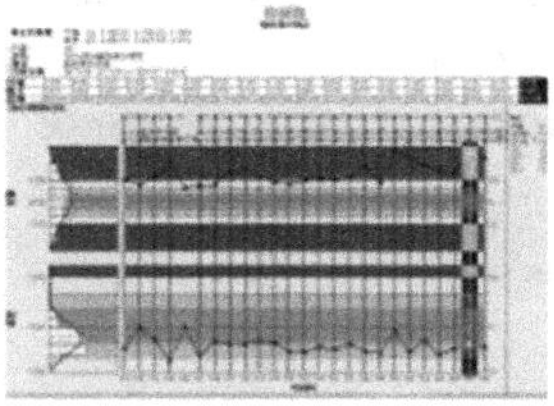	现场技术人员分析改进后,Cpk 得到提升,磁路落差 Cpk 提升到 1.6 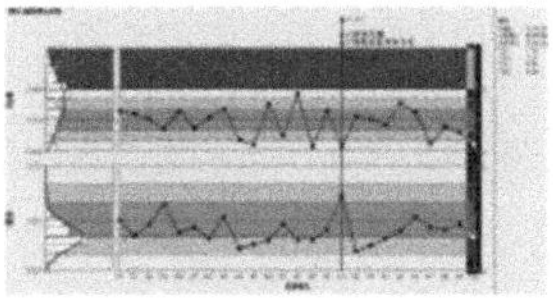
出现控制图异常,工艺员会将分析结果写到纸质"异常日志"记录表中	建立分析和纠正措施数据库,出现异常可直接在软件中选择,从控制图中可直接看到分析情况 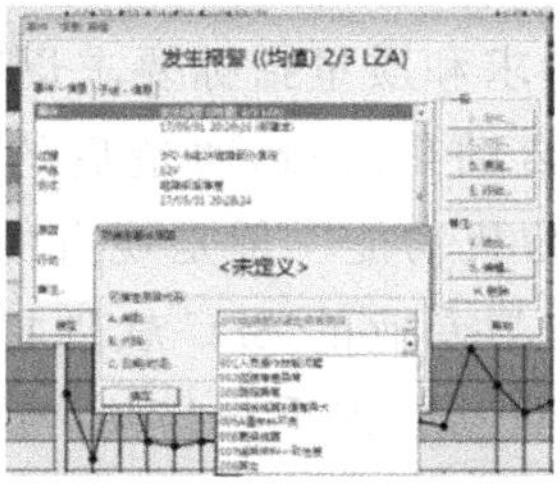	从控制图中可以直接看到异常及其分析处理结果 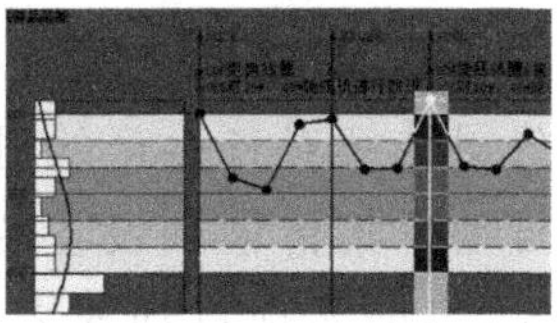

续表

实施前	运用 YF 公司 SPC 软件后	结果
控制图无法体现主要影响因子对结果的影响程度	通过处理功能,可对我们绑定的描述符进行分类层别分析,从而可以识别出不同因子的影响差异(软件中有个"描述符"可结合实际情况进行:线架模号、绕线机编号、磁路工装编号、落差块高度等进行分类) 	有利于过程的分析,运用箱体图可看到不同过程、不同影响因子对结果的影响程度

(二)自动化对 SPC 的新需求

随着 HF3FD 产品控制要求和质量指标要求逐步提高,厦门宏远达电器有限公司陆续对各生产线进行自动化改造,改造后的自动化设备具备数据检测后自动采集传输到设备的上位机功能。但是现有的 SPC 采集窗口只支持手工录入,不能实现自动导入。在与专业的 SPC 软件提供商 YF 公司技术人员确认后确定可以采用 SPC 系统自动数据采集模块,实现对外部数据库数据的读取和转化,并按一定格式重新写入 SPC 软件的数据库。该方案同样也具备数据分析、图标展示、触发报警功能。但是,SPC 软件只支持标准 SQL 数据库文件,不支持上位机产生的 ACCESS、txt. 等其他格式的文件。因此,需要将上述格式的文件转化成 SPC 软件支持的数据库文件。该方案需要在公司内部设置数据库服务器,并设法将各在线检测的工序数据统一传输到数据库内。

(三)SPC 软件展开应用的整体解决方案

1.硬件选用

厦门宏远达电器有限公司有新的自动检测设备 16 台,各线展开后达到 24 台。产线按 1s/台的节拍设计产能,因此每秒能够产生 24 条数据,要求选用的电脑必须满足传输的性能要求。同时为满足数据安全性能,要求必须配备独立磁盘冗余阵列,基于成本和技术复杂程度,选用 RAID5 方案比较经济可靠,RAID5 原理如图 5.2 所示。根据以上要求,公司选择戴尔 R430 机架服务器,配备 3 块 RAID 硬盘。[34]

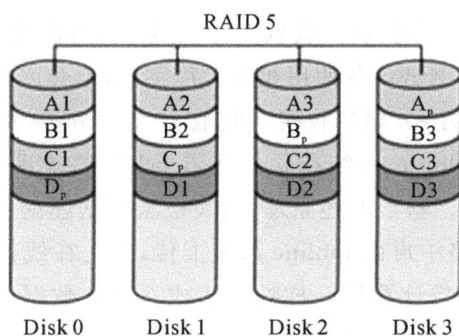

图 5.2　RAID5 原理

2.数据库选用

根据 YF 公司 SPC 软件功能限制,可选用的主流数据库软件有如下几种:Oracle、SQL Server、MySQI。通过对数据库的适用范围、投入成本、管理的难易程度展开对比论证,确定了以 SQL Service 作为本次存储数据的数据库。同时依据数据库确定 Windows Service 作为操作系统,以达到投入最少、操作简便、运维难度小的目的。

3.建立数据传输功能

厦门宏远达电器有限公司在完成存储方案的软硬件搭建后接着对数据传输功能需求进行分析,确定数据传输的基本流程依次是:①仪器测试;②数据传输;③上位机读取数据;④上位机将数据写入文件;⑤传输软件读取数据;⑥将数据字段与系统设置进行比对;⑦写入 SQL Service。通过流程分析,第①—③步满足使用要求,但是第④步在不同设备上格式并不统一,字段也存在差异,因此需要对数据格式进行统一并增加需要的字段,同时屏蔽非正常生产数据,并将数据统一写入上位机 ACCESS 数据库。在市面上没有能够满足实现第⑤～⑦步的功能的软件,需要定制开发在线测试数据传输软件。传输软件经由信息中心开发后投入使用。使用时先在 B/S 结构的后台管理程序设置规则,并配置好权限字段,启动软件,传输软件需按一定的规则读取数据,并传输写入 SQL Service。以上软硬件和传输软件统称为 Online 系统。

4. SPC 软件节约成本

厦门宏远达电器有限公司搭建的 Online 系统,其数据的录入、计算、准确性验证必须在存储到 SQL Service 前完成,SPC 软件只做数据分析、图标展示、触发报警。虽然 SPC 完成的工作比较少,但是节约的成本也是客观的。使用 Online 系统按 74 元/字段收费并收取 10% 服务费,目前使用的字段在 30 个以内,并且添加新的电气测试设备使用相同名称字段,不会产生新的收费字段。使用客户端模式按 4.3 万元/端口收费并收取 10% 服务费,所有线体展开初期投入成本将近 50 万元,Online 系统在软件支出上节约成本明显,并且支持在线检测数据应用 SPC 系统。基于上述原理,离线检测数据理论上也能够按照上述方案预先放入 Excel 表格中再由 Online 系统上传,但是在线传输数据格式要求十分严格,手工录入无法像计算机一样控制生成一致性数据。若无法保证数据格式的一致性,后期 SPC 制图就会混乱。

5. 离线检测数据录入系统(Offline 系统)需求分析

为进一步推动 SPC 系统在厦门宏远达电器有限公司展开应用,需要为每条线购买 SPC 软件端口,按实际需求量计算,仅厦门宏远达电器有限公司至少需要投入 50 万元,股份公司展开将是几百万级的投入。为减少软件支出费用,需要改变购买端口的方式。基于在线传输系统的原理将离线检测数据按一定规则放入 SQL Service 中,再由 SPC 软件进行读取,并写入 SPC 软件数据库中,实现 SPC 控制。基本功能是产品测试—数据录入—数据正确性判断—数据写入 SQL Service。参考 HF3FD 产品和 Online 系统方案,公司组织人员对软件的需求和目的进行进一步明确。确定了以离线检测数据录入为主,具体包含订单、产品、检测项目、测试人员、测试结果、测试时间、抽样分组等详细信息;以数据查询、统计、登录权限管理、高级数据管理、软件管理为辅,其中高级数据管理包含基础信息设置、订单信息、检测项目、人员信息、录入数据等管理模块。

6. Offline 方案实施

通过 Visual Studio 创建 WinFrom 程序,并创建数据库。通过软件与数据库配合,定义不同等级的人员管理不同功能模块,实现阶梯式授权,定制化显示。将管理模块中的数据存储在 SQL Service 不同的表中,实现数据集中化管理,软件工具化应用。并通过扩展数据库功能,建立数据表变化时间检测机制,实现不同客户端实时读取最新的数据,同时减少 SQL Service 硬件资源开销,提高系统响应速度。通过优化数据列,Offline 较 Online 系统存储字段数量需求明显减少,减少了字段费用,同时减少了纸质报表的使用,节约了人员工时,提高了效率。通过半年的使用,效果逐渐显现。

7. SPC 软件第二阶段推进小结

(1)2018 年公司开始推行在线检测数据存入 SPC 系统的项目,通过与信息中心、质量中心、设备供应商的共同努力,基本实现数据存储、传输、转存、解析并形成控制图等方案论证,初步确定数据存储结构,再分解到软件实现等具体细节上。

(2)在线检测设备能够按照格式要求存储数据,并已更改 5 台设备。

(3)离线检测项目原计划使用 Excel 模板录入后再导入系统,每条数据所需公共项目需要巡检手工录入,也不易做成简单的数据关联,因此存在录入数据错误、不一致等问题,导致数据应用时无法正确读取,影响数据准确性和完整性。采用 SQL 数据库存储公共项目和测试数据,并利用 WinFrom 编写的程序实现数据调用、判断、授权等功能。该方案涉及数据库应用和软件编写的细节,需要的知识比较专业,实现上存在一定难度,但是程序由 SPC 项目内人员自主编写,需求的功能容易实现,进度可控。因此整个离线检测数据录入项目完成进度好于预期,软件功能上已提前规划装配工的操作需求,方便软件进一步推广。

(4)根据 SPC 推进情况,确定设置专用网络需求,减少网络传输受到干扰的风险,为新的设备配置双网卡,降低 IP 冲突导致设备失效的风险。

(5)通过第二阶段的推进,公司质量部 PQC 取消了所有的纸质记录,并通过节省记录时间以及 SPC 软件的自动预警和异常自动报警功能,提高了工作效率。质量部的 PQC 负责产线由 1 班次/人提升到 1.5 班次/人,整体上 PQC 编制减少了 4 人。

(四)YF 软件管理体系的搭建成果

1. 厦门宏远达电器有限公司 SPC 系统主要硬件构成

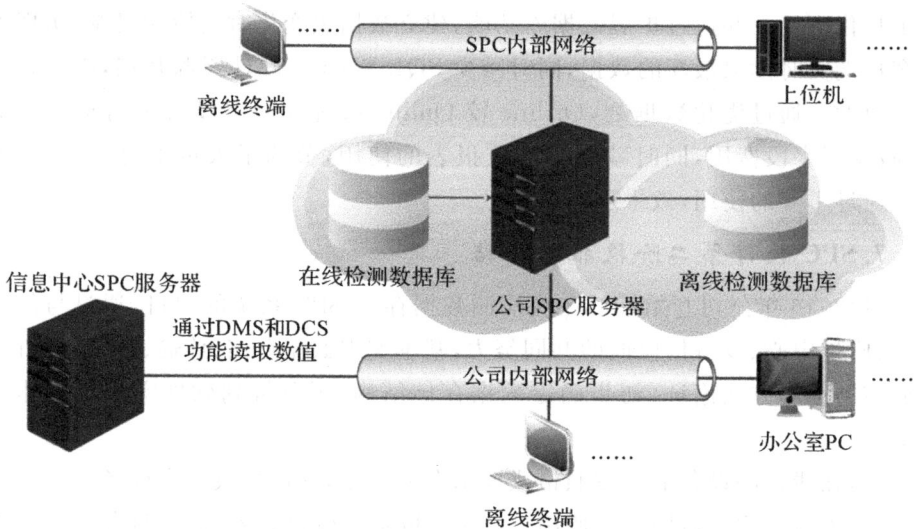

图 5.3　厦门宏远达电器有限公司 SPC 系统主要硬件构成

2. 适合于厦门宏远达电器有限公司的 SPC 管理系统

目前厦门宏远达电器有限公司现场的数据分为两部分,一部分需要 PQC 进行人工取样后在专门的工位进行检测,我们称之为离线检测采集,这部分数据采用数据转接线通过按钮录入系统中,为了减少采用 Execl 收集数据可能发生的差错,公司自己编写程序进行录入,从而降低了风险。另一部分,采用专用的检测设备,如塑封前电气检测机、五大电气检测机自动检验的数据,通过上位机将数据按一定的频次抓取到服务器中,该部分我们称之为在线自动采集。

数据统一由公司的服务器中转后再传输到信息中心服务器,由 SPC 软件按设定的报警规则进行异常判断,并触发邮件报警。SPC 软件按设定的条件生成适用于不同管理层级的看板,管理层可根据权限看到看板中过程质量控制的状态。现场的质量工程师和技术人员可根据控制图失控报警的原因,进行多维度的层别分析,识别影响过程变差的主要因素,并快速采取措施进行改善(见图 5.4)。

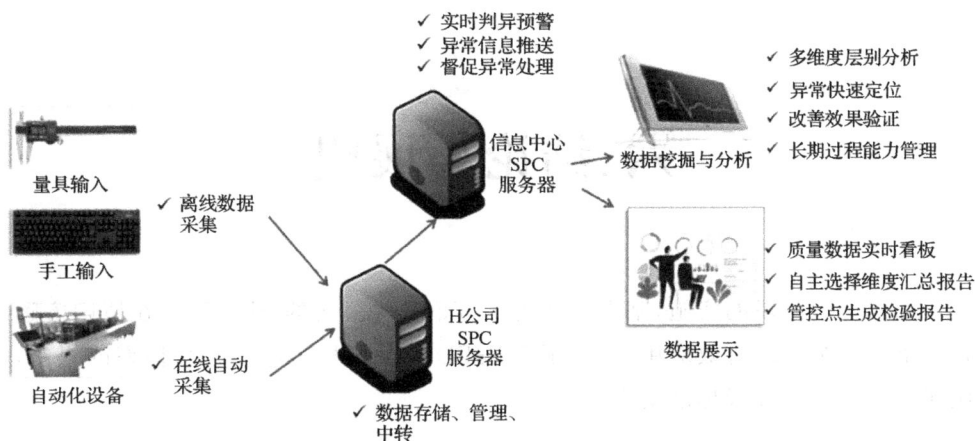

图 5.4　厦门宏远达电器有限公司 SPC 管理系统

通过应用 SPC 系统,公司机检工序一次合格率水平逐步提升。截至 2019 年 9 月,厦门宏远达电器有限公司已经有 3 个产品系列,共 4 条线可以满足机检工序一次合格率≥98%的要求,这几个产品连续 2 年在公司抽样进行的电耐久性试验中 100%合格。

通过应用 SPC 系统,PQC 基本取消了纸质记录,减少了记录时间,提升了工作效率。目前可减少的 PQC 为 4 人/年,至少可为公司降低 30 万元/年的人工成本。

通过应用 SPC 系统,公司满足了部分高端顾客的特殊要求,提升了客户的满意度。

通过应用 SPC 系统,公司培养了一支在 SPC 方法、SPC 软件应用方面比较专业的团队,并且建立了系统的机检工序一次合格率的推进方法和 SPC 软件的导入方法。该方法是可借鉴和可复制的,可很好地在股份公司内部进行推广。

在实施过程中,基于自动化设备的现状,存在设备数据自动采集时部分仪器的软件版本陈旧,不能满足自动上传的需求,部分装配设备由于投入时间在 5 年以上,还不具备自动采集数据的功能等问题,对于以上问题都需要持续改进。

六、结论与展望

通过两个阶段的实施,基本上实现了 YF 软件公司的 SPC 系统在厦门宏远达电器有限公司的有效应用,实现了 HF3FD 产品机检工序一次合格率的提升,满足了 ≥98% 的高级标准要求。

(一) 结 论

本研究针对厦门宏远达电器有限公司的供应商处 HF3FD 产品的动簧部件衔铁凸苞脱落的异常问题,通过对某个特性值的控制图分析,快速找到了异常断点。

针对 HF3FD 产品机检工序一次合格率低下的问题,通过 SPC 分析和控制,提高了供应商零部件尺寸的一致性和 HF3FD 产品装配过程尺寸的一致性,进而提高了机检工序一次合格率。

通过建设 SPC 管理制度,导入专业的第三方 SPC 应用软件,逐步实现过程预防控制的管理目标,实现由粗放型管理向精细化管理转变,由静态控制向动态控制转变,由事后控制向事前控制和事中控制转变[35]。

公司之所以能够通过 SPC 的推进提升机检工序一次合格率,在管理上,主要得益于以下几点:

(1)公司高层给予的重视和支持。团队结构合理,分工明确,建立了专门的激励制度以提高员工的积极性。

(2)公司在 2014 年前后导入了 Minitab 软件,并对质量、技术人员进行了培训,大家对于一些统计函数,如标准差、均值、Cpk/Ppk 的知识已经有了一定的了解。在实施 SPC 前,又专门开展了相关培训,骨干人员已经有了这方面的知识储备。

(3)建立了 SPC 的管理制度和例会机制,有相应的流程对 SPC 的异常做出反应,并通过管理持续改进。

(4)组织去先进企业参观学习,并且有外部客户端的要求。内外部的推动也是 SPC 应用取得较好效果的重要因素之一。

针对以上研究,笔者得出以下结论:

(1) SPC 的应用需要在整个供应链中推进才会取得良好的效果,特别是继电器产品,装配涉及的零部件多,需要对尺寸链进行分解,识别出关键尺寸,与供应商一起进行分析和改进,达到供应链整体绩效提升的目的。

(2) 随着信息技术的发展,传统的手绘或者 Excel 生成的控制图可以满足基本的过程预警监控的要求,但要进行快速分析,对数据进行分层,还是比较困难的。因此在现有技术条件下,要用好 SPC,需要借助于软件提前进行目标管控特性值的影响因素分层,做好前期的策划。这样除了可以进行过程预警,还可以快速进行原因分析,达到事半功倍的作用。

(3) 随着自动化技术水平的提高,设备会产生很多数据,为了提高数据收集的效率和数据深入应用的质量,需要在设备前期开发时考虑数据的接口问题,避免设备导入后因数据无法自动收集而进行二次开发。

(二) 展望

SPC 的应用在 HF3FD 产品机检工序的一次合格率提升方面发挥了较好的效果,并通过以点带面的方式在厦门宏远达电器有限公司和厦门金越电器有限公司得到了开展。但在第二阶段的整体推进过程中,仍然存在以下一些问题:

(1) 存储到数据库中的在线检测数据量巨大,影响上传 YF 软件公司的 SPC 效率,且数据采样到厦门宏远达电器有限公司服务器无法实现定量抽样,只能实现全部传输(原计划是电气测试设备的检测能切换快慢测,在切换慢测时在上位机采样并将其放入一张新表格中。根据与设备供应商沟通结果,设备供应商希望厦门宏远达电器有限公司在传输端的软件做该功能,因此存在项目不确定性,需要与信息中心沟通能否添加到软件中)。

(2) 上位机开启 SPC 数据测试和传输需要仪器使用慢测,影响设备管理,无法进行快慢测切换。

(3) 上位机软件全部测试数据上传,包含设备的点检数据,会误采集设备点检的不合格数据,从而会导致控制图的误报警。

以上问题,需要持续与设备公司进行沟通解决。

未来,厦门宏远达电器有限公司将通过持续完善 SPC 软件的应用,将生产线自检的数据也导入 SPC 系统,对员工和质量部 PQC 的重复工作进行整合,进一步减少 PQC 的人员编制,为公司的人均效率提升做出贡献。

参考文献

[1] 国务院.质量发展纲要(2011—2020 年)[R].2012.

[2] 国务院.中国制造 2025[R].2015.

[3] 宗习均.对质量状况的思考及推动质量发展的建议[J].标准科学,2018(10):130-134.

[4] Farnum N R. Modern Statistical Quality and Improvement[M]. Belmont, CA:Wadsworth Publishing,1993:69-85.

[5] Brown M B,Forsythe A B. Robust tests for the equality of Variances[J]. Journal of the American Statistical Association,1974,69:364-367.

[6] 齐翌,张健,刘浏,等.累积和控制图对汽车电机性能的检测过程监控[J].微特电机,2017,45(7):76-78.

[7] 李戈.统计过程控制在产品尺寸管控中的应用研究——以中航富士达为例[J].中国质量与标准导报,2018(7):49-53.

[8] 刘莉宏.统计过程控制在大型生产线上的应用[J].北京工业职业技术学院学报,2016,15(3):1-5.

[9] 商庆杰,潘宏菽,张力江,等.实施统计过程控制(SPC)中常见问题的探讨[J].现代制造技术与装备,2016(2):126-128,130.

[10] 刘利.统计过程控制(SPC)在产品质量控制中的应用研究[D].上海:上海交通大学,2014.

[11] 邬佳伟,魏晓静,田立安.SPC 技术在电梯平衡缆生产中的应用[J].技术与市场,2017,24(4):43-46.

[12] 王佩,李翌辉,吴毅,等.复杂零件加工过程质量控制与改进方法研究[J].航空精密制造技术,2014,50(6):36-40,45.

[13] 郑亚洲.SPC 在烘干过程能力提升中的应用[J].现代涂装,2018(9):39-43.

[14] 于庆安,梁工谦.基于 SPC 的稳健设计模型构建及应用研究[J].机械制造,2014(1):6-9.

222

［15］周章金.基于小批量生产的 SPC 技术研究［J］.价值工程,2018(22):264-267.

［16］沈丽娜.统计过程控制在特殊/关键工序中的探索与应用［J］.铁道通信信号,2017,53(S2):57-59.

［17］胡梦婷,刘林,冷荣军,等.基于 TFT-LCD 行业的 SPC 系统管理优化［J］.电子世界,2018(24):28-29.

［18］叶顺坚,王睿,沈宏华,等.基于 SPC 的自动钻铆过程质量控制［J］.质量与可靠性,2016(2):44-48.

［19］关堂新,赵锐敏.特种元器件关键工序统计过程控制［J］.机电元件,2018(3):62-64.

［20］贾春阳.优化的 X bar-R 控制图在产品生产中的应用［J］.时代金融,2014(12):28-29.

［21］张斌,韩之俊,陈湘来.基于田口质量损失函数的控制图优化设计［J］.工业工程,2007,10(6):135-140.

［22］陶桂洪,宋赟,刘强.基于参数估计的 CUSUM 质量控制图性能分析［J］.大连工业大学学报,2018,37(6):489-496.

［23］王海宇.SPC/EPC 整合控制下的过程能力指数研究［J］.中原工学院学报,2016,27(2):48-51.

［24］周涛,吉卫喜,宋承轩.面向数字化工厂的动态工序质量在线控制［J］.组合机床与自动化加工技术,2018(11):153-156.

［25］谭锴,乔世妮.基于 SPC 的铝加工质量控制系统设计与实现［J］.信息技术与信息化,2018(10):36-39.

［26］刘佳.工业在线 SPC 统计过程控制系统设计研究［J］.科技创新与应用,2018(5):97-98.

［27］孙迪.发动机缸体加工过程动态 SPC 质量控制系统设计［J］.组合机床与自动化加工技术,2016(2):115-117.

［28］刘敏,莫易敏,张军,等.基于 SPC 的产品质量在线监控系统设计与研究［J］.数字制造科学,2018,16(1):60-63.

［29］韩有军,张雨琴,王小刚,等.SPC 技术在动力电池装配生产线中的应用［J］.物流工程与管理,2015,37(11):244-246.

［30］王桂英,韩东,庞晓飞,等..汽车发动机装配线的 SPC 质量控制系统设计［J］.中国农机化学报,2016,37(2):174-179.

［31］唐钟雪,苏志东,胡进林,等.铸造生产过程质量控制系统应用［J］.新型工业化,2018,8(12):46-52.

［32］王莹.智能制造需要新的管理思维与方法［J］.电子产品世界,2018(6)：24-27.

［33］徐英爽.企业初次引进 SPC 的几点误区［J］.企业改革与管理,2018(8)：161-163.

［34］姚健,高玉洁,徐玉红,等.图书馆信息化建设［M］.天津:科学技术出版社,2014:128.

［35］付晓飞,苏文生,王世刚,等.锂电池材料制造过程质量控制的新思路［J］.电子质量,2018(12):96-101.

［36］Tsung F,Tsuik. A Mean Shift Pattern Study on Integration of SPC and APC for Process Monitoring［J］. IIE Transactions,2003,35:231-242.

［37］Abdella G M,et al. Variable Selection-based Multivariate Cumulative Sum Control Chart［J］. Quality and Reliability Engineering International,10. 1002/qre. 2041.

［38］Binny D,et al. A multi-institutional evaluation of machine performance check system on treatment beam output and symmetry using statistical process control［J］. Journal of Applied Clinical Medical Physics,2019,20 (3):71-80.

［39］Sousaa S,Rodriguesb N,Nunesa E. Application of SPC and quality tools for process improvement［J］. Procedia Manufacturing,2017,11:1215-1222.

［40］Madanhire I,Mbohwa C. Application of statistical process control (SPC) in manufacturing industry in a developing country［J］. Procedia Cirp,2016,40:580-583.

［41］Shao Y E,Chiu C C. Applying emerging soft computing approaches to control chart pattern recognition for an SPC-EPC process［J］. Neurocomputing,2016,201(12):19-28.

［42］Haq A,Abidin Z U,Khoo M. An enhanced EWMA-t control chart for monitoring the process mean［J］. Communications in Statistics,2018,48 (6):1-18.

［43］Koh C K,Chin J F,Kamaruddin S. Modified SPC for short run test and measurement process in multi-stations［J］. Materials Science and Engineering,2018,328:1-10.

［44］陈翔宇,梁工谦.休哈特控制图在现代制造业质量控制中的作用和地位——纪念休哈特控制图诞生 80 周年［J］.标准科学,2005(7):40-41.

[45] 徐传民,吴忠良,霍洪林,等.实行实时在线 SPC 控制,敏锐预防风险与成本[J].内燃机与动力装置,2014,31(8):51-55.

[46] 李朋.SPC 技术在电子元器件生产过程中的应用解析[J].硅谷,2014(11):90,93.

[47] 王秀红.SPC/EPC 整合下自相关过程监测方法研究[J].制造业自动化,2013,35(2):37-41.

[48] 赵慧娟,武晔卿.信号设备零部件质量统计控制方法[J].电子产品世界,2018(11):64-68.

[49] 国务院.质量振兴纲要(1996—2010 年)[R].1996.

[50] 刘君.D 公司应用 SPC 提升质量的研究[D].天津:天津大学,2016.

[51] 祖晓琳.基于 SPC 对 C 公司产品质量问题的研究[D].包头:内蒙古科技大学,2015.

[52] 黄国华.SPC 在 B 公司质量管理中的应用研究[D].苏州:苏州大学,2017.

[53] 钟俊.民用飞机统计特征分析及 SPC 系统的建立[D].上海:上海交通大学,2015.

第四篇

基于客户价值的厦门宏发电声股份有限公司客户关系管理体系优化研究

郭圣林[*]

* 郭圣林,男,1998 年大学本科毕业,2003 年进入厦门宏发电声有限公司,2004 年起先后任国际部经理、销售本部部长、营销中心副总经理及总经理等职,主要负责股份公司产品销售的工作。

一、绪　论

(一)研究背景及意义

1.研究背景

"两化融合"发展战略就是将电子信息技术广泛应用到工业生产的各个环节中。信息化成为工业企业经营管理的常规手段,信息化进程和工业化进程相互交融。

电子元器件行业是一个国家的基础性、支柱性产业。近几年我国电子元器件产业取得了快速发展,虽然目前还没有达到国际先进制造水平,只能做以粗加工为主的同类产品,主要集中在产业链的中低端,但就产业规模来说,中国电子元件行业产业规模在 2018 年达到约 2 万亿元,有几十万家企业,每年还在快速增长。2018 年中国电子元件百强企业共完成主营业务收入 4950.03 亿元(见图 1.1),同比增长8.65%,实现利润总额 420 亿元,上缴税金总额 175

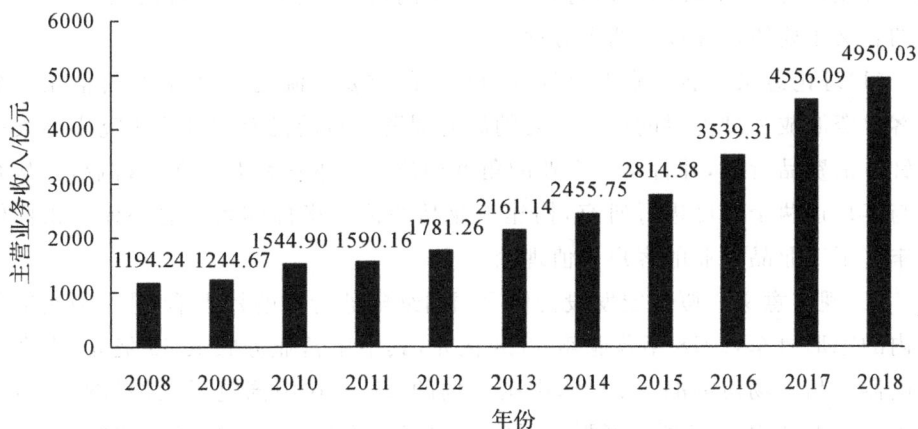

图 1.1　2008—2018 年中国电子元件百强企业主营业务收入增长情况

亿元,出口创汇 185 亿美元,拉动就业近 44 万人,可见它在国民经济中的重要性。

相较于中国企业的产业规模,中国 2018 年电子元器件市场需求规模达到 4.5 万亿元,但现实情况是其国产化率不到 50%,特别是类似半导体之类的国家战略性的元器件,绝大部分还是被一些国际上的半导体巨头所垄断。这些年来,国际贸易保护主义抬头,为中国企业敲响了警钟。

中国企业要想变得强大,快速发展,提高企业竞争力,赢得竞争,练好内功是关键。企业要想发展好,做出好的产品是首要任务,但更离不开市场与客户的支持,企业研发的产品从市场中来,最终还是回归到市场,实现价值转换。客户关系管理得好,反过来又能促进企业产品更新换代与技术提升,增加企业在竞争中获胜的机会。加强以客户为中心的管理理念,提升营销的管理水平,就成为一些企业在发展过程中的必然选择。客户关系管理系统正是以客户为中心的理念的实现。信息化手段可以在很大程度上帮助企业提高客户满意度和忠诚度,构建企业竞争力,实现企业健康发展。

2. 研究意义

本篇以行业龙头企业厦门宏发电声股份有限公司(以下简称厦门宏发股份)为研究对象,对其客户关系管理(customer relationship management,CRM)的现状进行分析,发现其不足,运用客户关系管理理论、客户价值理论,提出企业的客户价值维度,实现客户价值的最大化,提高企业的利润水平,进一步构建企业的核心竞争力,从而提高在同行竞争中胜出的机会,实现公司的长远发展。本研究的意义主要体现在以下两个方面:

(1)理论意义。客户资源已经成为企业的重要资源之一,从客户价值角度分析客户资源成为理论界的一个重要的研究课题。目前已有的理论研究模型大多是针对消费品行业,并且是从企业的角度构建的。本篇针对工业品行业,且从企业与客户这两个角度进行研究,构建工业品的价值指标体系。这一评价指标体系丰富了工业品企业的客户价值理论。

(2)现实意义。厦门宏发股份作为国内继电器行业的领头羊,是中国制造行业内的隐形冠军,2018 年营业额 93.4 亿元,其中主营业务收入 68 亿元,占全球继电器产品市场份额的 14.1%,中国市场的 25%,在中国电子元件行业排名第 10 位,经过 30 年的发展已经形成了完整的产业体系。在快速发展的同时,一些问题也随之产生。其中,客户管理方面的问题主要表现在:一是公司对客户资源认识不足,客户资源都掌握在各销售机构和业务员手中,没有统一的管理部门;

二是客户信息不能共享，容易形成客户的信息孤岛，不利于内部不同部门及人员间的工作协调；三是过去公司以业绩为导向，各销售机构各自发展、独立性强，总部营销中心难以发挥统一协调与指挥的作用；四是没有对客户进行有效的细分，不能进行差异化和精准的服务，影响客户体验并可能造成客户流失；五是客户管理手段薄弱，容易出现市场冲突，导致客户不满。

建立客户关系管理体系、挖掘客户价值不但是为了解决上述的实际问题，而且在目前全球经济放缓、企业经营压力上升的情况下，对于提升公司的经营水平、提高管理的效率和精细度、实现高质量销售增长有着重要的意义。

（二）国内外研究现状

客户关系管理是伴随着市场营销理论研究的深入逐步发展而来的。1983年美国学者莱维特（Levitt）在哈佛商业评论上发表了《销售结束之后》一文，提出交易结束不是关系的结束而是加强[1]，拉开了研究工业市场关系营销的序幕。同年，贝瑞（Berry）把关系营销引入服务范畴，将其定义为"吸引、保持及加强客户关系"[2]，此后到1996年，他又发展了这一理论，更加重视客户的满意度与忠诚度。

英国教授佩恩（Payne）等于1991年提出了关系营销的六个市场的框架模型，包括：顾客市场、内部市场、影响市场、供应市场、招聘市场和推荐市场[3]。佩珀斯（Peppers）等提出，客户关系管理就是企业一对一营销过程[4]。贝瑞（Berry）和林那夫（Linoff）认为，客户关系管理的重点在于促进市场营销，并能在产品质量和客户服务方面实现自动化[5]。托德曼（Todman）提出，客户关系管理的重点在于以客户为中心，不断提高企业的产品和服务，为客户打造优质的服务体验[6]。卡特赖特（Cartwright）提出客户关怀、服务与保持客户原则，并提出关注客户的十条黄金法则[7]。

美国学者舒尔茨（Schultz）认为，随着市场的发展，企业需要从更高层次上用更有效的方式在企业与顾客之间建立起有别于传统的新型的主动性关系[4R理论指代 relevance（关联）、reaction（反应）、relationship（关系）和 reward（回报）][8]。莱亚尔斯（Ryals）强调，要根据客户生命周期企业进行资源配置以保证价值最大化[9]。佩珀斯（Peppers）与罗杰斯（Rogers）提出 IDIC 模型，成为企业进行顾客关系管理的基本参考架构，具体可分为识别客户（identify）、区分客户（differentiate）、与客户互动（interact），以及客制化管理（customize）[10]。门罗萨（Mendoza）等基于关键成功因子（CSFS）建立模型，这些因素对于客户关系管理有着不同的影响,包括人为因素、流程设计和技术水平[11],为企业实施客户关系管理提供理论基础。霍(Ho)结合"二八定律"指出,一般情况下,20%的客户可以为公司带来80%的营业额或经济收入,所以,客户关系管理对工业品市场的发展趋势很重要[12]。格拉芬廷(Graphenteen)指出,如果品牌想要成功,就应以客户为中心,展开创新结构思维,以客户经营为中心,把最优质的服务提供给客户[13]。坎贝尔(Campbell)提出了客户关系发展的模型,具体包括了孕育阶段、初级阶段、中级阶段、合作式管理过程、协作式管理过程和间断式管理过程等[14]。毛卡尔等认为,客户关系管理是企业为整合其战略、业务流程与功能以建立、维持和拓展客户关系采用的一种方法。CRM通过关注客户需求来提高客户忠诚度,它建立、维护和发展客户群,旨在使企业和客户实现双赢。它的最终目的是提高客户满意度,从而增加客户群的数量[15](见图1.2)。

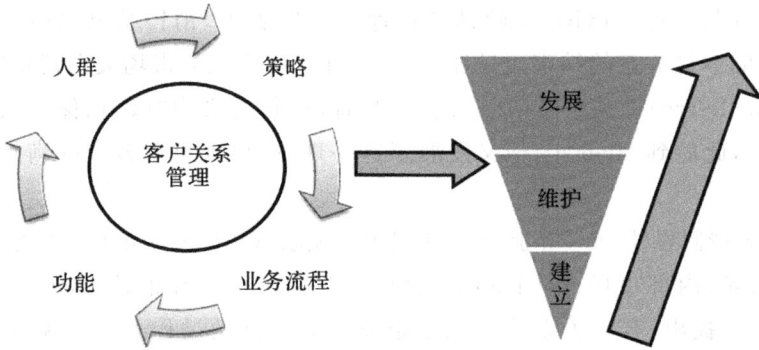

图 1.2　CRM 整合方法

波扎(Pozza)等认为,CRM的实施给企业的客户获取、客户业务增长、客户忠诚度等有不同的效果。与其他的关键性活动相比,延迟实施CRM整合活动实施效果有负面的影响[16]。罗德里格斯(Rodriguezt)等对客户关系管理对美国、欧洲和亚洲的销售过程的影响开展数据研究,得出有效的客户关系与创造销售机会、管理销售机会和销售量呈正相关[17]。

比较早对客户关系进行研究的国内学者是陈明亮,他将客户生命周期和客户的价值联系在一起进行研究,提出将客户的生命周期分为考察期、形成期、稳定期和退化期[18]。陈玉保等认为,客户关系管理是"企业通过与客户建立关系、维持关系和增进关系,以提高客户满意度和忠诚度的经营思想"[19]。杨路明等认为,CRM是信息技术、经营理念和管理思想的结合。它以信息技术为手段,通过对以客户为中心的业务流程的重新组合和设计,形成一个自动化的解决方案,以提高客户的忠诚度,最终实现业务操作效率的提高和利润增长[20]。王永贵把客户关系管理归为企业战略,企业采用先进的数据库及信息技术取得客户基础数据后,对客户的行为偏好进行分析,有针对性地提供客户服务,进一步发展客户关系,从而提高客户的长期忠诚度,最终实现客户关系价值最大化和企业收益最大化之间的平衡[21]。苏朝晖认为,客户关系管理是一个系统工程,包括客户的识别、选择、获得,以及客户关系的维护,最终使客户满意和忠诚,并通过一系列的办法防止客户流失[22](见图 1.3)。

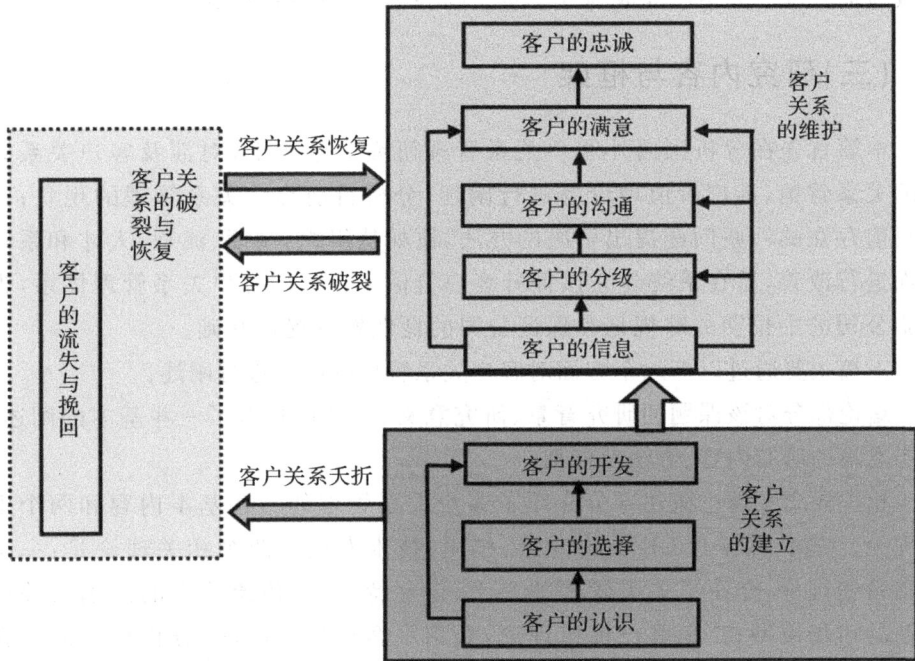

图 1.3　客户关系管理流程

李杰提出大客户管理的金字塔模型,在管理方案中包括价值观、管理手段、执行机制三个层面。相同的价值观使双方达到共赢目的,管理手段能够让合作长久,执行机制是让双方合作发挥更大的作用[23]。张莺提出关于 CRM 的铁三角,包括经营理念(基础来源)、信息技术(手段与方法)和应用功能(成功关键)三个部分[24]。林建平提出客户描述模型,该模型可以对客户进行有效识别,特别在对客户进行细分时,应当根据客户满意度、终身价值及购买行为等三个角度来进行[25]。艾明华提出客户关系管理应当与企业的综合战略方案相结合,并为有效地指导公司大客户关系管理服务[26]。沈永言认为,通过提升客户的满意度和忠诚度可以帮助企业获得更多的经济利益,因此要十分重视客户关系管理[27]。于海洋认为,客户关系是企业以实现经营为目的,与客户建立供需、通信等各方面的关系,最终基于双方利益达成某种契约关系[28]。孙蕊用经济学的方法来说明 CRM 的重要性,指出 CRM 在一定程度上可以帮助解决社会资源稀缺性和资源配置的问题,可以提高企业运营效率,并且达到降低成本的目的[29]。

但总体而言,国内外的大部分研究是理论分析,并没有涉及具体的方案。在客户关系已发生深刻变化的情况下,尤其是在工业 4.0 时代和互联网时代,如何有效地提升客户关系已经成为社会企业的一个重要的研究课题。

(三)研究内容与框架

本篇首先在分析国内外客户关系管理研究的基础上,对涉及客户关系管理的关系营销、客户价值理论等进行阐述;分析目前客户关系管理的现状;针对目前存在的一些问题提出解决的办法,比如从组织、制度、流程、人才和系统方面进行改善,旨在最终建立以提升客户价值为目标的客户关系管理体系,为实施公司的中长期战略规划和保证公司的良性发展提供基础。

本篇主要通过以下六个方面对客户关系管理的内容进行阐述:

绪论部分对该课题的研究背景、研究意义、研究现状做了一些基本的阐述,说明本篇的研究内容、方法及框架。

相关概念及理论概述部分介绍了客户关系管理的一些基本内容和两个主要理论。基本内容有 CRM 的内涵、作用、技术发展。两个相关理论是:一是关系营销理论,介绍了关系管理的定义、主要特点、与传统营销的区别及关系营销的市场模型;二是客户价值理论,介绍了客户价值内涵、分析价值的步骤及分析方法(ABC 分析法、RFM 分析法、CLV 分析法及相关数学模型)。这些理论为后续的分析提供了分析基础、维度和方法。

客户关系管理现状与问题部分主要介绍了公司的基本情况(包括总市场情况、各类产品情况)、销售的基本情况及架构、工业品客户特点、客户关系管理现状及存在的问题。

客户关系管理方案部分介绍了客户的潜在价值和现有价值的影响因素,分别从客户现有价值和潜在价值两个维度提出改善客户关系的具体方案。具体包括从客户现有价值角度,加强现有的客户关系管理,包括报备、审批、分级与回收,建立客户 360 度管理视图,提高客户的重复购买率,最大限度地发挥企业有限的资源,降低营销成本,提高客户现有价值。从客户潜在价值角度,提高销售机构之间的协同,提高客户的合作意愿;设立大客户经理,提高客户满意度和忠诚度;采用"技术＋销售"的方案式销售模式,提高合作深度。在客户给企业带来价值的同时,企业也通过技术,服务和产品等因素,加深与客户的合作,给客户带来价值,实现双赢和长久稳定的客户关系。

　　保障措施部分分别从思想上、组织上、制度上、流程上、人才队伍和信息化建设上加以保障。在思想上,引起足够的重视;在组织上,构建以总部为中心的全球市场运作体系;在制度上,建立一系列的客户管理制度,形成制度化管理;在流程上,固化售前、售后和下单流程,统一下单的窗口;在人才队伍上,加强人才队伍建设,培养"技术＋销售"型人才,实施人才战略;在信息化建设上,引入 CRM 的管理软件,实施 CRM 管理,在统一的平台上操作,从而保证客户关系管理体系真正得到落实。

　　本篇的基本框架如图 1.4 所示。

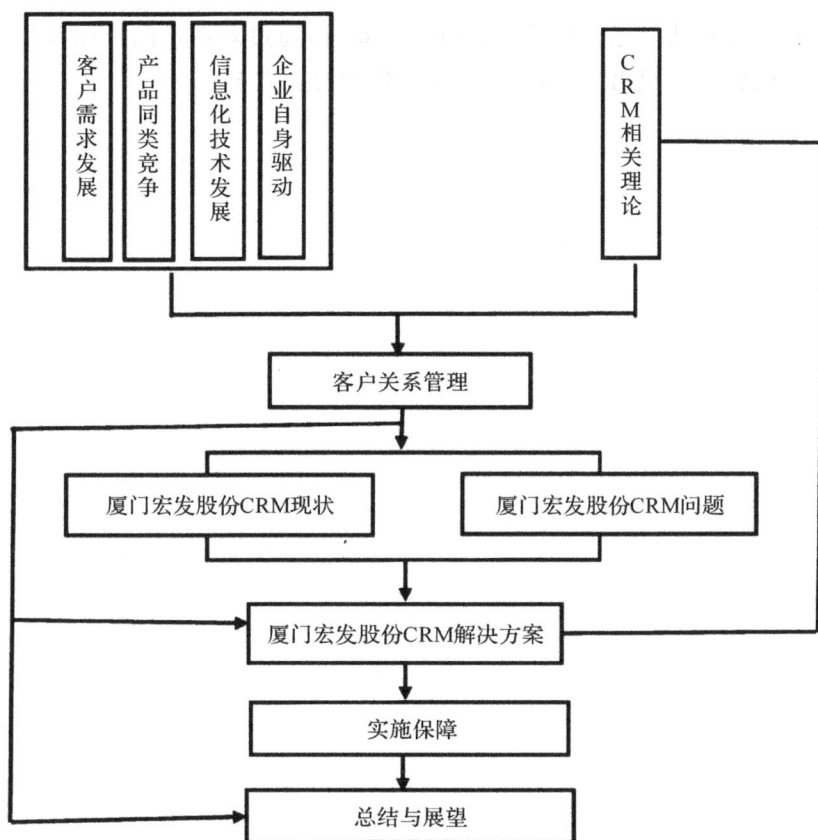

图 1.4　本篇的基本框架

(四)研究方法

本篇采取的研究方法主要有：

(1)文献研究法。通过图书馆及网络等渠道查阅到大量关于客户关系管理的文献资料,为客户关系管理方案设计提供了充足的理论支撑。

(2)访谈法。在分析客户关系管理存在的问题和解决方案时,分别和一级销售员、销售机构和公司高层等进行了大量的沟通,从而保证了方案既符合公司的战略,又有实用性,能让一级销售员和销售机构真正认识到客户关系管理所带来的价值,保证方案的有效实施。

(3)案例研究法。本篇将厦门宏发股份的客户关系管理作为主要的研究对象,以公司的客户为基础,对目前面临的问题进行深入研究与分析,提出优化建议。

(4)系统分析法。把客户关系看成一个系统,通过对系统的目标分析,发现其中的一些问题,并提出方案,是一个系统性的解决方案。

二、相关概念及理论概述

（一）客户关系管理概述

1. 定义及内涵

从目前所掌握的资料看，最早（1997 年）具体提出 CRM 的加特纳公司（Gartner Group）认为：客户关系管理是一种商业策略，按客户分类有效地组织企业资源，培养以客户为中心的经营行为及实施以客户为中心的业务流程，并以此作为提高企业盈利能力和客户满意度的手段。其主要是以客户为中心，强调收益最大化[30]。

赫尔维茨公司（Hurwitz Group）认为：CRM 的焦点是自动化，以及改善销售、市场与服务、支持等领域的客户关系的商业流程。CRM＝技术＋软件＋管理制度[31]。

IBM 公司认为：CRM 通过提升产品性能，增强客户服务，提高客户满意度，与客户建立长期、稳定、相互信任的密切关系，从而有助于企业吸引新的客户，维系老客户关系，提高效益，增强竞争优势[32]。IBM 把客户管理分为关系管理、流程管理和接入管理。

SAP 公司认为：CRM 的核心是对客户数据进行管理。客户数据是企业最重要的数据之一，它记录着企业在整个市场上的销售过程，对于分析客户和做出重要决策有着重要的意义[33]。

中国客户关系管理研究中心从管理哲学、经营管理、技术方法三个层面对 CRM 进行界定：CRM 是将先进管理理念与信息科技相结合的典范；是企业为提高核心竞争力，重新树立以客户为中心的发展战略并在此基础上开展的包括判断、选择、争取、发展和保持客户在内所需要实施的全部商业过程；是企业以客户关系为重点，通过开展系统化的客户研究，优化企业组织体系和业务流程，提高客户满意度和忠诚度，提高企业效率和利润水平的完整管理实践；也是企业不断改进与客户关系的相关全部业务流程，努力实现电子化、自动化的运营过程中所创造和使用的 IT 技术、软硬件及优化方法、集成方案等的总和[34]。

从上面的定义来看,CRM 包括了管理理念、管理模式和管理信息技术系统三个层次的内涵:

(1)客户关系管理是一种管理理念。其核心思想是以客户为中心的管理理念。企业将客户(包括最终用户、分销商和合作伙伴等)视为企业的重要资产,通过提供全面、专业和个性化的服务,与客户建立一种良性的关系,不断提高客户的满意度和忠诚度,提高其重复购买意愿,最终实现企业和客户的双赢,从而推动企业不断发展。

(2)客户关系管理是一种管理模式。客户关系管理是一种以客户为中心的管理模式。客户关系管理是对客户行为与特性进行分析,了解客户需求以满足客户需求,旨在改善企业和客户之间关系的新型管理模式。CRM 帮助企业发现商机、客户的交易或行业的异常,从而提供更个性化的服务。在提高服务质量的同时,通过流程优化,对客户响应速度,通过信息共享,对客户资源进行有效利用。

(3)客户关系管理是一种管理信息技术系统。客户关系管理是信息技术、管理模式和应用解决方案的总和。其集数据库、电子商务等系统为一体,为企业提供个性化的解决方案。虽然很多企业过去没有相关的计算机网络、电子信息等也能进行一系列客户关系管理活动,但由于缺乏有效的手段,既不能为客户提供有针对性的服务,也不能对客户进行有效的管理。CRM 将管理实践与信息系统有效地结合,通过市场营销、销售、订单、客户服务等模块,为客户提供 360 度的管理视图和智能化、一体化的解决方案,让企业更加了解消费者的需求,从而为决策提供帮助。

2. 客户关系理论的发展

客户关系作为一种管理理论,起源于 20 世纪 80 年代的美国,在"以产品为中心"的经营方式已经落后的观念影响下,很多企业将功夫下在客户身上。80 年代后期,有些学者提出了"接触管理"。1985 年,美国营销学家芭芭拉·杰克逊(Barbra Jackson)在接触管理的基础上提出了"关系营销",关系营销是一种相互依赖关系的新营销方式。90 年代初演变为包括电话服务中心支持、客户资料分析在内的客户关怀(customer care)。随后客户服务理论得到了大力发展,1999 年,加特纳公司提出客户关系管理概念。2000 年以后,相关理论研究越来越多,很多企业把客户关系管理作为企业战略管理的一部分。

在理论不断发展的同时,CRM技术也获得了快速进步。20世纪90年代中期的信息技术行业,主要是用一些销售自动化(SFA)系统和客户服务系统(CSS)提供一些客户关系管理的解决方案。随后,借助于计算机电话集成技术(CTI),并加入一些其他的功能模块,形成了集销售与服务于一体的呼叫中心;90年代后期开始,在呼叫中心的基础上,进一步加强了数据系统的管理能力与分析能力,同时添加了一些新的功能模块,逐步形成了比较完善的客户关系管理系统[35]。其发展轨迹如图2.1所示。

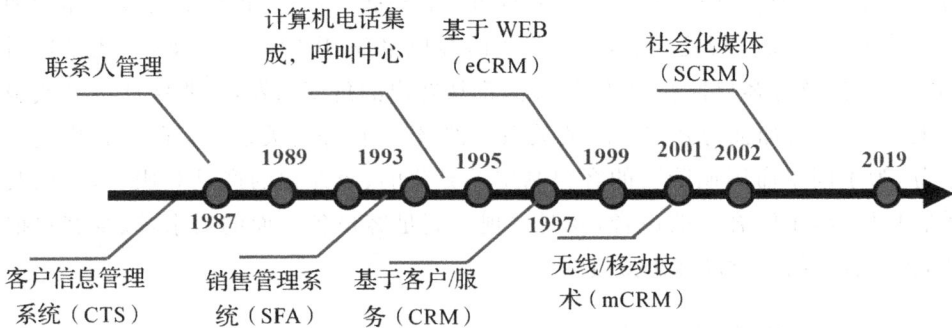

图2.1　客户关系管理主要技术的发展轨迹

3. 客户关系管理对企业的作用

客户关系管理对企业的发展有着重要的意义,主要表现在以下几个方面:

(1)有利于提高业务运作效率,提高企业运营水平,降低成本。客户关系管理是以客户为中心的理念,通过一系列的方法和手段,建立一套流程和系统。客户与企业有了更多的交流与沟通,企业有了第一手的市场资源,就能及时掌握需求与市场的变化,大大提高企业的应对效率,也省去很多市场调研及产品试用、试错的成本,提高运营水平,降低运营成本。

(2)有利于挖掘客户的价值,优化资源配置,提高企业的竞争力。根据"二八定律",企业80%的利润来源于20%有价值的客户。通过对客户进行有效识别,企业针对不同类别的客户,集中有限的资源提供针对性的一对一客户服务,使得客户的价值最大化发挥。客户满意度不断提高,不断重复购买,提升其市场份额,有了一批忠实客户,企业的核心竞争力不断提高。

(3)有利于降低企业经营风险。通过CRM系统里大量的有效数据,企业能精准地分析客户的需求,迅速地将研发出来的新产品投入市场,缩短研发时间,根据客户的反馈调整价格策略,大大降低企业将产品投入市场的风险,再加上良好的客户关系和互动,一定程度上降低了客户对产品价格的敏感度,企业的盈利水平会有所提高。

(4)有利于企业内部实现信息共享[36]。在一个平台集中所有客户关系管理,打通了营销部门、研发部门、品质部门、财务部门之间的壁垒,实现信息内部共享,有助于企业减少内部沟通障碍,提升沟通效率,减少不必要的内耗,避免了信息重复采集,提高信息的利用率。

(5)有利于提高客户的满意度与忠诚度。由于客户关系管理围绕客户,强调客户关系的维护,并提供超过顾客预期的产品和服务,给顾客带来更多的体验和顾客价值[37]。要实现这一点,无论是售前客户服务、售中的客户支持,还是售后的需求挖掘及对客户抱怨的及时处理,都从客户的角度出发,既要保证产品或服务的质量,又要加强与客户之间的关系维护,建立良好的关系。因此对客户进行细分,为不同生命周期阶段的客户制定差异化的、个性化的产品和服务,可以改善客户体验,了解客户的声音,及时发现并满足客户各方面的需求,减少客户抱怨,提高客户的满意度和忠诚度。

(二)关系营销理论

1. 关系营销的定义

关系营销是由美国营销学家芭芭拉·杰克逊在 1985 年提出的概念。其理论在客户关系管理的基础上形成,主要目的是维护客户关系,加强同客户的接触,并在此基础上进行相关的活动。它是指企业通过识别、建立、维护和巩固企业与客户及其他利益相关者(消费者、供应商、分销商、竞争者、政府机构)的关系,以使各方面的目标得以满足,并通过相互交换和履行承诺建立起来的一种相互的信赖关系,这种关系是长期、互惠和双向的[34]。

关系营销一般可以用客户让渡价值来衡量,一家企业从关系营销中所获得的价值可以结合客户盈利能力、客户维系成本、客户流失成本、客户市场份额等指标进行综合衡量。

2. 关系营销的主要特点

从本质上来说,关系营销有以下几个特点。

(1)强调以双向沟通为原则。在关系营销理论中,沟通不是单向的沟通,而是一种双向的、相互影响、保证信息沟通渠道畅通、增强情感的过程。只有形成共识,增进彼此之间的了解,才可能从中得到相关利益者的支持与合作。

（2）以长期协同为基础。关系营销的目的是维护各方关系方长期合作。企业与相关各方通过相互学习，相互补短，实现相互信任，相互适应，力求达到一种平衡的状态，最终在企业与各关系方之间建立一种更为有效的合作关系，有利于企业的稳定。

（3）以互利共赢为目标。关系营销旨在通过合作实现各方共赢，不光在物质上，而且十分注重情感投入。只有互利共赢的关系才能维持长久，否则只能是短期的，达不到关系营销的目的。

（4）建立一种反馈体系。关系营销强调有一个专门的部门跟踪各方态度，用来了解内外部各种因素的变化，及时调整，采取措施消除不利因素。通过这种信息反馈，企业倾听客户的声音，发现新的市场机会，进行产品改进和技术创新，从而提高企业竞争力和市场占有率。

3. 关系营销与传统营销的区别

相比较只关注于商品交换一种短期行为的传统营销，关系营销的核心是关系，目的是建立一种长期的合作关系，有以下几个方面的变化，如表 2.1 所示。

表 2.1　传统营销与关系营销的比较

类别	传统营销	关系营销
工作重点	吸引新客户	维护现有客户
营销对象	顾客市场	六大市场
产品价值	产品实体价值	产品价值＋服务
营销工具组合	4P	7P 或更多
交易特点	静止的	互动的
营销执行部门	营销部门	跨部门，全员营销

4. 关系营销的市场模型

关系营销的关系涉及面非常广，主要包括客户、供应商、分销商、内部员工、竞争者和其他利益相关者的关系，形成了六个关系市场，如图 2.2 所示。

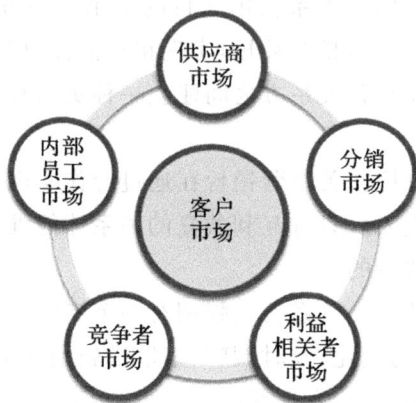

图 2.2　关系营销的六大市场

在这六大市场中,客户市场是核心,是一个企业的发展之本、立足之源,市场竞争在本质上是争夺客户,所以无论是哪家企业都要在客户身上下功夫,不断地保留老客户,争取新客户,实现客户价值的最大化。供应商市场是一个企业获得竞争力的有效支撑,企业不可能生产全部所需的产品和服务,必须有一定的供应商资源,以取得必要的人、材、物、技术、信息等资源,与供应商深度合作,建立良性关系,从而得到价格、交期、质量等方面的信息支持,快人一步。分销市场是企业把产品推向市场,无论采用哪种销售方式,分销渠道对产品推向市场至关重要,是实现产品价值转化的重要方式。建立与分销渠道的合作关系能降低企业的成本,有效阻止竞争对手。外部的利益相关者市场,包括金融机构、媒体、政府、行业协会、一些非政府的组织,它们都与企业有着各种各样的关系,都对企业的生存和发展有重要的影响。

(三)客户价值理论

1. 客户价值的定义与内涵

客户的价值可以从两个角度进行定义:一个是客户角度,另一个是企业角度。

从客户的角度理解,客户价值是企业为客户创造或提供的价值,一般用让渡价值来衡量。

客户让渡价值是菲利普·科特勒等在《营销管理》中提出来的概念。所谓让渡价值是客户获得总价值或利益与其所花费的总成本之间的差额[39]。客户的总价值指客户购买产品或服务所期望的总价值或收益，它由产品价值、服务价值、人员价值和形象价值构成。客户总成本是指客户在评估、获得、使用等过程中所需要花费的货币成本，以及时间成本、精力成本和体力成本等非货币成本。

具体的测量公式为：客户让渡价值（customer delivered value，CDV）＝总客户价值（total customer value，TCV）－总客户成本（total customer cost，TCC）

客户让渡价值模型如图 2.3 所示。

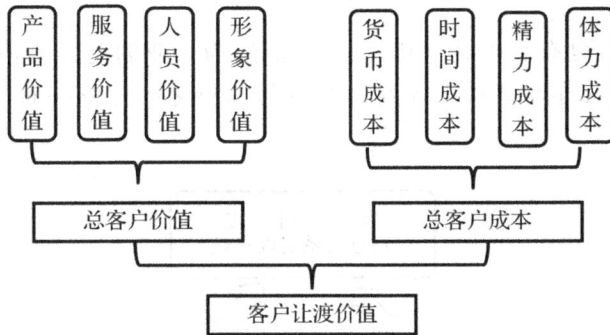

图 2.3　客户让渡价值模型

从企业的角度理解，客户价值是客户为企业创造的价值，一般用客户终身价值（CLV）来衡量。企业把客户当成一项可以带来收益的重要资产。卡特赖特（Cartwright）首先提出"客户终身价值"（customer lifetime value，CLV）的概念，并将其定义为，在企业与客户保持良好关系的前提下，客户在当前和未来为企业带来的收入或利润的折现值。客户为企业创造的价值既是企业生存和发展的基础，也是企业为客户提供更好服务的前提。因此，客户的价值对于企业提升竞争力和利润水平、实现资源的优化有着重要的作用。

作为有价值的客户，客户关系有一定周期，Dwyer[40] 和 Oh[41] 将客户生命周期分为识别期、发展期、稳定期和衰退期 4 个阶段，如图 2.4[42] 所示。每个阶段都有不同的特点，在不同的阶段企业的做法不同，各阶段企业的利润也不同，最理想的状态是识别期较短，而稳定期较长。因此，企业都会想办法缩短识别期和发展期，最大限度地延长稳定期。

无论是从客户到企业还是从企业到客户，都是强调单向的价值传递，二者存在一定的矛盾。但从另一角度来看，企业为客户创造的价值越高，客户的满意度就越高，忠诚度也会提高，客户也会为企业提供更多更长久的价值。企业

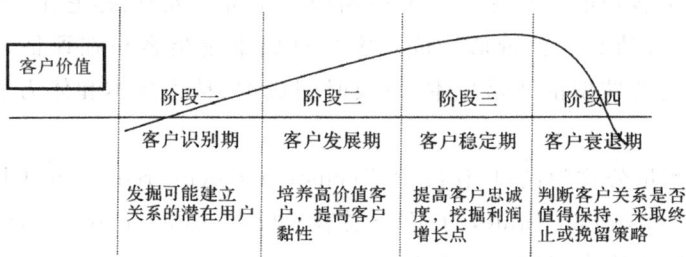

图 2.4 客户生命周期模型与客户价值

为客户创造价值也有利于企业获得竞争优势,为企业创造价值,实现双赢与长久的共存,这种共存与共赢主要通过企业与客户之间建立一种良性的关系达到,如图 2.5 所示。

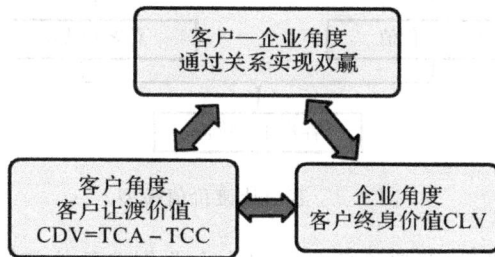

图 2.5 价值传递的三条路径

本篇从两个角度对客户价值进行分析,只有在两方面都能提供价值的前提下客户关系才能达到预期的效果。

2. 客户价值分析的步骤

(1)做好客户数据资料的收集与整理。对客户历史数据进行统计与分析,挖掘出最有价值的现期和潜在客户,是做好客户价值分析的前提条件,没有一定的数据支撑就没有办法分析客户的价值。

(2)建立价值评价体系。在收集一些数据的基础上对主要的指标进行分类,找出关键指标,并定义客户的终身价值、未来可能的潜在价值,建立一定的评价指标体系。

(3)计算终身价值的一些直接指标(如终身价值、投资与利润分析)。有了基础数据和定义以后,就可以直接计算出客户的一些直接或间接收益,通过对投资和利润的分析,发现优质客户,为后续的工作打下基础。

(4)进行客户分级和差异化管理。通过对如何在终身客户中赢得最大利润进行分析,从而对客户进行细分,对不同等级的客户进行资源配置,有针对性地对不同的客户实行保持或争取的策略,提高客户的满意度与忠诚度。

（5）制定相应的策略,实施客户价值的创造与让渡,实现双向的价值增值。实施前面几个步骤的最终目的是以客户为中心,实施相应的策略和措施,在为企业提升终身价值的同时,也为客户提升感知到的企业价值,实现客户与企业价值的最终提升,从而增强客户与企业之间的关系,实现良性的客户关系管理。

3. 客户价值的分析方法

在客户关系管理中,对于客户价值的分析,有以下几种方法。

（1）ABC 分析法。ABC 分析法是基于"二八定律"提出的,又称帕累托分析法。其基本原理是,根据客户为企业创造的价值比例进行客户的类型划分[44]。按这个方法,一般把客户分为关键客户、重要客户和一般客户。其中关键客户数量往往比较少,但是主要利润的贡献者。这些客户是公司的重点关注对象,要集全公司的力量提高他们的忠诚度和满意度;重要客户是一般大客户,不属于优质客户,但也是经济指标的重要支柱,要尽量将这类客户转化为关键客户;剩下80％的客户都是一般客户,这类客户数量众多,一部分有一定的成长性,另一部分则可能转向其他的竞争对手。对这类客户只要提供一些必要的服务,要尽量将其转化为关键或重要客户。我们可以通过图 2.6 了解客户数量与利润之间的倒金字塔对应关系,它体现了客户类型、数量分布和创造利润能力之间的关系[22]。

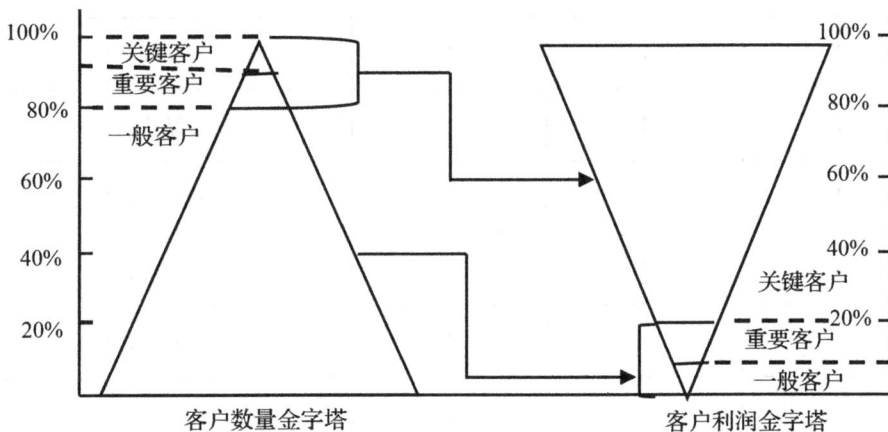

图 2.6　客户数量与利润金字塔的对应关系

(2)RFM 分析法。RFM 分析法是根据客户最近的购买日(recency)、购买频率(frequency)和购买金额(monetary amount)计算客户价值的一种方法。它是分析和预测客户未来购买行为的重要指标[46]。R 是客户最近的购买日的间隔,如果间隔很近,则认为是好的客户,再次购买的概率比较高,得分会相应较高;F 是客户在一定时间内的购买频次,次数越多,忠诚度越高;M 是在一定时间内的购买总金额,如果总金额越大,则价值越高[47]。使用 RFM 模型指标对客户进行分级有两种方法:

第一种:加权求和获得价值评判值,再分段划分类别。设置指标权重,将使权重与 RFM 模型各指标的计算结果相乘,得到各指标的加权指标值,将最终的加权指标值相加以获得 RFM 指标的总值,最后设置阈值以获得客户分类结果,大于阈值的为高价值客户,小于阈值的为低价值客户[48]。

第二种:使用 Sung 自组织特征映射网络(SOM)来对客户 RFM 指标进行分类,可得到 $2 \times 2 \times 2 = 8$ 种分类结果,将每个客户的 RFM 各项指标值与 RFM 各项指标的平均值进行比较[49],如表 2.2 和图 2.7 所示。

表 2.2　依据 RFM 模型指标客户分类结果

R	F	M	客户类型
↑	↑	↑	重要价值客户
↑	↑	↓	一般价值客户
↑	↓	↑	重要发展客户
↓	↑	↑	重要保持客户
↑	↓	↓	一般发展客户
↓	↑	↓	一般保持客户
↓	↓	↑	重要挽留客户
↓	↓	↓	一般挽留客户

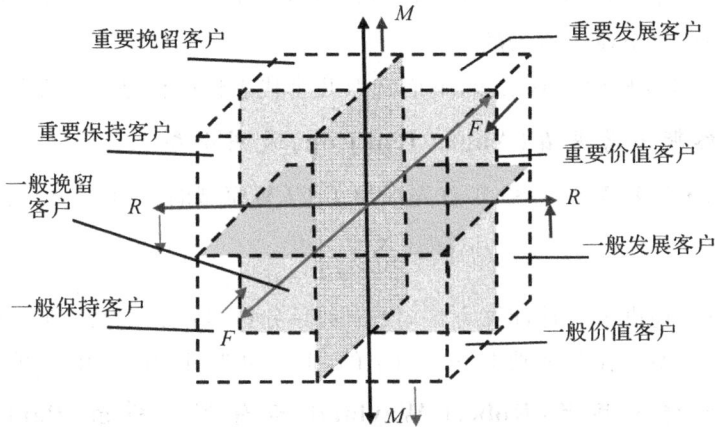

图 2.7　RFM 的分级结果

　　RFM 模型是计算客户价值的一种方法,虽然不能完全准确地反映客户的价值,但是其通过某种方法对客户进行分级,动态地展示了客户的轮廓,帮助企业和客户相互进行个性化与精准化的管理服务。RFM 模型也能够使企业快速地计算出客户的潜在价值及客户的生命周期价值[50]。

　　(3)CLV 分析法。CLV 分析法是指企业在与客户保持买卖关系的全过程中,从客户处获取的全部利润现值。客户终身价值理论(CLV)包涵广义和狭义两个含义。广义上指客户在其整个生命周期内为企业带来的利润的净现值,它包含两个部分:一是客户的历史贡献,二是客户的潜在贡献。狭义的 CLV 只是指客户的潜在贡献[51]。从广义的角度对客户的当前价值和潜在价值进行分类,形成客户的价值矩阵图,如图 2.8 所示。

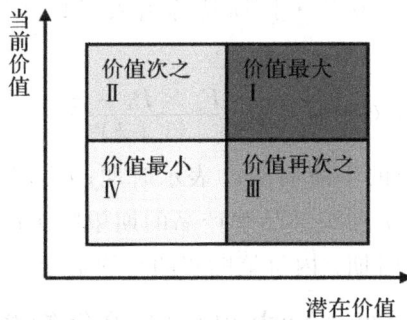

图 2.8　客户价值矩阵

247

从图 2.8 中可以看出,客户价值最大的情况是当前价值大,潜在价值也大。这类客户是许多企业所追求的。

CLV 定量分析模型有很多,下面选取几个代表性的模型进行介绍。

1. 安格斯·詹基森(Angus Jenkison)通用模型

安格斯·詹基森于 1985 年首先提出了 CLV 模型的通用[52]公式:

$$CLV = \sum_{i=1}^{n} \frac{C_i}{(1+d)^i} \tag{2-1}$$

模型只是提供了一种计算方法,没有实际分析,后来成为模型分析的基础,后面大部分模型是在此基础上发展而来的,形成更为科学的通用模型。

2. 罗伯特·韦兰(Robert Wayland)和保罗·科尔(Paul Cole)的模型

他们在 1998 年发展了上述的模型,在引入客户的购买概率的同时,也将企业用来维护、获取、发展的成本从客户的净利润中分离出来,具体的模型[53]如下:

$$CLV = \sum_{i=1}^{n} GC_i \times Pr(i) \times (1+d)^{-i} - \sum_{i=1}^{n} (R_i + D_i) \times (1+d)^i - A$$

$$\tag{2-2}$$

其中,GC_i 表示 i 年内的毛利率;$Pr(i)$ 表示购买概率;A 表示客户的认知成本;R_i 和 D_i 表示第 i 年内的客户发展和维持的成本。

3. 罗兰·拉斯特(Robert Wayland)的模型

2001 年,在上述公式的基础上,在《驾驭顾客资产:如何利用顾客终身价值重塑企业战略》一书中[54],罗兰·拉斯特等引入了顾客份额的概念,具体公式如下:

$$CLV_i = \sum_{i=0}^{n} \frac{F_{it} \times P_{it} \times \pi_{it}}{(1+k)^t} \tag{2-3}$$

其中,CLV_i 表示 i 个客户的生命周期;t 表示时期;n 是计划的计算长度;k 是折现率;F_{it} 是时期 t 内客户 i 购买某品牌产品的期望频次;P_{it} 表示时期 t 内客户 i 的维系概率;π_{it} 是顾客在时期 t 内每笔购买的平均贡献。

4. 彼得·范霍夫(Peter Verheof)的客户价值衡量方法

彼得·范霍夫将客户价值按照时间间隔分成三部分,即历史价值(history value,HV)、现实价值(current value,CV)和潜在价值(potential value,PV)[55],具体如式（2-4）至式（2-7）所示：

$$CLV = HV + CV + PV \tag{2-4}$$

$$HV = R_t - C_t \tag{2-5}$$

其中，R_t 为边际利润；C_t 为边际沉没成本。

$$CV = \sum_{t=0}^{n} \frac{D_t \times [(R-C) + R_f(A_c - A_{cr})]}{(1+r)^t} - A_c \tag{2-6}$$

其中，t 代表某个时段；n 代表可能维持购买状态的时间，即客户生命周期；D_t 是第 t 时间段内以成本 C 为代价能保持该客户关系的概率；R 是企业从该客户获取的毛利润；C 为维持客户关系的成本；R_f 为该客户带来的新客户数量；A_c 为企业独立发展一个新下级代理经销商（客户）的成本；A_{cr} 为该客户推荐一个新客户时企业所付出的成本；r 为财务贴现率。

$$PV = \sum_{t=0}^{n} \frac{D_t \times [(R-C) + D_n \times R_{ft}(A_c - A_{cr})]}{(1+r)^t} \tag{2-7}$$

其中，D_n 为未来第 t 时间段企业从该客户概率；R_{ft} 为该客户成功推荐的新客户数量。

5. 共享客户的价值指标[56]

$$CLV = \sum_{i=1}^{m} \sum_{a}^{A_i} \frac{p(A_i) \times U_t(A_i) \times C(A_i) \times L(A_i) \times H(A_i) \times \lambda(A_i) \times S}{(1+d)^a} \tag{2-8}$$

其中，$p(A_i)$ 为客户在 a 时段的净利润函数；A 为客户生命周期长度；d 为折现率；m 表示在 A 时段里企业所拥有的客户总数量；$U_t(A_i)$ 为第 a 时段客户使用产品或服务的概率大小；$C(A_i)$ 表示客户满意度；$L(A_i)$ 为客户忠诚度；$H(A_i)$ 为客户活跃度[DAU（日活跃用户数）/MAU（月活跃用户数），与客户数一般是正向相关]；$\lambda(A_i)$ 为客户等级系数；S 表示客户资源共享程度。

虽然模型计算有点复杂，但从理论上说明了可以从哪个方面来提高客户的价值，如客户总数量、客户忠诚度、活跃度、使用产品服务的概率、客户共享程度、客户份额、客户识别成本、经销商的维护等方面，为后续构建公司的客户价值指标评价体系奠定了基础。

三、厦门宏发股份客户关系
管理现状与问题

（一）公司基本情况

厦门宏发股份总部位于福建省厦门市，公司秉承"不断进取，永不满足"的企业精神，已建成了品类齐全、配套完整的产业体系，并在福建的厦门和漳州、浙江舟山、四川中江等地区建立了研发生产基地。目前公司共有雇员近14000人，是一家有30多家子公司的股份制上市公司。

厦门宏发股份的产品涵盖继电器、低压电器、高低压成套设备、电容器、精密零件及自动化设备等多个产品类别，可广泛应用于智能家居、家用电器、汽车工业、工业自动化、建筑配电、智能电网、新能源、轨道交通、安防消防、网络通信、航空航天等领域。

公司不仅曾被国家科委授予"实施火炬计划先进高新技术企业"的荣誉称号，同时也是国家商务部、发改委首批认定的"国家汽车零部件出口基地企业"之一，连续多年入选中国电子信息百强企业和中国电子元件百强企业，获得全国制造业单项冠军示范企业、2018年中国电子信息行业社会贡献100强、国家首批通过"两化"融合管理体系认证的企业等荣誉。

在技术研发方面，厦门宏发股份以国家级企业技术中心为平台，设有博士后科研工作站以及院士专家工作站。连续4年派专家参加IEC/TC94国际标准化年会以及国际标准讨论会，承办"IEC/TC94国际标准化2019年年会暨国际标准讨论会"。截至目前拥有800余项专利，在行业中极具技术优势。

在生产制造方面，厦门宏发股份已经形成了从产品研发、模具制造、零件制造到自动化成品装配及在线检测一体化的产品研发制造全产业链。在产品检测方面，厦门宏发股份检测中心是国内大型、权威的继电器检测与分析实验室，通过了德国VDE、UL、CNAS等国际机构认证，同时也是VDE在元器件方面的重要战略合作伙伴。厦门宏发股份始终坚持"以市场为导向，以质取胜"的经营方针,始终追求以完美的质量为顾客提供满意的产品和服务。拥有一整套完善的质量保证体系,产品通过美国 UL/CUL、VDE、CQC、CCC 等国际安全认证。

(二)公司销售情况

1.整体销售情况

经过 30 多年的发展,得益于齐全的产品门类、稳定的产品品质、健全的管理体系、卓越的管理水平,企业发展迅速,2018 年营业额达 93.4 亿元,具体如图 3.1 所示。

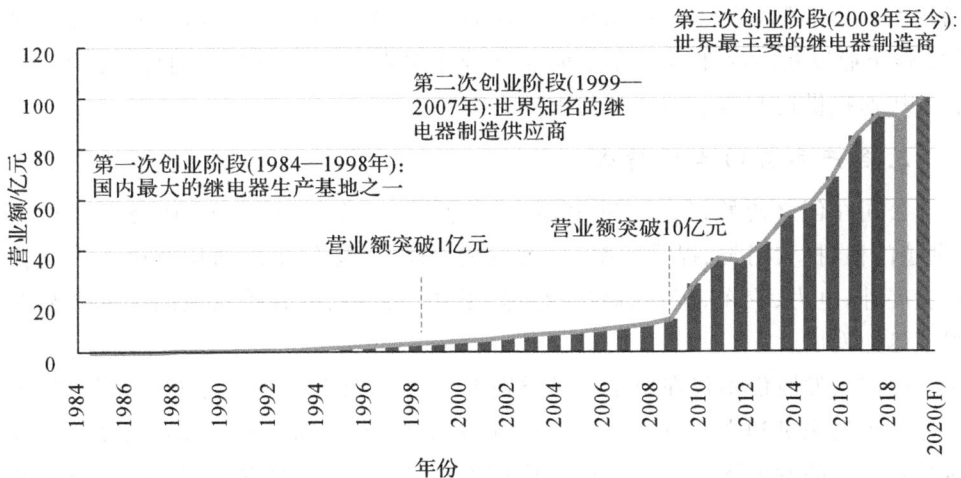

图 3.1　厦门宏发股份营业规模历年增长趋势

其中产成品(继电器和低压元件)营业额 74.7 亿元,约占 80%,设备、模具和零件的营业额 18.7 亿元,约占 20%。产成品中以继电器为主要收入来源,营业额达 68.5 亿元,占 75%(全球市场份额 14.1%)。具体比例如表 3.1 所示。

表 3.1　厦门宏发股份各类产品占比

品类	2018 年营业额/万元	占比/%
设备、模具和零件小计	187000	20.0
产成品小计	747000	80.0
继电器	685000	71.7
低压元件	62000	8.3
合计	934000	100.0

过去 30 多年间,厦门宏发股份积极布局全球化营销网络,除国内市场以外,在美洲、欧洲、东南亚等地区,都建立了本土化营销及服务网络,具备全球化的市场运作和技术服务能力。产品出口到全球 120 多个国家和地区,已和全球众多 500 强企业以及国内知名企业达成业务合作关系。产品畅销海内外,可为全球客户快速提供适配需求的产品与解决方案。

2. 各产品类的市场情况

公司在创立初始以通用继电器产品为主营产品。2008 年,在公司提出了"翻越门槛、扩大门类、提升效率"三大发展战略后,除传统的通用继电器得到快速发展外,电力、汽车、工控、高压、信号、低压与设备、电容等其他门类的产品获得了迅速发展。

厦门宏发股份不仅在新增产品类别上下功夫,而且深挖产品新应用领域,牢牢抓住市场先机和产业方向,目前已经在人工智能、自动驾驶、新能源、光伏等领域具备一定的发展优势。根据产品应用发展特点、业务的应用、业务量、业务的成熟度及后续的发展情况,我们将产品业务分为以下四大类型。

(1)核心业务。主要是通用、汽车、电力、信号的继电器类产品,这类产品的营业额约占继电器营业额的 75%,特别是在家电和电力领域全球市场遥遥领先,分别占全球 30% 和 55% 的市场份额。这类产品的特点是营业额占比高,知名度高,市场占有率高,客户认可度高,无疑是目前公司现金流的重要来源和业务支柱,有明显的市场优势,可为其他业务发展提供技术及资金支持和技术保障。但这类业务发展相对成熟,市场已进入成熟期,再加上同行业产品竞争激烈,给后续大幅增长带来了一定难度。未来可通过技术革新、规模化、产品生产自动化及管理优化发掘利润潜力,提高市场竞争力。

(2)培育业务。主要是光伏及新能源、工业、特殊应用类、电梯、安全类继电器和低压电器,约占继电器营业额的 20%。这些产品近几年市场潜力大,增长快,属于成长期。公司的这类产品有一定的市场占有率,但目前还没有完全立足于主流市场,公司正在逐步打造并使之形成竞争力。未来主要通过加强技术引导、与行业标杆客户合作、加强市场宣传、提高行业知名度等办法加强培育,预计有很大的发展空间,将会成为支柱性的产品。

(3)新兴业务。主要是工业电子模块、真空灭弧室、真空泵、氧传感器。这类产品约占继电器营业额的 3%。这类产品有的才刚刚面向市场,有的还在研发过程中,它可能代表公司未来的业务发展方向,并成为公司的业务支撑点和爆发点,市场进入期,需要不断进行市场培育。因此这类业务需要从产品上进行扩展,从技术上进行革新,从模式上进行突破,寻找市场机会点。未来几年,有机会进入快速成长期。

(4)潜在业务。这类业务是公司一直比较关注的全新业务,占比更少,但是为公司未来发展提供了更多的潜在机会。公司利用现有的人才、资金、渠道和技术等,加强在这方面的投入,进行可行性研究。具体的业务类别如图 3.2 所示。

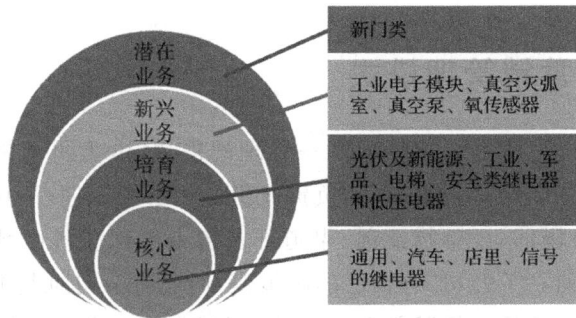

图 3.2 厦门宏发股份主要业务类别

3.各渠道的销售情况

目前厦门宏发股份以区域和产品维度进行销售机构设置,在国内主要的销售机构有:XMYP 主要负责广东(广州除外)、福建区域除密封继电器以外的产品;HZTS 主要负责浙江区域除密封继电器以外的产品;GZHH 主要负责广州除军品以外的产品;HFSH 主要负责华东(除福建以外)地区除密封继电器以外的产品;HFBJ 主要负责华北、东北等地区除密封继电器以外的产品;HFSC 主要负责西北、西南地区除密封继电器以外的产品。由于密封继电器的销售渠道特殊,国内密封继电器由 XMJH、SXXC 按区域销售。在国外的主要销售机构有:HFE 负责欧洲地区,HFA 负责北美地区,HFHK 负责东南亚等地区,

HFKG 负责全球智能电表类产品的销售,营销中心负责除上述以外的国内外其他地区的销售。

除了上述国内外一级销售机构,还有一些二级和三经销商及一部分生产性子公司销售,这些机构共同构成了全球的营销网络。具体的销售渠道占比如图3.3所示。

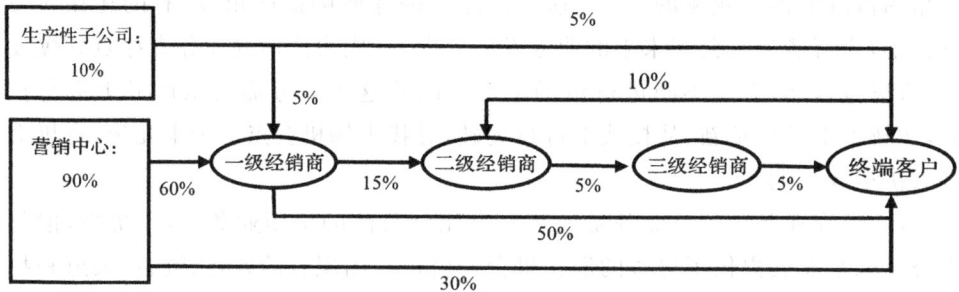

图 3.3　厦门宏发股份销售渠道及各自占比

(三)公司营销管理模式

厦门宏发股份对营销采用集中统一管理的模式,由集团营销副总裁负责整个营销工作。在总部设有营销中心,负责股份公司营销管理,下辖三个管理职能部门,其中包括市场部、订单物流部、渠道部及各专项部。各区域内销售公司或一级经销商都是独立子公司,有自己的决策权,但股份公司对其进行一定程度的管理。营销中心主要是执行股份公司的战略规划,制定营销政策及市场运行规则,统筹和调控工厂和市场的资源,并通过营销策划、品牌推广、渠道建设、技术支持、订单物流等顾客服务,为其提供完整的产品及服务。国内外销售机构则是在不同的区域从事销售活动,主要任务是开拓市场,争取订单,为其区域内客户提供相应的产品或服务。

为了理顺股份公司的业务职能和管理职能之间的关系,总部营销中心、各级销售机构和工厂之间采用纵横结合矩阵式管理,分为管理线和业务线。

管理线(纵向):体现了总部营销中心、各级销售机构和工厂内部的职能管理层次,内部按具体的职能进行。产品线(横向):按产品差异及顾客需求不同细分为不同的产品门类,并从业务端到营销中心再到对应的事业部(群)都做对应的组织区分,提供专业化的产品和服务;各销售机构的相关人员需向中心各专项人员汇报业务,专项人员则和各个工厂汇报。这种矩阵式的管理有利于工厂与市场无缝对接,提高各工厂对市场的反应速度,满足客户的需求,也便于内部之间的沟通,有利于公司政策的落实。

(四)公司客户特点

由于厦门宏发股份的产品是工业品,相比个人消费者客户来说,工业品客户普遍具有以下几个特点。

1. 客户购买行为具有一定的专业性和计划性

工业品不同于市场上的个人消费品,它具有一定的技术特征,这些技术特征需要有一定专业背景的人员进行解读,了解产品的技术特性、优缺点、应用场合及注意事项;客户的组织内部都有明确具体的分工,专业性很强,部门工作人员需要在行业内有一定的工作经验或背景,客户的购买需求和行为都不是随机产生的,而是经过一定的专业评估、评价产生的。

相比消费品客户,工业品市场的客户一般是企业或组织,客户为了再生产而进行采购,目的性和计划性很强,在产品交易前对数量、交期等都有一定的要求。

2. 客户购买的流程相对较长,决策比较复杂,影响因素多

工业品的特点决定了其购买都有一定的流程,一般客户要经过以下几个阶段,如图 3.4 所示。

产生需求	确定需求	确认产品规格	寻找供应商	征询方案	筛选供应商	正式签单	绩效评价

图 3.4　一般工业品采购流程

有的产品在上市前需要一定时间进行研发和市场推广,在正式上市前的一两年就进行选型和供应商的开发工作。对于一些特别重大的采购项目,客户还要召集组织内的其他部门,如采购部、技术部、品质部、财务部甚至企业的高管组成采购小组,对企业供应商的资质、产品、生产流程等进行严格的审核,只有通过了审核才能取得导入其供应商名录的资格。所以,工业品的采购流程都特别长,短则几个月,长则几年。在此期间,不论是哪个环节出了问题,都有可能会影响业务的成交。

3. 客户一般对技术、价格、品质和供货等有自己的要求,定制化产品多

在设计产品时,客户就已对一些产品的技术指标、规格、参数、用途等有明

确的标准和要求,只有符合要求的才有机会赢得订单和后续的合作机会。不同的客户有着不同的技术条件和要求,很多客户订购的不是标准品,需要一定改进和创新,因此大部分的客户都有定制化的需求。

4. 客户十分注重服务

工业品的服务贯穿于交易的全部流程。如在正式签约前,一般由其技术部门进行前期的技术咨询与评估,了解产品是否符合需求,质量部门提出具体的质量指标及其他质量要求;在正式下单前,一般请经验丰富的人员进行验厂和价格谈判;在正式成交后,客户会根据不同的维度,如质量、物流、效率、竞争力、技术革新、配合度等,提供不同的分值,从而决定后续是否进一步合作,如图 3.5 所示。因此,在整个交易流程中,作为供应商需要做好每个环节的服务工作,使客户满意,争取订单。

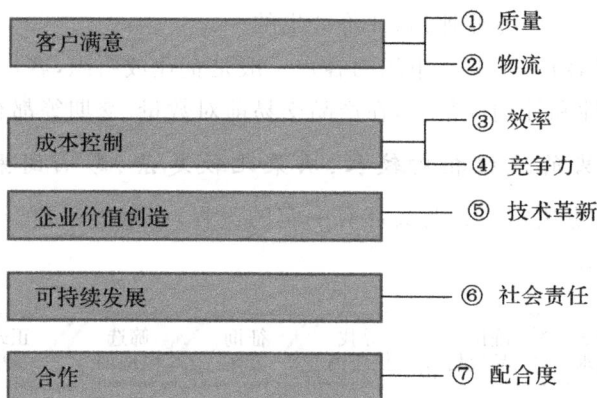

图 3.5　供应商评价体系

(五)客户关系管理的现状及问题

1. 客户关系管理的现状

截至 2018 年,公司已成交的有效客户包括 19300 家终端客户、658 家非终端客户,其中有 683 家客户是跨区客户,分布在不同的一级销售机构。具体客户数量及分布如图 3.6 所示。

XMJH, 29

HFE, 4962

HFXM, 2754

HFBJ, 1496

GZHH, 531

HFKG, 587

HZTS, 1423

HFSH, 2543

HFSC, 1872

HFHK, 271

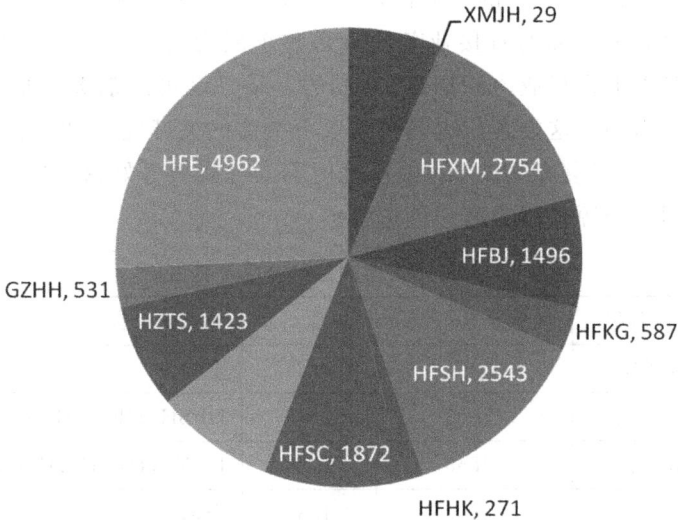

图 3.6　厦门宏发股份客户组成

　　结合图 3.6 和前面的分析可以看出,厦门宏发股份客户资源的基本现状如下。

　　(1)客户数量多,单个客户的采购金额小。由于厦门宏发股份的产品平均单价普遍较低,虽然有的客户采购量不小,但是总价值不高,单个客户销售金额都不大。由于客户采购金额较小、多而杂,日常维护工作量大,一些销售机构容易忽视这类小客户的重要性,不太注意客户关系的维护,导致客户不满意。

　　(2)客户资源分散掌握在各销售机构手中。公司按区域销售,各区域都有销售机构,这些销售机构有自己设立的,也有分销商,但总体上是以渠道销售为主。渠道销售在一定程度上帮助解决了公司的资金、货款、物流、产品库存及客户服务等问题,但由于客户资源分散掌握在各销售机构手中,因此总公司的掌控力较弱,不利于统筹客户关系,也不利于建立长久、稳定的客户关系。

　　(3)跨区、交叉客户较为普遍,行业中大客户少并且数量集中。由于公司以区域销售为主,按地理位置进行划分,容易造成同一个客户由于处于不同的区域,属于不同的销售机构。由上面的统计数据可知,683 家客户是跨区客户,虽然占比不大,但每个销售机构中这类情况都普遍存在。这些共有客户很多是全球性的大客户,或者是有发展潜力的客户,一般在行业内都有一定的影响力,未来发展空间大。如果服务好则可以通过它们在行业的影响力,提高产品的知名度和美誉度,提高销售额。

目前,前十大核心客户的营业额占整个股份公司营业额的 18%(见表 3.2),但与厦门宏发股份总部的直接业务量只占整个股份公司的 5%。虽然占比小,但这些客户基本上是行业内的标杆,它们的一举一动可能都会对整个行业的发展带来深远的影响。这类客户也是公司十分关注的关键性客户。由于涉及的销售机构多,管理比较复杂,单一的销售机构不太可能服务好这些客户,需要调动整个股份公司的资源共同为客户创造价值。

表 3.2 前十大客户采购金额及其占比

序号	客户名称	采购金额/万元	占比/%	涉及的销售机构
1	G 集团	32000	4.26	全部
2	H 集团	15500	2.07	HFSH,HFBJ,HFXM
3	M 集团	14865	1.98	HFYP,HFSH,HFXM,HFBJ
4	A 集团	13600	1.81	全部
5	D 集团	12500	1.67	全部
6	G 集团	11000	1.47	HFYP,HFSH,HFSC
7	S 集团	10350	1.38	全部
8	HX 集团	8500	1.13	HFSH,HFYP,HFSC
9	S 集团	8500	1.13	全部
10	HEP 集团	8250	1.10	全部
合计			18.00	

(4)对客户资源的分类相对单一,没有形成统一的分级标准。各个销售机构往往根据客户历年采购额对客户进行分级,只关注客户的现有价值,没有对客户的未来价值进行进一步分析与挖掘。由于这些客户都分散在不同的销售机构里,对于销售机构而言是重要的客户,但对于股份公司而言未必就是重要的客户;股份公司的重要客户,对于销售公司而言又未必是重要的客户。所以,在客户分类上,厦门宏发股份销售总部与各销售分公司以及销售渠道的标准不一,影响对客户的分级。

根据目前的数据,整个股份公司的客户中,小客户约占 60%,年采购金额低于 300 万元;中型客户占 20%,年采购金额在 300 万~500 万元(不含);年采购额在 500 万~1000 万元的定义为大中型客户,这类客户占 15%;年采购额在 1000 万元以上的大客户约占 5%,如图 3.7 所示。

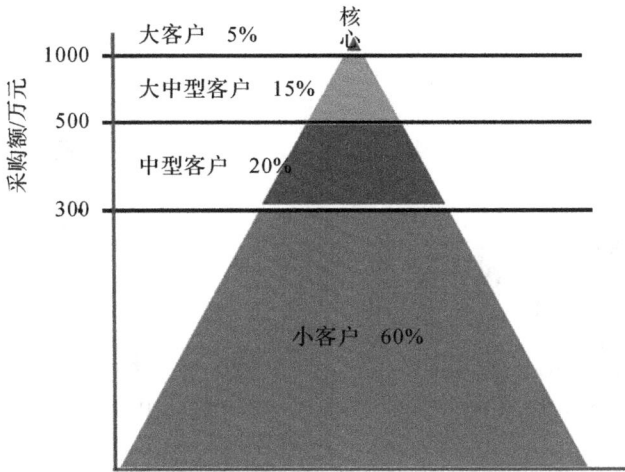

图 3.7　厦门宏发股份客户按营业额分成的客户占比

（5）没有统一的客户关系管理平台。由于目前客户关系既没有统一的部门处理，也没有统一软件，在现有按区域划分的情况下，大部分的客户信息都在各个销售机构手中，容易形成客户沟通不畅、客户信息的碎片化，如果没有形成有效的协同与配合，影响客户关系与股份公司的长远发展。

2. 客户关系管理存在问题

结合上述厦门宏发股份销售情况及公司一些主要销售机构的访谈，可以看出目前厦门宏发股份客户关系管理存在以下问题：

（1）对客户资源的认识有待提高。厦门宏发股份过去一直坚持"以市场为导向，以质取胜"的经营方针，多年来努力提高产品的质量，凭着良好的口碑和过硬的质量，销售情况良好。公司管理人员和销售人员还停留在过去注重产品质量，有了好的质量就有好的市场，"酒香不怕巷子深"的认识阶段，对客户资源管理重要性的认识不足，殊不知现在的客户需求已经发生了很大变化。好的质量当然能促进销售，但也要清醒地认识到，客户资源也是公司竞争力来源之一，对公司长远发展具有重要意义。

（2）对区域内的客户开发维护不力，形成资源浪费。由于客户资源大部分掌握在各销售机构手中，而各销售机构按区域划分进行客户管理，这个区域实际上是其领地，因此其没有共享客户资源的动力。由于没有进行有效的监督，各区域销售机构在遇到一些客户问题（如客户开发不力），甚至丢掉一些关键的客户后，往往不主动报告，不分析原因，这对于公司来说是资源的浪费，由图 3.8 所示数据可见一斑。

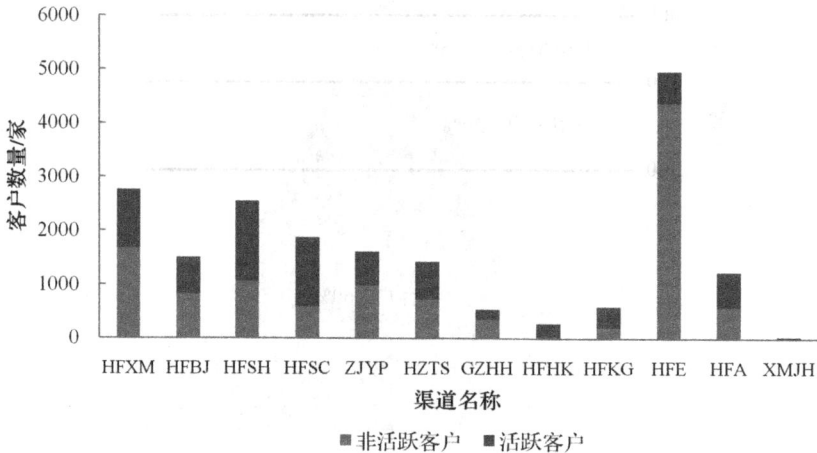

图 3.8　厦门宏发股份各渠道终端客户活跃状态

如何有效地盘活这些客户资源,让这些客户资源能得到有效利用,更好地发挥其作用,是企业面临的一个问题。

(3)客户或项目信息难以共享和追溯,难以最大限度地挖掘客户价值和为其提供满意的服务,影响客户开发的效果。由于缺少统一的平台,客户信息难以在其他销售机构内得到共享,形成了信息不通畅、沟通效率低、信息准确度不高等问题,不能及时解决客户问题,容易造成重要信息或项目的丢失,客户开发很容易变成各个公司单打独斗,很难为客户提供有针对性的服务,容易造成客户不满而丢失资源。

(4)内部缺乏有效的协同机制,项目或客户容易出现冲突。厦门宏发股份产品以区域为产品主要销售范围。随着产品门类的增加、专业化路线的出现,区域内的客户和专项客户之间有时候会出现矛盾;虽然由营销中心统一管理销售,但生产性企业还有一些销售职能,又缺少有效的管理手段与沟通方法,容易和区域销售机构之间产生矛盾,很可能会出现一个客户对口人员较多、重复开发、资源浪费等问题,也给客户带来了管理混乱的不良印象,如图 3.9 所示。如何发挥共享客户的积极作用,解决带有普遍性的管理问题,形成合力,是企业面临的另一个问题。

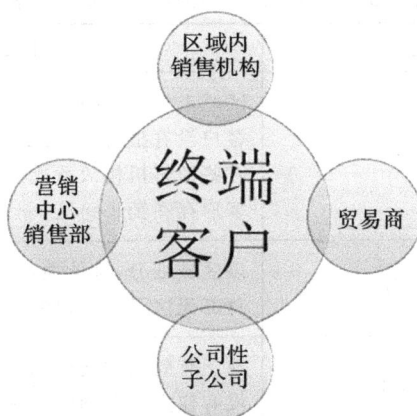

图 3.9　终端客户可能遇到的销售机构

（5）对于集团性大客户缺少有效的管理办法。集团性大客户一般是一些较为先进的跨国公司或行业内的标杆性的企业，它们的研发、生产、物流、商务等流程都在一个平台统一管理。厦门宏发股份对应的销售区域，有时会涉及两个或两个以上，这些区域又分属不同的销售机构。这种划区域割裂的销售模式与全球性大客户统一协调模式完全不相适应。

厦门宏发股份各个销售机构基本上独立开展业务活动，产品的设计、采购、物流、商务不在某个销售机构区域以内，一些销售机构不能获得直接利益，积极性不高，缺少当地销售机构的支持和有效的配合，不能形成相互协作的合力。

（6）客户分级体系不够全面、科学。目前厦门宏发股份虽然有客户分级，但主要以客户过去的营业额为标准，显然是对客户过去销售情况的总结，并不能代表其未来的发展趋势。以营业额为指标过于单一，营业额高的客户，利润不一定好，未来的战略匹配性不一定强；分级体系实施范围有限，目前只有一些海外公司，如欧洲公司在实施，其他销售分公司基本上没有分级体系，并没有在股份公司全面应用；在股份公司内部，没有统一的分级标准，很容易导致同一个终端客户因处于不同的销售区域，而有不同的分级，一定程度上影响了客户的感受。

总之，在过去一段时间内，厦门宏发股份以区域为范围进行销售，虽然在快速扩大市场、提高客户占有率、缩短服务客户时间等方面起到了积极作用，但这种模式也使客户资源不能掌握在公司手中，给公司未来发展带来了一定的潜在经营风险，如表 3.3 所示。

表 3.3　客户关系管理的问题及原因分析

主要存在问题	主要原因
客户或项目冲突	区域未划分,存在一些交叉客户; 客户没有报备,没有统一的管理窗口; 有些销售机构故意扰乱; 客户存在销售跨区
区域内的客户开发、维护不力	以区域划分,排他性,无竞争; 总部无法了解客户的情况
客户或项目信息难以共享和追溯	缺乏有效的沟通机制; 没有建立一系列的管理制度

　　过去,公司主要实施以区域为主的粗放管理模式,随着外部环境的变化、客户需求的提升、公司发展的需要,管理模式需要进一步改进。需要将以客户为中心作为出发点,来考虑和设计整个厦门宏发股份的营销管理思路,最大化地发挥客户价值。从某种意义上来说,这并不是对原有区域管理模式的否定,而是对管理维度进一步精细,是对过去模式的有效补充和升华:从过去粗放的管理向精细化管理转变,从区域销售管理向以客户为中心进行管理的思路转变,从管理物向管理人的方向转变。

四、厦门宏发股份客户关系管理提升方案

好的客户关系管理体系应该以客户为中心,充分发挥客户的价值,一方面让客户充分理解公司的价值,另一方面也让公司充分挖掘客户的价值,两方面结合才能让客户关系管理的方案更好地适应公司的发展要求和客户的需求。

客户的价值分为潜在价值和当前价值,要使客户价值最大化,就必须知道客户价值的内容:哪些因素影响当前价值,哪些因素影响潜在价值;哪些是定性指标,哪些是定量指标;哪些是一级指标,哪些是二级指标。一个个层次进行分解。

(一)影响客户价值的因素

根据前面的理论和数据模型,客户的价值包括当前价值和潜在价值。当前价值是为公司带来的当前利润,因此,和当前的购买数量、毛利率和可变营销成本有关。潜在价值是指给公司带来的未来价值,具体可分为内在潜在价值和外在潜在价值。内在潜在价值主要包括客户关系和客户能力,客户关系包括了忠诚度、信任度、满意度、合作深度、活跃程度、合作意愿;客户能力包括经营规模、客户盈利能力、信用能力、技术能力、市场地位、影响力、供应商管理能力等。外在潜在价值包括市场需求变化、供应商竞争度和转换成本。其中市场需求变化包括市场规模、增长率、替代品和市场占比;供应商的竞争主要包括产品质量、销售网络、服务与技术能力等;转换成本则包括产品认证复杂性、周期、产能、供应时间等,如图 4.1 所示。这些因素都直接或间接影响着客户的价值,围绕着这些客户价值的影响因素改善客户关系能取得预期的效果。

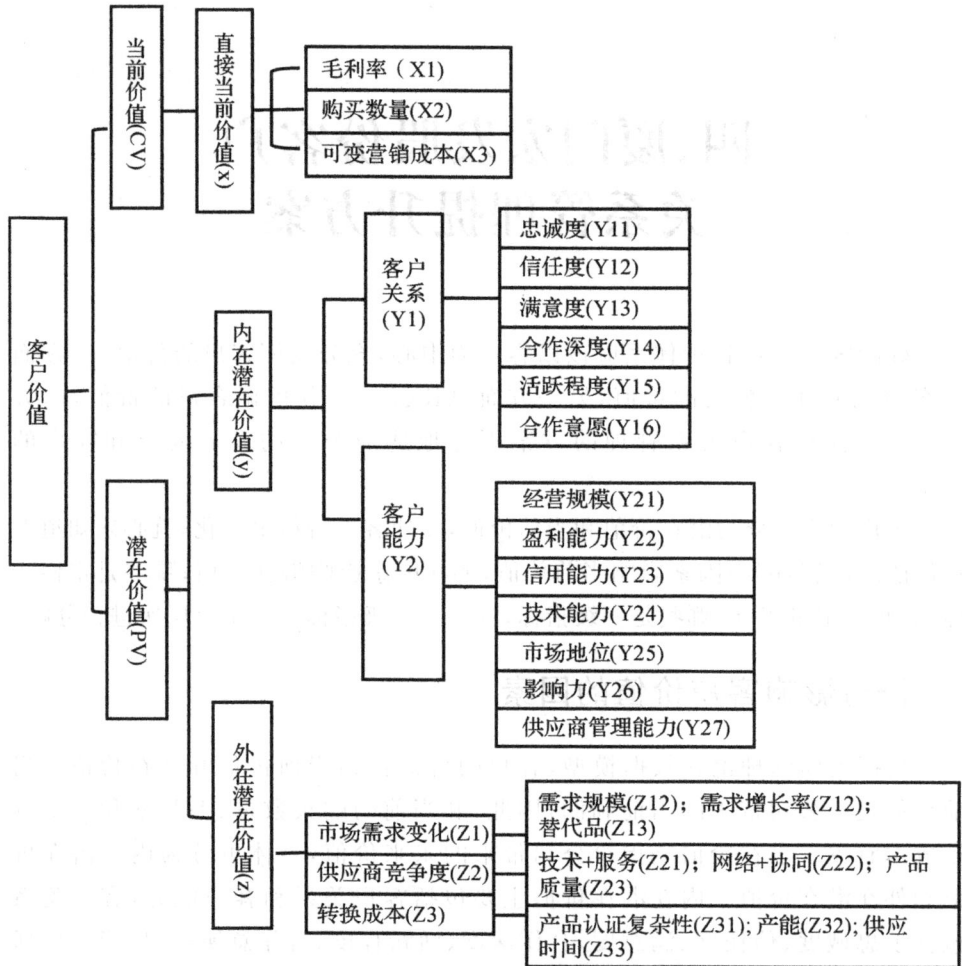

图 4.1　客户价值的影响因素

针对目前客户关系中存在的主要问题,接下来的工作重点应是:加强客户关系管理,包括报备、审批、分级与回收,将公司的有限资源发挥到最大作用,降低可变营销成本,增加客户当前价值;提高销售机构之间的协同度,提高服务质量和客户的合作意愿;设立大客户经理,提高客户满意度和忠诚度,采用"技术＋销售方案"的销售模式提高合作深度,提高客户潜在价值,进而提高客户总价值。

（二）具体实施方案

1. 设立统一的管理窗口

建立以营销中心为统一窗口的客户管理体系。针对目前厦门宏发股份没有统一窗口和专门的部门负责股份公司的客户关系管理工作。为了加强集中统一管理，需要以营销中心为统一窗口，以渠道部为主要的单位，增设专人负责客户关系管理，主要职能包括总公司的客户资源信息输入、客户申报、客户协同、跨区交叉客户管理、客户冲突与协调等。有了统一对口的责任部门，便可从股份公司层面上对客户实行统一管理，制定标准化的流程和制度，协调多方的资源，对客户提供全方位的服务，提高客户的满意度和忠诚度，提高重复购买率，实现价值最大化。

有了统一的管理窗口，客户资源过于分散的局面会大有改观，客户资源就不再是掌握在各销售机构的手中，而是在股份公司的手中，有利于发挥整个公司的力量，提高客户资源的管理水平和高度。

2. 建立客户关系管理体系，增加客户当前价值

（1）建立客户报备体系。报备是客户信息收集的基础，是实现客户档案的统一化管理，建立客户的 360 度管理视图。有了这些基础信息，公司才能了解客户的情况，进行后续的价值分析。特别是当前大数据在营销中得到大规模应用，通过大数据可以分析客户的行为及偏好、购买频率，并能找到更相匹配的客户。有了这些基础数据和分析后，公司才能提供一对一的服务，做好客户关系。

为了保证客户资源管理的有效性，所有销售机构在开发客户时，都要报备客户，报备的信息基本上包括客户名称、项目背景、项目名称、数量、金额、竞争情况等。在报备时，渠道部要进行客户唯一性检查。当客户是唯一的时，可以进行业务的开发；当客户不唯一时，要检查是否有其他销售机构已经在开发，如在开发，则申请同其他销售机构共享该客户，共同提供服务。对于只报备未能有业务的客户，一律归属潜在客户，潜在客户在一定时间内由相关的销售机构进行开发，有了正式的订单后，其才属于正式的客户。

只有报备才能保护客户的合法性、保证业务开拓的合理性。没有报备的客户将不再受到业务保护，其他的销售机构如果条件更有优势，则可以开展业务，若造成客户与市场的冲突，则会受到更为严厉的处罚。具体的客户报备流程如图 4.2 所示。

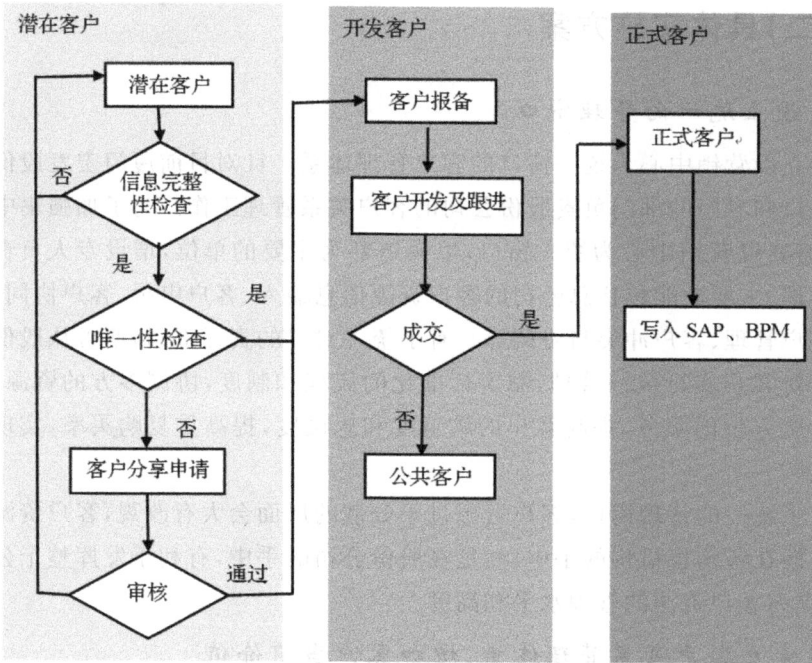

图 4.2 客户报备流程

销售机构对目前销售区域内的所有客户,无论是交易客户还是潜在客户,都要报备,并按有无申报和交易状态的不同,采用不同的管理办法,如图 4.3 所示,督促其形成报备习惯。

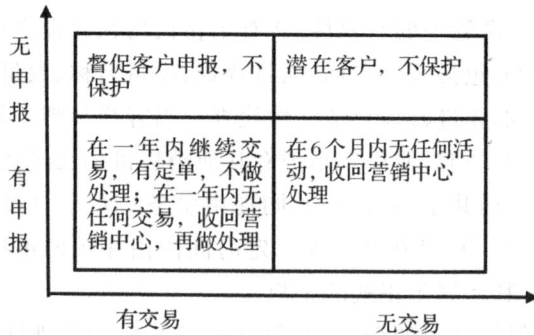

图 4.3 针对不同客户的不同管理方案

266

（2）建立科学的分级管理体系。有了客户基础信息以后，需要对客户进行划分，有效发挥客户的价值。在公司资源有限的情况下，根据客户的不同价值分配不同的公司资源，提供更有针对性的服务。

针对目前只有一个维度和各销售机构的不同标准，有必要建立统一的、科学的分级体系，只有建立了科学的客户分级体系，公司才能提供差别化的服务，进行更有效的客户沟通，提高客户满意度。

客户的价值除了有当前价值，还有潜在价值。根据公司现状和业务特点，当前价值具体体现在客户当年的销售额、当年的利润率、当年的风险系数等方面。当年的销售额越高，则当前的价值越大；利润越高，则公司获得的价值越大；在同等的条件下，相关的销售费用越低，则当前的价值越大；风险越低，则价值越大，如表 4.1 所示。

表 4.1 客户分级风险取值

风险评估		R
	当年无逾期/无风险	0
	当年累计逾期 1 次/风险等级 1 级/较小风险	1%
	当年累计逾期 2 次/风险等级 2 级/小风险	2%
取值条件	当年累计逾期 3 次/风险等级 3 级/中风险	4%
	当年累计逾期 4 次/风险等级 4 级/较高风险	6%
	当年累计逾期 5 次及以上/风险等级 5 级/高风险	10%

注：取值结果

当前价值一般用货币表示。具体的公式为：

$$V_n = [S_n \times (1+P) - 销售费用] \times (1-R) \quad (4\text{-}1)$$

其中，S_n 代表当年的销售额；P 为当年利润率因素，参考毛利率（＝销售价格/成本）；R 为当年逾期次数；销售费用包括维护和发展客户的费用。

潜在价值是客户未来可能给公司带来的价值，包括客户总采购额、可争取份额、客户行业影响力、客户的管理水平等因素。对一个公司来说，客户总采购额越高，则客户潜力越大；可争取到的份额越大，则客户未来潜力越大；客户行业影响力越高，则客户潜力越大；客户管理水平越好，则客户潜力越大。如式（4-2）所示：

$$V_f = S_f \times T \times E \times M \quad (4\text{-}2)$$

其中,S_f 代表客户总采购额;T 代表可争取的份额;E 代表客户行业影响力;M 代表客户的管理成熟度。

根据上述的计算结果形成 2×2 客户矩阵图,如图 4.4 所示。

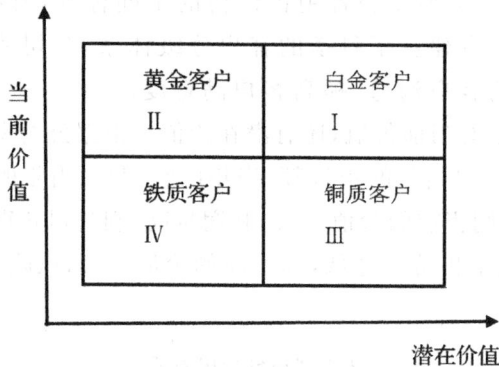

黄金客户 Ⅱ	白金客户 Ⅰ
铁质客户 Ⅳ	铜质客户 Ⅲ

图 4.4　客户分级矩阵

Ⅰ类客户称为白金客户(核心客户),这类客户对公司最有价值,目前为企业创造的利润也多,又有很高的潜在价值。针对这类客户,公司需要重点服务,优先地安排优秀的业务人员,实现一对一的客户保持策略。

Ⅱ类客户称为黄金客户(重要客户),虽其潜在价值不高,不如白金客户,但当前价值高,是当前的利润来源,很容易被竞争对手抢走。公司应在保证利益的前提下,投入足够的资源,尽量使其转化为白金客户。

Ⅲ类客户称为铜质客户(普通客户),虽然当前客户价值不大,采购量或利润不高,但潜在价值高。公司也应与这类客户保持良好的关系,投入更多的资源使其转为黄金客户或白金客户。

Ⅳ类客户称为铁质客户(一般客户),当前价值最小,潜在价值也最小。一般来说,这类客户的数量最多,公司要将一些有潜力的客户有选择地转化为铜质、白金或黄金客户,对没有潜力的客户则不必投入太多的资源,只需进行日常关系维护,在适当的时机还要提高交易门槛。

企业的资源是有限的,公司应该把资源更多地投向一些重点客户,而不是平均分配,应针对不同的客户提供不同的资源,如表 4.2 所示。

表 4.2　客户分级后不同客户投入不同资源与项目分配

服务项目	白金客户 （核心客户）	黄金客户 （重要客户）	铜质客户 （普通客户）	铁质客户 （一般客户）
资源投入	销售人员、销售支持人员、管理层营销人员	销售支持人员、管理层营销人员	销售支持人员、管理层营销人员	一般销售支持人员和销售员
互动频率	高层拜访，月度定期拜访，了解需求信息、经营信息	月度定期拜访，了解需求信息、经营信息	月度定期拜访，了解需求信息、经营信息	看工作情况拜访，了解需求信息、经营信息
信息收集及提报	拜访结果根据标准数据模板提报；周/月报告，系统汇总核心客户信息	根据标准数据模板提报；周/月报告	系统汇总客户信息根据标准数据模板提报	根据标准数据模板提报
关注策略	重点关注，每月定期关注客户分析情况	趋势分析重点关注，每月定期关注客户分析情况	趋势分析关注，每月定期关注客户分析情况	趋势分析视情况
定制化	积极响应	提供定制	限制定制	不定制
分货策略	全面满足要求，最优先考虑	满足要求，其次考虑	再次优先	无优先级
技术服务策略	提供全面的技术支持，每月组织相关人员定期进行技术交流，有必要形成技术支持小组	一般性的技术交流，每个季度组织技术交流和服务	一般性的技术交流，每年组织技术交流和服务	无固定时间
新产品推介	一旦有新品就进行新品介绍，让其充分了解公司的新品发展路线及策略	一般性的介绍，让其了解公司的新品发展	基本介绍	一般不介绍，让其自己从网上找

（3）建立客户过程监控与开发状态图。对成交客户和潜在客户，建立客户公用池，建立客户全流程的过程监控体系，保证在开发中及时发现问题，及时纠正。对于一些开发或维护不力的客户，建立客户强制回收机制。对于一些重点和关键的客户或项目，在客户报备的 3 个月内，若项目无任何进展，则营销中心渠道部向业务人员发出警告，督促开发，并提出今后改进措施；若 6 个月再无进展，除了向业务员发出警告，进一步升级至其主管，发出警告，让其团队提出后续措施；

269

若其 9 个月再无进展,则除了向业务员、主管发出警告外,进一步升级到总经理,督促其公司提出改进措施;到一年,若再无进展,则客户强制收回,并进行重新分配,如图 4.5 所示。

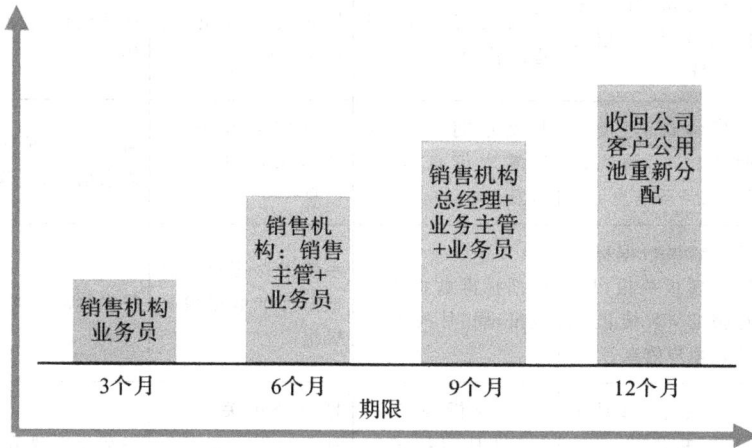

图 4.5　客户过程监控

过程监控体系的建有利于督促各销售机构积极开发客户、保持与客户的良好关系、服务好这些客户,防止一些销售机构出现客户开发不力、客户接触不多、维护不到位的问题。客户强制回收机制一定程度地引入竞争机制,打破终身制,有利于强化销售机构的危机意识,提高服务水平与响应速度,服务好客户。

(4)建立客户 360 度管理视图,实现客户资源资产化。一个客户原则上在股份公司内只有一个对应代号 ID,改变了过去客户信息太过分散、销售机构之间信息不对称、不能形成有效数据对接的缺陷,从根本上保证进行客户价值分析数据来源的可靠性。在此基础上建立客户 360 度视图,实现客户资源可视化,如图 4.6 所示。销售人员可以利用这些有效的信息,充分了解客户基本情况、背景资料、喜好、交易信息等,对客户进行有效的攻关,提供一对一的个性化服务,提高销售的成功率。在这种情况下,如果人员发生了变动,客户的相关信息依然能对新的销售人员有所帮助,所以公司的整体业务不会受到太大的影响;同时,厦门宏发股份可以对这些信息进行相关的分析,建立客户的行为档案,为公司提供新品开发、市场拓展、营销方向、竞争情况的第一手信息。

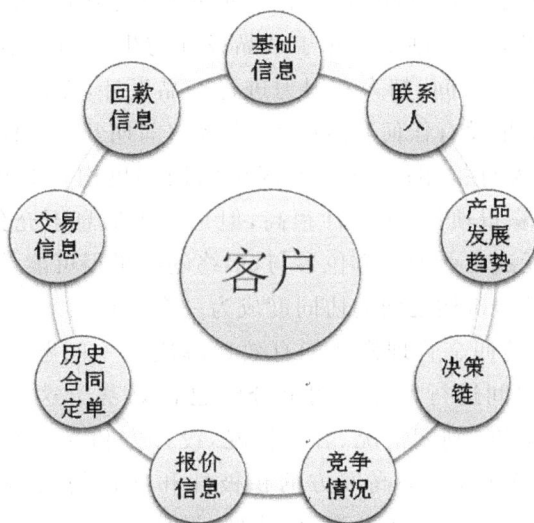

图 4.6　客户 360 度管理模式

通过上述方案,客户管理可以做到事前预警、事中监控、事后管理的过程与结果相结合,大大盘活了客户资源,使得客户价值得到有效发挥,如表 4.3 所示。

表 4.3　客户资源管理方案及预期效果

优化	方案	预期效果及优点
客户管理	统一窗口	统一管理、制度优化与统一、整体协同
	客户报备	事前管理、客户查重、客户保护
	客户分级	客户资源有效利用,价值最大化
	客户状态	动态提醒客户状态,促进客户资源盘活,实现资源有效开发与维护
	客户结果 + 过程管理	客户信息资产化,提升区域协同,降低人员流动影响

3. 加强销售机构间的协同,强化客户服务

针对目前跨区交叉的业务与客户,建立协同机制,提高各销售机构之间的协同度,实现整体配合,协同作战,争取客户。为了提高协同度,首先要解决利益分配的问题,建立合理的利益分配机制是一个有效的办法;对于集团全球性的大客

户,建立大客户管理制度,从组织上强化协同,提高协同的效果。

(1)建立跨区佣金管理制度。对于产品设计与生产均在不同销售区域的客户,一些销售机构花了时间、精力和财力进行产品设计,而产品最终下单却在其他所属区域进行,如果没有任何利益回报,在客户前期开发工作上付出努力的销售机构的积极性会大打折扣;处在采购区域的销售机构正好相反,它们有利可寻,因此很想参与、赢得项目,积极性很高,但是由于信息不充分,受语言、文化、地理位置的影响,无法在前期全方位参与,最终的结果很可能是项目丢失或客户不满意,因此提高销售机构之间的协同度成为一个重点。

采用利益分享的佣金管理模式能有效地解决这一问题。无论是企业或个人,大都会在利益之间进行博弈。佣金分配也正好基于这一点。根据项目的重要程度、双方参与度、利润情况、客户情况,设计方和受益方按双方都接受的一定比例进行利益分成,以提高双方的积极性和项目的成功率。让设计方在项目设计时积极进行前期的技术沟通、选型,设计方除了享受一定比例的佣金外,还可以把其设计的采购列入虚拟销售额,这样其也有价值回报。项目中的受益方(落单方)也通过客户订单争取到一定的份额,保证其经济利益,也愿意拿出一部分的"劳务费"给设计方。这种双管齐下的设计思路,既平衡了内部的利益,又调动了双方的积极性,一举两得。具体的操作流程和办法如图 4.7 所示。

设计方:产品获得客户认定的"前期付出方"。设计方的界定以客户项目的最终认定为依据。设计方通过一系列销售活动获得客户产品认定,取得对应产品型号的客户的系统料号,并进行项目或客户注册,只有完成项目注册和取得客户的认定后才可以分享后续的利益。

受益方:客户项目的最终采购方不在设计方的销售区域内,而是跨区域在其他销售机构所属区域内采购,由其负责收款、订单处理、物流及配送,该销售机构为受益方。

受益方向设计方支付一定比例的佣金作为设计方的劳务费,计算公式如下:设计方佣金=(产品销售价格-产品采购成本)×佣金比例。为了激发设计方的积极性,一般应在项目开始的前几年提高佣金比例,随着采购年限的增加,佣金比例逐步减少,直至取消,这样双方的利益都能得到有效的保证。佣金年限如表 4.4 所示。

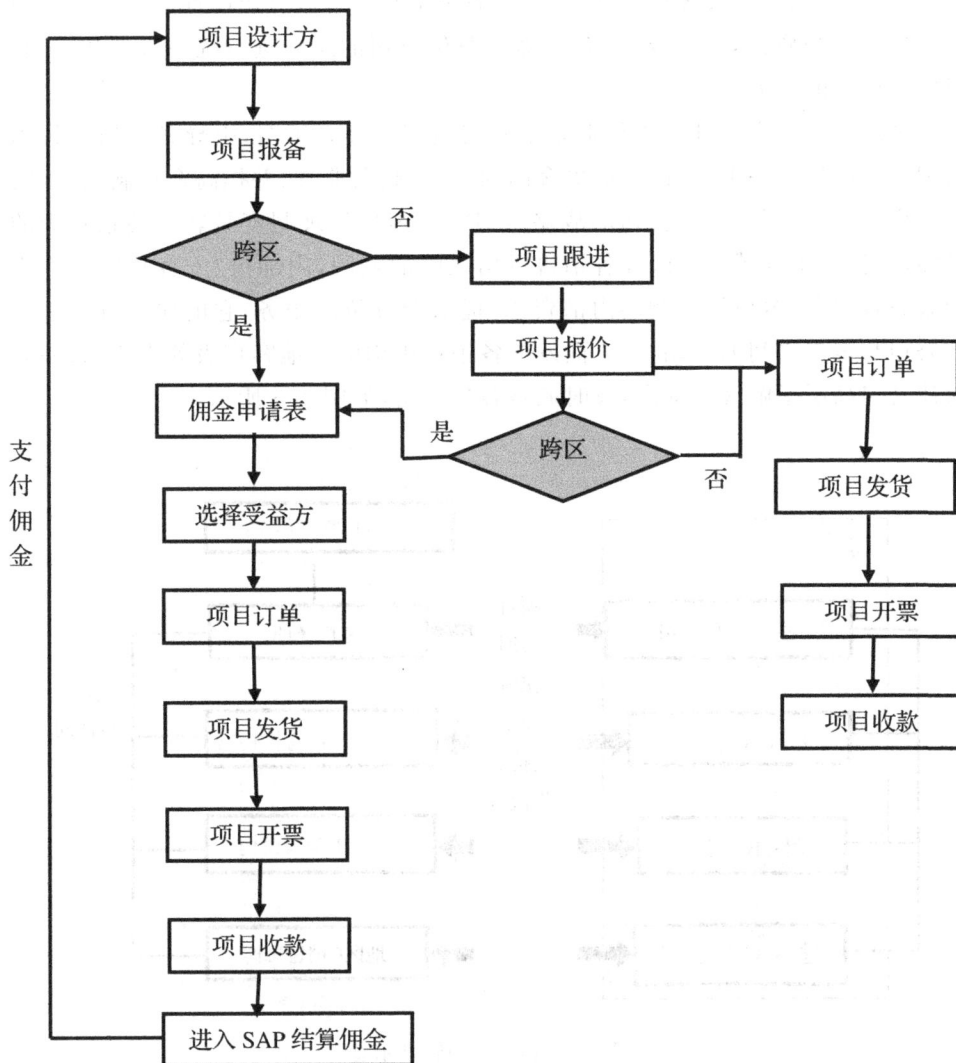

图 4.7　跨区客户佣金操作办法

表 4.4　佣金年限

项目年限	设计方佣金比例（净利润）	受益方佣金比例（净利润）
1～5 年	60％	40％
6～10 年	30％	70％
10 年以后	0％	100％

273

（2）设置全球性大客户经理，提高服务水平和满意度。集团性大客户是公司的战略性客户资源，对于这类客户，需从股份公司的层面进行统一管理和协调，提供全球化的服务。

全球性大客户经理主要负责制定并实施客户关系策略，引导各区域销售团队理解并执行这一策略，以争取更多的项目，提高营业额，并提高客户满意度，实现客户价值最大化，实现公司的战略意图。大客户经理制度是客户关系管理的延伸，它打破了区域的界限和各销售机构之间的隔阂，内部由"等客户"变为"主动服务客户"。客户经理调动内部资源，提供全方位的服务，它的建立有利于增强公司与客户之间的互动，一方面发挥各销售机构的在地客户服务优势，另一方面让公司高层了解客户动态，及时调整客户策略，如图4.8所示。

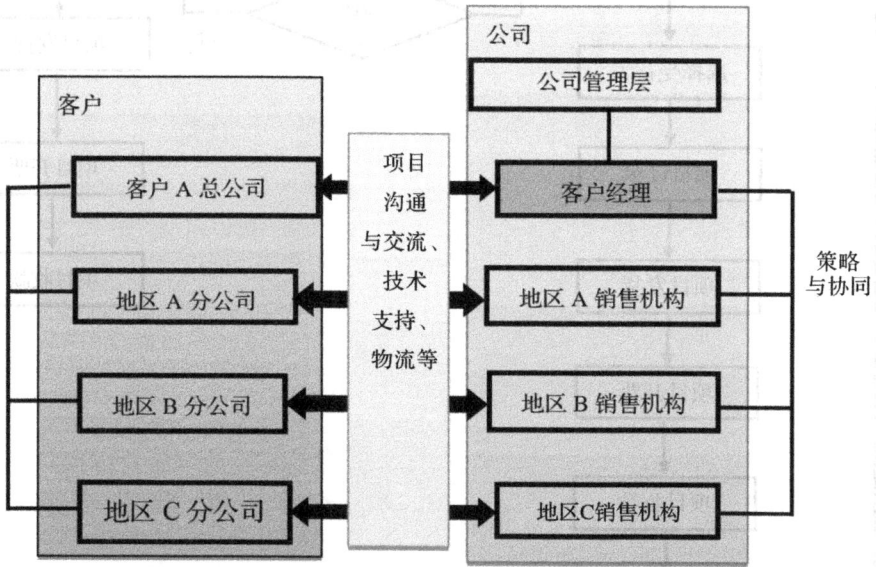

图4.8　客户经理管理示意

目前集团性的管理模式主要有财务型、战略型、运营控制型（操作型）三种类型，具体到大客户经理处理办法有两个类型：

第一，集中管理型（运营操作型）。总公司对各分子公司实施集中管理，总公司负责年度定价、份额分配、供应商开发，而子公司则只是执行这些规定，并负责产品的生产、采购、交期与物流。集中管理型要求公司必须在集团公司总部设定一个对应的客户经理，负责业务和价格谈判，争取到更多份额。

第二，分散型（财务型和战略型）。公司内部虽有统一的管理系统，但是各地的分公司相对比较独立,无统一的全球商务谈判窗口,项目较为分散,价格谈判以各个区域为主。由于内部信息流通比较顺畅,因此管理重点在信息的传递,特别是价格和项目。

相对应地,厦门宏发股份在两个层面也有不同的管理模式,具体的分工与任务如表4.5所示。

表 4.5 不同类型集团类客户经理职责与任务

项目	集中管理型	分散管理型
设立原则	对应总部所在地的销售机构相应业务人员担任	总部营销中心
客户经理的职责	制定全球性客户业务策略;负责全球性客户年度份额及价格谈判;跨区项目价格指导;提供全球性客户业务报告,及时落实年度份额情况;负责全球性客户的项目、技术、商务等方面的协调;就(全球)合同或协议(物流、质量等)进行谈判,并督促各区域执行;协调资源,积极提升全球性客户的服务水平;组织股份公司对全球性客户进行商务公关	负责销售机构之间的跨区项目的信息沟通;定期收集跨区项目发货数据及项目汇总,形成全球性客户业务报告;协调处理各销售机构之间的冲突及纠纷
各销售机构的区域性经理	落实执行全球性客户业务策略;报告及落实全球性客户价格、技术、项目等的执行情况;落实LOA年度份额,追踪订单、物流等配送情况;配合营销中心及时准确提供全球性客户的发货数据、在手订单、项目进展等信息;第一时间与营销中心或全球性客户经理协商跨区项目的型号推荐、报价等;积极维护好该区域全球性客户的客户关系,配合全球性客户经理进行商务走访;配合全球性客户经理及营销中心处理跨区项目的质量投诉	负责该区域客户的项目设计,推动其他商务工作;及时和全球性客户经理沟通价格,同时结合当地报价水平提供报价并跟进;定期提供跨区项目发货数据及项目汇总

为了保证集团性客户经理的积极性,股份公司可以按集团性客户的整体情况和利润增长单独对他们进行一定程度的业绩考核,对其进行激励。

(3)采用"技术和营销双驱动方案式销售",为客户创造价值。经过多年的发展,目前厦门宏发股份生产的工业类产品,已形成了一定的优势,产品门类比较齐全,行业和客户应用案例众多,技术实力强,在行业中的地位很高,有一支以工程师为背景的销售队伍等。这些都为提供方案式销售奠定了基础。

　　方案式销售与一般的产品销售有很多不同之处:产品销售更多的是满足客户需求,这些需求往往是显性的;而方案式销售的本质是解决问题,客户的需求往往不明确,客户很可能只知道产品存在一些不足或问题,诸如价格过高、技术参数需要改进等,但对如何解决还不清楚,所以方案式销售的本质是从客户问题出发,围绕解决问题开展的一系列活动。产品销售的核心是说服客户使用本公司的产品,通过一系列的拜访活动,让客户理解和相信公司的产品是最好的;而方案式销售是引起用户的价值共鸣,企业通过一系列的活动为客户提供产品的解决方案,有针对性地解决客户痛点,容易得到客户的认可。产品销售更多地强调客户关系和产品价格,公司利用现有的产品和服务为客户提供增值服务;而方案式销售重点是强调价值和风险,在于为客户创造价值点,解决客户的难点,化解客户的风险,使公司与客户建立一种长期的战略性合作关式。方案式销售步骤如图 4.9 所示。

流程	目的/目标	手段/措施
引起兴趣	• 产生共鸣	案例/问题描述
结果预期	• 激发欲望	量化指标
技术路线	• 认同逻辑	技术中心/技术体系
问题界定	• 量身定制	诊断/专享互动
方案设计	• 产品组合	对比效果

图 4.9　方案式销售的步骤

　　要做好方案式销售,就需要尽早介入客户项目,进行需求调研,了解客户的痛点,引起客户的共鸣;在结果预期阶段,要引导客户需求,确认客户的问题;在技术路线的设计上,要强调公司是如何解决问题的,让客户认同公司的解决方案;在问题界定阶段,要为客户量身定制解决方案;最后进行方案设计,打产品组合拳,更多地利用公司产品门类多的优势,打造竞争优势,增加客户黏性。

　　在方案式销售中,销售人员不再是单打独斗地凭经验销售,而是要同技术、品质、生产等部门协力合作,进行全面的客户接触。技术是实现营销的保障,营销是技术路线的最终实现,技术与营销双驱动,为客户创造价值,确保客户满意,如表 4.6 所示。

表 4.6　方案式销售与客户在不同阶段的互动

阶段	技术驱动	目的	营销驱动
引起兴趣	充分了解客户的技术需求，进行技术交流或产品测试，失效样品分析，提供技术专题会议或座谈会等	以客户为中心；创造价值，赢得信任	充分了解客户的痛点，搞好客户关系，从技术角度入手，了解客户投诉情况
结果预期	技术系统要把问题具体化，进行量化，通过实效再现说明结果		要把目前存在问题及可能带来的后果具体化
技术路线	技术部门要针对客户问题提供技术路线，并且证明技术路线的可靠性		协同技术部门同客户进行进一步的技术交流，千方百计地解决客户问题
问题界定	与客户进一步确定问题，有必要进行互动研发，定制问题的解决方案		进行客户需求引导，引导客户对问题的再确认
方案设计	对方案进行分析、测试、认定，制定技术参数，设定性能门槛并让客户试用，收集试用的技术反馈进行改进		说服客户试用，进行价格谈判

　　为了实现技术与销售双驱动战略，还要对一些岗位进行优化与调整，实现技术与销售的无缝对接，具体从以下三个方面进行：

　　第一，加强应用工程师的培养。应用工程师是公司高级技术支持人员，工作的重点是针对公司产品在不同行业、不同领域的应用进行推广，既是产品应用方面的专家，又是销售对外交流技术洽谈的最好搭档，也是售前的技术支援主力。其主要职责如图 4.10 所示。

图 4.10　应用工程师职责

第二,加强产品经理的培养。产品经理(product manager,PM)是公司主要产品负责人。主要负责收集市场及客户对产品的需求等信息,确定开发何种产品,选择何种业务拓展方式、商业方法,并推动内部产品开发,管理产品的生命周期,协调相关部门如研发、营销、品质、运营等共同确定相关的政策,它是介于产品设计、市场运营和工程技术之间的角色,其职责如图4.11所示。其与应用工程师最大的不同在于:它把重点放在产品上,包括以客户为中心的过程管理、以市场为导向的设计管理、以整合为基础的产品线管理、以效率为目的的时间管理、以绩效为核心的产品团队管理。

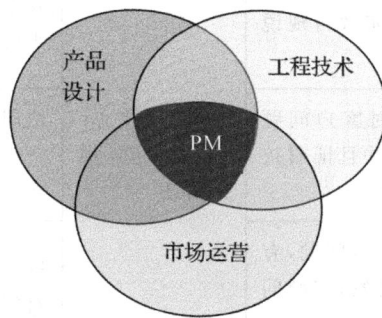

图4.11 产品经理的职责

第三,组成跨部门的应用小组。应用小组是抽调研发、营销、品质、工艺等部门的人员,打破原有的部门界线重新组成的一种小组。它以客户应用为出发点,采用"商务沟通＋应用解决方案"方式,推动业务模式从"卖产品"向"卖方案"转变,从"跟随需求"向"引导需求"过渡。应用小组通过对不同产品及应用方案进行充分的分析和研究,为客户提供更专业的应用方案建议,跟踪目标应用市场的产业政策及行业发展变化、竞争同行动态,关注新技术、新趋势、新应用,以促成销售,拉动需求。

按目前在行业中的地位,厦门宏发股份足以形成以家电、电梯、汽车、智能家居、智能电网、电源等行业的应用小组,由总部营销中心主导,联合各制造型企业、销售公司,并配备专业性队伍,针对这些关键细分行业设立集营销、技术、质量、生产等职能于一体的专业化团队,以满足客户需求,收集并落实不同关键细分行业的顾客要求,实现全方位的营销。

应用小组销售模式的应用,对于扩大企业的行业影响力、提高销售量、加强与客户的战略合作、深耕目标市场、引导客户需求、创造竞争壁垒有重要作用,如图4.12所示。

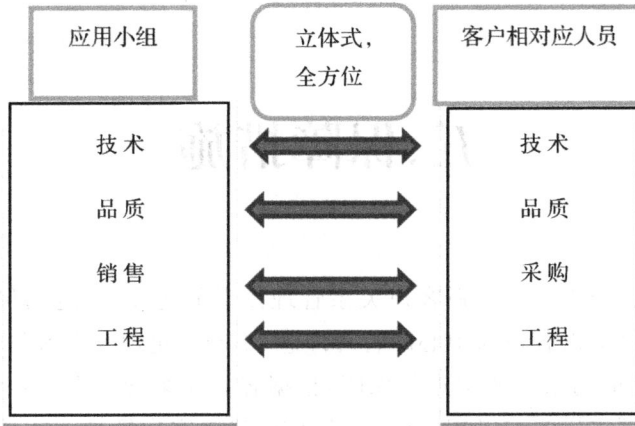

图 4.12　客户立体式全方位沟通

五、保障措施

为了推动公司进一步加强客户关系管理体系的建设,一定的保障措施十分必要。首先要打造以客户为中心的管理理念,不断强化理念学习与转化,做到理念先行;建立相应的组织架构进行保障,根据客户关系管理责权及归属,构建总部营销中心管理机构并配以相应的管理职能;建立客户管理的相关制度和佣金管理制度,从制度上进一步规范;规范售前、售中、售后流程,统一服务流程,提高订单集中度,更好地收集客户信息,成为客户信息输入的重要窗口;在人才上,培养销售工程师,实施人才战略;引入一套CRM软件,在公司内实施CRM系统,从根本上解决客户关系管理中存在的问题,最大化地发挥客户的价值。通过一系列的保障措施,从制度上、体制上、系统上固化流程,从而达到预期的效果。

(一)打造以客户为中心的管理理念

组织公司的管理层及各销售机构进行学习,提高认识,使客户资源的理念深入人心,通过一系列的手段让其成为行动规范,提高认识深度。具体可以从以下三个方面着手。

1. 理念渗透

(1)通过课程与培训进行理念渗透。利用公司强大的培训能力,组织有针对性的培训,提高全员的客户关系管理意识,营造氛围。目前公司已有工业管理学院,建立了一套完整的培训体系。针对以客户为中心的客户关系管理理念,可以组织进行定点培训,针对不同的人员设计不同的课程。

通过培训加强高层管理者的理念,即既要注重产品品质,更要明白,企业要生存和发展,必须加强同客户的合作,从客户的需求出发,生产符合客户需求的产品,使其认可客户关系管理的重要性,不断地加强同客户的交流和互动。

针对一些具体的销售人员,培训其同客户沟通的能力,提高服务客户的水平,了解客户的实际需求,多进行走访,提高交易的成功率。只有让每个销售人员都树立正确的客户关系管理理念,才能保证其提供更优质的服务。

对于一些其他相关人员,要强化以客户为上帝的意识,了解客户的需求,增加工厂的反馈,在产品品质、交期、售后等方面不断提高服务水平。

(2)阶层传递,征集感言。适当组织学习会、讲座、座谈会、交流会等多种活动。可以要求员工结合自己的岗位特点,用简短的语言把自己对理念的认识和体会写出来,开展征文比赛及客户关系管理活动月之类的活动。

(3)适当抽查,认真总结。公司要用对待 6S 管理的态度来对待客户关系管理,可采用定期或不定期的方法,随机检查,并进行奖惩。

2. 理念考核

首先,在公司内部要建立一套客户关系理论认识程度的标准,可分为"合格与不合格""理解与不理解"。其次,要进行日常抽查,可采用日常考核与集中考核相结合、季度和年度抽查相结合的方式。每个季度组织一次抽查,人数不少于总人数的 30%,抽查一般不重复,但对上次不合格的员工可以再进行抽查;年度抽查的比例为 10%。最后,要把抽查的结果和日常考核结合起来,对季度或年度的优秀员工和部门进行表彰,对不合格的员工要重新进行培训。

3. 实践转化

对理论最好的打造办法就是将它们应用于实践,让员工实实在在地感受到理论应用带来的效果。因此最终还是要落实到制度上来,要建立一套符合员工岗位特性的制度,让整个公司的观念深入人心,成为员工的行为指南。

(二)构建以总部为中心的全球市场运作体系

客户关系管理是一项系统工程,为了保证其有效实施,首先需要建立与之相关的组织架构,从目前来看,要改变客户资源分散的现状,就要从总部职能部门入手,从集团公司而不只是某个销售机构出发设定组织架构,进行客户关系管理的职能建设,这有助于取得更好的实施效果。

1. 强化总部在客户管理上的管理职能

进一步加强总部营销中心的组织、统筹和协调能力,加强全球营销网络及渠道的建设和管理;整合全球客户资源,统一进行策划和协调,加强营销系统信息流的管理与利用,构建以总部为中心的全球市场运作体系。总部营销中心在执行总部营销战略、制定完善的政策、调动资源方面起到重要作用。而其他销售机构在总部营销中心的统一协调下开展营销活动,形成一个有机的营销系统。

2. 建立相应的销售组织架构，优化职能

营销中心代表公司具体落实与执行客户资源管理相关职能，因此在营销中心建立符合这一需求的组织架构十分必要。组织架构的主要变化有以下几点。

(1)市场部增加产品技术应用工程师。产品技术应用工程师负责产品管理、技术支持与应用。市场部增加此职位，一方面能综合市场部原有的一些功能，如市场策划、营销管理；另一方面能弥补市场部门在产品与技术方面的不足，提升管理水平。

(2)在渠道管理部增加 CRM 管理功能。目前的渠道部负责整个渠道的建设、核准、冲突处理以及渠道方面的流程建设。因此，客户关系管理职能的建立一方面使这个职能有了一个统一的管理窗口，另一方面也加强了渠道管理水平。

(三)建立一系列客户资源管理的制度

建立有序的管理制度是把管理方法固化为一种有效的方法。就客户资源管理来说，建立一套完整的管理制度就更为必要，特别是在推行阶段，一方面有利于在公司的各个层面建立标准化、规范化的流程，另一方面更有利于把制度落实到行动中。

1. 客户资源管理制度

这一制度包括客户申报及分派、客户信息收集、客户维护与开发、客户冲突与协调，是公司客户资源管理的基本思路，基本原则是：

(1)总原则：所有客户资源归属于股份公司。股份公司总部保留对全球各销售区域所有市场、客户资源的最终管理权和最终决策权，各销售机构不拥有对被授权区域的市场或客户资源的垄断或永久性经营权。

(2)有报备才保护原则：各销售机构在被授权区域内进行的客户资源开发都必须事先向总部营销中心进行报备。经报备并获得总部营销中心审批的客户才受到股份公司的销售保护，未向总部营销中心报备并获得审批的客户，不受销售保护。

(3)资源盘活原则：为激励各销售机构深耕市场和盘活客户资源，客户关系管理系统设定时限，针对无实质订单且无销售活动的客户进行定期提醒。对各销售机构在被授权区域内未报备或已报备未在时限内开发的客户，股份公司总部将保留再支配的权限。

2. 跨区佣金制度和客户经理制度

跨区佣金制度和客户经理制度都是为了解决跨区客户的利益分配问题。客户经理制度主要强调客户经理目的、职能、工作内容、权限。而跨区佣金制度主要是强调"谁设计，谁受益"的总原则，以制度的形式把这些固定下来，有制可依，解决争议按照责、权、佣金分配的原则。

（四）固化一系列客户管理模式与流程

除了制度，股份公司需要规范一系列的管理模式及流程，从而为这一方案提供进一步的保障，主要有以下几个方面。

1. 固化客户售前与售后的业务流程，引导客户转向方案型销售

固化同客户的接触与成交的流程，明确各个阶段的里程碑、关注点、成功标准、工作任务、内部参与部门等，以方便对工作进行评价。当然，与有些客户可能不需要这么多的步骤就可以完成成交，但对于公司来说，有了售前、售中、售后几个步骤，可以让销售职能更明确。

售前业务是与客户在启动业务或项目之前在技术、商务、品质等方面的沟通，具体步骤如图 5.1 所示。公司在不同阶段的关注点不同，以争取到方案和技术交流为主，联合相关部门，共同争取项目，如表 5.1 所示。

需求沟通 ⇨ 深度接触 ⇨ 方案设计 ⇨ 技术交流 ⇨ 方案确认 ⇨ 报价试样 ⇨ 合同谈判 ⇨ 赢得订单

图 5.1　售前业务步骤

表 5.1　售前不同阶段工作任务与关注点

里程碑	关注点	成功标准	工作任务	内部参与部门
需求沟通	客户、决策链、经营情况、需求量、竞品、历史交易等信息	内部成立应用小组	通过各种渠道，收集有效信息；确定信息的完整性和有效性	市场、销售、应用工程师

续表

里程碑	关注点	成功标准	工作任务	内部参与部门
深度接触	客户关键决策人,目标价,竞品的情况,客户痛点	伙伴倾向	了解客户的关键决策人、竞争态势;成功发展1~2名客户联系人	销售
方案设计	客户具体需求,我方的设计方案,成本,竞争优势	需求引导	技术方案设计,内部验证;有效引导客户;成本有优势	技术、应用与市场
技术交流	技术交流人员、成果、时机;邀请客户参观工厂	基本认可技术能力	通过参观、考察等方式展现优势	技术、销售与品质
方案确认	技术参数,壁垒;竞品的不足	认可产品	满足客户技术要求;对竞争对手产品进行分析,找出不足;设定有效的技术壁垒	技术、销售
报价试样	产品价格;决策者;竞争对手的价格;	价格确认	产品报价;谈价;送小样品试用	销售、技术
合同谈判	合同要点;谈判方法;谈判底线	双赢谈判	了解对方谈判底线;明确我方的谈判立场;制定有利于我方的谈判条件;达到双赢	销售、技术
赢得订单	订单数量;交期;金额	赢单	关注合同进度;拿到正式订单	销售

在拿到产品订单以后,要积极关注售中及售后的流程,扩大影响和赢得更多的份额,争取到战略供应商。具体的流程如图5.2所示。

图5.2　售中和售后服务步骤

在售中阶段,公司要集中力量进行生产交货及物流运输,确认收款,同时要联合品质和技术部门关注客户的反馈,及时提供相关的信息,若有客户投诉则及时处理,并提供改进措施。售中及售后服务主要工作及关注点如表5.2所示。

表5.2 售中及售后服务主要工作及关注点

里程碑	关注点	成功标准	工作任务	内部参与部门
生产交货	交货时间、地点;交货数量;交货批次	成功交货	了解交货相关事宜;告知客户相关交货信息	销售、订单物流
物流运输	运输企业情况;运输方式;运输价格	按时抵达	通知客户物流相关状态	销售、订单物流
确认收款	客户付款方式、时间、金额;回收账款,冲账	货款到账	沟通付款;冲账	销售、财务
使用反馈	客户产品使用状态;有无不良品;下次订单时间,常规订单预测	拿到预测	了解产品使用情况及客户反馈;拿到后续订单预测	销售
客户投诉	客户投诉产品批次,数量,应用场合,分析报告,投诉处理结果	客户满意	了解投诉相关信息;处理客户投诉;反馈投诉结果	销售、品质、技术
技术服务	客户技术需求;讨论新的技术方案	技术引导	了解客户对产品技术的新需求或新技术方案	销售、应用工程师
客户满意	客户满意度;主动服务程度	长期合作	了解客户满意度;及时提供客户服务所需	销售、市场
需求深挖	客户其他需求	增加品种	了解客户更多产品需求,实现重复购买	销售、应用、市场

2. 规范下单的流程和窗口,加强客户信息收集

由于目前股份公司订单有很多接收方,窗口过多不利于客户信息的收集,也不利于统一管理,为了能进行集中统一的管理,必须从流程上进行规范。因为营销中心是股份公司的直接对口管理部门,所以应把营销中心作为订单唯一的接收单位,这样有利于客户信息收集,实现客户资源管理的集中性、客户信息的唯一性,减少内部冲突,保证客户资源管理的基础数据正确。订单下单流程更改前后客户订单流向如图5.3和图5.4所示。

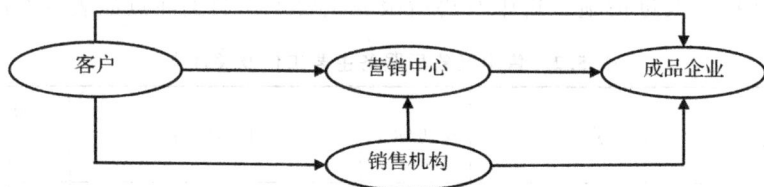

图 5.3　改进前客户订单流向

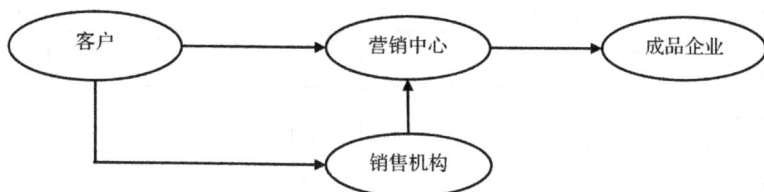

图 5.4　改进后客户订单流向

在下单时,必须规范地填写基础数据。由于目前股份公司的很多客户信息在销售机构手中,获取的难度比较大,因此,只有通过订单收集终端用户及应用领域的信息,才能进行更深度的分析,提供定制化的服务。

(五)强化人才队伍的建设,实施人才战略

"致天下之治者在人才。"人才是一个企业最重要、最稀缺的战略资源,企业之间的竞争在于人才之间的竞争。要挑选德才兼备、以德为先的人才,用好这些人才,建立人才评估、开发、激励制度,提供合适人才发挥才智的土壤,人尽其用。

厦门宏发股份正处在高速发展的阶段。这几年,公司通过一系列的手段引进人才,加大人才方面的投入,人才结构不断优化,直接员工占比从原来的72%下降到目前的61%,而人才资源占比则从2015年的28%上升到目前的39%。

从人才结构来看,现有的技术、工艺、技术管理和技术支持人员占总人数的30%,可以从这部分人员中抽调一些进行应用工程师的培养,充实到技术支持团队中,提高技术支持人员的占比。

(六)引入 CRM 管理软件,加强营销信息化建设

从目前的情况来看,传统的工作办法已经不能满足厦门宏发股份的客户资源管理需求。

首先,随着公司规模的扩大,要实现数据传递,有必要通过系统打通每个关节,让信息及时得到传递。

其次,移动互联技术的应用极大地方便了个人和企业,智能办公可以提高效率,方便进行直观化的管理,实现营销管理的数字化。

再次,厦门宏发股份的客户关系管理相当复杂,大部分的客户资源都不能直接掌握,这些客户信息不容易获得,即便是拿到信息也十分费时、费力,如果没有一个好的系统,则客户关系管理的实施效果会大打折扣。

最后,在行业中的地位决定了公司必须有明智的业务决策系统,应该向行业的引导者迈进,这一战略选择就是要提供差别化的服务,为客户提供更好的体验,实施精细化的营销与推广,如通过大数据分析客户行为与特征,分析客户需求,帮助筛选重点客户,发现新的机会。客户类别、跨区销售分析、客户信用分析、回款分析、满意度分析等因素都要求公司引入管理软件。以客户为中心实现营销、销售与服务三者的结合,有效服务好客户,真正实现管理的提升,如图 5.5所示。

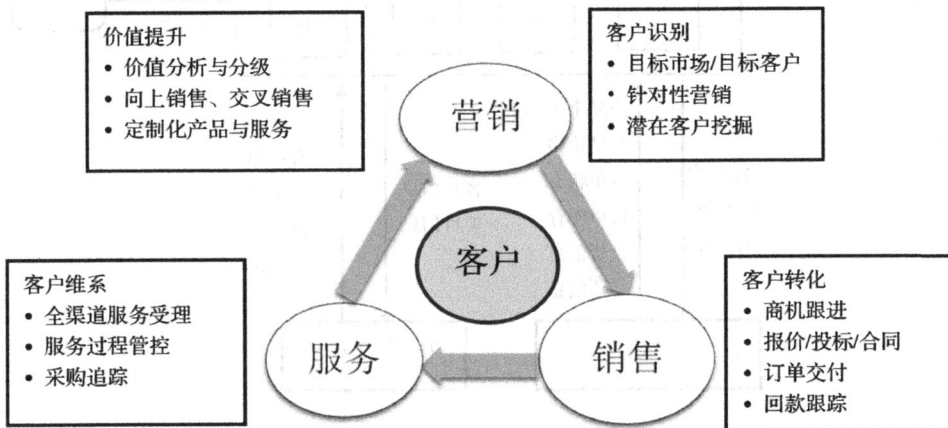

图 5.5　以客户为中心的客户资源管理

厦门宏发股份的 CRM 建设围绕以下几个目标展开。

1. 一个平台

公司把能集中的资源全部放到一个平台,实现客户信息的统一分派与管理;统一客户资源管理,共享客户开发,深挖客户价值;统一客户风险管理,实现客户的信用风险与黑名单信息共享;统一客户体验管理,对质量信息与后评估流程进行统一化管理。针对公司所有平台的现状,打通内部通路,让 CRM 系统成为整个营销系统唯一的沟通与使用平台,如图5.6所示。

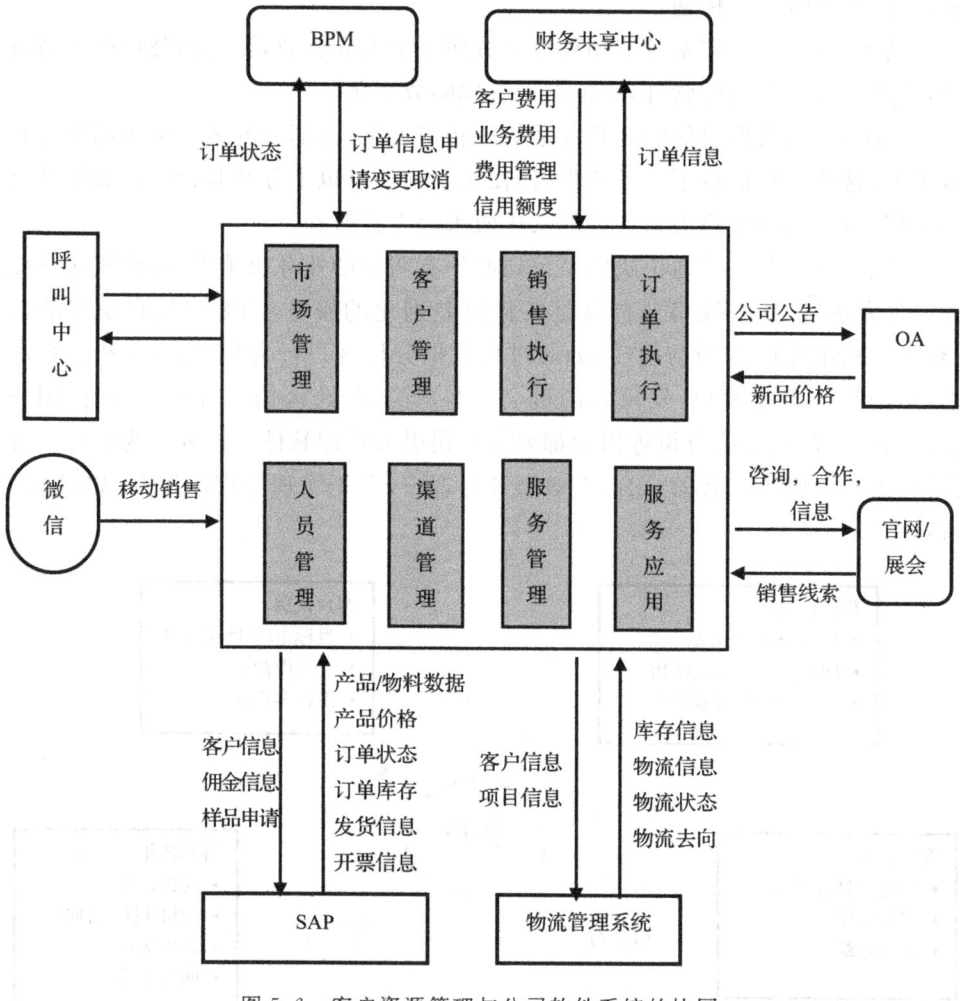

图5.6 客户资源管理与公司软件系统的协同

2. 提升商机协同效率

根据目前的客户管理情况,必须对客户商机进行全流程跟进。从商机报备及跟踪开始进行管理,掌握商机动态,以及所需的技术资源、技术输入,对销售结果进行呈现;调动销售公司的资源,提升协同效率;在商机结束后对结果进行收集并进行原因复盘管理,提升成交率,总结经验。

3.打通销售各个环节,实现营与销全流程拉通

CRM 从市场信息收集开始营销与策划的流程,到签订系统化和透明化的合同及订单、发货、开票、回款等全流程,实现对合同/订单交付过程的追溯管理,保障客户交付率,通过应收台账与数据洞察,掌控销售风险,基本上实现了营与销的全流程拉通,真正体现了以客户为中心。

4.赋能销售团队

对销售活动、日/周/月报、考勤等销售行为进行管理;提供销售知识库及销售分析工具以提升销售生产力;对项目与客户实现系统化跟进;对销售人员进行销售提醒与预警,提升销售效率。

六、结论与展望

　　厦门宏发股份是目前继电器市场中的龙头企业,市场占有率较高,以区域销售为主,产品系列较全,主营产品的市场进入成熟阶段。本篇结合厦门宏发股份快速发展中遇到的客户关系管理方面存在的一系列问题,根据价值分析理论设定公司的客户价值评价体系,采用价值分析的五个步骤,即具体数据分析、设定体系、计算细分模型、实施细分、提出具体的解决方案与营销措施,配合一系列的保障措施,让公司客户的价值最大化。这些措施对公司未来营销工作有一定的指导性,对工业品行业的客户关系管理体系构建有一定的参考意义。以客户为中心的客户关系管理的研究,在增强企业的竞争力、提升管理水平、提升企业灵活应变市场的能力、提高企业的利润水平等方面,具有重要作用。

　　笔者的水平和时间有限,难免有一些不足,主要有以下几点:

　　第一,厦门宏发股份只是工业品制造业中的一员,产品细分领域小,再加上企业之间的情况千差万别,是否具有工业品行业代表性,还需要工业品中更多的案例进行补充。

　　第二,鉴于客户关系管理潜在价值指标的合理性,得出的结果可能具有片面性,也未能从数据上进行进一步的实证分析,对所列出的指标体系中的每个权重分配还需要进一步研究细化,从而得出更为合理的数学模型。

　　第三,提出的方案没有考虑到外部条件的变化,更多数据来源于公司目前的现实情况,未必能代表未来的发展方向。

参考文献

［1］ Levitt T. After the sales is over［J］. Harvard Business Review，1983，61 (5)：87-93.

［2］ Berry L. Relationship marketing of service-growing interest［J］. Journal of Academy of Marketing Science，1995，23(2)：236-245.

［3］ Payne A，Holt S. Diagnosing customer value：Integrating the value process and relationship marketing［J］. British Journal of Management，2001，12 (2)：159-182.

［4］ Peppers D，Rogers M，Dorf B. Is your company ready for one-to-one market ［J］. Harvard Business Review，1999，77(1)：151-160.

［5］ Berry M A，Linoff G S. Mastering Data Mining：The Art and Science of Customers Relationship Management［M］. New York：Wiley，2000.

［6］ Todman C. Designing a Data warehouse：Supporting Customer Relationship Management［M］. London：Prentice Hall PTR，2000.

［7］ Cartwright R I. Mastering Customer Relations［M］. London：Palgrave Macmillan，2000.

［8］ Schultz D E. Four basic rules lay grounds work of integration［J］. Marketing News，1993，8：5.

［9］ Ryals L. Marking customer relationship management work：The measurement and profitable management of customer relationship［J］. Journal of Marketing，2005(69)：252-261.

［10］ Peppers D，Rogers M. Managing Customer Relationships：A Strategic Framework［M］. Hobbken：John Wiley&Sons，Incorporated，2010.

［11］ Mendoza L E，Mrarius A，Perez M，et al. Critical success factors for a customer relationship management strategy ［J］. Information and Software Technology，2007(49)：913-945.

［12］ Ho R. Customer relationship management and firm performance［J］. EN，

2013,21(3):311-316.

[13] Graphenteen B. A study in the application of six sigma process improvement methodology to a transactional process[J]. Harvard Business,2013,31(25): 21-28.

[14] Campbell A J. Creating customer knowledge competence:Managing customer relationship management programs strategically[J]. Industrial marketing Management,2003,32(5):375-383.

[15] 毛卡尔 U,毛卡尔 H K. 客户关系管理[M]. 马宝龙,姚卿,译. 北京:中国人民大学出版社,2017.

[16] Pozza I D, Goetz O, Sahut J M. Implementation effects in the relationship between CRM and its Performance[J]. Journal of Business Research, 2018, 89:391-403.

[17] Rodriguez M, Peterson R M, Krishnan V. Impact of CRM technology on sales prcess behaviors:Empirical results from US,Europe, and Asia[J]. Journal of Business to Business Marketing,2018, 25:1-10.

[18] 陈明亮. 客户忠诚与客户关系生命周期[J]. 管理工程学报,2003(2):90-93.

[19] 陈玉保,刘宏,段红彬. 营销理论的新发展:客户关系管理理论[J]. 商业研究,2002(14):77-78.

[20] 杨路明,巫宁. 顾客关系管理理论与实务[M]. 北京:电子工业出版社,2004.

[21] 王永贵. 顾客资源管理:资产、关系、价值和知识[M]. 北京:北京大学出版社,2005.

[22] 苏朝晖. 客户关系管理客户关系的建立与维护(第二版)[M]. 北京:清华大学出版社,2010.

[23] 李杰. 浅谈电子商务下的客户关系管理[J]. 价值工程,2011 13(35):3-8.

[24] 张莺. 基于客户价值评估的 A 半导体公司核心客户关系管理[D]. 成都:电子科技大学,2013.

[25] 林建平. 企业信息化建设项目管理[J]. 中国民用航空,2013,15(2):76-77.

[26] 艾明华. 基于顾客价值链的顾客价值创造[J]. 价值工程,2014,21(10):54-57.

[27] 沈永言. 客户关系管理及其在卫星通信运营中的应用[J]. 数字通讯世界,2016(10):30-33.

[28] 于海洋. 企业营销管理之客户关系的维持与恢复[J]. 中国商论,2016(10):

1-3.

[29] 孙蕊.CRM 在企业管理运用的经济学分析[J].时代商贸,2018(12):19-20.

[30] 梁晓峰.D 银行的大客户关系管理策略研究[D].长春:吉林财经大学,2016.

[31] Anion J. Past present and future of customer access center[J]. International Journal of Service Industry Management,2000,11(2):120-130.

[32] 苏朝晖.客户关系管理客户关系的建立与维护(第二版)[M].北京:清华大学出版社,2010.

[33] 伍京华,杨洋.客户关系管理[M].北京:人民邮电出版社,2019.

[34] 林建宗.客户关系管理的理论与实务(第 2 版)[M].北京:清华大学出版社,2018.

[35] 邬金涛,严鸣,薛婧.客户关系管理(第二版)[M].北京:中国人民大学出版社,2018.

[36] 李春晓.论市场营销中的客户关系管理[J].管理纵横,2018(9):123-124.

[37] 王丽芳.客户关系管理在企业营销管理中的作用研究[J].管理 ABC,2017 10(582):76-77.

[38] 林建宗.客户关系管理理论与实务(第二版)[M].北京:清华大学出版社,2018:25.

[39] 科特勒,凯勒,卢泰宏.营销管理(第 13 版)[M].卢泰宏,高辉,译.北京:中国人民大学出版社,2009.

[40] Dwyer F R. Customer lifetime valuation to support marketing decision making[J]. Journal of Direct Marketing,1989,8 (2):73-81.

[41] Oh H. Service quality, customer satisfaction, and customer value: A holistic perspective[J]. International Journal of Hospitality Management,1999,18 (1):67-82.

[42] 孙铭.基于 SOM 神经网络聚类的用气客户全生命周期[J].天然气工业,2018,38(12):146-152.

[43] 吴清,刘嘉.客户关系管理[M].上海:复旦大学出版社,2014.

[44] 刘丹,刘永才,李剑.基于客户价值的客户分类方法概述[J].商场现代化:2011(14):21.

[45] 苏朝晖.客户关系管理客户关系的建立与维护(第二版)[M].北京:清华大学出版社,2010.

[46] Hughes A M. Strategic Database Marketing[M]. New York:Mc Graw-

Hill Trade,2000.

[47] 熊兰,高炳.基于 RFM 的多层级的客户价值的客户细分研究[J].商业经济研究,2017(5):55-57.

[48] Stone B,Jacobs R. Successful direct marketing methods:Interactive,database, and customer-based marketing for digital age,eighth edition[J]. Journal of Advertising,2008,5 (3):15-19.

[49] Ha S H,Park S C. Application of data mining tools to hotel data mart on the Intranet for database marketing[J]. Expert Systems with Applications, 1998,15 (1):1-31.

[50] 陈倩舒,方晓平.基于 RFM 模型的物流客户价值研究[J].物流科技,2019, 42(7):19-22.

[51] 连漪,杨硕.基于忠诚度的客户价值细分模型构建及其应用[J].商业经济研究,2016(14),42-45.

[52] Jekinson A. Valuing your customer from quality information to quality relationship through database marketing [M]. Guildford:Biddles Ltd, 1995.

[53] Wayland R E,Cole P M. Connections:New Strategies of Growth[M]. Boston:Harvard Business School Press,1997.

[54] 拉斯特,齐森尔,勒门.驾驭顾客资产:如何利用顾客终身价值重塑企业战略[M]. 张平淡,译. 北京:企业管理出版社,2001.

[55] 闫坤伦.基于 CLV/CLP 的保险客户全生命周期利润贡献预测方法研究[J].统计与管理,2017(12):81-83.

[56] 李彤.基于 CLV 模型的共享型企业客户价值评估研究[J].商场现代化, 2019(2):26-27.

[57] 冉翠平.浅议企业客户关系管理的核心:让顾客价值最大化[J].纳税,2018 (3):124-125.

[58] 李春晓.论市场营销中的客户关系管理[J].管理纵横,2018(9):123-124.

[59] 马行天,张选龙.基于大客户营销的工业品营销策略研究[J].中国市场, 2017(13):121-122.

[60] 温巧夫,李敏强.基于 CLV 的制造商客户评价与细分研究[J].统计与决策(理论版),2007(4):147-149.

[61] 吴越舟.资深营销总监教你搞定工业品营销(23 年工业品营销手记)[M]. 北京:北京联合出版社,2015.

［62］王昭伟.工业品创新营销模式:变革环境下基于企业 B2B 业务的营销与竞争之道［M］.北京:人民邮电出版社,2014.

［63］贾昌蓉.工业品营销赢在价值链［M］.北京:中国电力出版社,2014.

［64］李洪道.工业品营销管理实务(第四版)［M］.北京:中华工商联合出版社,2015.

［65］丁兴良.案例即本质:工业品营销实战案例精解［M］.北京:中华工商联合出版社,2016.

［66］麦德奇,布朗.大数据营销定位客户［M］.王维丹,译.北京:机械工业出版社,2014.

第五篇

厦门宏发开关设备有限公司低压电器产品地产市场销售策略研究

陈小兵[*]

* 陈小兵,男,2009年入职厦门宏发开关设备有限公司总经办,主要负责人力资源招聘、培训、绩效、员工关系等相关工作;2016年调任厦门宏发电声股份有限公司开关电气营销中心,历任人事行政、市场营销、销售管理等工作,目前任职开关电气营销中心国内销售部东区大区经理,主要负责国内销售东区的销售管理工作。

一、绪　论

（一）研究背景和意义

1.研究背景

2018年,厦门宏发电声股份有限公司(以下简称厦门宏发股份)实现产品产量19.71亿只,其中继电器产量19.09亿只,同比增长5.56%;实现营业额93.37亿元,同比增长10.13%。集团综合实力进一步增强,创新能力稳步提高,产业结构进一步优化升级,全球化发展稳步推进,高质量发展迈出坚实步伐。同时,2018年厦门宏发股份还获得中国电子元件十强、厦门制造业十强、全国制造业单项冠军、中国电子信息行业社会贡献50强等殊荣。

在新时代、新形势下,厦门宏发股份的发展面临很多挑战。站在行业之巅,市场占有率达到一定高点后,厦门宏发股份如何增强发展动能,实现再增长,再出发? 在"扩大门类"方面,第二门类低压电器产品始终发展缓慢,如何快速复制继电器成功经验,利用继电器优势资源,加快新门类产品发展?

2018年,厦门宏发开关设备有限公司(以下简称宏发开关)低压电器产品实现销售额5.58亿元,目前销售按地域分为境外市场(包含港澳台地区)及境内市场,其中境外市场销售额3.3亿元,境内市场销售额2.28亿元,境内市场的发展一直比较缓慢。目前主要是面向地产、新能源(风电、光伏、充电桩等)、电力、工控行业等细分市场,产品定位中高端,国内每个细分市场的客户群体相对比较独立,且客户对产品及技术的要求也不尽相同。

面向国内地产行业客户的销售额在宏发开关的销售总额中占比较大,中国地产行业市场也一直是一个比较稳步发展的存量市场,目前全国地产行业低压电器的年销售额在150亿元左右。同时,地产行业主要需求的低压电器产品为小型断路器,小型断路器产品比较利于实现全自动化装配,这也有利于发挥宏发开关在智能制造方面的核心优势。基于上述,如何充分利用宏发开关低压电器现有的优势,结合集团品牌、渠道等方面的资源优势,明确发展方向,通过对细分市场的深入研究及市场营销策略的探讨,加速低压电器市场的发展,力争实现低压电器在国内地产行业"十四五"期末(至2025年)增长到5亿元的销售目标,成为亟待共同思考解决的问题。

2. 研究意义

厦门宏发股份已把低压电器作为公司战略发展的一个重要方向,但目前低压电器的发展与预期规划相比发展还是有些滞后。下一步,计划通过对低压电器行业及宏发开关低压电器产品发展现状的研究,结合企业自身的优势,明晰市场定位,找准目标细分市场,再辅以有效的市场营销手段,实现低压电器在细分市场的快速增长,确保公司"十四五"战略发展规划的有效落地。

(二)研究内容及方法

1. 研究内容

本研究结合市场营销相关文献及理论,先对中国低压电器行业的发展历程、市场规模、未来行业发展趋势进行概述,再运用STP理论,通过行业数据分析及有效调研、访谈,分析低压电器行业的细分市场、市场定位、宏观及微观环境,对地产行业主要竞争对手的情况有大致的了解,通过个案研究法,分析宏发开关低压电器的发展现状、优劣势、机遇与挑战及目前各细分市场的情况,进一步明确国内地产行业细分市场的销售思路,同时借鉴宏发股份继电器30多年发展形成的品牌、渠道资源等优势,为实现低压电器在国内地产行业市场的快速发展,运用4P、4C、4R、关系营销等营销理论为企业量身定制一套品牌推广及市场营销策略,并从组织保障、人才保障、激励机制保障、管理及服务保障等四个方面为企业的发展保驾护航。

2. 研究方法

本研究主要运用了如下研究方法。

(1)文献理论研究法。本研究在基础资料的收集及分析研究过程中,通过期刊、学校电子图书馆等资源查阅了大量关于低压电器及市场营销策略研究的相关文献资料,为后面的研究提供了充足的理论支撑和保证。

(2)数据对比分析法。通过对行业及主要竞争对手的相关数据的收集、对比分析,总结分析原因,找到对策。

(3)个案研究法。对宏发开关及同行低压电器主要竞争企业的现状及问题进行调查研究并加以分析。

（4）关键事件技术和半结构化访谈法。在分析总结归纳低压电器行业及地产行业主要竞争对手的情况时，对企业发展过程中的关键事件及核心数据进行对比分析，对企业内外部员工通过电话、邮件等进行了访谈，收集整理了第一手的企业相关数据。

（5）归纳总结法。结合笔者自身在宏发开关 10 余年的工作经验，以及通过日常市场调研收集了解到的行业相关信息，基于企业现状，运用自身掌握的专业知识加以消化理解，为宏发开关低压电器在地产行业市场的营销策略创新总结归纳出一套有一定的适应性和实践指导意义的实践方法。

二、相关理论与文献综述

(一)国内外相关理论

在生产经营过程当中,任何企业都无法完全满足所有顾客的需求,企业应根据产品应用的不同行业、针对的不同购买力的客户群体,首先对市场进行细分。市场细分的概念最早由史密斯于 1956 年提出[2]。科特勒在对史密斯的市场细分理论加以总结和完善的基础之上,提出了 STP 营销理论。STP 理论包含市场细分、目标市场、市场定位三大要素,这也是现代市场营销理论的核心[3]。STP理论指出,企业在参照一定的标准对所属的市场进行细分的基础之上,结合企业所处的发展阶段及自身的优劣势,找准适合企业长期发展、具有一定规模和发展前景的目标市场,根据企业自身在目标市场的发展战略,确定企业的定位。市场定位一旦确定,企业就应该设定一定的企业长短期发展规划及目标,通过市场营销、品牌宣传等手段向广大目标市场的消费者传递企业的定位,树立企业的品牌形象。

在向目标客户群体传递企业品牌理念的同时需辅之以相关的市场营销策略。麦卡锡 1960 年在他的著作《基础营销》中首次将企业的营销策略归纳总结为四点,即产品策略、价格策略、渠道策略、促销策略,这就是所谓的 4P 营销理论。其中产品策略强调的是要迎合客户的产品功能需求,有自身独特的卖点,最好能做到别人很难复制;价格策略强调的是企业应根据不同的竞争战略采取不同的定价策略;渠道策略主要是公司在产品生产出来后应采取多种渠道来进行宣传及销售,包含直销渠道、经销渠道及电子商务渠道等;促销策略讲的是企业应采取一些市场促销手段来吸引潜在的消费者或其他品牌的消费者来购买或建立合作关系[5]。主要是从企业内部自身可控的四个方面来努力实现企业的经营目标。按科特勒的话来说,"企业如果生产出符合市场需求的恰当产品,根据市场需求及竞争情况制定合理的价格,再通过合适的销售渠道,加之适当的市场促销活动,则该企业一定能获得成功"[6]。4P 理论的发展不断衍生出 6P(4P+政治力量和公共关系)、7P(4P＋人员＋有形展示＋过程管理)等理论。直到 1990年劳特朗在《广告时代》中提出了全新 4C 营销理论,它与 4P 理论最大的不同就是把市场营销的焦点从企业转到消费者身上来,强调应将消费者满意度放在第一位。4C 包括:消费者需求、消费者愿意付出的成本、购买的便利性、沟通的通畅。4C 理论不是取代 4P 理论,而是对 4P 理论的深化,4P 仍然是市场营销策略组合的基础。[7] 4P 与 4C 营销理论对比如表 2.1 所示。

表 2.1　4P 与 4C 营销理论对比

特征	4P			4C	
释义	产品	功能、参数、规格等	客户	研究客户需求、欲望,并提供相应产品或服务
	价格	面价、售价、折扣、付款方式等	成本	考虑客户愿意付出的成本及工厂的实际总成本
	渠道	直销、经销、电商渠道	便利	物流、仓储、交货周期
	促销	广告、展会、技术交流、人员推销、营业推广、公共关系等	沟通	互动交流、双赢、长期合作
时间	麦卡锡于 20 世纪 60 年代中期提出			劳特朗于 20 世纪 90 年代初期提出	

2001 年,艾登伯格在他本人的著作《4R 营销》中提出了 4R 营销理论。唐·舒尔茨总结出了 4R 营销理论的四要素:关联、反应、关系、报酬[8]。关联强调的是企业和客户间命运共同体的关系,应重点发展和建立长期合作的关系;反应是指企业如何及时、有效地获取客户的需求并能够迅速做出回应,以满足客户的个性化及定制化需求;关系是致力于与客户建立长期稳定的合作关系,这就需要企业眼光放得长远,不要只在乎一些短期的既得利益,多从客户的角度来思考及解决问题,建立长期合作共赢的关系;报酬指任何关系要想长期巩固,说到底都是利益分配的问题,在企业与客户之间寻求一个良好的折中与平衡是巩固长期合作关系的基础。同时,还应该强化企业的风险管理,包括企业内部的风险及客户合作的风险、外部政策风险等。[9]4R 理论强调的是竞争导向,侧重于如何使企业与客户建立良性的互动与共赢关系,也体现了关系营销的思想。

美国的贝瑞教授最早于 1983 年对关系营销做出如下定义:"关系营销是吸引、维持和增强客户关系。"在 1996 年其又给出了更全面的定义:"关系营销是为了实现企业和相关利益者的目标而进行消费者识别,以及消费关系的建立、维持、促进活动并在必要时终止关系的过程,这只有通过交换和承诺才能实现。"杰克逊从工业品营销的角度把关系营销描述为"关系营销关注于吸引、发展和保留客户关系"。摩根和亨特从经济交换与社会交换的差异来认识关系营销,认为关系营销"旨在建立、发展和维持关系交换的营销活动"。顾曼森则从企业竞争网络化的角度来给关系营销下定义,认为"关系营销就是市场被看作关系、互动与网络"。我们通常讲的关系营销,"指企业与客户之间的关系营销,其本质特征是企业与客户、企业之间双向的信息交流、协同合作的战略过程,是关系双方以互惠互利为目标的营销活动,是利用控制反馈手段来不断完善企业产品和服务的管理系统"[10]。

关系营销的核心是如何提供优质的产品和服务,从而留住顾客。营销成功的基本保证是建立并维持与客户的良好关系。首先必须真正树立一切以客户为中心的理念,一切从客户出发,将此理念贯穿于企业全部生产经营活动中。其次,要切实关心客户的利益,加强与客户的联系,密切双方感情。深化合作共同开发市场机会。合作营销既有利于巩固自身已有的市场地位,也有利于开拓新市场、新机遇,还也有助于开展多元化经营战略,减少无益竞争,达到相互相生、共存共荣的目的[11]。

(二)研究的理论工具

分析企业战略环境的工具主要包括:PEST、波特五力模型和 SWOT 等。

PEST 是企业宏观环境分析常用的分析工具,包括四个方面:政治环境、经济环境、社会环境、技术环境[12]。政治环境,主要指的是国家的一些大政方针政策对企业经营及长期投资行为的影响和制约;经济环境,指的是国家的经济发展水平、经济指数、宏观经济政策、产业环境及行业竞争环境等对企业的影响;社会环境,主要指的是人口、地域因素、传统文化观念、人们的消费习惯、价值理念等的影响;技术环境,指的是技术的总体发展水平及未来发展趋势,"科技不仅仅是全球化的驱动力,也是企业赖以生存的竞争优势所在"[13]。

分析企业微观环境的工具主要有波特五力模型,由波特在 1980 年提出。"五力"为:替代品的替代能力、购买者的讨价还价能力、潜在竞争者的进入能力、供应商的讨价还价能力、竞争者的竞争能力[14]。其中重点分析客户的需求及主要竞争者的竞争能力两个部分。波特五力模型是企业制定竞争战略常用的分析工具之一,各方力量的权衡与综合决定了企业现阶段应采取集中化战略、总成本领先战略还是差异化战略。

　　SWOT分析也是一种企业内部的战略分析工具，它主要从企业内部的实际情况出发，找出企业内部所存在的优势及劣势，分析出外部所面临的机遇与威胁，通过优化组合，形成企业的SO、ST、WO、WT战略，为企业战略的制定与实施提供一些具有可行性的参考。企业战略应该是一家企业能够做的和可能做的的有机结合。

　　市场营销理论是企业把市场营销活动作为研究对象的一门应用科学。它是研究把满足客户需求的适当产品（product），以客户能够接受的适当价格（price），选择合适的时间和地点（place），用恰当的方法尽可能地销售给客户（customer），以最大限度地满足市场需要。营销管理的实质就是让公司能够创造性地制定适应市场环境变化的营销战略。STP营销理论是现代市场营销理论的核心，通过PEST分析模型、波特五力模型和SWOT分析，确定企业在对应的行业细分市场所面临的宏观及微观环境，从而确定企业应当采取的竞争战略。4P营销理论更多的是强调以企业为中心，4C营销理论强调以客户为中心，4R营销理论及关系营销理论强调建立企业与客户之间紧密的互动与关联，从而真正实现企业与客户的双赢。

三、低压电器在地产行业的竞争状况

（一）中国低压电器行业发展历程

1. 中国低压电器行业主要发展阶段

低压电器是一种对电路起到控制与保护作用的元件或设备。根据国标要求，低压电器的电流等级中，直流 1500V、交流 1200V 以下都属于低压的范畴。低压电器在对应的配电线路中主要具有电路漏电保护、电路的开关切断、电路的开关连接、电能的合理分配、电能监控等功能。

我国的低压电器行业经过 60 多年的发展壮大，已基本形成了产品系列、型号覆盖全面的制造体系，产品的技术参数指标、零部件配套供应、生产规模等都能满足我国经济发展的需要，并渐渐走出国门，出口到其他国家和地区。目前，我国生产的低压电器产品种类已超过 1000 余个系列，生产制造企业达到 2000 余家，我国已成为全球最大的低压电器产品制造国。

20 世纪 60 年代以来，我国低压电器行业大致经历了四个主要发展阶段。[15]

第一阶段，20 世纪 60 年代至 70 年代初。中国低压电器行业的形成阶段，主要处在模仿欧美、苏联的阶段。比较典型的产品是 DW10、DZ10 系列。主要特点是产品性能指标低下、产品体积大、消耗的零部件材料多、品类不齐全等，目前大部分产品已被淘汰，退出市场。

第二阶段，20 世纪 70 年代中至 80 年代末。主要依靠引进国外先进企业的技术，更新换代，自行制造出新的产品，比较典型的产品是 DW15、DZ20 系列。主要特点是产品的体积缩小、性能指标较之第一代产品有较大幅度的提高、能满足成套柜的装配要求。该阶段产品目前还占据 10%～20% 的市场份额。

第三阶段，20 世纪 90 年代初至 2005 年。国内的低压电器企业自主研发了第三代低压电器产品，第三代产品较之第二代产品具有高性能、小型化和智能化的突出特点。电磁技术和芯片技术的应用使低压电器产品开始具备智能化功能。比较典型的产品是上海电器科学研究所(以下简称上电科)的 DW45、常熟开关的 CM1 系列产品,主要特点是产品体积小,性能稳定、可靠,具备智能化、模块化、组合化、电子化等多种功能。比如 DW45 当时是上电科牵头,联合上海人民电器厂、贵州长征九厂一起开发出来的产品,目前其市场占有率仍较高,深受广大用户的欢迎,属于低压电器中比较成功的一款智能型断路器产品[16]。

第四阶段,2005 年至今。随着现场总线技术的发展与应用及微机处理器技术在低压电器行业的大量运用,第四代低压电器产品的主要特征是网络化、可通信。比较典型的产品有:VW60、VM60 系列产品。该系列产品在第三代产品的基础之上还具备功能扩展提升、便于安装使用、更加智能化等显著特征。

2. 中国低压电器市场总规模

从全球来看,低压电器是一个相对开放的行业,市场化程度较高,整体的标准及规范是基本统一的,各个地区根据区域不同的电流、电压等级标准有所区分,但全球融合的程度相对较高。2018 年全球低压电器行业市场总规模约 727 亿美元,主要区域分布占比及应用领域如图 3.1、图 3.2 所示。

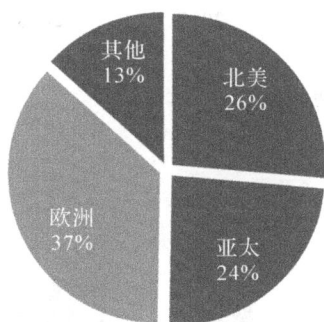

图 3.1　全球低压电器
主要区域分布

图 3.2　低压电器产品主要
应用领域

根据摩根大通全球低压电器行业的统计数据,目前全球在低压电器领域做得比较好的跨国企业主要包括施耐德、ABB、西门子、美国伊顿、海格、法国罗格朗等国际知名品牌,这些企业占到全球低压电器行业约 30% 的份额。其中施耐德属于全球低压电器行业的龙头企业,市场占有率约为 8%。

由于全球各大区的经济水平不一,对低压电器产品的需求及定位也各不相同,因此除以上几个低压电器行业巨头之外,各地都会有些本土的低压电器企业参与竞争,总体市场情况较为分散,目前无绝对的领导者,尤其是在非洲、南美、亚洲等地区的第三世界国家市场,受到当地发展水平及经济条件的制约,这些低压电器巨头的市场占有率更低。相反,这些年来,中国的一些知名低压电器企业开始走出国门,涉足海外市场,有些企业已考虑在海外布局设厂(比如:正泰电器已在印度开设低压电器制造工厂),利用当地相对廉价的劳动力资源,节约成本,提高利润。

国内低压电器市场情况如图 3.3、图 3.4 所示。

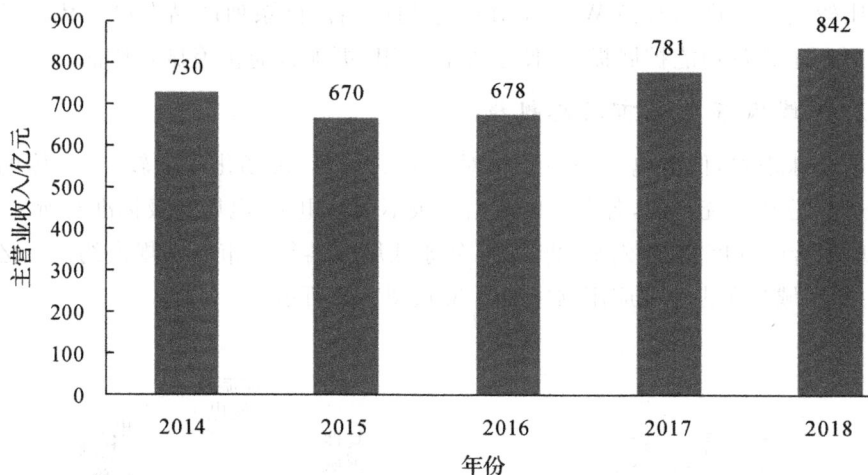

图 3.3 中国低压电器行业主营业务收入

数据来源:上电科年报数据。

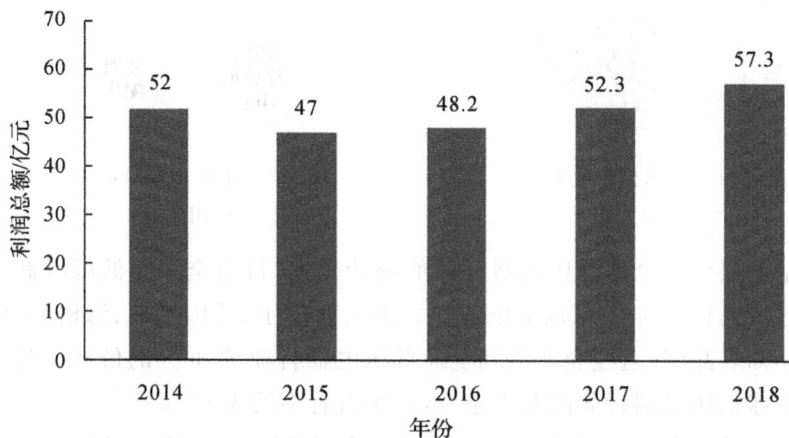

图 3.4 中国低压电器行业主营业务利润总额

数据来源:上电科年报数据。

　　2018 年低压电器行业主营业务收入有一定增长，同比增长 7.8%。上电科年报数据显示：低压电器会员单位有 67% 实现增长，33% 下跌。主营业务利润总额 2018 年同比增长 9.6%；会员单位 53% 实现增长，47% 下跌。

　　低压电器行业产品主要包括小型（微型）断路器（MCB）、塑料外壳式断路器（MCCB）、框架断路器（ACB）、接触器四大类。中国近年来四大类产品的产量及增长趋势预测如图 3.5 至图 3.8 所示。

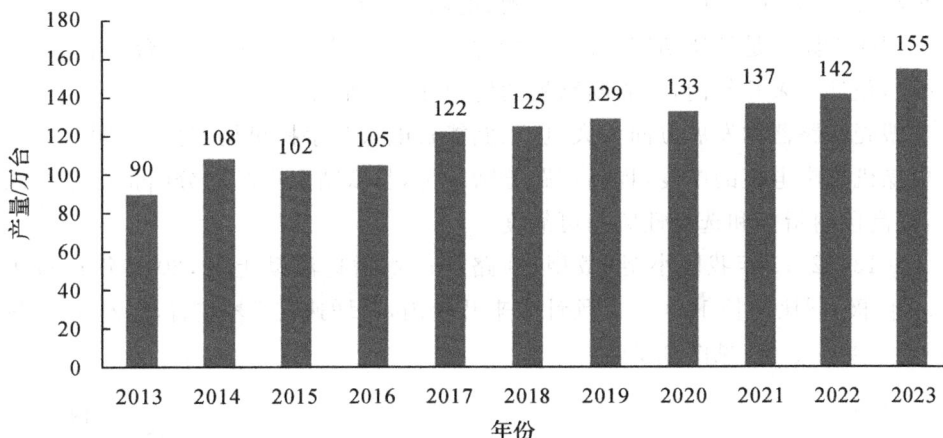

图 3.5　ACB 产量

数据来源：上电科年报数据。

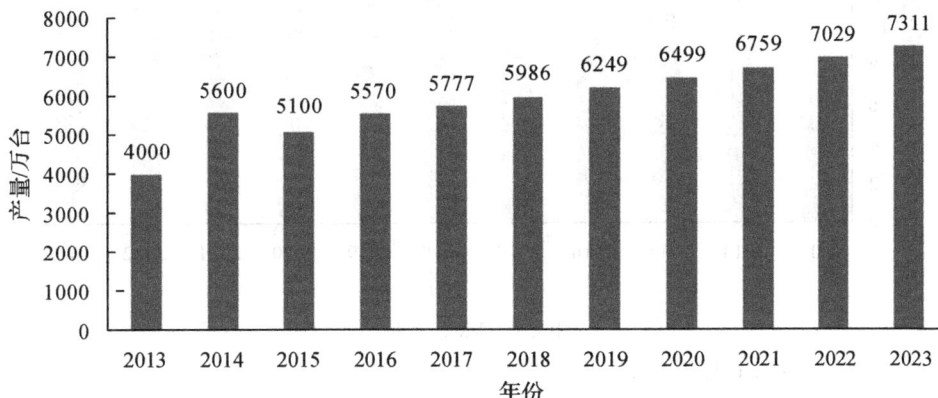

图 3.6　MCCB 产量

数据来源：上电科年报数据。

框架断路器在低压配电系统中起着极其重要的作用。随着中国电网建设的加快,框架断路器的产量快速增长。2013—2018 年我国框架断路器产量增速放缓,2018 年产量为 125 万台,同比增长 2.5%。预计未来几年内,框架断路器的产量增速在 3% 左右。框架断路器的功能将在现有的智能化功能基础上进一步优化。在通信功能上,将在现有的智能控制器与 RS485 接口协议挂靠的基础之上,向容量更大、速度更快的 IEC 通信接口挂靠,从而实现更全面的大、中、小区域现场总线的"四遥"(遥控、遥信、遥测、遥调)功能。

塑壳断路器是低压断路器的主力产品,2018 年产量为 5986 万台,同比增长 3.6%,预计未来几年内,塑壳断路器的增速在 4% 左右。

塑壳断路器的发展方向为大电流、储能式电操与手操机构互换,可明显减小带电操机构配电柜的厚度,提高短路分断指标,与双断点产品高分断指标基本匹配,提高段耐指标和选择性脱扣可靠度。

2013—2017 年我国小型(微型)断路器产量增速波动上升,2018 年产量为 13.9 亿极,同比增长 13.0%。预计未来几年内,其增速在 7% 左右,2023 年产量将达到 18.5 亿极(见图 3.7)。

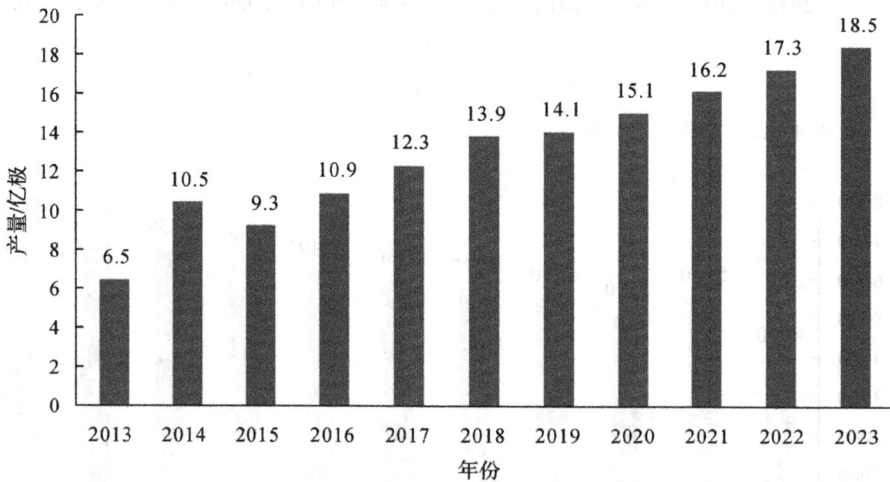

图 3.7 MCB 产量

数据来源:上电科年报数据。

小型断路器发展方向为:小型化、高分断、模块化、低噪音、多功能、智能化、附件模块化、工作可靠;发展二极和四极:尺寸模数化、安装导轨化、高分断能力(6KA → 10KA→15KA)。功能:分励、断相、声光报警、附属装模块化、欠压、过电压、防窃电。

2014—2017 年我国接触器产量增速在波动上升。2018 年产量为 15113 万台,同比增长 5.1%(见图 3.8)。预计未来几年内,接触器产量的增速在 5% 左右,2023 年产量将达到 19286 万台。

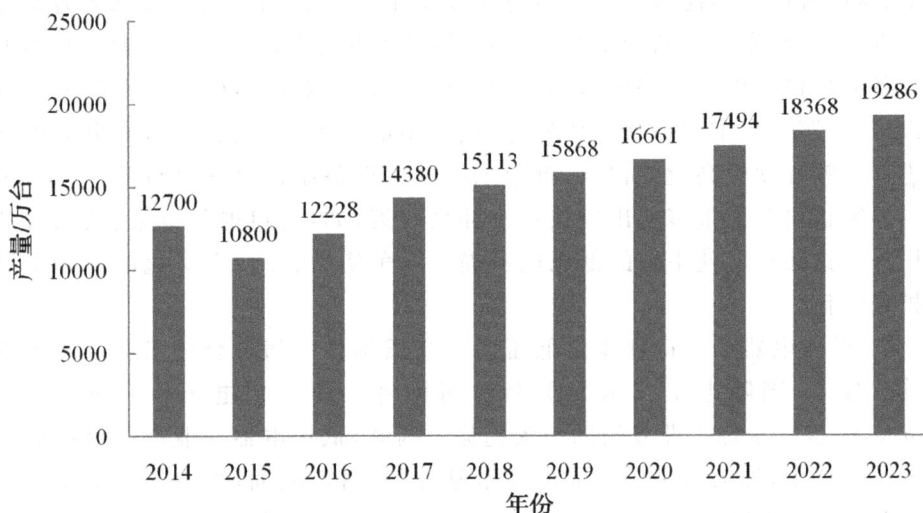

图 3.8　接触器产量

数据来源:上电科年报数据。

3.中国低压电器行业未来发展趋势

2015—2020 年中国特高压、智能电网总投资规模将近 6 万亿元。这无疑将对低压电器产生巨大的需求。中国低压电器行业未来发展趋势分析如下。

(1)纵向一体化发展趋势。低压电器一般不是直接销售给终端客户,而是通过成套厂组装成各种配电柜交付给终端用户使用,成套厂通过项目招投标等形式拿到整个配电柜的订单,再从各个元器件厂家采购符合招标技术规范要求的合格元器件进行组装,再销售给终端客户。所有成套厂位于整个低压电器元件销售的中间链条环节。

由于处于同一利益线条上,掌握一定核心客户资源及具备一定资金实力的企业开始逐步向实施"纵向一体化"方向发展,很多企业采取联合生产经营、收购或交叉持股等方式。低压元件企业开始涉足成套设备的生产,有实力的成套厂也开始将业务延伸到低压元件的制造中来[18]。

(2)国家"一带一路"倡议将推动中国低压电器走向全球。国家提出"一带一路"的倡议,关键就是要借助中国的资金及技术实力参与到"一带一路"沿线国家的基础设施建设中去。一些"一带一路"沿线国家经济相对比较落后，缺乏资金进行基础设施建设。基础设施建设最基本的前提是相关配套电网的建设要跟上。这些年来我国在智能电网建设方面取得了举世瞩目的成就，水电、火电、核电等已基本能满足国家的用电需求，国家也出台了很多鼓励大力发展风力发电、光伏发电的新能源补贴政策，新能源发展全球领先。这就为我国电力设备的出口提供了良好的市场空间。同时，这些亚非拉国家原本的电力基础设施比较落后，本国也缺乏比较专业、大型的电力设备供应商，对电力设备的进口依赖程度较高，会引进一批中国的电力设备制造以解决目前存在的困境。国家也出台了很多的出口扶植及补贴政策，如：出口退税政策、鼓励海外设厂等。这必将促使中国的低压电器提升竞争实力、加快全球化的市场布局及扩张步伐。

（3）低压电器产业将逐步由低压向中高压延伸。随着全球工业电压等级的逐步提升，国际电工技术委员会已同意将工业通用电压提升至660V、1000V，这也是全球工业发展的一大趋势。因此，低压电器企业就应该拓展现有的制造技术，加大对中压产品的技术延伸，丰富产品面，大力开发中压断路器相关产品，以满足全球电压等级的变化对市场的需求，争取更大的市场份额[19]。

（4）创客化、创新发展驱动。中国的大部分低压电器制造企业很长一段时间都是从模仿、仿制国外知名品牌的内部结构起家的，缺乏自主知识产权及核心研发创新能力。因此，产品的同质化严重，导致恶性竞争，企业发展困难，盈利甚微。

随着第四代低压电器的需求的不断增长，部分优秀企业开始加大对研发的投入，通过与科研机构及高校的项目合作，不断推出新一代的低压电器产品，这一代的产品较之以往的产品无论在产品结构、性能、空间、功能上都有了很大的提升。这些产品与相对应的配电系统匹配在一起就形成了低压电器的系统解决方案，从而推动低压电器行业的不断发展。市场上也不断衍生出一些创客企业，有些专注于低压电器某一门类产品的研发，有些对一些线路板、控制器、附件等技术研究很透，成为低压电器某一领域的明星企业。

低压电器行业对中高端产品的需求也促使低压电器产品朝着高性能、高可靠性、体积小、模块化、易于安装、绿色环保等方向转型发展[20]。

（5）数字化、网络化、智能化、互联化发展趋势。技术更新发展日新月异，新的互联网、物联网技术的发展及应用给低压电器行业带来了新的发展机遇，很多行业将发生巨大改变。以前的手工抄电表被智能电表所取代，足不出户就可以监控用户的用电情况,做到远程通断等功能,这无疑将引发低压电器行业一场新的"技术革命"。而低压电器在其中主要起到"连接器"的作用,通过本身自带的一些数据采集、检测等功能对数据进行有效收集管理,同时通过相应的通信接口或蓝牙等无线传输功能将数据存储在一个智能云平台中,通过对大数据的有效分析,做到有效管理、控制节能等功能,从而形成一个良性发展的生态圈[21]。

(6)第四代低压电器将逐步成为市场主流。从市场占有率来看,第三代低压电器目前仍占据市场的主流,随着国外知名低压电器厂商施耐德、西门子、ABB等企业相继推出第四代低压电器产品,国内的低压电器企业也加快了研发的步伐,部分优秀企业走在前列,相继推出了具备高性能、高可靠性、小型化、模块化、智能化等显著特点的第四代产品,这无疑增强了国内低压电器企业的核心竞争力。随着第四代低压电器产品需求的增加,新的客户需求将逐步导向选用第四代低压电器产品,市场份额将不断增加,而原有的第二代、第三代低压电器产品也会逐步淡出市场[22]。

(7)产品技术和性能发展趋势。产品质量须满足性能优良、工艺可靠、体积小、组合化设计、可通信、节能环保等要求,要具备保护、监测、数字显示、通信、自诊断等功能。影响低压电器行业发展的新技术有很多,如:现代设计技术、网络技术、计算机应用技术、自动化技术、智能化技术、通信及微电子技术、可靠性检测技术等。但从根本上改变低压电器选用的是过电流保护新技术。目前,中国低压配电系统与低压电器虽然具有选择性保护,但选择性保护是不完备的,新一代低压断路器提出了全电流、全范围选择性保护的理念。

(8)市场将面临大洗牌。目前中国低压电器行业2000多家企业中,大部分是中小型规模企业,年产值超过10亿元的企业不超过5家,大部分中小企业是以仿制为主,不具备自主创新研发的实力,企业利润低。而像江苏常熟开关厂、上海良信电器、正泰电器等一批国内比较老牌的低压电器企业通过自主研发第四代产品的开发,企业竞争力不断增强。预计未来5~10年,低压电器行业将面临重新洗牌,优秀的企业将不断提升自身的产品设计研发实力及工艺、自动化装配水平,不断完善产品生产线,提升核心竞争力,还有一部分企业将在激烈竞争的市场环境中慢慢淡出市场,甚至消失。

(9)低压电器质量将向高标准、绿色环保方向发展。智能电网、新能源产业的不断发展对低压电器产品适应高海拔、高低温、高分断等性能指标提出了更高的要求,这就要求产品必须质量过硬,相关产品的加工工艺能适应复杂环境的要求。同时,还需要带有智能保护、监控、液晶显示、自动重合闸等功能,这要求企业在产品的研发过程中反复测试,模拟不同的环境及应用需求,相关的电子元件器需具备长期可靠性及满足 EMC 要求。国外对出口的低压电器产品的认证要求也比较苛刻,比如欧洲必须通过 VDE 相关认证要求,美国必须通过 UL 认证相关要求。

随着全球气候变暖,绿色环保节能将成为全球的共同主题,低压电器行业也不例外,很多欧美发达国家对低压电器在选材、参数指标等方面提出了绿色环保的相关要求。这就要求低压电器企业顺势而为,打造核心的绿色节能技术,为推动全人类的节能减排工作贡献力量,绿色节能发展趋势对中国的低压电器制造企业来说,既是机遇也是挑战[23]。

(二)中国低压电器的主要细分市场及竞争格局

1. 中国低压电器的主要目标细分市场

第一,电力系统用户市场。电力系统用户市场是指国家电网及南方电网下属各个省(区、市)电力局系统内的电力工程施工公司和成套设备厂(电力三产单位)。系统内的用户受系统内计划指令影响较大,自主选择性差。电力系统一般要求选用高可靠性、高质量的低压电器产品。

一是网内工程市场(主网市场)。网内工程主要是电力系统内部的新建或改造电力工程,一般是在配电站的新建和扩容改造中要使用低压配电产品。在较长的一段时间里,电力系统更青睐于进口品牌的低压电器元件产品,这个市场以前几乎是外资/合资品牌的天下,国产低压电器品牌很少有涉及。近些年来,随着中国低压电器制造水平的提升以及国家政策的鼓励,这一格局正在逐渐改变,国产低压电器品牌已经开始逐步进入国家电力系统的主网市场,比如常熟开关、上海人民电器厂等品牌。尤其是近些年来国家加大对农村地区的电网改造力度,但出于成本的考虑,其整体品牌定位不高,价格偏低,竞争较激烈,不少电力公司推出超市化采购平台服务,低价中标,目前基本上是低端品牌的天下。

二是配套费工程市场。民用住宅工程一般入户箱及非标箱部分可以自主招标采购,当地供电局不会干涉,但小区/建筑配电房的高低压设备往往是业主方及物业没有资质及条件来建设及维护的配电设备,一般由投资方委托当地的电力局来统一采购、建设及运营维护,电力局收取一定的配套费,这时配电房的部门电力局就有较大的话语权,网内工程市场和配套费工程市场一直是外资品牌竞争的主战场,但随着很多地方配套费政策的放开,国内很多低压电器品牌也参与到配套费工程市场的竞争中[24]。

第二，工业用户市场。这里所称的工业用户泛指生产企业客户，包括机械、钢铁、冶金、化工、汽车、水泥、电子、制药等行业企业新建工厂时要配套相应的配电站。相比民用住宅建筑用电，工业企业用电要求更高，对配电设备的稳定性、可靠性都有很高的要求，采购时对低压配电产品的价格则不做主要考虑。

工业用户市场需求主要有以下特点。

一是对低压电器产品技术性能指标要求高。工业用户用电是为了生产需要，有些企业是连续生产作业，对配电设备的可靠性和稳定性有较高要求；而有些工业企业如钢铁、冶金、化工等属于用电大户，对技术参数要求较严格，较高的技术参数也是低压配电产品长期、可靠运行的前提。

二是日常维护、检修方便。工业用户为了安全生产，需要经常性对配电设备进行维护、保养、更换及维修，对配电产品的维护方便性有着很高的要求，一旦出现突发事故，就要求维护人员能在最短的时间换上备用件或排查故障恢复用电，要求配电产品进行模块化设计、便于安装，产品的尺寸能实现行业通用。

三是对售后服务的响应速度要求较高。工业用户停电一分钟都可能造成巨大的损失，这就对各配电产品厂家在售后服务响应速度上有特别的要求。配电产品出现故障时要求厂家售后服务人员电话 24 小时能随时响应，厂家人员 4 小时内须到达现场进行问题排查处理。这就要求低压电器企业的销售及技术支持人员、服务网点布局能满足客户的要求。

四是价格的敏感度低。工业用户新建工厂时往往投资数额巨大，而配电设备只占到总投资很小的一部分。他们对产品技术性能稳定性、可靠性、交货期、售后服务响应速度等要求很高，只要求在满足以上硬性要求的情况下相对低价。外资品牌在这些硬性条件方面较国产品牌有绝对的优势，工业用户一般只会在外资品牌中选择供应商，而工业用户也是外资品牌低压配电厂家主要利润来源之一。

第三，商业建筑及基础设施用户市场。商业建筑用户市场主要是指民用住宅建筑、工业建筑以外的用户市场，包括商业地产、酒店、机场、轨道交通、学校、市政、医院等基础设施用户市场。这些用户的特点和工业用户类似，注重品牌，对产品技术性能要求高可靠性、高稳定性、品牌的统一性。

一是注重品牌知名度。高端商业用户注重配电产品品牌知名度。像一些高端商业酒店，投资方和合作的酒店管理方对配电产品品牌都有明确要求，即便是投资方自营酒店，也会选择上档次、品牌好的产品。基础设施类建筑大部分为政府投资，其和商业用户一样青睐知名品牌。

二是希望提供产品一体化系统解决方案。为了方便展开采购、后续维护等工作,商业建筑及基础设施用户往往希望所有和电有关的设备能统一品牌,包括中压配电、低压配电、灯控系统、弱电系统、消防报警系统等,这就对供应企业的产品系列配套提出了更高要求。

三是产品质量要求安全、可靠。商业建筑及基础设施用户对低压配电产品质量要求很高,和工业用户一样无法容忍配电设备自身原因造成的停电事故或不稳定状态。但商业建筑及基础设施用户在要求高质量产品的同时,也非常注重价格,他们往往把一、二线外资品牌和国内一线品牌放在一起招标,运用各种商业手段来压低价格。

第四,住宅建筑用户市场。住宅建筑用户市场的买方对低压配电产品质量要求不高,大多数客户只关注成本,只有极少数会考虑选择外资品牌。

这个市场用户呈现以下特点:

一是产品质量要求不高。住宅用户市场的买方最终是要把整个建筑包括附属设备出售出去,而且购房者普遍对公共区域的配电房不太关注,也不专业,配电房设备的好坏不太会影响购房者的积极性。只有一些精装房用户对品牌及低压配电产品会有所关注,大多毛坯房用户在装修时都会对入户配电箱低压电器产品进行二次更换。

二是价格是最主要的考虑因素。住宅用户市场的买方只考虑成本,抱着"能用就好"的态度,导致这个市场的竞争是"无底线的价格战",低价中标。外资品牌一般只参与其中的一些高端别墅、精装修房的竞争。

三是产品品种要求较单一,技术性能要求不高。居民住宅性质决定了这个市场对低压配电产品系列品种要求比较单一,技术性能要求不高,无须太多系列的产品就能满足整个项目的需要,使得一些规模很小的企业通过代工生产的产品也能满足技术要求,而这些小规模企业生产使用的各种资源成本都很低廉。

第五,成套设备厂用户市场。低压配电产品需要通过装配成低压配电柜才能发挥功能。每个省都有很多大大小小的成套装配企业,但由于其整体技术含量不高,它们使用何种品牌档次的低压配电产品大都受到业主方,也就是最终购买方的制约,没有太大的产品选择权,只有一小部分业主在未指定的项目中有一定的决定权或推荐权,这个时候成套设备厂有权力选择允许范围内的品牌。

2. 中国低压电器目前的主要竞争格局

(1)行业格局分散,集中度未来有望提升。低压电器行业是一个市场化程度较高、充分竞争的行业。从全球范围来看,施耐德、ABB、西门子、罗格朗和伊顿合计市场占有率约为 25%,其中施耐德市场占有率约 8%,排名第一。从国内市场看,正泰电器市场占有率达到 18%,排名第一,施耐德市场占有率约为 17%,ABB约为 10%,德力西约为 8%。此外还有大量低端市场参与者,以低价竞争获取市场,进一步拉低了行业集中度。未来随着国家智能电网建设、新能源的广泛推广应用、环保门槛的提升及各类用户对产品质量、性能等要求的提高,中高端低压电器市场的比重将会逐步增加,低端产能将逐步出清,行业集中度有望得到提升[25]。

(2)国产品牌的后发优势明显,竞争力逐步提升。随着低压电器零部件配套基本实现国产化,国内的一些部件加工工艺及技术也有了很大的提升,低压电器产品的结构也趋于稳定。伴随着自动化装配及检测技术的发展,国内低压电器的制造水平有了飞速发展,企业的研发投入力度也在不断加大,不少企业研发投入能占到销售额的 6%~8%。研发投入力度的加大也使新产品的更新换代速度加快,国内企业逐步缩小了与国外知名低压电器品牌的差距,部分企业开始进军中高端低压电器市场,市场份额也在逐年增长,并逐步向提供系统解决方案方向发展[26]。

(3)智能制造提升低压电器行业数字化水平。随着国家工业 4.0 战略和国家智能制造 2025 战略的实施,低压电器行业也逐步向电子化、组合化、模块化、智能化方向发展(见图 3.9),模具、零部件制造工艺逐步趋向标准化,各大企业都在加大对数字化车间及自动化设备的投入,不断推出自主研发的自动化生产线及检测线,大大提升了生产效率。同时,国家也有针对一些智能制造的项目发放相应的补贴,推动行业向前发展[27]。

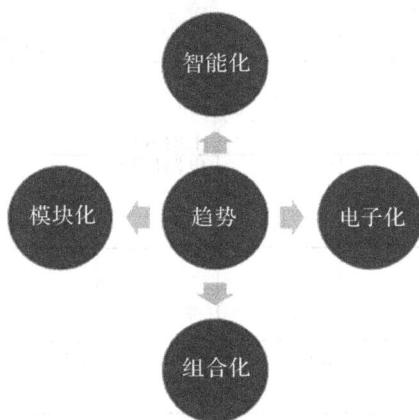

图 3.9　中国低压电器行业主要发展趋势

资料来源:前瞻产业研究院整理。[28]

(三)中国低压电器的市场定位及品牌分布

中国的低压电器行业经过 60 年的不断发展,市场化及竞争程度越来越高。根据我国低压电器企业的市场定位情况,大致可以将其分为三大梯队市场,如图 3.10 所示。第一梯队市场(也叫 S1 市场)主要是以国际知名的低压电器企业为主,以施耐德、ABB 和西门子为主要代表,定位高端市场,是低压电器技术的引领者,这些企业起步较早,核心技术领先,产品齐套性较好,很多包含了高中低压全系列产品。第二梯队市场(也叫 S2 市场)主要以国内比较老牌的低压电器企业为代表,如江苏常熟开关、上海良信电器、上海人民电器厂等企业,这些企业是国内起步较早、质量较好、研发能力较强、国内知名度较高的国产一线品牌,以中高端产品为主。第三梯队市场(也叫 S3 市场)主要以正泰、德力西、天正等温州企业为代表,定位为技术能力不突出、产品同质化严

不同市场竞争格局存在差异

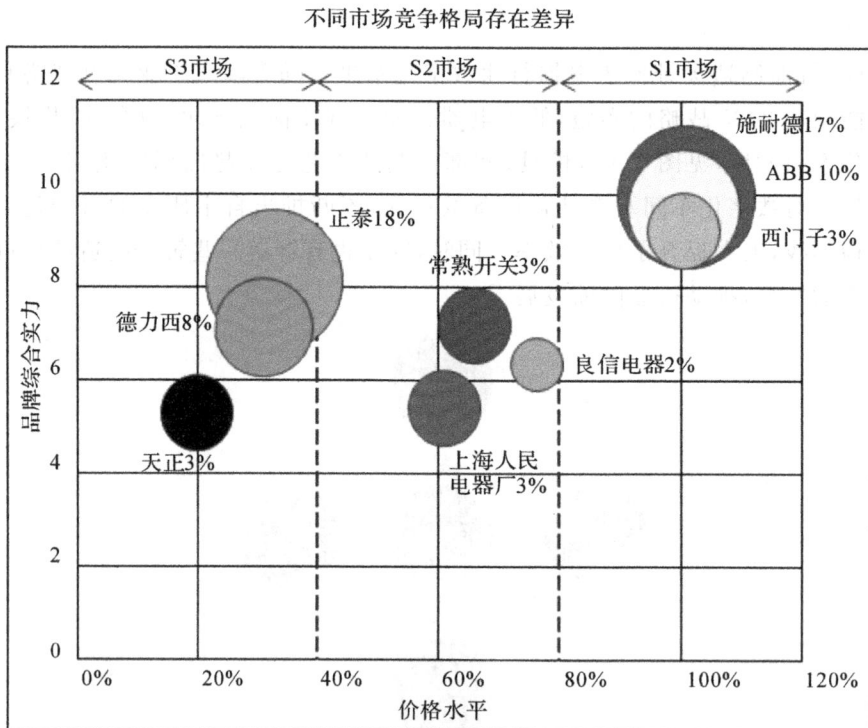

图 3.10 中国低压电器不同市场的价格水平及品牌实力分布

数据来源:前瞻产业研究院整理。

重的国产品牌,这些企业大都以分销为主,主要针对批发零售和农村市场,对产品性能、品质要求不高。从目前市场的占有率分布来看,第三梯队市场占比较大,占了 50％ 左右的份额,第一梯队市场及第二梯队市场各自占 30％ 和 20％ 左右的市场份额。其中在第二梯队市场中目前做得比较好的如江苏常熟开关厂及上海良信电器的市场份额还不到 10％。因此,国产中高端一线低压电器品牌的市场份额仍着巨大的上升空间[29]。

从图 3.10 中可以看出,中国低压电器品牌还是以 S3 市场的中低端品牌为主,在 S1、S2 中高端市场暂无突出的品牌能与国际三大外资品牌相竞争。大力发展中高端的低压电器民族品牌将成为未来中国低压电器行业发展的主要出路。

(四)低压电器在地产行业的宏观及微观环境分析

1. 低压电器在地产行业的宏观环境分析

(1)政治法律环境。地产行业受国家政策的影响较大。国家提出"房子只住不炒",意在通过宏观调控,抑制房地产泡沫经济,引导房地产行业朝着更加理性、良性的方向发展。很多地方也出台了一些限购措施,限制了跨区域购房及一人多套房的情况,调节了供需状况,使房价能够平稳发展。但随着国家城镇化力度的加大,加上一些大中城市的教育、医疗等配套资源优势,大城市很多新进入者对首套房的需求仍是刚需,这也是一些城市房价仍然在居高不下的原因[30]。

(2)税收政策。房地产税收是国家凭借政治权力,依法强制、无偿、固定地参与房地产收益分配,取得财政收入的一种形式。在房屋买卖、产权转让时,按照一定比例收取税费,促进了房地产行业的稳定发展。为了促进房地产行业更好地发展,国家的税收政策要调整,这种政策属于支持居民购房,对房地产行业的长效发展是一种保障。

(3)金融政策。房地产金融是在房地产开发、流通及消费过程中,通过货币流通和信用渠道所进行的筹资、融资及相关金融服务等一系列金融活动的总称。房地产行业也受货币政策的影响,货币政策也能够影响市场中的房价,当货币政策比较宽松的时候房价上涨会比较明显,而当货币政策比较严格的时候,房价会出现下降的情况。这主要是运用了利率政策、公开的市场操作、存款准备金政策等政策工具。

(4)经济环境。根据供需理论,在高速经济发展时期,人们的经济收入增长,对房地产的需求就会增加,在供给没有增加的情况下,房地产价格就会增长,同时也会刺激对房地产的投资,供给就会相对增加。银行利率、人民币汇率、通货膨胀率、土地成交价格、国家及区域的经济增长率等因素都会对房地产行业有着长短期的影响。[31]

（5）社会环境。房地产行业也受到社会环境等因素的影响,比如人口因素、地域因素、传统的文化观念、消费理念等。受中国传统的"家"文化观念影响,尤其是在一些人口密度较高、相对发达的城市,人口的聚集触发对房子的需求,从而推高房价。从居住习惯来讲,国人从传统的"几世同堂"逐渐变成了现在的"三口之家",对中小户型住宅的需求增加。

（6）技术环境。行业的发展对低压电器产品的需求逐步朝"绿色、安全、节能、智能"方向发展。目前,绿色建筑成为建筑的新标准,绿色环保也逐步成为地产行业建筑配电产品的新要求。随着家庭对用电安全越来越重视,人们往往更倾向于选择中高端品牌、质量安全可靠的建筑配电产品。伴随着智能家居及物联网技术的飞速发展,建筑配电产品逐渐实现与家庭的开关面板、灯具、家电等产品实联,用户可以通过手机 App 随时监控家庭用电的情况及开断电源,实现节能管控、方便快捷,这样就对建筑配电产品的智能化、模块化、网络化、可通信提出了更高的要求。

2. 低压电器在地产行业的微观环境分析

（1）潜在进入者的威胁。潜在进入者一是开关面板、智能家居相关制造企业,如公牛插座、罗格朗等。随着智能家居产业的飞速发展,传统的面板开关、插座、灯具等制造企业也有可能延伸产品的覆盖面,进入低压断路器行业。这部分企业原有的客户群体也主要是房地产企业,目标市场一致,通过产品门类的延伸能有效实现公司业绩的增长。如公牛插座就已经大力投资进军低压电器领域,在上海成立专门的低压电器研发中心,这几年发展势头非常迅猛。

二是物联网、智能断路器生产厂商的进入。如今我们处在一个万物互联的时代,全国各地不断涌现出一些高科技的物联网公司,他们推出的新一代智能化断路器产品,功能先进、理念超前,通过快速有效的市场营销推广手段,迅速吸引了客户的眼球。这类物联网断路器产品若能迅速抢占市场,对现有传统建筑配电行业将是致命的冲击,如深圳曼顿开关主要就是一家以智能物联网断路器及云服务平台为主要业务的高科技企业。

三是低压电器行业之前未重点关注及投入地产行业的企业,如原有的低压电器老牌制造企业常熟开关、上海人民电器厂等。这类企业之前以塑壳、框架类产品销售为主,小型断路器为辅。由于是以分销渠道销售为主,这几年企业增长受限,也开始把更多的目光及精力投入地产大客户的开发上来,行业竞争加剧。

(2)客户的议价能力。大的地产公司已逐渐形成较统一的采购平台或采购联盟,形成较大的规模优势。如:万科牵头的采筑平台、中城联盟、新浪优采、蓝光阿拉汀等,每次各个大类供应商投标都吸引了每个门类几十家,甚至上百家供应商企业报名参加,进入门槛也在逐步提升,很多都要求如合作3家以上地产前30强或前50强入围企业的业绩作为门槛。

目前地产行业融资难,很多地产商把目光投向了供应商企业,很多地产公司的集中采购中标会附加一定的供应商金融条款,如需要先存一定的资金到地产公司,才能匹配到一定的低压电器产品的市场份额。这样资金实力较强的公司就有一定的竞争优势,且供应商一旦采取金融合作的方式,地产商一般将采取续标的方式,不再重新招标,这样其他同行供应商企业就没有机会进入。另外,很多地产公司支付供应商的货款时也会要求对方接受商业承兑汇票,在地产行业整体高负债的情况,存在较大风险。

(3)替代产品或者服务的威胁。地产行业现有的产品需求较为稳定,也较大众化,除精装房用户外,毛坯房用户对入户箱低压电器品牌及质量要求不高,大部分人新装修的时候都会对入户箱低压电器产品进行全部更换。随着智能楼宇及物联网技术的发展,智能家居及物联网断路器产品飞速发展,现有的智能断路器产品在保证原有常规功能的基础之上,可以有效实现智能控制,且绿色节能、安全。国家也在大力推动泛在电力物联网的建设,如发展顺利,可能会给行业带来颠覆式的影响。目前众多低压电器企业都在大力开发这类产品,抢占市场先机。

(4)供应商的讨价还价能力。低压电器的主要零部件材料包括塑料件及金属件,金属件主要包括铜、银触点、钢材、螺丝等,原材料的成本占整个产品成本的40%～50%。近些年来,各类原材料的成本节节攀升,这在不同程度上增加了低压电器制造厂商的压力,很多低压电器厂商都不同程度地进行了调价,原料大幅上涨。客户调价协商若不及时,将会造成低压电器企业两头受困。同时,企业的人工成本也在逐年上升,如果企业不能通过提价来缓解这部分成本上升的压力,就只能通过企业内部降低成本,包括提升自动化智能制造水平,节约人力成本、提高人均效率。但自动化生产线的前期投入巨大,小型企业存在较大的压力,小微企业供应商的议价能力较低,这在长期的竞争中加快了核心竞争力不强的小微企业的淘汰速度[32]。

(5)现有竞争者之间的竞争。参与国内地产行业低压电器竞争的品牌除了国外三大品牌施耐德、ABB、西门子,还有国内定位中高端的主要竞争企业有:良信电器、泰永长征、北元电器、常熟开关等,而正泰电器、德力西、天正等企业定位在中低端市场。这里主要对五大主要竞争品牌进行对比分析(见表3.1)。

表 3.1　厦门宏发开关与现有主要竞争厂商的相关数据对比

企业名称	销售额/亿元			研发人员数量/人	专利数量/项	销售人员人数/人	经销商数量/项	办事处数量/人
	2016 年	2017 年	2018 年					
良信电器	12.26	14.52	15.74	440	501	450	85	71
泰永长征	3.24	3.29	3.47	90	48	280	80	40
北元电器	2.0	2.7	3.5	50	35	250	20	69
常熟开关	17	18	18	400	1263	150	65	27
正泰电器	123.21	140.70	172.47	1384	1874	900	500	16
宏发开关	3.80	4.31	5.58	120	161	80	30	6

数据来源:公司官网、上市公司年报数据及企业内部调研数据。

3. 主要竞争对手比较分析

(1)主要竞争对手介绍

①良信电器

上海良信电器股份有限公司(以下简称良信电器)是一家专注低压电器高端市场的上市公司,主要从事终端电器、配电电器、控制电器、智能家居等产品的研发、生产和销售。良信电器以客户需求驱动产品研发,投入研发的费用超过年销售额的 6％,技术中心被评为"国家企业技术中心",企业的产品检测中心通过美国 UL 及 CNAS 认可;公司被评为"上海市高新技术企业""科技小巨人企业""上海市专利工作示范企业",目前累计申请国内外各项专利超过 537 项,并参与、领衔多项低压电器行业标准的制定和修订。良信电器一直坚持高端低压电器系统解决方案专家的市场品牌定位,以解决客户的需求为己任,努力为客户创造价值。公司以上海总部为依托,在电力电源、电力及基础设施、工控、新能源、信息通信、智能楼宇等行业与维谛、华为、阳光电源、三菱电梯、中国移动、中国联通、万科、绿地等企业形成了持续稳定的合作关系。其长期专注于低压电器制造,采取聚焦战略。良信电器在全国设立了71个办事处,并有5个海外办事处,拥有6个产品线团队,300名研发工程师,内外联动,为客户提供高效的服务。业内首推产品3年质保,售后服务优先为客户解决问题,保障客户的可靠用电[33]。从客户需求、24小时服务到信息存档,全流程化保证为客户提供最优质的服务。

②泰永长征

贵州泰永长征技术股份有限公司(简称泰永长征)是一家低压电器公司,公司主要产品包括:微型断路器、塑壳断路器、万能式断路器、工控接触器、双电源转换开关等。

多年来,公司坚持技术创新和品牌战略,专注于我国低压电器行业的中高端市场,坚持以市场为导向,自主创新研发,积极打造了领先的低压电器试验中心,建设完善的实验与测试平台,掌握了多项低压电器核心专利技术,具有强大且持续的核心研发能力和综合实力,被评为"贵州省创新型企业""贵州省自主创新优秀品牌""中国高低压开关设备行业质量创优十佳知名品牌""中国电气工业最具影响力品牌"。公司主导参与多项国家标准及行业标准的制定和修订,引领行业发展方向。

公司拥有现代化生产基地——遵义长九开关工业园、重庆源通电器制造产业园。公司产品系列包括:中低压智能型断路器、智能型双电源转换开关电器(ATSE)、控制电器、智能消防系统、交直流充电桩、变压器等电器元器件及其系统集成成套设备,并创新性研发出TYT·FUTURE智能云管理平台,可为轨道交通、数据通信、公共建筑、工业制造、新能源、电力电网、建筑配电等关键领域,打造更高效、互联互通的智慧配电整体解决方案。

公司目前已建成覆盖全国范围的营销服务网络,并已开始布局海外市场。公司的产品和服务曾应用于北京奥运会、上海世博会、广州亚运会、深圳证券交易所、长沙黄花机场等大型项目。公司的双电源产品在全国轨道交通行业应用广泛,同时也是中海、金科、旭辉、华侨城、复星、宝龙、珠江投资、龙湖等百强房地产企业的战略合作伙伴。

③北元电器

北京北元电器有限公司(简称北元电器)创建于1954年,是一家专注于高端低压电器产品研发、生产和销售的高新技术企业。公司位于北京市通州区,工业园区占地80余亩,建筑面积约5万平方米,现有职员约1000余人。

北元电器主要产品有:小型断路器、塑壳断路器、框架断路器、双电源、隔离开关/隔离开关熔断器组、交流接触器、热过载继电器、电涌保护器、控制与保护开关等九大系列。自主研发推出的新一代BW3、BM5、BB3等系列产品,性能指标达到国内领先水平。

北元电器触头焊接工艺国际领先,拥有美国汉森维德自动焊接机、德国原装进口X荧光镀层测厚仪、超声无损检测系统等各种设备400多台套,建有自动化U形生产检测线20余条,引进专业的信息化管理系统,不断推动智能制造升级。

北元电器目前在北京、上海、深圳等40余个城市设有69个办事处,营销服务网络遍布全国,并已进军海外市场。产品被广泛应用于建筑、电力、冶金、石化、市政、轨道交通、新能源等行业配电系统中。公司与绿地集团、许继集团等国内一流大型企业建立了战略合作伙伴关系,是多家世界500强企业的优秀低压电器元件供应商,产品获得客户的一致信赖及好评。

④常熟开关

常熟开关制造有限公司(简称常熟开关)是国有的老牌低压电器制造企业,公司位于江苏常熟市,注册资金3.8亿元,现有职员1700余人,主要生产的产品包括:塑壳断路器、框架断路器、中压真空断路器、高低压成套、接触器等。产品性能参数居行业前列,系列型号、认证齐全,主要应用于电力系统、大型工业、石油化工、机械冶金、建筑等领域。公司技术研发团队成员超过400余人,核心团队都有内部股权激励,人员稳定,长期坚持产品的研发创新,致力于打造国产高端的民族低压电器品牌。

公司拥有一支研发、设计、制造自动化装备的团队,已自制12条自动化生产流水线和25台自动设备,每年投入3000多万元,不断引进先进设备,持续推进生产自动化。公司拥有完整的模具加工中心、SMT贴片中心、零部件加工中心、装配检测中心、钣金加工中心。公司的检测中心已被国家认可委员会CNAS-CL01认可。下设6个实验室:电器产品脱扣特性测试室、安全性能实验室、环境实验室、干热实验室、电磁兼容实验室、理化分析室。[36]

⑤正泰电器

浙江正泰电器股份有限公司(简称正泰电器)是全球知名的一站式低压电器产品与系统解决方案供应商。正泰电器成立于1997年8月,是正泰集团核心控股公司。公司专业从事低压电器元件(包括终端电器、配电电器、控制电器、电源电器、电力电子等1万多种规格、100多个系列)的研发、生产和销售，为建筑、电力、起重、暖通和通信等行业提供日臻完善的系统解决方案。创建30多年来，正泰电器已为140多个国家和地区提供了可靠的产品与服务。

正泰电器于2010年1月21日在上海证券交易所成功上市，2016年，收购正泰新能源，开始涉足光伏发电领域。自上市以来，公司充分发挥强大的技术创新能力及自身完整的产业链等优势，逐步实现低压电气系统解决方案供应商的转型，同时把握新能源发展契机和电改机遇，实现向全球领先的智慧能源解决方案供应商跨越式发展。

2017年，正泰电器在财富中国500强企业榜单中位列第301位，在中国民营企业500强榜单中位列第85位，获得"全国产品和服务质量诚信示范企业""最佳分布式投资商金奖""最佳分布式光伏EPC金奖""全国质量管理奖""国家住宅产业化基地"等奖。公司还被授予"全国重合同守信用企业""全国就业和社会保障先进民营企业""全国模范劳动关系和谐企业""海关AEO高级认证企业""中华慈善奖"和"全国先进基层党组织""全国五一劳动奖"等荣誉称号[37]。

(2)主要竞争对手比较

①主要销售模式对比

良信电器：以经销(物流型)为主，行业标杆大客户自行开发，销售细分为新能源及工控、建筑配电、能源与基础设施建设三大行业，其中以建筑配电行业为重点，建筑配电行业销售额占比约为50%，2018年约为7亿元，关键销售人员有股权激励，总部有专门的行业大客户开发团队及解决方案团队，以行业标杆客户为重心，核心客户关系牢牢掌握在公司手里，市场品牌推广力度较大，品牌知名度逐步提升，办事处众多(71家)，销售人数450余人，销售人员配比较高，全国各大主要城市均有其销售网络及销售人员，主要负责区域项目的跟踪与落地，客户关系跟踪维护较到位。

北元电器：以直销为主，有专门的大客户部负责百强地产的战略集采入围工作，重点布局建筑配电市场，销售人员众多(250余人)，市场宣传力度较大，销售费用投入较高、激励政策较好(业务员完成任务按销售回款的3%给予奖励)，直销导致应收账款较多。

泰永长征：以经销为主，有大客户部负责百强地产的战略集采入围工作。核心产品为双电源，2008年收购长征电气，最早双电源产品在轨道交通、数据中心行业打开知名度，占据一定市场份额，2017年从行业内重点引进地产行业销售骨干30余人，重点发力建筑配电行业。2017年上市后核心销售骨干有股权激励,市场宣传力度加大,发展势头较好。

常熟开关:以经销为主,最早布局设计院,品牌知名度较高,产品定位高端,塑壳、框架产品技术实力强,不断推出新产品,综合制造实力强,销售利润率高,核心骨干员工有股权激励,员工大部分为江苏常熟本地人,人员稳定。地产行业主要以市政项目为主,小断产品不是强项,地产战略集采客户之前较少涉及,近几年在地产行业持续发力,后发优势较明显。

正泰电器:A股上市公司,以经销为主,全国有500多家经销商,3600多家销售网点,产品定位中低端,涉及发电、输电、配电的高压、中压、低压全系列产品,产品系列齐全,性价比高,低压电器销售额全国第一,有专门针对地产(工民建)的销售团队,品牌知名度高,市场宣传推广力度大,在上海专门成立诺雅克公司,布局中高端市场,现已逐渐成为中国低压电器行业的龙头企业,发展势头迅猛。

厦门宏发开关设备有限公司:以经销为主,目前主要还是以海外市场为主,海外早期成立多家销售分公司,公司品牌已有一定的知名度,海外市场销售占比超过70%,国内销售发展一直比较缓慢,国内销售人数仅40人左右,经销商约30家,办事处较少,2016年公司成立专门的开关电气营销中心,开始把地产市场定位为国内的主要细分行业市场,2017年组建战略大客户部,开始布局百强房企的战略集采入围工作,目前国内低压电器品牌知名度不高,标杆客户业绩较缺乏,市场品牌宣传推广的投入不大,目前处于较稳步发展阶段。

②综合研发实力对比

通过对研发人员的数量及专利数量的对比可知,正泰电器、常熟开关、良信电器研发人数及专利数量属于国内前三。尤其是在地产行业中高端市场排名前列的良信电器,研发费用投入不断增加,每年研发投入占营业收入比重达到6%～8%。新产品的开发速度也不断加快,有些产品具备与外资品牌同档次的技术参数及品质,在一些高端客户市场也开始与外资品牌相角逐。该公司从传统的单纯提供元器件向提供行业系统解决方案转变,依托足够的研发费用,不断推陈出新,新产品上市、产品换代速度快速提升,为公司节省不少原材料成本。拥有众多全自动化生产线以及国家级低压电器实验室,低压电器产品线相对完善,低压电器所需认证CCC/ROSH/CE/UL/TUV等相对齐全。厦门宏发开关设备有限公司相比良信电器稍弱,而泰永长征、北元电器主要侧重在产品外观的工业化设计,整体研发实力及技术后发优势相对不足。

③地产行业标杆客户竞争优劣势分析(见表 3.2)

表 3.2　地产行业主要低压电器企业竞争优劣势对比

地产行业主要竞争企业	主要竞争优势	主要竞争劣势
良信电器	国产中高端市场占有率第一;产品型号系列齐全;销售团队专业强大、办事处、服务网络众多;已上市,核心骨干有股权激励;地产大客户入围众多	近几年一些老员工流失较严重;以团队绩效激励为主,非个人销售提成
北元电器	地产产品系列齐全;销售团队专业、强大;市场宣传推广力度大,市场开拓费用机制灵活,发展迅速	家族企业管理;销售团队较不稳定,流失较大;产品研发技术后发优势不明显;以直销为主,货款回收风险较大
泰永长征	地产产品系列较齐全;从竞争对手引进地产核心销售团队;市场宣传推广力度大;已上市,核心骨干有股权激励	家族企业管理;内部销售团队较不稳定;产品研发技术后发优势不明显
常熟开关	老牌低压电器制造企业,技术实力雄厚;品牌知名度高;核心骨干有股权激励,人员稳定;有大力发展地产行业之势	以经销为主,暂无专业地产大客户开发团队;小断产品不占优势;公司自身销售团队力量有限
正泰电器	中国低压电器产销量第一;定位中低端,品牌知名度较高;经销渠道众多,覆盖面广;产品系列配套齐全,性价比高;A 股上市公司;市场宣传推广力度大	专业地产大客户直销队伍建立较晚,直销与现有经销渠道出现冲突;低端定位,较难突破中高端市场
宏发开关	A 股上市公司,集团整体研发、制造实力强大,产品系列逐步完善;国内原有七大销售机构力量;公司决心大力发展地产行业	业绩及品牌知名度较弱;市场宣传推广力度不大;专业的销售人员及经销商队伍有待扩充及完善

4. 地产行业未来 10 年的发展趋势

(1)行业整体面临大洗牌。从宏观层面看,首先,中国经济增长从高速发展转向高质量发展,速度有所放缓。其次,房地产行业从成长期进入成熟期,行业利润率不断下降。最后,宏观调控政策不松绑,抑制了投资需求,对于房地产市

327

场的影响也很大。

(2)未来10年,房地产仍是非常好的市场,机会很多。首先,从中国的城镇化趋势来看,目前仍有2亿~3亿人的城市化人口的潜在住房需求未被满足。其次,存在城市老旧房的更新、改善,居民结婚购房等需求。最后,从人口、收入结构、收入增长的角度看,再加上中国人的投资喜好,房地产市场仍然是一个非常好的市场,而且机会很多。

5.低压电器在地产行业的市场规模

克而瑞的调查数据显示,中国房地产行业总开发投资基本维持在10万亿元左右的规模,2017年末达到10.98万亿元,包括住宅类投资7.5万亿元,占据总投资额的68%,办公楼投资0.68万元,占据总投资额的6.2%,商业用房(商业综合体等)投资1.56万亿元,占据总投资额的14.2%。同时,全国也在大力推进公共租赁房/廉租房/保障性住房、棚户区改造等建设,2017年全国棚户区住房改造建成604万套,公租房等基本建成约82万套,还有农村地区贫困户危房改造152万户。由于公租房、棚户区改造等重大项目基本都是由国家或当地财政直接投资,由当地比较知名的国企或城投公司承建,资金货款等风险较小,按2017年棚户区改造加公租房合计686万套,按每套平均60平方米、每平方米入户箱元件6元测算,合计约有25亿元的市场,可作为国内各大区地产行业的一个主要目标市场。

地产行业低压电器元件集中采购招标主要集中在配电箱(或入户箱)和非标箱两个方面,高低压配电房部分一般不参与集中采购,按建筑配电中高端品牌市场行业价格通俗的算法,低压配电箱元件及非标箱元件的采购额一般按建筑面积每平方米6元左右测算。如表3.3所示,地产200强低压配电箱元件及非标箱元件2018年的采购量分别在50亿元左右,合计起来全国地产200强客户低压电器元件(不含配电房)每年约有100亿元的市场(见表3.3、表3.4)。

表3.3 根据克而瑞2018年地产前200强销售面积排名测算低压电器元件使用量

排名	2018年销售面积/万米²	低压配电箱元件使用量(按6元/米²测算)/万元	在前200强占比/%
前10强	32755.5	196533.0	39.60
前30强	52377.0	314262.0	63.30

排名	2018 年销售面积/万米²	低压配电箱元件使用量（按 6 元/米² 测算）/万元	在前 200 强占比/%
前 50 强	62537.7	375226.2	75.60
前 100 强	75035.0	450210.0	90.70
前 200 强	82714.7	496288.2	100.00

表 3.4　2018 年克而瑞销售面积前十大房企配电箱元件使用量排名

排名	企业简称	销售面积/万米²	低压配电箱元件使用量（按 6 元/米² 测算）/万元
1	碧桂园	7730.7	46384.2
2	中国恒大	5239.5	31437.0
3	万科地产	4015.6	24093.6
4	绿地控股	3574.5	21447.0
5	融创中国	3020.4	18122.4
6	保利发展	2715.3	16291.8
7	新城控股	1791.2	10747.2
8	中海地产	1630.7	9784.2
9	华夏幸福	1538.9	9233.4
10	金科集团	1498.7	8992.2

数据来源：克而瑞地产行业研究数据。

　　从表 3.3 中可以看出，前 10 强房企占据 200 强配电箱元件市场约 40％的份额，前 100 强房企占据 200 强房企配电箱元件市场 90％以上的份额。大型房企的供应商入围竞争将变得越来越激烈，但这也是一个比较稳固的存量市场，百强房企将是低压电器竞争的主要市场。

　　本章主要从中国低压电器的发展历程出发，梳理了低压电器发展的四个主要阶段及其特点，通过对全球及中国低压电器市场的规模、主要行业应用及对产品提出的新的要求的分析,总结出中国低压电器行业未来发展的十大趋势。通过对低压电器各个细分市场及其对低压电器产品的需求特点的分析,提出目前低压电器行业 S1、S2、S3 的市场定位及主要品牌的竞争格局。通过对低压电器产品在地产行业的宏观、微观环境进行分析,找准市场的需求变化趋势及与行业主要竞争对手存在的差距,得出低压电器在地产行业未来 10 年的整体发展趋势仍然向好的结论。地产 200 强客户低压电器元件需求量近 100 亿元,地产行业仍然是一个比较稳定的存量市场,厦门宏发开关设备有限公司应积极找准突破口,扩大市场份额。

四、厦门宏发开关在地产行业的销售策略

（一）厦门宏发股份的发展历史及现状

1. 厦门宏发股份介绍

厦门宏发股份目前已建立三大区域研发生产基地。其产品包括继电器、低压电器、电容器、高低压成套设备、自动化设备及精密零件等多个类别。产品广泛应用于交通、工业、能源（含新能源光伏、充电桩等）、信息通信、医疗、建筑、生活电器、电力等领域。

在美洲、欧洲、东南亚等国家和地区，公司布局成立了本土化的市场营销及物流技术等服务网络，具备全球化的技术服务和市场运作能力。依靠专业严谨的技术支持、快速响应的全方位服务、安全可靠的产品质量以及高性价比的优势，宏发股份已和全球众多500强企业以及国内知名企业达成业务合作关系，产品畅销海内外。

在技术研发与制造方面，厦门宏发股份以国家级企业技术中心为平台，设有博士后科研工作站以及院士专家工作站，如今已发展为世界前沿的继电器科研生产基地，从产品研发、模具制造、零件制造到自动化成品装配及在线检测，成功打造了一体化的产品研发制造全产业链。在产品检测方面，厦门宏发股份的检测中心是国内大型、权威的继电器检测与分析实验室，通过了德国 VDE、北美 UL、中国 CANAS 等国际机构认证，同时也是 VDE 在元件方面的重要战略合作伙伴。

厦门宏发股份始终坚持"以市场为导向，以质取胜"的经营方针，拥有一整套完成的质量保证体系，产品通过美国 UL/CUL、德国 VDE 和中国 CQC、CCC 等国际安全认证。在质量管理过程，厦门宏发股份积极贯彻先进的质量理念，不断完善质量管理体系，持续推进产品过程质量控制与检测，致力于为每个客户提供高质量的产品，创造更大的价值。

匠心品质,铸就品牌。厦门宏发股份以出色的成绩诠释了"从优秀到领航",不仅成功入选"国家火炬计划高新技术先进企业",同时也是国家首批认定的"国家汽车零部件出口基地企业",连续多年入选中国电子信息百强企业和中国电子元件百强企业,先后获得全国制造业单项冠军示范企业、2018年中国电子信息行业社会贡献50强、国家首批通过两化融合管理体系认证的企业等荣誉。作为全国有或无电气继电器标准化技术主任委员单位,厦门宏发股份一直致力于推动行业发展进步,参与组织并制定多项国家标准和行业标准。

未来,公司愿与全球客户携手并进,共享科技带给全人类的便利和幸福。

2. 公司的主要发展历程

厦门宏发电声股份有限公司的成长是一个不断自我超越的历程。30载风雨征程,公司经过创立阶段的不懈奋斗与发展壮大阶段的苦练内功,2008年完成股份制改造,开启了公司第三次创业的序幕。在激烈的市场竞争中,公司始终保持清醒的认识,强调不断进取、增强综合实力,积极开拓国内国外两个市场,由默默无闻的继电器小厂发展到具有规模优势、管理优势和技术优势的继电器研发及生产基地企业,确立了在继电器行业中举足轻重的地位。

(1)艰苦创业阶段

1984年,公司注册成立,注册资本360万元。

1987年,董事会调整领导班子,并明确两个定位,即把继电器产品作为主营产品,把出口外向型定为公司的主要发展方向。

1991年,提出企业宗旨——不断进取,永不满足,后演绎为企业精神;综合经济指标位居行业前列,成为当时国内继电器行业的领军者。

1994年,成立厦门宏发开关设备有限公司,公司群体建设拉开序幕;出口首次大于内销。

1995年,公司大厦投入使用。首次入选中国电子元件百强。质量保证体系通过ISO9002标准认证。

1998年,成立精合公司,自主研发继电器自动化装配生产线。

(2)发展壮大阶段

1999年,企业改制,职工开始持股,成功引进西门子公司第二代通信继电器(D2)生产线,实现继电器专利零的突破。

2000年,集美现代化新厂房竣工并投入使用。

2002年,组建检测中心。

2003年,成立欧洲公司,加快国际化进程。

2004 年,设立博士后工作站。

2007 年,成立美国公司;公司品牌的控制继电器被评为中国名牌产品;主持制定的六项通信继电器国家标准通过审查,成为行业率先主持制定国家标准的企业。

2008 年,完成股份制改造,成立股份公司;公司技术中心成为国家级企业技术中心;提出新的发展思路:继续做大做强继电器产业,从而带动相关门类产品及前后端产业链的发展;进军国际市场和加大国内市场开拓力度并举,把公司打造成世界主要继电器制造供应商。

2010 年,公司品牌的继电器被认定为中国驰名商标。

2012 年,获中国证监会正式批准成功上市。

（3）持续做大、加速做强阶段

2013 年,被确定为国家知识产权示范单位。公司市场营销信息系统(MKIS)取得了国家出版局颁发的计算机软件著作权证书。

2014 年,首次入围中国电子信息百强;公司福建海沧基地、陕西西安基地、四川成都基地及厦门宏发开关设备有限公司二期厂房开工建设。

2015 年,收购美国 KG 公司 100%股权;成为率先加入美国 UL 标准组织的中国企业。

2016 年,加快推进产业基地建设,为新一轮跨越发展创造条件。

2017 年,《宏发之路》厦门首发;入选"全国制造业单项冠军示范企业"。

2018 年,荣获 2018 中国电子信息行业社会贡献 50 强。

3. 公司企业文化

企业精神:不断进取,永不满足。

核心价值观:通过共同促进企业的不断发展,在为社会和股东做出贡献的同时,努力为员工自身谋取越来越好的利益。

企业愿景:创国际品牌,树百年宏发。

企业使命:代表民族继电器工业在世界上争得一席之地。

行为准则:诚信,守法,文明,敬业。

经营方针:以市场为导向,以质取胜。

质量方针:追求以完美的质量为顾客提供满意的产品和服务。

4. 公司的全球化服务

厦门宏发电声股份有限公司产品以出口为主,产品出口 100 多个国家和地区,在欧美等众多国家和地区建立起了本地化的市场营销服务网络,具备全球化的技术支持服务及市场运作能力,客户涵盖了工业、能源、交通、信息、生活电器、医疗等众多领域的知名企业。公司拥有资深的营销团队,融合先进的服务理念,运用全球化视野和丰富的国际市场实战经验,为客户提供契合的解决方案,在确保客户生产计划顺利进行的同时,大大降低成本消耗。

研发、产能、市场的结合与延伸,为宏发股份成为继电器行业集技术、制造、营销、服务和品牌于一体的专业化、全球化供应商奠定了基础,在全球继电器行业中形成了公司特有的品牌实力[39]。

(二)厦门宏发开关低压电器产品的发展历史及现状

厦门宏发开关设备有限公司(简称宏发开关)是宏发股份下的全资子公司,成立于1994年,专业从事配电电器、终端电器、控制电器等中低压电器产品生产制造,产品广泛应用于地产、电力、工业、能源、交通等领域。借助于厦门宏发电声股份有限公司已经建立的本土化营销服务网络和安全可靠的产品质量以及高性价比的优势,宏发开关的低压电器产品已和全球众多500强企业以及国内知名企业达成业务合作关系,如:EATON、Enel、JCI、GE、Honeywell、国家电网、南方电网、碧桂园、绿地、融创、美的等。

在技术研发与制造方面,依托集团已有的国家级企业技术中心及博士后科研工作站、院士专家工作站等平台,从产品研发、模具制造、零件制造到自动化成品装配及在线检测,成功打造了一体化的开关电气全产业链。在产品检测方面,公司拥有三大检测中心,其中继电器检测中心通过了德国VDE、北美UL、中国CNAS等国际机构认证。开关电气检测中心拥有完善的低压电器产品的试验能力、50kA极限短路试验能力、8kA电气寿命试验能力、80kA特性试验能力、机械仿真和检测系统、电磁仿真和检测系统等试验分析设备。

先进的技术水平和严格的质量把关铸就了厦门宏发股份的品牌实力。公司为中国电器工业协会副会长单位、国家新能源电器联盟副理事长单位、福建省轨道交通协会副会长单位,并获评国家工信部2017"基于互联互通的用户端电器元件数字化车间建设"示范项目。宏发开关积极推进产学研合作,与上海电器科学研究院建立了稳定的技术合作关系,同时与福州大学联合成立了"断路器研究中心"。

2016年厦门宏发电声股份有限公司总部成立独立的开关电气营销中心,专门负责低压电器、成套设备产品的销售,国内配电市场把地产行业、新能源行业、电力行业作为主要目标市场,设立专门的行业总监来牵头组织、规划、实施行业市场的销售工作。开关电气营销中心 2018 年实现销售额 5.58 亿元,其中海外市场占比较高,约占 3.3 亿元,国内销售 2.28 亿元。宏发开关国内低压电器的发展一直比较缓慢,目前公司在国内主要是面向地产、新能源(风电、光伏、充电桩等)、电力(国家电网、南方电网)、工控等细分市场,其中地产行业的销售额占国内配电销售比重较大,2018 年销售额约为 0.46 亿元,销售业绩主要来自碧桂园、敏捷地产、建发、联发、特房等百强房企,还有一部分来自市政项目、工业建筑及电力局下属的三产公司的配电房相关业务。

(三)宏发开关在地产市场的营销现状及存在的主要问题

宏发开关低压电器产品 2018 年在地产市场的销售相关数据如表 4.1 所示。

表 4.1　宏发开关地产市场销售现状

公司	2018 年地产销售额/万元	2018 年国内销售人员数/人	2018 年人均销售额/万元	经销商数量/家	百强地产入围数/家
宏发开关	4600	40	115	30	10

从以上数据可以看出,目前宏发开关在地产行业的销售额还比较低,结合工厂内部的实际情况主要呈现以下问题。首先,宏发开关低压电器产品目前只有一个系列,且个别产品型号还不齐全,低压电器行业在不同的市场领域对产品的技术及性能要求存在一定的差异。如新能源行业应用的环境比较苛刻,就要求低压电器产品能适应高海拔、高低温等严苛的环境要求,相关技术参数指标要求较高,而地产行业基本还是以常规产品为主,主要是满足家庭日常生活用电的需求,对产品的技术、性能参数要求不高,满足基本参数性能的质量稳定、高性价比的产品属于市场的主流需求。目前宏发开关公司暂无专门针对地产市场招投标需求的全系列经济型产品,市场竞争力不强。其次,宏发开关在目前低压电器行业品牌知名度不高的情况下,就需要有一支强大的专业销售队伍来负责进攻地产市场。目前宏发开关国内销售人员仅有 40 人左右,在很多省份仅有 1 名销售人员,有个别省份暂时还未配备销售队伍,且这 40 名销售人员不是单纯负责地产行业的销售,也要兼顾其他电力、新能源、工控等市场的销售,销售力量十分有限,市场开拓进度会比较受限。同时,目前宏发开关国内人均销售额偏低,2018年仅有 115 万元,人工成本及销售费用的投入占比较高,这样如大规模增加销售人员,则在销售额没有大幅增长的情况下,对应的销售费用就会大幅增加,这也

是亟须解决的问题。最后,地产市场大客户大都需要先进行集中采购(以下简称集采),前期会有一个比较严格的供应商入围流程,周期一般为 2 年。目前宏发开关已实现集采入围的百强房企不到 10 家,目前也还未形成比较行之有效的地产集采入围策略,集采入围进展也比较缓慢,这样就无法形成区域项目的有效落地。地产想要入围集采一定是先要有 3 家以上百强房企前 30 强的大型客户的实际合作案例,通过大型房企来进行有效宣传及背书,积累一定的集采合作经验,再有效组织进行全国性的复制,才能实现大的突破。

(四)厦门宏发股份在地产行业内外部环境分析

1. 内部环境优势(strength)

(1)厦门宏发股份 30 多年继电器发展成功的经验可借鉴;

(2)先进完整的企业文化;

(3)厦门宏发股份具备较强的产品研发、质量管控、检测、模具、注塑、智能制造实力,对宏发开关是很好的支持与补充,能有效发挥智能制造及全产业链的优势;

(4)有较完整的管理制度及体系,企业运营较稳定;

(5)核心管理、研发团队较稳定。

2. 内部环境劣势(weakness)

(1)低压品牌知名度目前仍较低,缺乏专业的市场营销人才;

(2)低压产品系列有待完善,缺乏技术领先的核心拳头产品,产品开发进度较慢;

(3)内部人才评价及激励政策有待完善;

(4)内部人才梯队建设有待完善;

(5)薪资体系的外部竞争力不强,较难吸引外地行业精英加入。

3. 外部环境机会(opportunity)

(1)地产行业总体规模较大,且越来越呈现集中化趋势;

(2)中国的购房消费习惯及城镇化建设将持续拉动对住房的需求;

(3)物联网、智能家居技术的推广应用给新型智能低压电器产品的发展带来机遇;

(4)国家对产品的质量越来越重视,对民族品牌的扶植力度逐渐加大。

4. 外部环境威胁(threat)

(1)国外低压电器巨头(施耐德、ABB、西门子等)目前仍牢牢占据国内低压电器高端市场;

(2)国内中高端低压企业如常熟开关、上海良信电器等发展迅猛;

(3)全球经济增速放缓,国内经济下行压力较大,地产行业面临重新洗牌,销售增长将放缓;

(4)国家实施税收、限购、金融等政策制约地产行业的过快发展;

(5)企业运营及营销成本不断增加。

5. SO 战略

(1)坚持公司低压电器中高端品牌定位,严把产品质量关,以质取胜;

(2)结合企业自身优势,通过1~2年快速开发完善满足地产行业客户需求的全系列产品,加强对地产百强集采入围的公关力度;

(3)把握物联网、智能家居给低压电器产品发展带来的机遇,大力开发新型智能化产品;

(4)积极利用集团核心关键零部件及智能制造的优势,提升产品质量的稳定性,降低成本,提高性价比。

6. WO 战略

(1)利用专业低压市场营销团队及市场营销费用的投入与支持,快速提升低压品牌知名度;

(2)坚持中高端品牌市场定位,完善产品系列,针对地产行业细分市场的特点定制化开发行业技术领先的优质产品,提高核心竞争力;

(3)市场开拓阶段制定高激励性的政策,快速打开市场;

(4)加大对销售人员的投入,内部发掘培养一批认可公司文化、年轻、有激情的后备销售队伍;

(5)对核心关键人才可以破格提拔,敢于打破现有的薪资体系,不拘一格用人才。

7. ST 战略

(1)充分借鉴学习国内外低压电器巨头的优秀经验,大力打造低压电器中高端品牌;

(2)做好地产行业主要竞争对手的竞品分析,扬长避短,制定有效的市场营销策略;

（3）积极把握国家的方针政策，做好应对措施，防范风险；

（4）实行优胜劣汰，提升人均销售额，在提升人均销售额的基础之上确保收入的稳定增长。

8. WT 战略

（1）做好市场调研工作，把握行业最新动向，与工厂保持密切沟通；

（2）加强对核心产品的研发力度，打造技术核心竞争力；

（3）加强后备人才的储备培养力度，每年招募优秀毕业生进行储备培养；

（4）做好低压市场的品牌宣传工作；

（5）做好内部人员的评价及管理，提高人均销售额，加强激励，保持队伍的活力与干劲。

地产行业对低压电器产品的需求以小型断路器产品为主，小型断路器产品比较易于实现自动化装配及检测，且地产市场对低压电器产品的市场需求量大，处于一个平稳发展的过程。通过结合集团的各方面优势，在有效调研地产市场低压电器产品需求的基础之上，着力打造 1～2 个能满足地产市场投标需求的高质量、高性价比的全系列低压电器产品，通过宏发开关全自动装配及检测的产线优势，在确保产品质量稳定的同时，实现规模效益，有效降低生产制造成本，提升核心竞争力。

（五）宏发开关在地产市场的竞争战略及发展目标

宏发开关低压电器产品在地产行业中的定位为中高端产品，目标市场主要锁定在 S1 及 S2 市场，通过公司自身的研发实力提供与 S1 市场外资品牌相当的产品及技术参数，通过自身的智能制造及核心零部件供应的优势，提高产品的性价比，巩固 S2 市场，抢占 S1 市场。

主要目标市场：将全国地产前 200 强客户作为开拓重点，通过集采入围实现项目的有效落地，扩大市场份额。

主要产品发展战略：实施"1＋3"产品（1：平台化；3：专用化、客制化、智能化）发展战略（见图 4.1）。

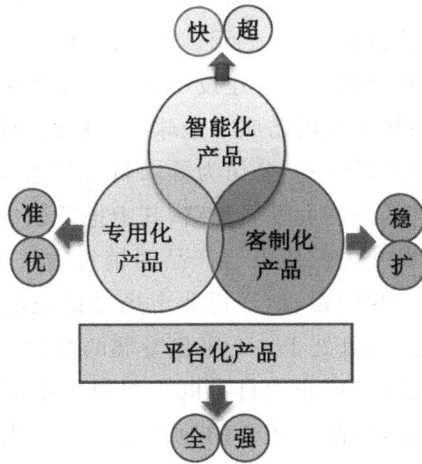

图 4.1　宏发开关公司"1＋3"产品发展战略

　　地产行业低压电器产品的竞争首先是平台化产品的竞争,产品同质化严重,参与地产大客户的集采投标,要求产品系列齐全,产品性能指标达到或领先于国内外一线品牌,性价比高。平台化产品的竞争需要实施成本领先的战略,确保公司的产能规模,实现规模效应,通过厦门宏发开关设备有限公司自身的核心模具及零部件供应、自动化制造确保质量、降低成本、提升制造效率。同时,通过不断深化与客户的合作,结合客户提出的个性化需求及智能化发展趋势,不断针对地产大客户推出客制化及智能化的产品,提供一体化的客户解决方案,实现差异化的战略,从而提升公司的整体盈利能力。

　　宏发开关低压电器产品在国内地产行业的发展规划如表 4.2 所示,2018 年的为实际完成数据,2020—2025 年的数据按年复合 40% 的增长率进行预测(见表 4.2)。

表 4.2　宏发开关国内地产行业销售发展规划

行业	2018 年	2019 年	2020 年	2021 年	2022 年	2023 年	2024 年	2025 年
地产行业销售额/亿元	0.46	0.65	0.90	1.30	1.80	2.50	3.50	5.00

　　宏发开关低压电器产品国内市场把地产行业作为重点行业来开发,2018 年专门成立了针对地产大客户开发的战略大客户部,负责全国地产 200 强客户的战略集采入围及项目落地的牵头组织、策划工作,陆续与近 10 家地产公司签订

了战略协议及项目合作协议。基于公司的发展规划,公司计划在"十四五"期末,即到 2025 年地产行业实现销售额 5 亿元。基于此目标,公司在工厂产品端发展规划、市场营销推广、销售及渠道拓展建设等方面需做出更大的努力。

宏发股份经过 30 多年的发展已成为全球继电器行业的知名品牌,出货量及销售额跃居继电器行业全球第一。公司为寻求新的跨越式发展,提出了"翻越门槛、扩大门类、提升效率"的新三大发展思路,其中把低压电器作为集团第二大门类产品来打造。目前宏发开关低压电器产品的销售增长比较缓慢,尤其是国内低压电器的发展遇到了一些问题,地产行业市场是低压电器行业的一个主要销售目标市场,市场规模也大,且处于一个平稳发展的过程。如何利用企业自身的一些优势及外部机遇,规避一些企业自身的劣势及外部的一些威胁因素?根据公司现有的产品发展战略,应制定明确的地产行业发展规划。地产市场首先面对的主要还是平台化产品的竞争,这是一个规模巨大的红海市场,需要公司做到产品"全而强"。平台化产品的价格竞争也必定会很激烈,这就需要公司通过质量管控及全自动化制造的优势在确保产品品质稳定的同时有效降低生产成本,提高性价比。同时,随着物联网技术的飞速发展,人们对用电的需求也趋于智能化、客制化,这就需要公司把握市场动态,利用公司良好的研发平台优势,开发出技术领先、有核心竞争力的拳头产品,引领市场,实现差异化竞争。

五、宏发开关低压电器
产品在地产行业的市场销售策略

随着大型地产公司之间的竞争越来越激烈,降成本的压力变得越来越大,走集中化采购已成为目前的主要趋势。很多大型地产公司开始上线采用集中化的供应商采购平台。

地产公司一般设有负责采购和招标的部门,例如:绿地集团是合约部、碧桂园是采购部、时代地产是招投标部;技术决策部门是技术部或工程管理部。有些公司的招采部门和成本部是分开的,招采部门负责供应商投标资格的认定,成本部负责价格谈判,例如融创中国和新希望地产等。

要实现公司品牌入围,一是要在招采部门获得产品供应商资格的认可;二是产品的质量和品牌要获得技术部门的认可;三是要了解原有供应商的品牌、投标型号及价格,制定相应的价格策略;四是要寻找获得地产高层领导支持的资源。目前地产公司与元件厂家的战略合作模式主要有集成、指定元件及品牌入围三种(见图 5.1 至图 5.3)。

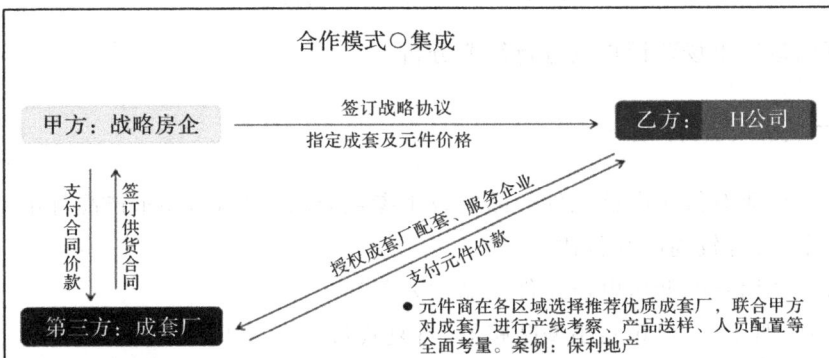

图 5.1 集成合作模式

341

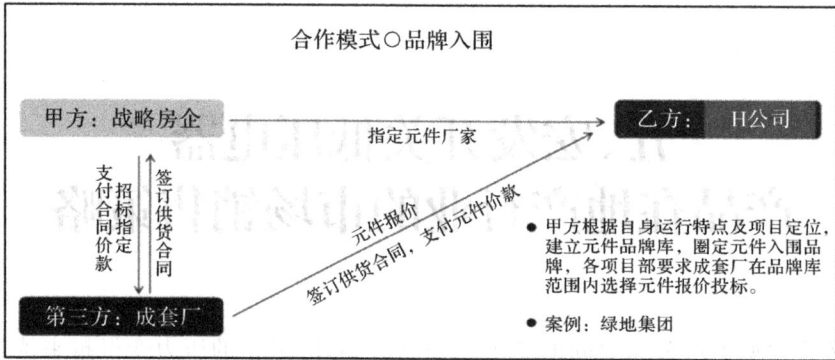

图 5.2　指定元件合作模式

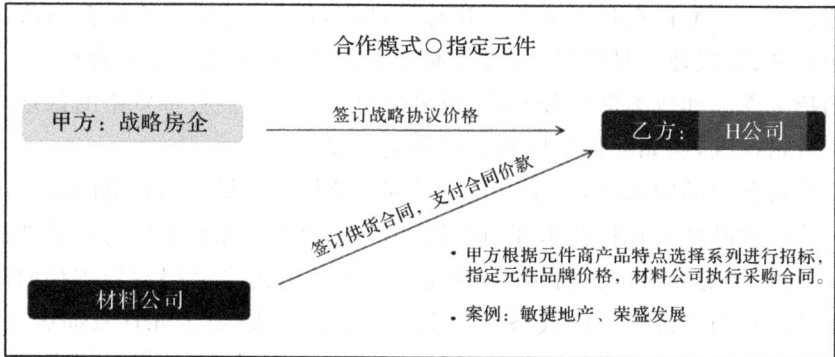

图 5.3　品牌入围合作模式

下面运用市场营销理论进行简要分析[40]。

(一)产品策略

地产行业对低压电器元件产品的技术参数要求不高,但要求产品性能稳定、配套齐全、具有较高的性价比。

房地产用到的低压电器元件产品主要包括:

(1)照明箱(入户箱):小型断路器、自复式过欠压保护器、电涌保护器;

(2)公共部分配电箱(非标箱):塑壳断路器、双电源转换开关、小型断路器、电涌保护器、智能型万能式断路器;

(3)高低压柜:智能型万能式断路器、塑壳断路器。

通过表 5.1 的对比分析可以看出,从产品的齐套性来看,正泰电器、良信电器及北元电器在地产行业的产品齐套性最强,深圳泰永、常熟开关及宏发开关次之。从产品的系列分析来看,宏发开关的产品比较单一,基本上只有一个系列;正泰电器及良信电器的产品线较为丰富,多数产品有多个系列,可以针对不同项目进行不同的配套;北元电器产品较为齐全,部分产品有多个系列,可以针对不同项目进行不同的配套;深圳泰永部分产品有多个系列,可以针对不同项目进行不同的配套;常熟开关塑壳及框架产品系列齐全,小型断路器相关产品稍弱。因此,建议宏发开关公司尽快完善及推出地产集采投标的专用产品系列以应对市场激烈竞争的百强地产集采竞标。同时在万物互联的时代背景下,传统终端配电向智能化和联网化转变,宏发开关可以加大在智能断路器产品上的研发投入。地产行业对智能断路器的需求将逐渐增大,希望能在智能家居领域构筑产品优势。智慧的水电表让用户直观地看到水电费数据,让管理方更好地对住户的收费进行管理。智能家居还能让用户随心所欲地控制家里的灯光、窗帘和家电,实现远程监控,在手机端可以操控住宅的各种控制回路,实现真正的万物互联。

表 5.1　产品齐套性对比分析

产品名称	宏发开关	良信电器	北元电器	深圳泰永	常熟开关	正泰电器
框架断路器	√	√	√	√	√	√
塑壳断路器	√	√	√	√	√	√
漏电塑壳断路器	√	√	√	√	√	√
电子式塑壳断路器	√	√	√	√	√	√
小型断路器	√	√	√	√	√	√
小型漏电断路器	√	√	√	√	√	√
双电源自动转换开关	√	√	√	√	√	√
隔离开关	√	√	√	√	√	√
隔离开关熔断器组	×	√	√	√	×	√
小型隔离开关	√	√	√	√	√	√
自复式过欠压保护器	√	√	√	√	√	√
浪涌保护器(Ⅰ类)	×	√	√	×	×	√
浪涌保护器(Ⅱ类)	√	√	√	√	×	√

续表

产品名称	宏发开关	良信电器	北元电器	深圳泰永	常熟开关	正泰电器
接触器	√	√	√	√	√	√
家用接触器	×	√	√	×	×	√
切换电容用接触器	×	√	√	√	√	√
热过载继电器	√	√	√	√	√	√
控制与保护开关	×	×	√	√	√	√

数据来源:各企业产品选型手册资料。

(二)价格策略

地产投标中影响中标的因素主要包括:

(1)产品定位:定位国内一线品牌。

(2)产品优势:公司产品在性能参数上优于竞争品牌。

(3)产品价格:地产集采一般是低价中标,故产品价格的竞争力是影响中标的最主要因素。

(4)销售团队优势:公司的售后服务网点、销售机构、销售队伍人数,以及销售能力及策略也是影响中标的因素。

在上述的投标的关键点中,最重要的还是产品的价格必须具有竞争力。

地产投标的价格竞争相对比较复杂,受到主要竞争厂家、厂家具体的投标型号及面价、招标及评标方式以及客户关系等多方因素的共同影响。结合宏发开关近期的实际客户投标情况,建议如下:

从面价情况分析来看,宏发开关的面价与良信电器、北元电器的面价价格体系不一致,差异较大,所以建议公司采取竞争导向定价法。良信电器价格略高于宏发开关,而北元电器价格低于宏发开关,建议宏发开关要有针对地产投标专用的高、低两档全系列产品及价格体系,这样投标时才能有效应对,打好组合拳。

从历史的投标数据来看,不同地产投标折扣不一致,投标产品的系列也不同。但目前地产投标的趋势是地产招采部门要求提供其他已中标地产公司的相关价格等资料,同时地产中的招采总又频繁跳槽换岗,价格会变得越来越公开透明,同一产品系列在不同地产公司采用不同折扣的投标方式将不再适用。建议宏发开关借鉴良信电器这方面的经验,在现有产品系列完善的基础之上,根据客户的个性化需求,具体为客户定制相应功能、型号的产品系列,以满足不同客户的需求,也能有效地保护好市场价格体系。

从招标方式(产品清单及要求)及影响中标价格的因素来看,主要因素还是模拟清单中元器件的总价,故每次投标需要认真研究分析、模拟竞争对手的价格。若销售能从模拟竞争对手价格中找到公司的价格优劣势,抑或能协调招标方调整模拟清单的数量,则将提升公司的竞争力及中标概率。同时,在每次地产投标后要有针对性地收集汇总主要竞争对手的投标产品系列及价格,做好对比分析,不断总结出适合宏发开关实际的地产投标套路。

房地产目前降成本的压力比较大,之前有些大型房企的高端地产项目比较倾向于使用国外知名品牌,现在迫于成本的压力,有些在产品性能满足的基础之上也放宽使用国产一线品牌。因此可以主动去说服地产企业用高性价比的国产一线品牌替代原有的国外知名品牌,实现双赢。

(三)渠道策略

从经销商数量来看,宏发开关有 30 家,良信电器有 85 家,泰永长征有 80 家,北元电器有 20 家,常熟开关有 65 家,正泰电器有 500 家。经销商、合作成套厂是地产客户考评企业在全国区域整体提供便捷性、供货可靠性和服务能力的一个重要指标,战略合作盘厂是低压元件的装配厂和最终采购方,在大多数低压元器件厂家都有专门负责盘厂销售的跟踪人员,需要在全国区域内选定有一定资金实力和技术实力的成套厂。

良信电器以经销为主,直销为辅,产品销售基本是通过经销商出货,经销商众多,基本每个办事处有 2~3 个经销商,负责不同的行业。货款由经销商负责催收,转嫁了一部分货款风险,国内少部分大客户会采取直供模式。泰永长征基本是以经销为主。北元电器则是以直销为主,直接对成套厂收款,相对来讲公司的货款压力较大。

宏发开关要想在地产百强企业实现大的突破及项目的有效落地,除了应加大对北上广深等地产总部聚集地负责战略大客户部集采入围人员的培养强度外,在入围后要实现对地产公司全国项目的有效配合落地,需要在地产集采战略中充分发挥集团现有的销售分公司、分销机构、经销商、战略盘厂等合作伙伴的作用,集思广益,合理利用各方资源,整合营销打赢地产大客户的攻坚战。尤其是目前厦门宏发股份在北京、上海、浙江、四川已成立了四大销售分公司,销售分公司在当地积累了一定的客户及人脉资源,有比较稳定的销售队伍,应积极引导及推动现有销售分公司开拓低压电器市场,加强市场品牌推广,实现对客户的全面覆盖。建议在每个省份优选出2～3家具备一定的行业大客户资源,在当地有一定的人脉及资金实力,认可公司的理念及模式,愿意与宏发开关共同成长的经销渠道,公司渠道管理部制定专门的销售政策加以引导,公司给予良好的销售及技术支持,促进区域业务的有效开展,同时也能确保经销渠道的合理利益得以兑现。

(四)促销策略

结合地产行业的主要特点及现有的主要市场营销促销渠道,分析如下:

现有销售人员的宣传推广。主要包括销售人员的客户拜访、组织客户技术交流会等,这是最基础的市场推广渠道。首先增进客户对公司品牌的认知,其次对销售人员的客户拜访专业技能及相关礼仪加以培训,以提升客户的满意度,提高成功率。

行业标杆客户/业绩推广,增强影响力。通过拿下行业标杆客户及标杆建筑项目工程,并加以包装推广,口口相传,提升公司的影响力。

参加行业展会、行业协会、技术交流会等进行品牌宣传推广。如通过赞助"中国建筑学会建筑电气分会""全国房地产联合会"相关年会活动,争取宣讲发言,有效推广及宣传公司产品。

地产供应商采购平台。如"明源云采购""新浪优采""采筑""筑链""蓝光阿拉丁""中城联盟""中国采购经理人联盟""联客工厂"等,这些平台都是构建地产商与供应商的纽带,除了加入平台会员定期在平台上宣传推广外,平台也会定期组织一些地产供应商交流会、年度采购峰会等活动,可以定期组织参与,增加公司的曝光度。

参加行业内比较有影响力的区域地产商会。如参加广东地产商会,通过地产商会的杂志向目标客户投放广告。参加全联商会在广州、深圳、北京、上海举办的四场会议,赞助嘉宾对话环节。加入上海厦门商会成为副会长单位。上海厦门商会是由曾在厦门工作、生活、学习过的在沪企业及人士自愿组成的非营利性社会团体法人。上海市厦门商会定期召开地产采购负责人对接会,会议由商会牵头,旭辉、世茂、中骏、禹洲、宝龙五家集团的采购负责人共同主持,汇总和分析各家采购需求、商讨制定联合采购流程、框架和方案,同时举办地产采购负责人与供应商对接系列活动。

通过媒体进行宣传报道。对于公司网站、微信公众号等企业自媒体发布的推文,企业内部员工自发转发推广,加大企业宣传推广的力度。独家赞助或承办企业新品发布会、地产采购经理人峰会等地产采购会议,加强与地产采购经理人的互动交流,增进对公司的了解,加强战略合作,实现双方互赢。

任何市场营销活动都需要有一定的费用投入与支持,费用投入也不是越多越好,需要控制在企业可以承受的范围内。建筑配电行业主要竞争对手良信电器2018年的广告宣传费用为476.25万元(良信电器上市年报数据),占总销售额的0.3%,而宏发开关每年的广告宣传费用不到100万元,与良信电器存在较大差距。目前宏发开关的低压电器品牌知名度较弱,为实现宏发开关在地产行业的有效推广,建议可根据业务的发展需要每年投入一定资金用于在地产行业的品牌推广,结合市场促销渠道的效果,综合使用以上各种宣传渠道,以期达到最佳宣传效果[41]。

(五)关系营销策略

企业要想实现与客户的共赢,首先应该加强与客户的双向沟通,充分了解客户对产品、技术、服务等的需求,多站在客户的立场考虑,为客户提供满足需要的高性能、高性价比的产品,为客户提供专属客制化及创新性的产品及解决方案,并不断与客户保持良好的沟通交流,与客户建立一种互助、互求、互需的关系。关注客户差异化的需求,提供差异化的产品和服务,努力为客户增值,从而提升客户的忠诚度,保持客户需求的持续稳定增长。如良信电器为万科提供专属化的产品和服务,通过管理层的频繁互访和交流,加深了客户关系,逐渐形成了战略合作关系。

与客户保持长期互动交流,就是要善于倾听客户的需求及反馈,快速响应,为客户解决真正的痛点及难点。如针对地产客户交期紧张、项目配置偶有变动等特点,有为客户储备一定的安全库存,并做好跟踪管理,同时给予一定比例的退换货的反应机制。对客户反馈的质量问题及投诉迅速反应,及时处理,提高客户的满意度。所以建议针对地产标杆大客户专门成立项目小组,小组成员包含生产、质量、售后、营销、技术等团队成员,建立高效反应机制。

第三,要想与客户建立长期稳固的合作关系,企业应该从长期合作的角度来考虑,而不是一锤子买卖,不能单纯地看短期盈利,也要看长期的合作利益,客户也可以主动参与到企业的生产活动中来,主动帮助企业解决一些生产过程中存在的困难及问题,从而实现和谐共存、共同发展。与客户建立良好的互动关系主要体现在"专业＋品牌"上,通过专业化的产品及服务树立公司良好的品牌形象,从而增加用户黏性。

第四,企业与客户要想实现长期合作发展,最重要的是经济利益合理分配的问题。要在企业的合理利润回报及客户价值满足当中寻求一个良好的折中与平衡。体现在地产行业客户上主要包括通过合理优化配置,高效节约客户的成本;提供高附加值的创新性产品,增加客户的卖点。另外,随着国家对房地产金融政策的收紧,大型房地产公司融资越来越困难,供应商金融成为目前比较新兴的一个融资渠道,在对客户进行合理风险评估的基础之上,在企业能力允许的范围内提供一些可行的资金支持,相互扶持、共同发展。比如绿地集团目前针对现有的供应商提供一定的资金支持,客户给予一定的供应份额作为回报,客户项目盈利后再利益共享,当然这里就需要准确地评估好客户的资金及运营风险[41]。

通过前面一章对低压电器产品在地产行业细分市场的宏观及微观环境分析,结合厦门宏发开关设备有限公司内部的优劣势、外部的机遇与挑战,归纳总结出厦门宏发开关设备有限公司低压电器产品在地产行业的主要竞争战略,本章重点结合公司的发展战略,从产品、价格、渠道、促销、关系营销策略等五个方面提出相应的具体市场营销策略,在做好工厂及营销相关基础工作的同时,加强与客户的互动,时刻保持充分的双向沟通,明确需求,为客户提供一站式系统、全面的解决方案,力争在充分解决客户需求的同时,提供高性价比的产品及服务,真正实现公司与客户的双赢。

六、宏发开关地产行业市场销售策略的保障措施

（一）组织保障

鉴于宏发开关目前开发地产行业大客户的急迫性与专业性要求,建议专门成立针对地产百强战略客户集采入围的战略大客户部门,抽调公司内部或外聘擅长大客户开拓与攻关、有一定客户资源、对公司忠诚度高的销售精英,专门负责战略集采入围工作。针对已入围的集采客户,成立内部项目小组,由项目小组负责人制定具体的销售落地策略,负责集采入围客户的全国项目的落地,确保落实订单,争取最大销售份额。根据地域及客户分布,在国内设立 4 个大区进行销售的落单及管理,确保完成公司销售指标。

战略大客户部门的主要职责如下:

(1)负责全国地产 200 强客户战略集采入围工作的总体规划与协调。

(2)负责全国地产 200 强客户集采信息的收集与汇总分析,制定具体的销售策略,指导各大区做好集采入围的配合工作。

(3)负责全国地产 200 强客户集采入围工作的策划、组织与实施,确保完成集采入围指标。

(4)负责全国地产 200 强客户的市场品牌宣传推广计划的提出、申请与组织实施,提高公司的品牌知名度。

(5)负责与全国地产 200 强客户相关平台(中房联、明源云、新浪优采、中城联盟等)的对接、联系与关系维护。

(6)负责入围集采客户的全国项目落地的策划、组织与实施,确保完成年度销售指标;

国内销售部各大区的主要职责如下。

(1)负责制定本部门/大区中长期发展规划与策略,并确保执行。

(2)负责本部门/大区年度销售计划的组织制订、调整、管控、实施,确保计划

完成。

(3)负责本部门/大区年度、季度、月度销售预测和管理,销售预排,库存管控及退货处理。

(4)负责本部门/大区的销售,开拓新市场,寻找新客户,开发新应用。

(5)负责本部门/大区市场和客户价格的管理与执行,客户特价申请及销售底价管理。

(6)负责客户及销售机构客户关系的维护及业务支持,组织技术和商务走访,推进和管理本区域项目,协助销售机构开发客户,争取订单。

(7)负责客户信用管理、对账与货款催收。

(8)负责组织本部门/大区内招投标、合同传递、审核和保存。

(9)了解客户需求,为销售人员提供技术支持,提供初步解决方案,协助客户选择产品型号,了解产品在客户端的质量表现,对客户投诉进行初步调查与分析,跟踪参与过程处理。

(10)负责建立和完善产品资料体系,为销售人员提供完整的产品资料,提供公司产品的发展建议,协助工厂组织修订中长期产品路线图,提出产品销售策略。

(11)负责调查、收集、分析产品市场信息和开发需求,进行新品立项,提出老品改进建议,落实开发进度,参与制定新品价格,制定新品推广方案并组织执行。

(12)参与制订生产计划与产能协调,参加产销协调会,确保产能和市场需求匹配。

(13)负责对各销售机构、营销中心进行本部门产品、应用等培训,协助组织在客户端举办技术交流会。

(14)负责回复客户对公司产品技术方面的日常疑问。

为突显战略大客户部的地位和作用,战略大客户部可由营销中心总经理或分管领导直接分管,战略大客户部部门总监在行政级别上可考虑略高于各大区总监,这样才能综合体现其对各大区的统筹协调、指导落地的职责。同时,战略大客户部需强化全国地产200强客户的集采入围指标考核,弱化业绩指标的考核,以明确具体职责分工,实现专业的人干专业的事。国内销售部重点负责区域客户及经销商的开拓与维护,确保项目的落单及货款的回笼,设立专门的行业总监对各大区的行业标杆客户开拓进行指导,必要时成立专门的客户攻关项目小组,协同推进开发。

（二）人才保障

销售发展规划的顺利实施离不开人才的支持，宏发开关的销售策略是坚持以经销为主，以直销为辅，做好行业标杆大客户的开发。同时，宏发开关有着30多年的发展历史及先进的企业文化，对低压电器的发展也有着较为清晰、明确的规划，这就需要培养及招募一批认可公司企业文化、愿意与公司共同成长、具备一定专业销售技能的年轻、富有激情的人才，在销售人员队伍的规模管控上重点关注人均销售额的增长，以期在"十四五"末期达到甚至超过国内同行标杆企业（见表6.1、表6.2）。

表 6.1　宏发开关在地产行业销售发展规划

部门	2018 年	2019 年	2020 年	2021 年	2022 年	2023 年	2024 年	2025 年	备注
地产行业销售额/亿元	0.46	0.65	0.90	1.30	1.80	2.50	3.50	5.00	销售人员并非专职从事地产行业的销售
销售人员/名	40	40	50	60	70	80	90	100	
人均销售额/万元	115	163	180	217	257	313	389	500	

表 6.2　宏发开关地产行业人员规划　　　　　　　　单位：名

部门	2019 年（现有）	2020 年	2021 年	2022 年	2023 年	2024 年	2025 年
战略大客户部	5	8	10	11	12	12	12
国内销售部各大区	35	42	50	59	68	78	88
合计	40	50	60	70	80	90	100

针对目前宏发开关在地产行业200强大客户集采中入围数较少的情况，近期需在地产总部聚集地北京、上海、广州、深圳、杭州、成都等地重点招募专业负责地产集采入围的大客户经理，战略大客户的人数规模保持在8～12人，以实现对地产总部所在地数量前10城市的全覆盖。从克而瑞2018年地产前200强的客户清单来看，总部所在地城市为排名前10的城市的占了159家，占200强的近80%，其余41家总部所在地分布在其他的25个城市，这41家百强客

户由战略大客户部重点跟进,100～200强客户可由区域销售重点跟进,战略大客户部统筹管理。对战略大客户部大客户经理的招募可打破现有薪资体系的束缚,重点引进一些有行业标杆大客户资源及具备专业大客户集采开发能力的人才加入,以加速地产200强客户集采开发的进度。

国内销售部各大区根据销售额规划的增长配置相应的销售人员,大区总监的人选以内部培养为主,重点选拔对企业忠诚度高、有上进心及强烈责任感、业务能力强的干部,大区一把手主要考核以团队任务目标的达成,包括销售开票、销售回款、销售费用等,充分授权,给予一定范围内的审批、管理权限,以促进团队销售指标的达成。

国内销售部销售团队实施人才梯队式管理,根据业务能力及销售指标的达成情况分为销售工程师、销售主任、销售经理、高级销售经理、大区总监5级,各级岗位工作年限、业务能力、销售开发指标考核要求如表6.3所示。

表6.3　宏发开关国内销售梯队人才要求

岗位级别	工作年限/年	业务能力要求	销售开发指标考核要求/万元	备注
大区总监	>10	团队管理能力;专业业务能力	>1000	重点考核销售团队指标
高级销售经理	>8～10	专业业务能力及传帮带;标杆大客户开拓	>300～1000	可往专业高级销售及管理职双通道培养
销售经理	>5～8	专业业务能力及传帮带;区域市场规划	>200～500	
销售主任	>3～5	独立业务开拓能力;销售专业技能	>100～300	
销售工程师	>0～3	销售潜质及基本业务技能	>0～100	重点考虑招募毕业生储备培养

国内销售团队以自主储备培养为主,外招为辅,每年固定从全国各大高校招募8～15名工科背景的优秀毕业生作为销售后备人才进行培养,外聘的销售人员以认同公司企业文化、年轻有激情、具备一定的专业销售技能的人才为主。针对毕业生制订3～6个月的培训培养计划,针对外聘销售人员制订为期1周左右的培训计划。相关培训项目及考核要求如表6.4、表6.5所示。

表 6.4　宏发开关销售岗应届毕业生培训计划及考核要求

员工类别	培训项目	培训时间/天	考核要求
应届 毕业生	企业历史与文化	0.5	熟悉公司的历史与文化,能与客户独立介绍公司
	公司相关规章制度	0.5	熟悉公司规章制度并严格遵守
	公司产品知识	1	熟悉公司产品系列、型号、技术参数,能看懂公司选型手册
	生产车间实习	30	熟悉产品内部结构、零部件及装配工艺,提炼公司产品亮点
	产品转型及招投标知识培训	30	拿到客户图纸后能熟练转型、报价,熟悉招投标流程
	销售系统及业务流程培训	3	熟练公司现有的相关系统操作及业务流程
	市场知识及销售技巧培训	2	熟悉细分市场及竞争对手情况,掌握公司销售策略及套路

表 6.5　厦门宏发开关设备有限公司外聘销售人员培训计划及考核要求

员工类别	培训项目	培训时间/天	考核要求
外聘人员	公司相关规章制度	0.5	熟悉公司规章制度并严格遵守
	公司产品知识	0.5	熟悉公司产品系列、型号、技术参数,能看懂公司选型手册
	生产车间实习	3	熟悉产品内部结构、零部件及装配工艺,提炼公司产品亮点
	产品转型及招投标知识培训	1	拿到客户图纸后能熟练转型、报价,熟悉招投标流程
	销售系统及业务流程培训	1	熟练操作公司现有的相关系统及业务流程
	市场知识及销售技巧培训	0.5	熟悉细分市场及竞争对手情况,掌握公司销售策略

在做好人才队伍培训及培养的同时,每年定期组织进行人才盘点,做好干部队伍的继任计划,盘点销售团队中的骨干力量,定期关注,重点培养,做好人才队伍的梯队建设,防止出现人才断层,同时应做好销售队伍的优胜劣汰,保持销售队伍的激情与活力,以确保公司销售规划目标的有效达成。

(三)激励机制保障

有效的激励机制能促进低压电器产品的销售和业绩的提升,从激励机制的对象来看,主要包括经销商激励和公司内部销售团队个人激励两个方面。

1. 经销商激励

宏发开关销售以经销为主,由于公司目前的品牌知名度还比较弱,要找到符合公司要求、具备一定的客户及关系资源、愿意长期从事公司产品的代理及销售的经销商渠道,需要以有效的激励政策作为前提条件。首先,在经销渠道的搜寻、谈判和评估过程中,可根据经销商具备的资质条件、货款风险担保等建立一定的风险评估级别标准,按不同的风险等级给予 0~6 个月的货款账期,以支持经销商业务的拓展和资金周转的需求。

其次,在签订经销协议的过程中,可以根据年度采购回款额的不同级别,给予一定的年度返点奖励,具体可参考如下奖励标准。

(1)年度采购回款额在 50 万~100 万元,给予年度完成回款额 1% 作为返点奖励。

(2)年度采购回款额在 101 万~300 万元,给予年度完成回款额 2% 作为返点奖励。

(3)年度采购回款额在 301 万~500 万元,给予年度完成回款额 3% 作为返点奖励。

(4)年度采购回款额在 501 万~1000 万元,给予年度完成回款额 5% 作为返点奖励。

(5)年度采购回款额在 1000 万元以上,给予年度完成回款额 8% 作为返点奖励。

根据现阶段经销商年度采购额完成的情况将现有经销商分为 4 级,如表 6.6 所示。

表6.6　厦门宏发开关设备有限公司经销商分级标准

经销商级别	完成年度采购额/万元	货款账期/月	经销折扣/%	备注
一级经销商	>1000	4~6	42	
二级经销商	501~1000	3~5	43	需提供货款担保,签订担保协议
三级经销商	101~500	1~3	45	
初级经销商	≤100	0~1	48	

以上经销商的级别划分标准及权限、返点奖励可根据企业不同的发展阶段及行业竞争对手的具体情况适时做出调整。

最后,针对经销商需提供全面的销售支持及技术服务支持,每一家公司正式签约的经销商需由大区指定具备专业服务技能的销售人员定向提供技术及销售服务支持,定期进行客户、项目拜访跟踪,确保完成订单,经销商的销售指标完成情况纳入业务员的年度考核与评价。

2. 销售团队个人激励

根据马斯洛的需求层次理论以及赫兹伯格的双因素理论,针对不同级别的人群,在不同的阶段应采取不同的激励方式,而激励的方式也多种多样,如有些只是单纯地追求自我价值的实现,可能就需要从职务提升和给予充分的管理权限的角度来予以激励;而普通业务员更关心的是公司是否给予公平公正的待遇,这就需要在制定绩效激励制度时尽可能体现公平公正性,正所谓"不患寡而患不均"。这就要求管理者针对不同个体的需求,采取不同的激励方式,不是单纯地采取绩效薪酬的激励方式,而是要善于发现员工的闪光点,及时给予口头及书面的赞赏与公开奖励。每年员工的加薪及晋级也要尽量做到公开透明化,与员工的实际工作业绩直接挂钩,做到能上能下,善于创造良好的工作环境及沟通渠道。

对于员工的绩效考评及销售激励需建立相对公平公正的绩效及奖励标准,根据国内销售部各大区的具体实际情况,制定一个整体的考评打包方案,并进行合理测算。考评方案制定的总体原则是在大区人均销售回款额逐年增长的同时,使人均销售费用占回款比逐年下降。国内销售部各大区部门一把手的薪资及考评由公司制定单独的考核方案,以团队业绩完成及费用情况为总考评指标,团队成员根据大区业绩完成的情况制定总的考核奖金包,具体分配方案可根据销售人员独立开发业绩(直销)或维护落单业绩(分销)情况,参考表6.7、表6.8所示的考核标准执行。

表 6.7 宏发开关独立开发业绩人员考核及收入参考标准 单位:万元

个人独立 开发业绩 (按回款额)	销售费用 (招待+差旅按 回款的3%)	月度 薪资	月薪 小计	销售提成奖励 (完成年度销售回款指标 按回款额的2%奖励)	年收入 合计
100	3	0.5	6.0	2	8.0
200	6	0.6	7.2	4	11.2
300	9	0.7	8.4	6	14.4
400	12	0.8	9.6	8	17.6
500	15	0.9	10.8	10	20.8
600	18	1.0	12	12	24.0
700	21	1.1	13.2	14	27.2
800	24	1.2	14.4	16	30.4
900	27	1.3	15.6	18	33.6
1000	30	1.4	16.8	20	36.8

注:独立开发业绩指由销售人员个人独立新开拓的客户/项目业绩。

表 6.8 宏发开关维护业绩人员考核及收入参考标准 单位:万元

个人维护 业绩(按 回款额)	销售费用 (招待+差旅按 回款的1%)	月度 薪资	月薪 小计	销售提成奖励 (完成年度销售回款指标 按回款额的1%奖励)	年收入 合计
100	1	0.40	4.8	1	5.8
200	2	0.50	6.0	2	8.0
300	3	0.60	7.2	3	10.2
400	4	0.70	8.4	4	12.4
500	5	0.75	9.0	5	14.0

个人维护业绩（按回款额）	销售费用（招待＋差旅按回款的1%）	月度薪资	月薪小计	销售提成奖励（完成年度销售回款指标按回款额的1%奖励）	年收入合计
600	6	0.80	9.6	6	15.6
700	7	0.85	10.2	7	17.2
800	8	0.90	10.8	8	18.8
900	9	0.95	11.4	9	20.4
1000	10	1.00	12.0	10	22.0

注：维护业绩指非销售人员个人独立新开拓的客户/项目业绩。

针对战略大客户部以地产200强集采入围为主要考评指标，可在季度关键节点考评的基础之上对实现集采入围的实施专项大客户奖励，具体奖励标准可参考表6.9。

表6.9　宏发开关地产200强客户入围奖励标准

行业大客户	奖励范围	考核标准	奖励标准/万元		备注
			由部门/业务员个人主导	由销售分公司/经销商主导，部门/业务员有配合	
全国地产前200强	前50强	总部元件战略集采品牌入围/集采中标并实现销售开票，需提供书面盖章的入围通知书/集采中标通知书	10	8	A、以公司正式公布的克而瑞上一年度地产销售额200强名单为准 B、奖励销售团队，具体分配比例由公司审批确定，不重复奖励 C、奖励为税前应发，个税由个人承担
	51～100强		8	6	
	101～200强		5	3	

销售人员的考评激励强调以结果为导向，这样才能凸显公平、公正。绩效考评激励只是员工激励的一种手段，考评激励方案应根据企业不同阶段的实际情况及业务的发展情况不断调整、优化，同时在考评的过程中应与部门负责人及业务人员及时就考评的相关数据、结果进行沟通、反馈。

(四)管理及服务保障

首先,转变管理理念,提倡服务型营销理念,总部营销中心各职能部门应明确岗位的职责与分工,提倡一切以销售为中心、一切以订单为中心的服务理念,各职能岗位导入以销售结果为导向的考核机制,职能部门参与销售利益的分配,鼓励多劳多得,以销售结果付薪,从而提高员工的主动性和积极性,提升工作效率。

其次,因国内销售人员大部分都驻外,很多区域没有固定的办公场所,人员的管理及自律性会差些,所以公司应加强对销售的过程管控,主要涉及项目报备、项目进展跟踪、销售活动、周月报、销售开票、回款、费用相关数据的整理分析。通过定期对 CRM 系统及绩效考评相关大数据的分析,用好、用精相关销售管理信息系统,协助大区总监做好现有团队成员的日常销售过程管理。对积极向上、主观能动性强的优秀销售人员应及时给予表扬、肯定及支持,对消极怠工、充满负能量的业绩不佳的销售人员实施淘汰制,保持团队的激情与活力,提升销售团队的战斗力。

再次,应加强技术支持团队的力量,打造一支高、精、尖的技术支持团队,做到及时、高效为客户提供系统化、专业化解决方案,以市场为导向,主动出击,及时收集整理市场前端有效市场信息,反馈给工厂做好产品规划,提升公司的竞争力。

最后,做好公司风险的防范与管控。企业时刻面临经营风险,作为企业的管理者应时刻具备风险意识,尤其是公司的销售货款风险,事前做好充分的调研与评估,同时建立以回款为主要指标的考评激励机制,从而实现企业的良性运营。

本章从组织保障、人才保障、激励机制保障、管理及服务保障四个方面,综合企业现行的一些做法,提出对应的可实施的改进保障措施,从而确保企业市场营销策略的切实落地可行。任何企业规划的实施都不可能是一帆风顺的,任何的市场策略及措施都不是放之四海皆有效的。企业管理者需要根据市场环境的变化,结合企业自身的实际情况进行不断的优化、调整,制定出适合企业现阶段的管理措施,从而推动企业的不断发展和基业长青。

七、结论与展望

厦门宏发股份作为全球继电器行业销售及出货量领先的企业,已经取得了较大的成功,在企业提出"翻越门槛、扩大门类、提升效率"的新三大发展思路时,宏发开关作为集团旗下负责低压电器产品类生产制造的企业,其发展速度远低于股份公司的预期。而中国在近 60 年经历了低压电器突飞猛进的发展,已成为全球最大的低压电器制造国,但大部分产品为中低端产品,没有核心竞争力,真正能与国外三大品牌在中高端市场一决高下的企业仍然是凤毛麟角。地产行业市场是低压电器企业竞争的一个主要市场,宏发开关公司如何利用自身的优势,实现在地产行业的快速突破是目前亟待解决的困局。

通过研究笔者认为,实现宏发开关在地产行业的快速突破,可以尝试采用以下营销策略。

第一,明确宏发开关低压电器产品在地产行业的中高端市场定位,锁定目标竞争对手,结合地产行业的产品需求,有针对性地快速开发出 1~2 个专门针对地产投标的系列产品,结合宏发开关自动化制造的优势,在确保产品质量稳定的同时提高产品的性价比,快速融入市场,并时刻保持与客户的良性互动交流,不断满足客户的需求。

第二,强化战略大客户部的职能及专业人才配备,尤其在北上广深等地产总部聚集地需配备充足的具有地产百强集采入围经验及高层客户关系资源的专业人员,给予一定的专门的费用及考核激励政策的支持,通过 1~2 年快速拿下 10~20 家百强房企标杆客户,通过标杆客户的背书及宣传,实现快速复制。

第三,结合公司的产品开发战略,针对主要目标竞争对手制定多套价格策略,通过"产品+关系营销"的策略,建立客户信任,通过客户的定制化及智能化产品需求提升产品的附加值,有效进入蓝海市场,提高公司整体盈利水平。

第四,设立占销售额 1%~2% 的地产行业市场营销推广费用专项资金,加大对低压电器品牌的宣传推广力度,多点开花,提升公司的曝光度和影响力,迅速打开知名度。

第五,合理利用好集团公司现有的七大销售机构的销售力量及客户资源,在空白区域大力开发有实力、有客户资源、愿意与公司共同成长的经销渠道,通过有效的经销激励扶植政策,实现客户项目的有效落地及快速推广,实现销售额突破性增长。

第六,建立高效的客户反应机制,制定有效的销售激励机制。地产行业需要公司与客户保持良好的沟通,对客户的需求要快速反应,有效满足,这就需要企业有快速反应的机制。新客户的开拓需要激发销售人员的狼性,使其能自动自发地站在公司的角度去急客户之所急,满足客户之所需。

参考文献

［1］王蕾.H地产公司市场营销战略研究［D］.长春:吉林大学,2017.

［2］张淑荣.STP策略在企业发展过程中的应用［J］.科技信息,2011(27):
186,218

［3］陶云,姚国荣.STP理论在房地产项目营销中的应用研究［J］.经济师,2018
(6):54-55,58.

［4］刘文霞,张璟.基于4Ps理论的金融创新产品营销策略［J］.中国市场,2016
(44):137-138,206.

［5］华林.MR公司国内市场营销战略研究［D］.长春:吉林大学,2016.

［6］袁云.电子元器件市场中小型贸易企业营销策略研究［D］.苏州:苏州大
学,2013.

［7］王筱.基于4C理论的浙江妮素公司电子商务精准营销策略研究［D］.兰州:
兰州理工大学,2018.

［8］钟碧珍.4R营销理论在药品营销中的运用研究［J］.现代商业,2017(16):
30-31.

［9］廖细木.厦门宏发电声股份有限公司管桩产品"4R"营销策略研究［D］.福
州:福建师范大学,2016.

［10］段彦辉.关系营销理论在现代企业中的应用研究［J］.商业经济,2019(3):
73-75.

［11］杨雪莲.工业品营销中关系质量对顾客购后行为倾向的影响研究［D］.济
南:山东大学,2012.

［12］陈亮.基于PEST模型的"三化"融合创新引领制造业非对称发展探讨［J］.
现代商业,2019(22):47-48.

［13］崔跃.基于PEST分析的工程机械加工项目可行性研究［D］.青岛:青岛理
工大学,2014.

［14］安博.迈克尔·波特五力模型在市场营销管理实践中的应用研究［D］.石家
庄:石家庄铁道大学,2016.

［15］产业信息网.2016年国内断路器行业需求现状及发展趋势分析［EB/OL］.(2016-07-14). https://www.chyxx.com/industry/201607/430568.html.

［16］何瑞华,尹天文.我国低压电器现状与发展趋势［J］.低压电器,2014(1):1-10,26.

［17］何瑞华.我国智能电器发展和展望［J］.电气时代,2010(6):70-74.

［18］上海电器科学研究院.工业互联网时代低压电器行业的转型发展［R］.2019.

［19］雒鹏霄.罗格朗集团低压电器在中国市场的营销战略分析［D］.昆明:云南大学,2012.

［20］2016年低压电器市场现状及行业发展趋势［J］.电器工业,2016(11):39.

［21］何瑞华,尹天文.我国低压电器现状与发展趋势［J］.低压电器,2014(1):1-10,26.

［22］低压电器行业现状及"十三五"发展建议［J］.电器工业,2016(2):14-18,20-22.

［23］赵瑞林.ABB公司低压产品在华市场营销策略分析［D］.北京:华北电力大学,2014.

［24］邱勇.H电器公司市场营销策略研究［D］.大连:大连理工大学,2016.

［25］漆兴.西门子低压配电产品福建市场营销策略研究［D］.厦门:厦门大学,2018.

［26］张庆.ABB公司低压电器产品市场竞争力提升研究［D］.扬州:扬州大学,2013.

［27］尹天文,柴熠,孙吉升,等.工业互联网时代低压电器行业的创新与发展［J］.电器与能效管理技术,2019(15):1-9,41.

［28］前瞻产业研究院,https://bg.qianzhan.com/.

［29］陈子萍.2018中国低压电器行业竞争格局和发展趋势分析［R］.2019.

［30］叶细国.中国房地产的发展趋势研究［J］.住宅与房地产,2018(27):1-2.

［31］孟庆斌,荣晨.宏观经济因素对房地产价格的长短期影响［J］.统计研究,2014(6):25-32.

［32］2017年我国低压电器进出口分析［J］.电器工业,2018(3):13-17.

［33］上海良信电器股份有限公司官网,http://www.sh-liangxin.com/.

［34］贵州泰永长征技术股份有限公司官网,http://www.taiyong.net/.

［35］北京北元电器有限公司官网,http://www.beiyuan.com.cn/.

［36］常熟开关制造有限公司官网,http://www.riyue.com.cn/.

[37] 浙江正泰电器股份有限公司官网,http://www.chint.net/zh/.

[38] 克而瑞官网,http://www.cricchina.com/.

[39] 厦门宏发电声股份有限公司官网,http://www.cn.hongfa.com/.

[40] 沈爱军.基于低压电器产品的人民电器集团营销策略研究[D].兰州:兰州大学,2015.

[41] 牟涛.鸿雁低压电器市场营销策略优化研究[D].西安:西北大学,2018.

[42] 刘尚松.基于物联网环境下 SP 公司的 4R 营销策略创新研究[D].南宁:广西大学,2017.